(NE) VJERUJ PRIPOVJEDAČU

SLUČAJ DJEČJEG LJEČILIŠTA U KRVAVICI

UREDNICE / EDITORS:
NATAŠA BODROŽIĆ
ANTONIA VODANOVIĆ

—

SLOBODNE VEZE /
LOOSE ASSOCIATIONS

SET MARGINS' #51

—

2024

(DIS)TRUST THE STORYTELLER

THE CASE OF KRVAVICA CHILDREN'S HEALTH RESORT

Dječje lječilište u Krvavici, analogne fotografije Leica formata, 2018. i 2021. / digitalni print 2021.
Children's Health Resort in Krvavica, analogue photography, Leica format, 2018 & 2021 / digital print 2021

KAL

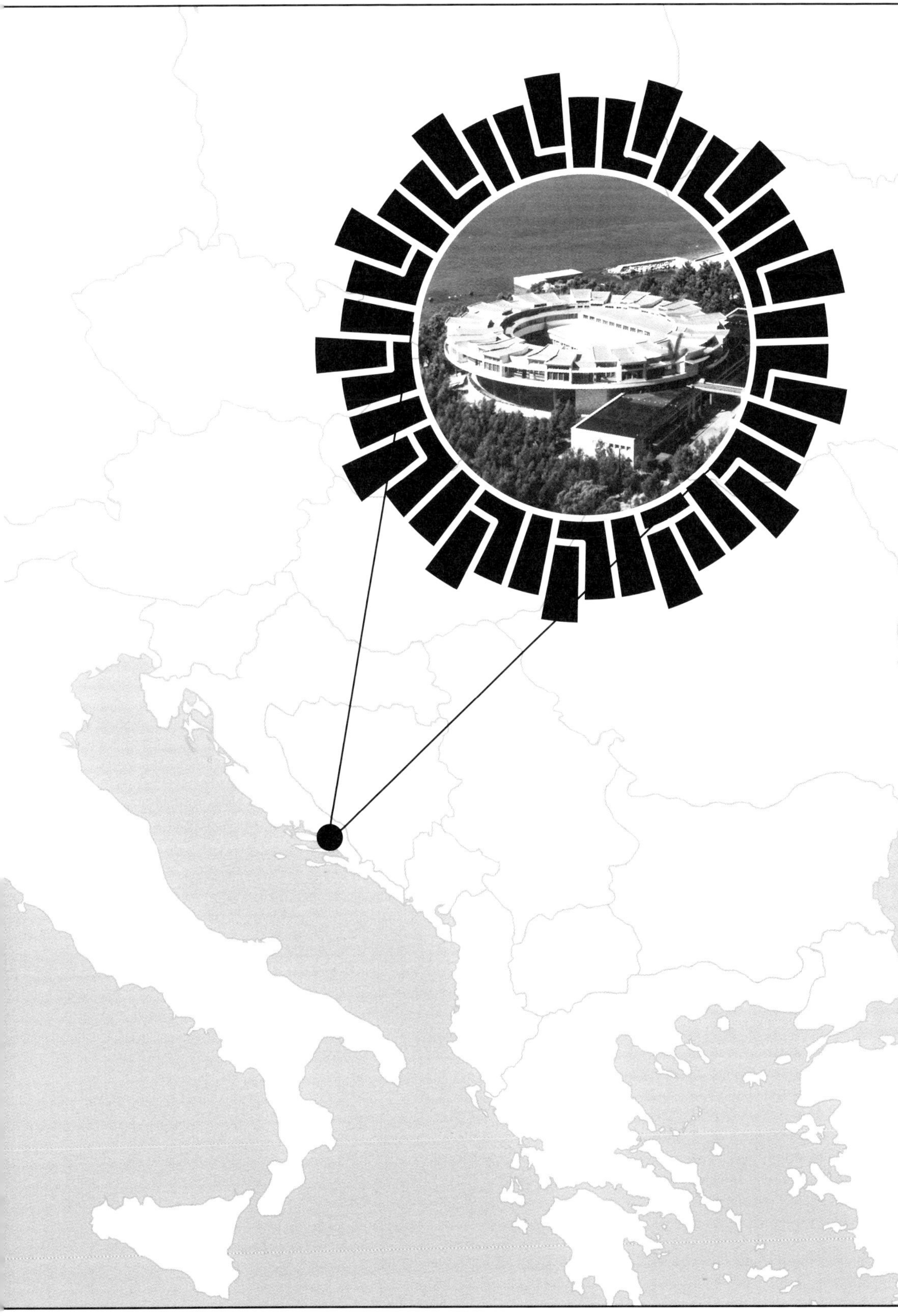

SADRŽAJ • CONTENT

© Saša Šimpraga

(NE) VJERUJ PRIPOVJEDAČU. UVOD

Nataša Bodrožić

(DIS)TRUST THE STORYTELLER. INTRODUCTION

Kako započeti (uvod u) priču o jednoj od najpoznatijih, najljepših, najomiljenijih, sad već kultnih zgrada iz 1960-ih na istočnoj obali Jadrana – bivšem vojnom Dječjem lječilištu arhitekta Rikarda Marasovića u Krvavici? Kako ne biti samo glas urednika, već desetaka aktivista, istraživača, arhitekata, umjetnika, građana, koji je već godinama pokušavaju zaštititi, dokumentirati, oživjeti, proizvesti neki vid znanja o njoj, kroz tekstove, umjetničke radove, filmove, protestna pisma, peticije, aktivizam? Može li se uopće govoriti o nekom obliku "zajednice" (ma koliko) raspršenih grupa, bližih i daljih susjeda, pojedinaca, udruga, inicijativa, o svojevrsnom "kolektivnom tijelu" sačinjenom od svih tih ljudi kojima je stalo da se spasi ova izuzetna zgrada, kao forma budućnosti koju smo kao društvo izgubili? Kako govoriti o njoj, koji jezik koristiti, a da spojimo kontekst, originalnu intenciju arhitekta i društva koje ga je angažiralo da projektira i izgradi lječilište za djecu oboljelu od respiratornih bolesti u borovoj šumi uz more, i današnji trenutak kada ga se država, njegov stvarni vlasnik, želi riješiti? Kada ga želi prodati jer nema mjesta, vizije, želje za njegovo zadržavanje u javnom vlasništvu, na dobrobit lokalne (i puno šire) zajednice? Kako govoriti o Dječjem lječilištu u vremenu kada se polako demontira javni sustav (zdravstvene) skrbi, kada se država povlači iz područja koje je desetljećima gradila njezina socijalno osjetljivija prethodnica?

Zašto (ne) možemo sačuvati remek-djela modernističke arhitekture druge polovice 20. stoljeća i Dječje lječilište u Krvavici kao simbol jednog razdoblja? Zašto ga ne možemo zadržati u javnom vlasništvu i naći mu novu svrhu? Zašto se ono ne uklapa u današnje koncepcije proizvodnje prostora, aktualne prostorne politike, maštu novih prostornih upravitelja?

... "NE MOŽE" KAO IDEOLOŠKI KONSTRUKT

Tvrdnja da država nije u stanju dobro gospodariti objektima u svome vlasništvu – odnosno „kad je država vlasnik – to znači da praktično vlasnika nema"[1] – pa se stvar urušava, propada i svi gube, u osnovi je ideološki konstrukt. Posljednjih desetljeća konstantno nas uvjeravaju da je privatno vlasništvo učinkovitije od javnog, da je privatizacija garancija bolje usluge i efikasnijeg poslovanja, iako

1 Riječima Joška Roščića, dugogodišnjeg načelnika Općine Baška Voda i protivnika zaštite Lječilišta kao kulturnog dobra RH: https://net.hr/danas/potraga/prepusteni-zubu-vremena-zasticenu-zgradu-vojnog-ljecilista-strucnjaci-bi-sacuvali-drzava-prodala-a-nacelnik-rusio-290ca63e-b9f2-11ec-9288-0242ac120011, pristupljeno 23. 2. 2024.

How to begin (the introduction to) the story of one of the best-known, most beautiful, most popular and (by now) legendary buildings from the 1960s located on the eastern coast of the Adriatic – the former army-run Children's Health Resort in Krvavica, designed by Rikard Marasović? How to be the voice not only of the editors, but also of the dozens of activists, researchers, architects, artists and citizens in their years-long efforts to preserve it, document its state, revitalise it, produce some form of knowledge about it through texts, artwork, films, protest letters, petitions, activism? Scattered as these groups, close and remote neighbours, individuals, associations and initiatives are, can we even talk about a kind of "community" between them? Or about a "collective body" of sorts, made up of all these people, who care about the protection of this extraordinary building, the embodiment of a future lost to us as a society? How do we talk about it, what language could connect, on the one hand, the context and the original intent of the architect (and of the society that entrusted him with the task) to design and build a health resort for children suffering from respiratory diseases in a pine forest by the sea, and, on the other hand, the present moment, in which the state is trying to get rid of the building, as its owner? When it is trying to sell it because it has made no provisions to retain it as public property, to the benefit of the local (and larger) community, has no vision for such a scenario and no desire to implement it? How to talk about the Children's Health Resort at a time when the public healthcare system is being slowly picked apart and the state itself is withdrawing from a sector which its more socially sensitive precursor spent decades building?

Why can't we preserve the masterpieces of Modernist architecture from the second half of the 20th century and the Krvavica Children's Health Resort as the symbols of an era? Why are we (un)able to retain it as public property and invest it with a new purpose? Why does it not conform to the current conceptualisations of the production of space, spatial planning policies or ideas of spatial planning managers?

..."CAN'T" AS AN IDEOLOGICAL CONSTRUCT

At its core, the claim that the state can't adequately manage the property it owns, i.e. that "if the state is the owner, it effectively means that there is no owner"[1], leading to its decay and dilapidation, as well as losses for everyone

1 As stated by Joško Roščić, long-term mayor of the Municipality of Baška Voda and opponent of the protection of the Health Resort as cultural

© Antonia Vodanović

ne postoje empirijski dokazi da je privatni sektor suštinski uspješniji.[2] "Stvaranje poduzetničke klime" postala je mantra svih vladajućih političkih opcija od samostalnosti naovamo, bile one desne ili lijevo-liberalne. Iako je prva faza privatizacije u Hrvatskoj započela još za vrijeme rata početkom 1990-ih, dakle, u izvanrednim okolnostima u kojima su klijentelistička premreženost, odsustvo nadzora i transparentnih procedura prouzročili brojne nepravilnosti, ona se (institucionalno) slabo dovodi u pitanje. U isto vrijeme, velik dio javnosti s pravom smatra da je pretvorba provedena na štetu društva kao cjeline, a praksa upravljanja preostalim državnim nekretninama, poput bivšeg Dječjeg lječilišta, ne predstavlja radikalan zaokret u odnosu na takve "politike". Državni ured za upravljanje državnom imovinom (DUUDI) osnovan je tek u prosincu 2011. godine.[3] Zanimljivo je da je tek 2013. godine, nakon dvadeset i nešto godina potpunog nereda u polju, lijevo-liberalna vlada donijela Strategiju upravljanja državnom imovinom.[4] Međutim, drugi čovjek DUUDI-ja, zamjenik predstojnika ureda Alen Čičak, u intervjuu iz 2016. tvrdi da ni oni, zapravo, ne mogu puno učiniti.[5] U konkretnom primjeru Lječilišta, navodi neriješena vlasnička pitanja kao razlog nečinjenja,[6] iako su u navedenom dokumentu i sami objavili koliko je materijalne i kulturne štete već nastalo u sustavu upravljanja državnom imovinom na raznim primjerima, od Kupara kod Dubrovnika do vojarne Muzil u Puli. Još dodaje: „Da li je to samo bila nebriga, da li je to smišljeno, ja ne mogu ulazit u to, ali činjenica je da je materijalna šteta zbog nebrige (...) mjeri se u milijardama kuna."[7]

Recentnije, bilo je pokušaja utjecanja na državne institucije kako bi promijenile smjer ili barem napravile iznimku, odnosno počele na upravljanje državnom

2 https://www.lupiga.com/vijesti/dobar-los-zao-drzava-nije-nista-losiji--vlasnik-od-privatnika, pristupljeno 1. 2. 2024.

3 Državni ured za upravljanje državnom imovinom (DUUDI) osnovan je temeljem Zakona o ustrojstvu i djelokrugu ministarstava i drugih središnjih tijela državne uprave i Zakona o sustavu državne uprave u prosincu 2011. godine. Od listopada 2016. nastavlja s radom kao Središnji državni ured za upravljanje državnom imovinom (pravni sljednik).

4 Na temelju članka 9., stavka 2. Zakona o upravljanju državnom imovinom (»Narodne novine«, br. 145/10. i 70/12.), Hrvatski sabor na sjednici 14. lipnja 2013., donio je Strategiju upravljanja i raspolaganja imovinom u vlasništvu Republike Hrvatske za razdoblje od 2013. do 2017. godine.

5 Alen Čičak u dokumentarnoj seriji *Betonski spavači*, prva sezona: E03 Tajanstveni objekt u borovoj šumi, 2016.

6 Uvidom u zemljišne knjige, vidimo da je kao vlasnik nad objektom upisana Republika Hrvatska, odnosno Ministarstvo obrane Republike Hrvatske (stanje iz ožujka 2024.).

7 U istom razgovoru Alen Čičak navodi i da je Eurostat državnu imovinu procijenio na 32 milijarde eura. *Betonski spavači*, prva sezona: E03 Tajanstveni objekt u borovoj šumi, 2016.

involved, is an ideological construct. Over the past few decades, we have been constantly told that private property is more effective than public and that privatisation guarantees better service and streamlines business, although there is no empirical evidence that the private sector is, in fact, more successful.[2] Ever since Croatia's independence, "creating a favourable environment for entrepreneurs" has been the mantra of every political party in power, whether right-wing or left-liberal. Although the first stage of privatisation in Croatia began during the war, in the early 1990s, in extraordinary circumstances marked by clientelism and an absence of oversight and transparent procedures, it is rarely (institutionally) questioned. The effects of the concomitant transformation of public and state-owned into private property were undoubtedly detrimental to society as a whole, and the management of the remaining state property, such as the former Children's Health Resort, did not significantly diverge from that "policy". The State Property Management Office (Croatian: *Državni ured za upravljanje državnom imovinom, DUUDI*) wasn't founded until December 2011.[3] Interestingly, it was not until 2013, after more than twenty years of utter dysregulation in the sector, that the left-liberal government adopted the Strategy of State Property Management.[4] However, in an interview broadcast in 2016, DUUDI vice-president Alen Čičak said that not even the Office could do very much,[5] and justified the lack of action with respect to the Health Resort with unresolved property relations.[6] However, in the mentioned document, the Office published exact data on the amount of financial and cultural damage incurred within the system of state property management, drawing on various examples, from Kupari near Dubrovnik to the Muzil barracks in Pula. "I'll refrain from commenting on whether it was just

property of the Republic of Croatia: https://net.hr/danas/potraga/prepusteni-zubu-vremena-zasticenu-zgradu-vojnog-ljecilista-strucnjaci-bi-sacuvali-drzava-prodala-a-nacelnik-rusio-290ca63e-b9f2-11ec-9288-0242ac120011, retrieved on 23rd February 2024.

2 https://www.lupiga.com/vijesti/dobar-los-zao-drzava-nije-nista-losiji-vlasnik-od-privatnika, retrieved on 1st February 2024.

3 The State Property Management Office (DUUDI) was established in December 2011 pursuant to the Act on the Structure and Scope of Ministries and State Administration Organisations and the Act on the State Administration System. In October 2016, it continued operating as the Central State Property Management Office (its legal successor).

4 At the session held on 13 June 2013, the Croatian Parliament, pursuant to Article 9, paragraph 2 of the State Property Management Act (Official Gazette, no. 145/10 and 70/12), adopted the Strategy of the Management and Disposal of the Property Owned by the Republic of Croatia for the Period From 2013 to 2017.

5 Interview with Alen Čičak for the documentary series *Slumbering Concrete*, Season 1, Episode 3: "Mysterious Object in the Pine Forest", 2016.

6 According to data from the land registers (retrieved in March 2024), the Ministry of Defence of the Republic of Croatia is entered therein as the owner of the structure.

imovinom gledati „manje pravocrtno“[8] i to nudeći konkretne prijedloge. Arhitekt Maroje Mrduljaš navodi da je preko američke Zaklade Getty i njihovog programa potpore *Keeping it modern*, upravo namijenjenog očuvanju modernističke arhitekture u globalnim okvirima, pokušao razgovarati s nadležnima. Namjera je bila da se tim putem financira idejni projekt obnove i upravljanja u iznosu od oko 200.000 dolara, što bi po njemu bila dobra baza za daljnji razvoj. Jedan od uvjeta bilo je zadržavanje zgrade u javnom vlasništvu, no država je taj prijedlog odbila pa se može zaključiti da je se želi riješiti pod svaku cijenu.[9] Iako prodaju kao jedino rješenje zastupaju i predstavnici lokalne vlasti, koji se ne libe govoriti i o potencijalnom rušenju objekta sa statusom kulturnog dobra,[10] to ne bi trebalo spriječiti građane i aktiviste da se nastave boriti za očuvanje zgrade i drugačiji scenarij jer im ona još uvijek pripada, i materijalno i simbolički.

O KRATKOJ POVIJESTI JEDNE KULTNE ZGRADE I PROBLEMU DRUŠTVENOG PAMĆENJA

Kružni objekt nekadašnjeg Vojnog dječjeg lječilišta u Krvavici, nedaleko Makarske, jedno od devastiranih arhitektonskih remek-djela izgrađeno u prvoj polovici 1960-ih po projektu Rikarda Marasovića, polazna je točka ove publikacije.[11] Izgrađeno u doba socijalističke Jugoslavije, bilo je dio vojne imovine, a projektirano je za potrebe liječenja i rehabilitaciju djece s respiratornim bolestima vojnih osiguranika.[12] Zgrada je mijenjala funkciju, pa tako 1973. postaje vojno

8 Maroje Mrduljaš u razgovoru sa Silvanom Menđušić: https://net.hr/danas/potraga/prepusteni-zubu-vremena-zasticenu-zgradu-vojnog-ljecilista-strucnjaci-bi-sacuvali-drzava-prodala-a-nacelnik-rusio-290ca63e-b9f2-11ec-9288-0242ac120011, pristupljeno 23. 2. 2024.

9 Isto.

10 Joško Roščić u medijima se navodi kao „jedan od najdugovječnijih hrvatskih načelnika”. Dolazi iz redova Hrvatske demokratske zajednice (HDZ), a načelnik je Općine Baška Voda od 1993. godine. Ista politička opcija – HDZ, bila je na vlasti za vrijeme rata kada je provođena rana privatizacija 1990-ih.

11 U primarnom fokusu aktivista je kružni objekt, iako se kompleks Dječjeg lječilišta sastoji i od pomoćnih objekata, poput stambene zgrade koja je u funkciji i ima 8 stanova, manje-više stalno naseljenih.

12 Zanimalo nas je što točno znači da je Lječilište bilo namijenjeno djeci vojnih osiguranika, označava li termin samo djecu vojnih lica ili i drugih zaposlenih u tadašnjoj JNA? Jugoslavenska narodna armija (JNA) sastojala se od kopnene vojske, ratne mornarice te ratnoga zrakoplovstva i protuzrakoplovne obrane. Početkom 1990-ih imala je oko 78 000 profesionalnih pripadnika i oko 100 000 novaka. Prema navodima bivše zaposlenice, u nekadašnje Lječilište "mogla su dolazit djeca svih zaposlenika koji su radili u ustanovama JNA. Tako su se mogli koristit hoteli Kupari, Baško polje, Crikvenica. Nisam ništa koristila, al sam mogla. Bilo je jeftinije"(VM).

neglect or done intentionally, but the fact is that the financial damage caused by neglect (...) is estimated in billions of kuna.", Čičak added.[7]

Recently, there have been attempts to persuade state institutions to change their policies, or at least make an exception to them. The idea was to encourage them to adopt a "less strict" approach to the management of state property[8], by putting forward case-specific proposals. Architect Maroje Mrduljaš pointed out his attempts to address the Getty Foundation's grant-making programme *Keeping It Modern,* focussed on the conservation of Modernist architecture, in his conversations with competent officials. The intention was to use the grants from the programme to secure financing for a preliminary renovation and management project, in the approximate amount of 200,000 dollars, which, he believes, would constitute a solid foundation for further development. However, considering that the government refused to fulfil one of the conditions for the grant – the retention of the structure as public property, it can be concluded that the plan is to get rid of it at all costs.[9] Despite the fact that even the representatives of the local authorities have been advocating for sale as the alleged only solution and openly discussing the possibility of demolishing this protected cultural property,[10] citizens and activists should not be discouraged from pressing on in their fight to preserve the structure and bring about a different scenario. The Health Resort still belongs to them, both literally and symbolically.

7 In the same interview, Alen Čičak also stated that Eurostat had estimated the value of the state property at 32 billion euro. *Slumbering Concrete*, Season 1, Episode 3: "Mysterious Object in the Pine Forest", 2016.

8 Maroje Mrduljaš, interviewed by Silvana Menđušić: https://net.hr/danas/potraga/prepusteni-zubu-vremena-zasticenu-zgradu-vojnog-ljecilista-strucnjaci-bi-sacuvali-drzava-prodala-a-nacelnik-rusio-290ca63e-b9f2-11ec-9288-0242ac120011, retrieved on 23rd February 2024.

9 Ibid.

10 The media have referred to Joško Roščić as "one of the longest-standing Croatian mayors". Affiliated with the Croatian Democratic Union (Croatian: *Hrvatska demokratska zajednica, HDZ)*, he has served as mayor of the Baška Voda Municipality since 1993. The same political party, the HDZ, was in power during the 1990s war and the concomitant early stages of privatisation.

© Nataša Bodrožić, Silvia Hödl

A BRIEF HISTORY OF A LEGENDARY BUILDING AND SOME NOTES ON COLLECTIVE MEMORY

The point of origin of this publication is the circular building of the former Children's Health Resort of the Yugoslav People's Army in Krvavica near Makarska, one of the devastated architectural masterpieces built in the first half of the 1960s and designed by Rikard Marasović.[11] Built during the era of Socialist Yugoslavia, it was army property, designed for the treatment and rehabilitation of the children of Army-insured persons suffering from respiratory diseases.[12] In 1973, after it was repurposed, the building became an army vacation resort. Its primary healthcare purpose was replaced with a tourism-oriented one, accompanied by plans for the further touristification of the broader surrounding area.[13] The inability of army and workers' vacation resorts on the Makarska Riviera to operate in a financially self-sustaining manner prompted the "inclusion of these capacities in commercial tourism" as an economic solution.[14] Nevertheless, out of season, the army vacation resort would open its doors to persons with special needs, financially disadvantaged workers and primary-school pupils attending open-air classes. According to the locals and former employees, this practice was kept up until 1990.[15] In 1991, the Yugoslav People's Army left Krvavica, leaving the building in a well-maintained state.[16] During the war, from 1991 to 1995, it was used to accommodate refugees and the wounded, as well as for special military unit training. In the early 2000s, the building was "demilitarised" and the Ministry of Defence of the Republic of Croatia surrendered its manage-

11 Although the primary concern of the activists is the circular building, the Health Resort complex also includes auxiliary buildings and a residential building with 8 apartments, for the most part permanently inhabited.

12 We were interested in what the claim that the Health Resort had been intended for the children of Army-insured persons really meant. Did the term refer only to the children of military personnel or to the children of all the employees of the Yugoslav People's Army? The Yugoslav People's Army had consisted of the ground forces, the navy, the air force and the air defence. In the early 1990s, it had approximately 78 000 professional soldiers and 100 000 conscripted soldiers. According to a Krvavica local who was an Army employee, the former Health Resort "was open to the children of all the employees of the Yugoslav People's Army's institutions. The Kupari, Baško polje and Crikvenica resorts were also open to them. I didn't use any of these, but I could have. It was the cheaper option" (VM).

13 VODANOVIĆ 2024, page 266-267 of this publication.

14 Matko Meštrović, 1967, derived from research by A. Vodanović conducted in 2020, as cited on p. 274, 279 of this publication.

15 Research by A. Vodanović from 2020, as cited on p. 278-285 of this publication.

16 According to a statement by Marin Andrijašević in the documentary series *Slumbering Concrete*, Episode 3: "Mysterious Object in the Pine Forest", 2016.

odmaralište, kada iz primarne zdravstvene namjene prelazi u turističku, uz planove za daljnju turistifikaciju šireg područja.[13] Zbog nemogućnosti financijske samoodrživosti vojnih i radničkih odmarališta na Makarskoj rivijeri već u tadašnje vrijeme, ekonomsko rješenje pronađeno je „u uključivanju i tih kapaciteta u komercijalni turizam“.[14] Međutim, izvan sezone, vojno odmaralište otvara se za osobe s posebnim potrebama, radnike slabijeg imovinskog stanja, učenike osnovnih škola na rekreativnoj nastavi.[15] Prema svjedočenju lokalnih stanovnika i bivših zaposlenika, tako je bilo sve do 1990-e. Jugoslavenska narodna armija 1991. odlazi iz Krvavice, ostavljajući zgradu neoštećenu.[16] Za vrijeme rata, 1991. – 1995., koristi se za smještaj izbjeglica, ranjenika, obuku specijalnih vojnih jedinica. Početkom 2000-ih zgrada je “demilitarizirana”, prešla je iz nadležnosti MORH-a u ruke državne agencije Club Adriatic.[17] Tada je uklonjen nadzor nad objektom čime je otvoren put postupnoj devastaciji koja je do danas poprimila neslućene razmjere.

Zgrada već skoro šezdeset godina kontinuirano živi sa stanovnicima malog mjesta na Makarskoj rivijeri, nekolicina mještana u njoj provodi čitav radni vijek, ali i svjedoči procesima njezine degradacije. Međutim, u prvoj dekadi 2000-ih, već prilično opustošena, dolazi u fokus stručnog, arhitektonskog interesa, a zatim postepeno i šire javnosti. Istodobno s njezinom afirmacijom kao zanemarenog, iz povijesti izostavljenog remek-djela moderne arhitekture i nastojanjima da se očuva,[18] medijskim posredovanjem, započinje kreiranje novih narativa. Zgrada sve više postaje “tajanstveni objekt”, čime se prema nekim mišljenjima, možda i nehotice, dekontekstualizira – izdvaja iz konkretnog društvenog i povijesnog trenutka u kojemu je nastala. S druge strane, i takav pristup zacijelo je pokušaj

13 VODANOVIĆ 2024, str. 266-267 ove publikacije.

14 Matko Meštrović, 1967. u istraživanju A. Vodanović provedenom 2020.: VODANOVIĆ 2024, str. 274, 279 ove publikacije.

15 Istraživanje A. Vodanović iz 2020.: VODANOVIĆ 2024, str. 278-285 ove publikacije.

16 Prema kazivanju Marina Andrijaševića u dokumentarnoj seriji *Betonski spavači: E03 Tajanstveni objekt u borovoj šumi*, 2016.

17 Club Adriatic bilo je državno poduzeće koje je upravljalo vojnim objektima. Još su prije 15 godina tvrdili da su 2002. godine "preuzeli devastirani objekt" te da zbog ulaganja u druge, nisu mogli ulagati u Krvavicu. Kao i vandali koji su je nagrdili, ni menadžeri iz Cluba Adriatic, koje je država angažirala da nekretninu čuvaju, nisu učinili ništa da sačuvaju jedinstveni objekt, riječima novinarke Silvane Menđušić u reportaži i tekstu: https://net.hr/danas/potraga/prepusteni-zubu-vremena-zasticenu-zgradu-vojnog-ljecilista-strucnjaci-bi-sacuvali-drzava-prodala-a-nacelnik-rusio-290ca63e-b9f2-11ec-9288-0242ac120011, pristupljeno 21. 2. 2024.

18 Prvenstveno arhitektica Miranda Veljačić i Platforma 9,81, čijim je zalaganjem, u suradnji s Konzervatorskim odjelom Ministarstva kulture u Splitu zgrada dobila preventivnu (2012.), pa trajnu zaštitu (2015.).

ment to the Club Adriatic state agency.[17] Any oversight of the structure was thus eliminated, which opened up the path towards gradual devastation, one which has hitherto escalated beyond all predictions.

The citizens of a small town on the Makarska Riviera have been living side by side with the building for almost sixty years. Some of them, having spent their entire lives working in it, were also privy to the processes of its decay. Nevertheless, in the first decade of the 2000s, the structure, by then quite dilapidated, attracted the interest of architectural experts, and, subsequently, of the general public as well. Simultaneously with its recognition as a neglected modern architectural masterpiece overlooked in historical narratives and with the efforts to preserve it[18], new narratives were being created and disseminated by the media. More and more often, the building was being described as a "mysterious object". According to some, this may have, even inadvertently, caused it to be decontextualised, i.e. extrapolated from the social and historical circumstances of its origin. On the other hand, even this kind of media approach can be construed as a means to garner interest in the building and emphasise the radical dichotomy between two paradigms: that of the social regime under which it was built and that under which it has been decaying. "Abandoned, forgotten, dilapidated spaces slowly being occupied by nature seem like the remains of an ancient, long-gone civilization", is how the narrator opens the first season of the *Slumbering Concrete* series[19]. Indeed, if we define civilisation in terms of societal evolution, i.e. as a higher level of societal development, a more developed form of material and cultural goods and the fulfilment of human and social needs, the above comparison is somewhat fitting. The comparison with an ancient, long-gone civilisation, i.e. with a world that no longer exists, is a kind of

17 The Club Adriatic was a state-owned company which managed military structures. 15 years ago, they claimed that, in 2002, they had "taken over the devastated building" and that they were unable to invest in Krvavica due to other investments. According to journalist Silvana Menđušić in her feature, available at https://net.hr/danas/potraga/prepusteni-zubu-vremena-zasticenu-zgradu-vojnog-ljecilista-strucnjaci-bi-sacuvali-drzava-prodala-a-nacelnik-rusio-290ca63e-b9f2-11ec-9288-0242ac120011 (retrieved on 21st February 2024), like those who vandalised this unique structure, the Club Adriatic managers, hired by the state to protect it, did nothing to preserve it.

18 The efforts being primarily those of architect Miranda Veljačić and Platforma 9,81, which resulted, through cooperation with the Historic Preservation Department of the Ministry of Culture in Split, in the building being placed under preventive (2012) and permanent protection (2015).

19 *Slumbering Concrete* is a documentary series whose first season was broadcast in 2016 by the Croatian Radiotelevision (directed by Saša Ban, scripted by Saša Ban, Maroje Mrduljaš and Nevenka Sablić, and produced by Hulahop d.o.o for the Croatian Radiotelevision).

© Doplgenger

da se na nju skrene pozornost, da se naglasi radikalna opreka dviju paradigmi: društvenog sustava koji ju je generirao s onim u kojemu je doživjela razgradnju. „Napušteni, zaboravljeni, ruševni prostori koje polako zaposjeda priroda, čine se poput ostataka neke davne, nestale civilizacije“, započinje narator prvu sezonu serijala *Betonski spavači.*[19] I zaista, ako u društveno-evolutivnom smislu civilizacija označuje višu razinu društvenoga razvoja, razvijeniji oblik materijalnih i kulturnih dobara i zadovoljavanja ljudskih i društvenih potreba, ovakva usporedba do neke mjere je prihvatljiva. Usporedba s nekom davnom, nestalom civilizacijom, dakle, svijetom kojeg više nema, svojevrsna je hiperbola koja (na televizijskim gledateljima prihvatljiv način) zapravo pokušava komunicirati radikalan rez koje je današnje hrvatsko društvo napravilo s vlastitom socijalističkom prošlošću. Ono ju je nastojalo u potpunosti odstraniti.

„(...) 'doba Jugoslavije' kao inkarnacija apsolutnog mraka jezdi kroz kolektivno pamćenje Hrvata čak i kada ga se oni ne sjećaju, odnosno – ponajprije tada. Za one u odmaklim godinama, pak, nikako nije preporučljivo pamtiti to razdoblje u povoljnijem svjetlu nego što je to podnošljivo, barem da se izbjegne sumnja na sabotažu. A poznat je i motiv obuhvatne nacionalizacije memorije: slika davne Jugoslavije kao maternice svih zala u optjecaju je zbog toga da se današnje nesreće ne bi doimale toliko beznadnima.”, rekao je jednom prilikom Viktor Ivančić. I dodao: “Ima li većeg samoponiženja od krivotvorenja vlastita sjećanja?”[20]

Naslov ove publikacije poigrava se upravo s pripovijedanjem o recentnijoj prošlosti. Pripovjedač je nesiguran, sjećanje je manipulativno polje, a društveno pamćenje krhko.

19 *Betonski spavači* je dokumentarna serija čija je prva sezona započela s emitiranjem 2016. na Hrvatskoj radioteleviziji (režija: Saša Ban, scenarij: Saša Ban, Maroje Mrduljaš, Nevenka Sablić, producent: Hulahop d.o.o za HRT)

20 Viktor Ivančić: Memorija i Jugoslavija, portal Novosti, 18. 11. 2022.: https://www.portalnovosti.com/memorija-i-jugoslavija, pristupljeno 25. 2. 2024.

hyperbole, intended to communicate (in a manner palatable to TV audiences) the radical break of Croatian society with its own Socialist past. In fact, it was an endeavour to completely erase it.

In the words of Viktor Ivančić, "(...) as an incarnation of the ultimate dark age, the 'Yugoslav era' haunts the collective memory of Croats, even if they themselves don't remember it – in fact, it happens mostly in such cases. Those among them who are somewhat older are strongly advised not to remember the period in a more favourable light than would be palatable – if for no other reason, then at least to avoid being suspected of sabotage. There is also the well-known motif of the all-encompassing nationalisation of memory: the image of the bygone Yugoslavia as the root of all evil has gained currency because it is meant to make the present misfortunes less dire by comparison." He added: "Is there greater self-humiliation than counterfeiting one's own memories?"[20]

The title of this publication is a play on the narration of the recent past. The narrator is unreliable, memory is a space of manipulation, and collective memory is fragile.

"HERITAGE ACTIVISM": A BRIEF OVERVIEW OF CITIZENS' INITIATIVES FOR THE CONSERVATION OF THE CHILDREN'S HEALTH RESORT IN KRVAVICA

From its beginnings in 2013, the Motel Trogir project and its many collaborators have operated at the intersection of activism, art and architecture. For years, in forensics-like endeavours, we have been collecting evidence in order to re-establish a connection to, and continuity with, our common Socialist past, and find ways of discussing it as objectively as possible. At the same time, we joined forces with interested non-institutional parties, then still small in number, in an attempt to salvage the most prominent examples of late Modernist architecture, a type of architectural heritage which still hasn't received adequate attention from relevant institutions. Our efforts started with a motel in Trogir designed by Ivan Vitić, which was placed under protection in 2013 and from which the name of our project originates. Over the following ten years, we continued our work in the field of so-called heritage activism, addressing various topics, structures and issues as part of the complex process of "defining recent cultural heritage".

20 Viktor Ivančić: "Memorija i Jugoslavija", the *Novosti* portal, 18 November 2022: https://www.portalnovosti.com/memorija-i-jugoslavija, retrieved on 25th February 2024 (translation of the original quotation in Croatian).

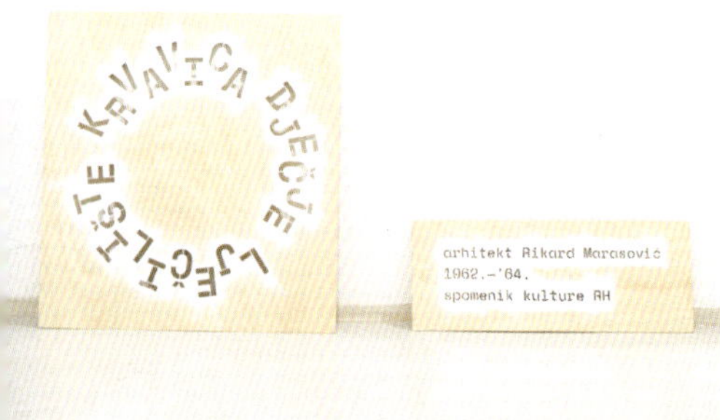

© Saša Šimpraga

Jan Pavlović: vizualni identitet i privremena signalizacija za Dječje lječilište u Krvavici

Jan Pavlović: Visual identity and temporary signage for Children's Health resort in Krvavica

"BAŠTINSKI AKTIVIZAM": KRATAK PREGLED GRAĐANSKIH INICIJATIVA ZA OČUVANJE DJEČJEG LJEČILIŠTA U KRVAVICI

Projekt Motel Trogir, s mnogobrojnim suradnicima, od svog začetka 2013. godine djeluje na raskrižju aktivizma, umjetnosti i arhitekture, pri čemu godinama, poput kakvih forenzičara, prikupljamo dokaze kako bismo ponovno uspostavili vezu, kontinuitet i pronašli načine da o zajedničkoj socijalističkoj prošlosti govorimo (koliko-toliko) objektivno. U isto vrijeme, pridružujemo se tada malobrojnim akterima na vaninstitucionalnoj sceni kako bismo pokušali spasiti najbolje primjerke arhitekture kasnog modernizma, graditeljske baštine kojoj još uvijek nije posvećena adekvatna institucionalna pažnja. Započeli smo s motelom u Trogiru arhitekta Ivana Vitića, zaštićenim krajem 2013. po kojem je cjelokupni projekt dobio ime te sljedećih više od deset godina nastavili djelovati u polju tzv. baštinskog aktivizma dotičući se različitih tema, objekata i problema u kompleksnom procesu "definiranja novije kulturne baštine". U međuvremenu, projekt Motel Trogir prepoznat je kao svojevrsno sučelje, medijator između struke i najširih skupina građana koji prepoznaju područje zaštite modernističkih okoliša kao

© Nataša Bodrožić

During that period, the Motel Trogir project established itself as an interface, a mediator between the experts and the general public that recognised the conservation of Modernist environments as a segment of the broader struggle for the protection of public spaces and public goods, which has been a burning political issue in Dalmatia and other regions for the past two decades.

We first heard about the Children's Health Resort in Krvavica from our fellow architects, at the outset of the Motel Trogir project activities. The first significant text was the one by Miranda Veljačić for *Oris* magazine[21]. The author had retrieved information on the facility, theretofore relatively unknown to professionals in the field, from the dusty, scattered documents in the Army Archives of the Lora naval base in Split. The article provided the first thorough architectural analysis of the facility and an assessment of its state. Shortly thereafter, the author and a number of interested parties started working on its protection, together with the employees of the Historic Preservation Department of the Ministry of Culture in Split. We first visited Marasović's Health resort in June

21 Miranda Veljačić: "Feathers in the Bora", *ORIS magazine for architecture and culture of living*, number 50, year 2008.

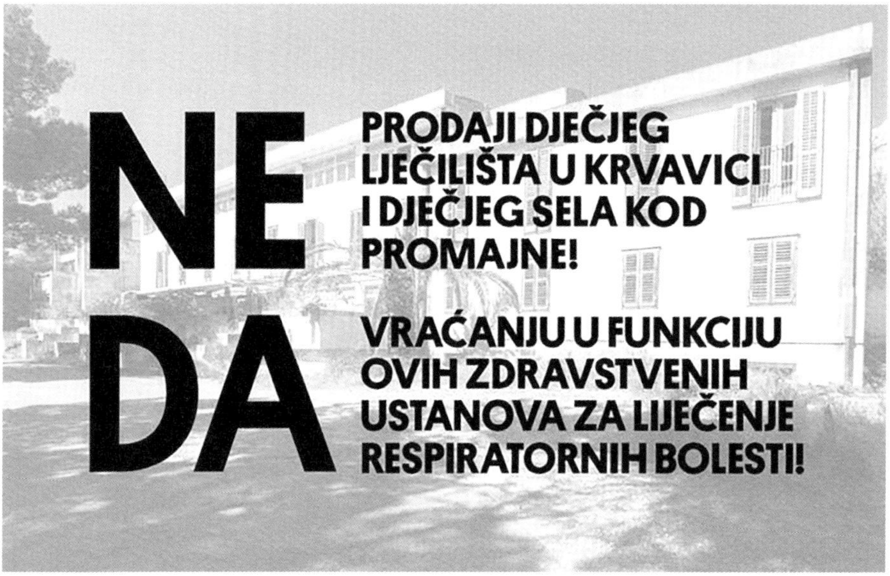

Vizual / Graphic: Nikola Križanac

segment šireg polja borbe za očuvanje javnih prostora i javnih dobara, što je u posljednja dva desetljeća postala ključna politička tema u Dalmaciji, ali i puno šire.

Za Dječje lječilište u Krvavici prvi put saznajemo od kolega arhitekata, negdje na početku djelovanja projekta Motel Trogir. Prvi važan tekst bio je onaj iz časopisa *Oris* Mirande Veljačić koja nalazi dokumentaciju o dotad slabo poznatom objektu u arhivu Vojne luke Lora u Splitu, među prašnjavim, nesređenim dokumentima.[21] Tom prilikom daje temeljitu arhitektonsku analizu objekta i dijagnosticira stanje. Uskoro, s nizom protagonista počinje raditi na njegovoj zaštiti, uključujući djelatnike Konzervatorskog odjela Ministarstva kulture u Splitu. Prvi put posjećujemo zgradu u lipnju 2015. godine,[22] a već 2016. Marasovićevo lječilište postaje jedna od neizostavnih točaka za studijske obilaske niza međunarodnih umjetnika u našoj rezidenciji.[23] Od tada ga opsesivno dokumentiramo. Iste godine u prvoj fazi rezidencije Motel Trogir boravi umjetnički

21 Miranda Veljačić "Perje na buri", ORIS časopis za arhitekturu i kulturu življenja, broj 50, 2008.

22 Posjet Krvavici bio je dio ture organizirane u suradnji s Michaelom Zinganelom, kao produžetak izložbe *Holidays After the Fall*, u organizaciji udruge Slobodne veze / projekta Motel Trogir u Muzeju grada Trogira, lipnja 2015. Tura s fokusom na modernizam obuhvatila je niz lokaliteta, od Primoštena do Tučepi.

23 Od 2015. godine organiziramo rezidencije za umjetnike, a od 2014. produkcija umjetničkih radova neraskidivo je povezana s projektom i kampanjom za zaštitu i kritičku revalorizaciju modernističke arhitekture projekta Motel Trogir.

2015,[22] and as early as in 2016, the building became one of the mandatory sites on the study tours of the numerous international artists who participated in our residency programme.[23] It was then that we began to meticulously document its state. The same year, the Doplgenger duo from Belgrade, as the resident artists of the first phase of the Motel Trogir programme, selected the building as the subject/starting point of their video essay *A Record of Landscape without Prehistory,* which they would begin shooting in Krvavica the following year.[24] In the meantime, the state television began broadcasting the first season of the *Slumbering Concrete* series, thereby introducing (the phenomenon and the necessity of the preservation of) Modernist architecture from the period of Socialist Yugoslavia to mainstream audiences. Since the Children's Health Resort was one of the structures featured on the series, information about it reached the general public.

Following an open call we launched for the design of the signage of Vitić's motel in Trogir and Marasović's health resort in Krvavica in early 2018, we chose the design submitted by Jan Pavlović, which we partially realised that same year. Whereas the Trogir authorities had quickly granted us all the necessary permits for an info-panel with a bilingual description of the structure and a number of signs to be placed on access paths, despite numerous attempts, requests and visits to the Baška Voda municipal authorities, we were unable to obtain a permit for the placement of an info-panel in Krvavica. Since we had been clearly informed that the municipal authorities[25] were against it, we were forced to mark the location only partially and in a "guerilla" manner: on the ground, on the access roads to the building and in its immediate vicinity, using non-permanent paint. The signage was also featured at the exhibition held in October 2018 in

22 The visit to Krvavica was part of a tour organised in collaboration with Michael Zinganel, as an extension of the exhibition "Holidays After the Fall", organised by the Loose Associations initiative / Motel Trogir project at the Museum of the City of Trogir in June 2015. The Modernism-focused tour included a number of localities, from Primošten to Tučepi.

23 We have organised artist residencies since 2015, and as of 2014, the artistic production has been indelibly linked to the Motel Trogir project and its campaign for the protection and critical re-evaluation of Modernist architecture.

24 The test version of the film was screened at the symposium "Towards a New Heritage" held in October 2019 in the Youth Centre in Split. The completed version was screened in the summer of 2020 in Krvavica, then at the 25 FPS festival in Zagreb, as well as at the VN Gallery. This was followed by another screening in 2021 at the Galić Salon in Split.

25 Although we had been aware that the local authorities did not support the preservation of the building, as shown in the *Slumbering Concrete* series, we were still taken aback by their manner of communication.

duo Doplgenger iz Beograda koji ga odabire kao temu/polazište za svoj video esej *Snimak pejzaža bez predistorije* te sljedeće godine započinju snimanje u Krvavici.[24] U međuvremenu, na državnoj televiziji počinje emitiranje prve sezone serije *Betonski spavači,* što je označilo prodor teme (o fenomenu i potrebi očuvanja) modernističke arhitekture iz razdoblja socijalističke Jugoslavije u *mainstream.* Dječje lječilište u Krvavici bilo je upravo jedan od objekata koje je serija apostrofirala te je time informacija o zgradi dospjela do najšire javnosti.

Početkom sljedeće godine, 2018. raspisujemo natječaj za signalizaciju Vitićevog motela u Trogiru i Marasovićevog lječilišta u Krvavici te odabiremo dizajnersko rješenje Jana Pavlovića, koje djelomično realiziramo iste godine. Dok smo za Trogir vrlo brzo dobili sve potrebne dozvole, za info-ploču s dvojezičnim opisom objekta te niz oznaka na pristupnim stazama, usprkos nizu pokušaja, molbi i posjeta Općini Baška Voda, dozvolu za postavljanje info-ploče u Krvavici ne dobivamo. Naime, tamo nam je jasno rečeno da se Općina[25] tome protivi te smo prisiljeni signalizaciju samo djelomično izvesti "gerilski" – na tlu, na prilazima objektu te u njegovoj neposrednoj blizini, reverzibilnom bojom. Signalizaciju smo predstavili i na izložbi *Nije uvijek budućnost ono što dolazi*, u Splitu u listopadu 2018.

Negdje 2019. započinjemo suradnju s članovima Udruge Kačić iz Podgore, kada nam se javljaju u vezi zgrade FINA-e arhitekta Petra Vulovića u Makarskoj koju žele zaštititi. Iste godine s njima realiziramo stručno vođenu turu *Moderna Makarska*,[26] s obzirom na njihov rad na opusu arhitekta Ante Rožića i mapiranje šireg područja Makarske rivijere. Nekako s prvim danima pandemije u travnju 2020. iz lokalnih medija saznajemo da je bivše Dječje selo kod Promajne, u vlasništvu Republike Hrvatske, stavljeno u prodaju te da se obližnje Dječje lječilište u Krvavici, također u državnom vlasništvu i zaštićeno kulturno dobro, namjerava privatizirati. Tekst Ivana Huljeva o ovom slučaju objavljen na društvenim mrežama Udruge Kačić, poslužio je kao okidač da kao tim projekta Motel Trogir predložimo ujedinjenu akciju različitih aktera zainteresiranih za sudbinu Lječilišta. Brzo se organiziramo te pozvavši i Mirandu Veljačić / Platformu 9,81 da se priključi inicijativi, u samo nekoliko sati prikupljamo stotine potpisa koje prilažemo pismu protiv prodaje te ga šaljemo Vladi RH i resornim ministarstvima.

24 Testnu verziju filma prikazujemo na simpoziju „Prema novom nasljeđu" u Domu mladih u Splitu, listopada 2019., a dovršen film 2020. u Krvavici, na Festivalu 25 FPS te Galeriji VN u Zagrebu, a potom u Salonu Galić, u Splitu 2021.

25 Iako smo bili svjesni da lokalne vlasti nisu naklonjene očuvanju objekta, što smo mogli vidjeti u serijalu *Betonski spavači*, ipak smo ostali iznenađeni načinom komunikacije.

26 Turu su vodile arhitektice Petra Radić i Petra Jerković iz Udruge Kačić.

the Multimedia Cultural Centre Split, under the title *It is not future that always comes after.*

In 2019, we started collaborating with the members of the Kačić Association from Podgora, who contacted us regarding the building of the Financial Agency in Makarska, designed by Petar Vulović, which they were trying to place under protection. That same year, drawing upon the Association's work on the oeuvre of architect Ante Rožić and their mapping of the broader Makarska Riviera area, we joined forces with them on the guided tour *Moderna Makarska* ("Modern Makarska")[26]. In April 2020, during the first days of the pandemic, local media reported that the former Children's Village near Promajna, owned by the Republic of Croatia, had been put up for sale and that there had been plans to privatise the nearby Children's Health Resort in Krvavica, also state-owned, with the status of protected cultural property. Ivan Huljev's text about this case, published on the social networks of the Kačić Association, served as a trigger for us as a team of the Motel Trogir project to propose a united action of various stakeholders interested in the fate of the Health Resort. Having swiftly organised and invited Miranda Veljačić / Platforma 9,81 to join our initiative, in a matter of hours, we collected hundreds of signatures, which we then enclosed with a petition against the sale sent to the Government of the Republic of Croatia and the competent ministries.

The petition was another attempt at grass-roots intervention in the extraordinary circumstances of the global lockdown – a scenario theretofore difficult to imagine coming true in the modern world. It was an exercise in radical imagination which corresponded to the radicality of the pandemic reality. Although it was unlikely the Government would change its decision on the privatisation of the Health Resort, we considered it our civic duty to warn of such counterproductive measures in the midst of a global health crisis. We tried to mobilise the general public in order to emphasise the importance of preserving (the former) public health infrastructure. Notwithstanding the generic (negative) reply we received from the competent institutions several months later, the building wasn't sold. Namely, experts believe that the sale cannot be carried out easily because a part of the Children's Health Resort complex is used for residential purposes. "Although the Ministry believes that the complex could be sold irrespective of its residents, it is hard to imagine any investor would be willing to deal with such a complicated state of affairs."[27]

26 The guides were architects Petra Radić and Petra Jerković from the Kačić Association.

27 Maroje Mrduljaš, interviewed for the article "Krizno pucanje po šavovima" published on the Kulturpunkt.hr portal: https://kulturpunkt.hr/tema/kri-

Ova peticija bila je još jedan pokušaj intervencije odozdo u vremenu izvanrednih okolnosti, kada se suvremeni svijet našao u do tada teško zamislivom scenariju – globalnom *lockdownu*. Bila je to vježba iz radikalne imaginacije sukladna radikalnosti same pandemijske stvarnosti. Iako je i tada bilo teško zamisliti da će Vlada promijeniti svoju odluku o privatizaciji Lječilišta, smatrali smo građanskom dužnošću, u vremenu globalne zdravstvene krize, upozoriti na pogrešne poteze. Pokušali smo mobilizirati širu javnost kako bismo naglasili važnost očuvanja (nekadašnje) javnozdravstvene infrastrukture. Bez obzira što smo dobili generički (negativni) odgovor od nadležnih institucija par mjeseci kasnije, zgrada još uvijek nije prodana. Naime, jedan dio kompleksa Dječjeg lječilišta koristi se za stanovanje pa upućeni smatraju da će sama prodaja ići teško. "Ministarstvo misli da bi se kompleks mogao prodati zajedno sa stanarima, ali teško je zamisliti investitora koji bi se uplitao u tako kontroverznu situaciju."[27]

S obzirom na to da je peticija izazvala priličnu reakciju javnosti, osmislili smo daljnje korake i krenuli u istraživanje na lokalnoj razini. Paralelno, umjetnici i aktivisti iz Krvavice i okolice planirali su neki vid "naseljavanja" zgrade umjetničkim intervencijama. U kolovozu 2020. smo u samom mjestu organizirali obilazak, projekciju filma dua Doplgenger i javni razgovor o budućnosti zgrade. Tamo smo zatekli niz intervencija i upoznali lokalne aktiviste.

Jedan od važnijih paralelnih rezultata peticije bio je početak sustavnijeg istraživanja povijesti zgrade s fokusom na suživot s lokalnom zajednicom ovog malog mjesta. Udruga Kačić (Antonia Vodanović) započela je 2020. razgovore s mještanima, bivšim zaposlenicima i korisnicima zgrade te metodom usmene povijesti rekonstruirala život lječilišta dok je bilo u funkciji, prikupivši arhivske materijale, mahom iz privatnih albuma stanovnika i bivših zaposlenika lječilišta/odmarališta.[28] Istodobno, Ivan Huljev iz Udruge Kačić započinje prikupljati arhivske materijale, razglednice, brošure, turističke vodiče, kao dokumentaciju zgrade, njene prošlosti, dok je Lječilište radilo. Odlučili smo već prve rezultate predstaviti javnosti te se prijavili na natječaj za izlaganje u Salonu Galić u Splitu. Lokalne grupe umjetnika i aktivista također su nastavile planirati svoje aktivnosti u samom objektu.[29]

27 Maroje Mrduljaš u članku *Krizno pucanje po šavovima* na portalu Kulturpunkt.hr: https://kulturpunkt.hr/tema/krizno-pucanje-po-savovima/, pristupljeno 28. 2. 2024.

28 Participativni projekt Udruge Kačić naziva "Arhiviranje Dječjeg lječilišta u Krvavici i Dječjeg sela kod Promajne".

29 Intervju s članicama Udruge mART: BODROŽIĆ 2024, str. 478 ove publikacije.

Seeing that the petition had struck a major chord with the public, we planned further steps and began research on the local level. Krvavica artists and activists simultaneously planned to "inhabit" the building with artistic interventions. In August 2020, we organised a tour of the building, a screening of the Doplgenger duo's film and a public debate about the building's future. We came across numerous interventions and met the local activists.

One of the more significant repercussions of the petition was the beginning of systematic research into the building's history, focused on its co-existence with the local community. Through interviews with the locals and relying on the method of oral history, the Kačić Association (Antonia Vodanović) reconstructed life at the health resort during its operation, collecting archive material, mostly from the private albums of former health/vacation resort employees.[28] At the same time, Ivan Huljev also began collecting archive material, postcards, booklets and tourist guides to document the building and its past during the period of the Health Resort's operation. Having decided to publicly present the first results of these endeavours, we submitted to a call for exhibition proposals published by the Galić Salon in Split. Local artist and activist groups also continued planning their activities in the building.[29]

While preparing the exhibition and the second phase of the research, we contacted the family of architect Rikard Marasović and documented a fair portion of his painter's oeuvre, from his childhood sketches to his more mature periods. Namely, in parallel with the "rediscovery" of the children's health resort and its recognition, the focus of the experts was also transferring to the under-appreciated architect of the extraordinary edifice. The exhibition also featured some fragments of his work as a painter, uncovered while piecing together his little-known biography. In the meantime, other colleagues made progress in their research, the outcome of which was a comprehensive overview of Riko Marasović's life and work by Tamara Bjažić Klarin, included in this publication. The works of Duška Boban, Doplgenger and Željko Blaće represented conversations with Marasović's works, in the fields of both architecture and painting. One of the stickers created as part of the artistic interventions in Krvavica was also exhibited in the gallery, while the timeline from the exhibition was transferred to the temporarily reconstructed reception desk of the Health Resort.

zno-pucanje-po-savovima/, retrieved on 28th February 2024 (translation of the original quotation in Croatian).

28 Participative project of the Kačić Association under the title "Archiving the Children's Health Resort in Krvavica and the Children's Village near Promajna"

29 See the interview with the members of the mART Association on p. 478 of this publication.

© Ivan Huljev, Nataša Bodrožić, Žaklina Antonijević

SALON UMJETNINA GALIĆ

Dok smo pripremali izložbu i drugu fazu istraživanja, stupili smo u kontakt s obitelji arhitekta Rikarda Marasovića te dokumentirali dobar dio njegovog slikarskog opusa, od skica iz dječačkih dana do zrelije slikarske faze. Naime, paralelno s “ponovnim otkrivanjem” Dječjeg lječilišta i njegovom afirmacijom, fokus stručne javnosti usmjerio se i na slabo poznatog autora ovog iznimnog djela. Sklapajući dijelove malo poznate biografije, na izložbi smo predstavili i fragmente njegovog likovnog rada. U međuvremenu, istraživanje je odmaklo dalje pa u ovoj publikaciji donosimo i potpuniji pregled života i rada Rike Marasovića u tekstu autorice Tamare Bjažić Klarin. Radovi Duške Boban, Doplgengera, Željka Blaćea, ulazili su u dijalog s Marasovićevim arhitektonskim, ali i likovnim djelom. Jedan *sticker* nastao u kontekstu umjetničkih intervencija u Krvavici, prenijeli smo u galerijski prostor, a naša je vremenska crta s izložbe otišla na privremeno rekonstruiranu recepciju u zgradu Lječilišta.

O PUBLIKACIJI

Ova publikacija trebala je biti katalog, dokumentacija izložbe (NE) VJERUJ PRIPOVJEDAČU. SLUČAJ DJEČJEG LJEČILIŠTA U KRVAVICI, koju smo organizirali u suradnji s Udrugom Kačić[30] u Salonu Galić u Splitu, u listopadu 2021. Radilo se o maloj, ali pažljivo artikuliranoj izložbenoj prezentaciji istraživanja, pomno biranih arhivskih materijala, osobnih predmeta arhitekta Rikarda Marasovića, njegovih akvarela te novih umjetničkih radova produciranih u okviru kampanje za očuvanje zgrade Dječjeg lječilišta, kao i za samu izložbu. U međuvremenu smo ju odlučili proširiti u namjeri da bude pokušaj mapiranja aktivnosti i sagledavanja nastojanja šire zajednice, svih onih različitih aktera ujedinjenih zajedničkim ciljem: sačuvati Marasovićevu izuzetnu zgradu od sve bržeg propadanja.

Knjiga donosi interdisciplinarna istraživanja i tekstove o povijesti zgrade i samom autoru iz različitih istraživačkih rakursa. Tu je i kratak pregled razvoja dječjih klimatskih lječilišta na istočnoj obali Jadrana, kontekst nastanka Marasovićevog lječilišta u Krvavici te kronika njegova propadanja. Publikacijom smo nastojali obuhvatiti protagoniste okupljene oko građanskih inicijativa za zaštitu i revitalizaciju ovog objekta, kao i stanare susjedne zgrade koji već godinama žive u neposrednoj blizini zaštićenog, ali devastiranog objekta, čija je sudbina vezana uz njegovu, a čiji se glas premalo čuje. Pokušali smo djelomično rekonstruirati i devedesete, vrijeme rata, kada je u Lječilištu smještena vojska, a

30 Izložba je nastala kao suradnja udruge Slobodne veze / projekta Motel Trogir s Udrugom Kačić iz Podgore, a kustosi su bili Nataša Bodrožić, Antonia Vodanović i Ivan Huljev.

ABOUT THE PUBLICATION

This publication was intended as a catalogue or accompanying document to the exhibition *(DIS)TRUST THE STORYTELLER. THE CASE OF KRVAVICA CHILDREN'S HEALTH RESORT*, organised in collaboration with the Kačić Association in October 2021.[30] It was a small, but minutely articulated exhibition of research findings, carefully selected archive material, personal belongings and aquarelles of architect Rikard Marasović and new artwork produced either as part of the campaign for the preservation of the Health Resort building or specifically for the exhibition. In the meantime, we decided to expand it, in an attempt to map out and reflect on the efforts of the broader community, i.e. of the various interested parties united by a common goal: to prevent the accelerating deterioration of Marasović's extraordinary building.

The book contains the findings of interdisciplinary research and accounts of the building's history and architect, from various research vantage points. It also includes a summary of the development of children's health resorts on the eastern coast of the Adriatic, and overview of the context of the construction of Marasović's health resort in Krvavica and a chronicle of its decay. We have tried to include in the publication the protagonists gathered into citizens' initiatives for the protection and revitalisation of the structure, as well as the tenants of the nearby building. Although they have lived in the immediate vicinity of the protected, but dilapidated structure and their fates are tied to its, their voices are seldom heard. We have also tried to partially reconstruct the 1990s, a time of war, when the Health Resort was used to accommodate the army, and later the refugees. Although we managed to collect several personal testimonies and data from a scholarly paper relating to that period[31], further research is required. We have also recorded the activities of the artists and activists who have recently managed to breathe new life into the building by organising various cultural events, with the participation of the locals and general public from the surrounding area. We believe that the latter example of the continued use and appropriation of the Health Resort by the local community ensures the preservation of the structure more than anything else could.

The publication ends with student projects and their visions for the future of this structure. These researchers and young scholars have been contacting us for

30 The exhibition, curated by Nataša Bodrožić, Antonia Vodanović and Ivan Huljev was a result of the collaboration between the Loose Associations initiative / Motel Trogir project and the Kačić Association from Podgora.

31 See the text about Krvavica in the early nineties on p. 210 of this publication.

kasnije prognanici. Iz tog razdoblja, uspjeli smo prikupiti nekoliko osobnih svjedočanstava i podatke iz znanstvenog rada,[31] ali na tome će se svakako još morati raditi. Bilježimo i aktivnosti umjetnika i aktivista koji u recentnijem razdoblju uspijevaju oživjeti zgradu organiziranjem najrazličitijih kulturnih manifestacija uz sudjelovanje mještana i najšire publike iz okolice. To je, po nama, i najveći zalog očuvanja Lječilišta – njegovo što učestalije korištenje i apropríjacija od strane lokalne zajednice.

Završavamo studentskim radovima i njihovim vizijama budućnosti objekta. To su ujedno istraživači i mladi znanstvenici koji nas već godinama kontaktiraju u vezi literature, podataka, arhivskih materijala, u nedostatku informacija u okviru matičnih institucija.[32] Često su upravo aktivisti, inicijative i izvaninstitucionalni akteri, prekarni kulturni radnici primarni proizvođači sadržaja koje kasnije koriste institucije i šira znanstvena zajednica. Stoga je jako važno vlastiti terenski i istraživački rad sustavno dokumentirati, sistematizirati i učiniti ga dostupnim svima onima koji će se u budućnosti baviti ovim temama.

Ova publikacija nema namjeru biti ultimativni glas o povijesti i propadanju jednog izuzetnog arhitektonskog objekta, strukturnog okvira kolektivnog sjećanja tolikog broja ljudi – djece koja su u njemu boravila šezdesetih i sedamdesetih godina, radnika koji su u njemu radili do početka rata, stanara susjedne zgrade koji tamo žive od devedesetih. Ovo je samo jedan pokušaj trenutnog bilježenja "stanja na terenu", uz prošireni pogled na povijesni i društveni okvir, nastajanje i nestajanja ove kultne zgrade. Ujedno je četvrta publikacija u nizu projekta Motel Trogir i suradnika, kojom obilježavamo preko deset godina djelovanja na terenu i u polju proizvodnje znanja o novijoj kulturnoj baštini, arhitektonskom nasljeđu kasnog modernizma na jadranskoj obali i šire.[33]

Na koncu, ovdje govorimo i o gubitku društvenog i transformiranju osobnog pamćenja uslijed radikalne društvene promjene i posljedicama tih procesa.

31 Vidjeti tekst o Krvavici ranih devedesetih na stranici 210 ove publikacije.

32 Ovdje mislimo na više od deset godina djelovanja projekta Motel Trogir. Od samog početka, konstantno nam se obraćaju studenti iz Hrvatske i inozemstva zbog arhitektonskih podloga, tlocrta, planova pa do arhivskih materijala i recentnih informacija prikupljenih radom na terenu. Isto je s recentnijim radom Udruge Kačić.

33 Od 2016. u okviru projekta Motel Trogir udruge Slobodne veze, nastojimo kontinuirano bilježiti i dokumentirati naš rad u području zaštite modernističke arhitekture druge polovice 20. stoljeća. Do sada smo, samostalno ili u suradnji objavili tri knjige: *Motel Trogir: nije uvijek budućnost ono što dolazi*, 2016.; *Pejzaži potrošačke kulture u socijalističkoj Jugoslaviji*, 2018.; *Moderna arhitektura Trogira*, autorice Lidije Butković Mićin, 2021.

years, in need of literature, information and archive material, which they were unable to obtain from their educational institutions[32]. It is often the case that activists, initiatives, non-institutional parties and the cultural precariat are the primary producers of content which is subsequently used by institutions and the broader academic community. Therefore, it is very important to systematically document and systematise one's field work and research, as well as make it available to all those who will study these topics in the future.

This publication was not intended as the absolute voice of the history and decay of an extraordinary work of architecture, which was the structural framework of the collective memory of a myriad of individuals – the children who had stayed there in the 1960s and 1970s, the workers who had worked there until the war broke out, the tenants of the nearby building who have lived there since the 1990s. It is but an attempt at recording the current state of affairs, and then expanding the perspective to the historical and social framework, the creation and dilapidation of this famous building. It is also the fourth publication of the Motel Trogir project[33] and its collaborators, marking over a decade of activities related to fieldwork and the production of knowledge about late Modernist architectural heritage on the coast of the Adriatic and beyond.

Finally, we discuss the loss of social and transformation of personal memory caused by radical social changes, and the consequences of these processes.

32 We are referring to more than a decade of the activities associated with the Motel Trogir project. Students from Croatia and beyond have been contacting us from the very start, whether to obtain architectural historical data, layouts, plans, archive material or recent information collected through field work. The recent activities of the Kačić Association have met with similar interest on the part of students.

33 Since 2016, as part of the Motel Trogir project of the Loose Associations initiative, we have strived to continously record and document our work as it pertains to the preservation of Modernist architecture from the second half of the 20th century. So far, we have published three books, independently or in collaboration with other editors: *Motel Trogir: It Is Not Future That Always Comes After* (2016), *Consumer Culture Landscapes in Socialist Yugoslavia* (2018) and *Moderna Arhitektura Trogira* (2021) by Lidija Butković Mićin (2021).

Razglednica iz kolekcije Ivana Huljeva, 1966.

Postcard from the collection of Ivan Huljev, 1966

ZA BOLJE I ZDRAVIJE DRUŠTVO KROZ OBNOVU „DJEČJEG SELA" KOD PROMAJNE I „DJEČJEG LJEČILIŠTA" U KRVAVICI, NJIHOVO ZADRŽAVANJE U JAVNOM (DRŽAVNOM) VLASNIŠTVU TE PONOVNU AKTIVACIJU U SLUŽBI ZDRAVLJA GRAĐANA RH!

BUILDING A BETTER AND HEALTHIER SOCIETY THROUGH THE RENOVATION OF THE CHILDREN'S VILLAGE NEAR PROMAJNA AND THE CHILDREN'S HEALTH RESORT IN KRVAVICA, THEIR RETENTION AS PUBLIC (STATE) PROPERTY AND THEIR REOPENING IN THE SERVICE OF THE HEALTH OF THE CITIZENS OF THE REPUBLIC OF CROATIA!

PREDMET: OTVORENO PISMO / PRIJEDLOG ZA OBNOVU „DJEČJEG SELA" KOD PROMAJNE I „DJEČJEG LJEČILIŠTA" U KRVAVICI TE NJIHOVO ZADRŽAVANJE U JAVNOM (DRŽAVNOM) VLASNIŠTVU I IZVORNOJ FUNKCIJI

Dopis se upućuje:

- Vladi Republike Hrvatske, predsjedniku Vlade Andreju Plenkoviću
- Ministarstvu zdravstva, ministru Viliju Berošu
- Ministarstvu državne imovine, ministru Mariju Banožiću
- Ministarstvu kulture, ministrici Nini Obuljen Koržinek
- medijima

Predlagatelji:

Udruga za istraživanje, promicanje i zaštitu kulturne baštine Makarskog primorja i Zabiokovlja „Kačić" (Podgora), Udruga za suvremene umjetničke prakse - Slobodne veze / Projekt Motel Trogir (Zagreb, Trogir), Platforma 9,81 - Institut za istraživanja u arhitekturi (Split, Zagreb), uz stotinu zainteresiranih građana, aktivista, kulturnih, zdravstvenih i drugih radnika

Zagreb, Trogir, Split, Podgora,
25. svibnja 2020.

SUBJECT: OPEN LETTER / PROPOSAL FOR THE RENOVATION OF THE CHILDREN'S VILLAGE NEAR PROMAJNA AND THE CHILDREN'S HEALTH RESORT IN KRVAVICA, THEIR RETENTION AS PUBLIC (STATE) PROPERTY AND THE RESTORATION OF THEIR ORIGINAL PURPOSE

To the attention of:

- the Government of the Republic of Croatia, Prime Minister Andrej Plenković
- the Ministry of Health, Minister Vili Beroš
- the Ministry of State Assets, Minister Mario Banožić
- the Ministry of Culture, Minister Nina Obuljen Koržinek
- the media

Proponents:

the Kačić Association for the Research, Promotion and Protection of the Cultural Heritage of the Makarska Riviera and Biokovo Hinterlands (Podgora), the Loose Associations initiative for contemporary art practices / Motel Trogir Project (Zagreb, Trogir), Platforma 9,81 – Institute for Architectural Research (Split, Zagreb), and a hundred interested citizens, activists, cultural, healthcare and other workers

Zagreb, Trogir, Split, Podgora,
25th May 2020

Poštovani/a,

kako smo saznali iz medija, sredinom travnja ove godine, bivše „Dječje selo" kod Promajne, koje je u vlasništvu Republike Hrvatske, stavljeno je na prodaju. Osim toga, obližnje „Dječje lječilište" u Krvavici, također u državnom vlasništvu i zaštićeno kulturno dobro Republike Hrvatske, također se nastoji privatizirati. Te dvije zdravstvene ustanove specijalizirane za liječenje respiratornog sustava i plućnih bolesti nebrigom su uništene, a njihovi objekti prepušteni propadanju.

Ovime predlažemo da se dva predmetna objekta zadrže u javnom (državnom) vlasništvu, obnove i ponovo aktiviraju kao sastavni i važni dio javnozdravstvene infrastrukture Republike Hrvatske.

Globalne promjene kojima svjedočimo, od kojih je samo koronavirus u kratkom vremenu prouzročio promjenu društvenih paradigmi i ponovo stavio u prvi plan vrijednosti javnog dobra, solidarnosti i zdravlja svih ljudi, ujedno su pokazale da prepuštanje zdravstva i sustava skrbi tržištu može biti pogubno za društvo. Državi i državnim institucijama, koje bi trebale služiti boljitku i zdravlju svih građana, bez obzira na socijalni status, materijalne mogućnosti, dob i drugo, trebalo bi biti u interesu da takve objekte vrate svojoj svrsi. Time bi se unaprijedila zdravstvena infrastruktura i poboljšalo zdravlje i uvjeti života građana Hrvatske. U demokratskom društvu to bi trebao biti prioritet.

Ono što možemo naučiti iz prošlosti je da su razne bakterije i virusi i ranije uzrokovali zdravstvene probleme i dovodili do povećanog mortaliteta u društvima diljem svijeta, poput ne tako davnih epidemija i pandemija španjolske gripe (1918.), ili kuge (1815.) koja je pogodila i Makarsko primorje prije samo 205 godina. Kako aktualna situacija s virusom SARS-CoV-2, pokazuje, i u budućnosti se epidemije i pandemije ne mogu isključiti, štoviše izgledne su.
Na takve izazove može odgovoriti samo dobro pripremljeno i organizirano društvo s razvijenom i održavanom javnom infrastrukturom, prvenstveno onom zdravstvenom. Upravo zbog toga, na idealnim pozicijama podno planinskog masiva Biokova, uz čist zrak, more i borovu šumu, tijekom druge polovine 20. stoljeća nastaju „Dječje lječilište u Krvavici", sagrađeno za potrebe liječenja i rehabilitacije djece s plućnim bolestima te Specijalna bolnica za respiratorne i alergijske bolesti dječje dobi „Dječje selo" kod Promajne, ranije djelatna kao depandansa Zagrebačke klinike za plućne bolesti. Obnova tih kvalitetnih, a u slučaju lječilišta u Krvavici arhitekta Rikarda Marasovića - vrhunskog arhitektonskog

Dear Sir/Madam,

It has come to our attention, from various media sources, that the former Children's Village near Promajna, currently the property of the Republic of Croatia, was listed for sale in mid-April this year. In addition, there have been efforts to privatise the nearby Children's Health Resort in Krvavica, which is also a state-owned protected cultural asset of the Republic of Croatia. The two healthcare institutions, specialised for the treatment of respiratory and pulmonary diseases, have been destroyed through neglect, and their buildings have been left to decay.

We hereby propose that the two facilities be retained as public (state) property, renovated and reopened as an essential part of the public-health infrastructure of the Republic of Croatia.

The global vicissitudes we have been witnessing, such as the coronavirus, which caused a social paradigm shift in a short timespan, have once again brought to the fore the values of public good, solidarity and global health. They have also demonstrated that leaving healthcare and its institutions at the mercy of the market can be fatal for society. Therefore, restoring the original purpose of such facilities should be in the interest of the state and its institutions, entrusted as they are with the welfare and health of all citizens, regardless of their social status, financial standing, age etc. It would upgrade the healthcare infrastructure and improve the health and living conditions of Croatian citizens. In a democratic society, that should be the priority.

The past teaches us that various bacteria and viruses were known to cause healthcare crises and increased mortality in societies around the globe. The epidemics and pandemics of the Spanish flu (1918) and the plague (1815), which hit the Makarska Riviera only 205 years ago, are amongst the more recent historical examples of this. As the current situation with the SARS-CoV-2 virus has proven, there is a strong likelihood that epidemics and pandemics will continue to occur in the future. Only a properly prepared and organised society with a developed and adequately maintained public infrastructure, primarily that of healthcare, is able to confront such challenges. This was the impetus for building, at the ideal location of the foot of the Biokovo massif, abundant in clean air, flanked by the sea and surrounded by a pine forest, the Children's Health Resort in Krvavica, specialised for the treatment and rehabilitation of children with pulmonary diseases, and the „Children's Village" Special Hospital for Childhood Respiratory and Allergic Diseases near Promajna, formerly an annexe of the Zagreb Clinic for Pulmonary Diseases. The renovation of these accomplished architectural works, amongst which architect Rikard Marasović's health resort in Krvavica

ostvarenja i važnog djela hrvatske graditeljske baštine - doprinijela bi povećanju opsega i kapaciteta potrebnih zdravstvenih objekata, zdravlju društva, poticanju lokalnog gospodarstva, ali i kulture budući da se radi o (modernističkom) arhitektonskom sloju po kojemu je Hrvatska globalno poznata. Sve to je upravo zadaća dobre države, odgovorne prema svojim građanima, Republike koja razmišlja progresivno, koja gleda unaprijed, kako bi i u budućnosti bila spremna odgovoriti izazovima, poput ovog trenutnog, s kojim se bori cijelo čovječanstvo.

Sigurni smo da u institucijama Republike, i društvu općenito, ima znalaca i stručnjaka koji bi primjerice uz pomoć EU fondova, bili sposobni privesti izvornoj svrsi dva predmetna objekta. Utoliko je potrebno obrnuti praksu uništavanja i rasprodaje infrastrukture za kojom se pokazuje stvarna javna potreba, i okrenuti se stvaranju za opće dobro.

Zamislimo situaciju da je država privatizirala ili prepustila propadanju i Specijalnu bolnicu za medicinsku rehabilitaciju „Biokovka“ u Makarskoj. Zapitajmo se gdje bi ovih dana uz dobru liječničku i medicinsku skrb, Stožer civilne zaštite Splitsko-dalmatinske županije, premjestio korisnike Doma za starije i nemoćne osobe Split, s ciljem zaštite njihova zdravlja od virusa? Upravo nam je ovaj recentni primjer pokazao koliko je važno očuvanje javnozdravstvene infrastrukture i stručnog kadra ukoliko želimo imati zdravo društvo i dobru zdravstvenu skrb, što se pak odražava na društvo u cjelini.

Navedene argumente u prilog javne reaktivacije dvije predmetne ustanove u službi zdravlja, ovom inicijativom podržava niz osoba iz kulturne javnosti, uključujući liječnike, pa i aktiviste koji se već duži niz godina bave pitanjima očuvanja modernističke arhitekture druge polovine 20. stoljeća, kao i javnog prostora te javnih servisa. Naime, Dječje lječilište u Krvavici, arhitekta Rikarda Marasovića jedno je od najboljih arhitektonskih ostvarenja na našim prostorima, izgrađeno početkom 1960-ih. Dugo vremena lječilište je bilo pod kontrolom vojske i jedno vrijeme nedostupno za mještane i turiste Krvavice. Slijedom toga, bilo je skriveno i van fokusa arhitektonskog interesa. Bilo bi šteta privatizirati ga, što najvjerojatnije znači i dati mu posve drugu funkciju od one zdravstvene, i time (još jednom) izgubiti taj arhitektonski biser, koji je naporima brojnih stručnjaka, aktivista, entuzijasta i konačno državnih institucija nedavno prepoznat i zaštićen kao pojedinačno nepokretno kulturno dobro Republike Hrvatske. Upravo zadržavanje tj. obnova incijalne zdravstvene funkcije najbolji je, i po društvo najkorisniji, način očuvanja objekta sa statusom spomenika.

stands out as supreme and as an important part of the Croatian architectural heritage, would contribute to the increase of the coverage and capacities of vital healthcare institutions, benefit the health of the citizens, prop up the local economy, as well as culture, considering that the mentioned works belong to the Modernist architectural style, for which Croatia is globally renowned. Indeed, these are all responsibilities of a well-functioning state, dutiful towards its citizens and well-prepared, as a progressive and forward-looking republic, to face challenges like the one humanity is currently grappling with.

We are certain that the Republic's institutions, and the society as a whole, do not lack in specialists and experts who would be able to restore the former purpose of the two facilities, potentially with the aid of EU funds. This is why it is necessary to reverse the practice of destroying and selling off vital infrastructure, and replace it with building for the public good.

Let us imagine that the state had privatised or neglected the „Biokovka" Special Hospital for Medical Rehabilitation in Makarska. Then let us ask ourselves: these days, where would the Civil Protection Headquarters of Split – Dalmatia County have moved the users of the Split Nursing Home, in order to protect them from the coronavirus and provide them with adequate medical care? This recent example has underscored the importance of preserving the public-health infrastructure and fostering the relevant professionals if we want citizens to be healthy and healthcare to be adequate, which, in turn, reflects on the society as a whole.

Through this initiative, support for the above arguments in favour of the reopening of the two facilities for healthcare purposes has been voiced by numerous cultural professionals, physicians and activists with a long record of advocating for the preservation of Modernist architecture from the second half of the 20th century, public space and public services. Built in the early 1960s and designed by architect Rikard Marasović, the Children's Health Resort in Krvavica is one of the most prominent architectural works in the region. For a long time, the health resort was controlled by the army and even made inaccessible to Krvavica locals and tourists. Thus, it remained hidden and out of the focus of architectural interest. Its privatisation would be damaging, as it would most likely involve a complete change of its former healthcare purpose. As a consequence, this architectural jewel would be lost to us (once again), after having only recently been recognised and protected as an immovable cultural asset of the Republic of Croatia, owing to the efforts of numerous experts, activists, enthusiasts and, ultimately, government institutions. The best and most socially advantageous way to preserve this structure, which has the status of a monument, is to retain–indeed, to restore–its original healthcare purpose.

Potaknuti aktualnom globalnom zdravstvenom krizom te podržani od strane široke grupe građana, organizacija i stručnjaka različitih profila, tražimo od Vlade RH da odustane od namjere prodaje Dječjeg lječilišta u Krvavici, te da se ono obnovi kroz privođenje objekta njegovoj originalnoj svrsi - liječenju respiratornih bolesti djece i odraslih. Također, tražimo da se još jednom razmotri prodaja Dječjeg sela kod Promajne, koje je već službenim kanalima/glasilima ponuđeno kupcima. Mišljenja smo da prodajom lječilišta specijaliziranih upravo za respiratorne bolesti (!), Vlada čini nepopravljivu grešku. Prodajom navedenih objekata, ide se u smjeru izgubljenih mogućnosti za unapređenje zdravlja građana Republike Hrvatske, a time i društva kao takvog. Aktualna kriza najbolji je smjerokaz nužnosti podizanja, a ne smanjivanja, javnozdravstvenog standarda RH. Kao inicijatori ove peticije, dolje potpisani arhitekti, aktivisti, kulturni djelatnici, spremni smo uključiti se i pomoći oko razvoja projekta revitalizacije predmetnih objekata, okupljanja lokalne i profesionalne zajednice te osmišljavanja dodatne javne funkcije, naročito zaštićenog Dječjeg lječilišta u Krvavici. Naime, ovaj prijedlog nikako ne znači stopiranje razvoja niti slabljenje gospodarskih mogućnosti dvaju lokaliteta. Upravo suprotno, naša je namjera aktivno se uključiti u promišljanje i oblikovanje budućnosti ovih lječilišta na dobrobit lokalne zajednice i šire javnosti.

S poštovanjem,

Udruga Kačić
Antonia Vodanović
predsjednica

Slobodne veze / Projekt Motel Trogir
Nataša Bodrožić
predsjednica (uz podršku Saše Šimprage i Lidije Butković Mićin)

Platforma 9,81
Miranda Veljačić
predsjednica

Prompted by the ongoing global health crisis and supported by numerous citizens, organisations and experts of various profiles, we demand that the Government of the Republic of Croatia forgo its intent of selling the Children's Health Resort in Krvavica, that the facility be renovated, and that its original purpose of treating respiratory diseases in children and adults be restored. We also demand that the sale of the Children's Village near Promajna, which has already been offered for sale through official channels/newsletters, be reconsidered. We believe that, by selling the health resorts specialised for respiratory diseases (!), the Government would be making an irreparable mistake. The sale of the mentioned facilities would represent a missed opportunity for improving the health of the citizens of the Republic of Croatia and, thereby, for improving Croatian society itself. The present crisis is the best indicator of the necessity of raising, rather than lowering, the public health standard in the Republic of Croatia.

As the initiators of this petition, we, the undersigned architects, activists and cultural workers, are prepared to get involved and help with the development of the project of the revitalisation of the mentioned facilities, with bringing together the local and professional community and with devising an additional public purpose, particularly for the protected Children's Health Resort in Krvavica. This proposal by no means entails the suspension of the development of the two localities or the weakening of their economic prospects. On the contrary, we intend to actively participate in conceptualising and shaping the future of these health resorts for the benefit of the local community and the broader public.

Sincerely,

Kačić Association
Antonia Vodanović
President

Loose Associations / Motel Trogir Project
Nataša Bodrožić
President (with the support of Saša Šimpraga
and Lidija Butković Mićin)

Platforma 9,81
Miranda Veljačić
President

ŠTO
FALI
UTOPIJI?

REPUBLIKA HRVATSKA
MINISTARSTVO PROSTORNOGA UREĐENJA,
GRADITELJSTVA I DRŽAVNE IMOVINE

KLASA: 940-06/18-10/804
URBROJ: 531-536-03-02-01/05-20-60

Zagreb, 11. kolovoza 2020.

UDRUGA KAČIĆ
Ivana Gorana Kovačića 14 A
21327 Podgora

UDRUGA SLOBODNE VEZE
Vinogradska cesta 34
10000 Zagreb

PLATFORMA 9,81 – INSTITUT ZA ISTRAŽIVANJA U ARHITEKTURI
Kliška 15
21000 Split

PREDMET: Promajna, Javni poziv 2/20 – Dječje selo Promajna, k.o. Bast – Baška Voda
- očitovanje, dostavlja se

Poštovani,

u Ministarstvu prostornog uređenja, graditeljstva i državne imovine zaprimljeno je vaše otvoreno pismo od 25. svibnja 2020. vezano za raspolaganje nekretninama u k.o. Bast – Baška Voda (bivše lječilište Dječje selo i bivše lječilište Krvavica) te se na isto očitujemo kako slijedi.

Ministarstvo prostornog uređenja, graditeljstva i državne imovine dugi niz godina razvija projekte Dječje selo pokraj sela Promajna i Krvavica, pokraj istoimenog sela, oba na području Općine Baška Voda, a sve u suradnji s lokalnom zajednicom i uz njenu potporu. Prilikom određivanja načina raspolaganja nekretninama ovo Ministarstvo determinirano je s jedne strane zakonskom regulativom koja uređuje pitanje upravljanja i raspolaganja državnom imovinom, a s druge strane postojećim prostornim planovima. U konkretnom slučaju Prostorni plan Splitsko-dalmatinske županije i Prostorni plan uređenja Općine Baška Voda utvrđuju da zemljišta na kojima se planiraju gore navedeni projekti imaju ugostiteljsko-turističku namjenu i Republika Hrvatska istima može raspolagati samo i jedino kao s takvima, a ne za svrhe koje vi predlažete. Što se tiče zakonske regulative, predmetnim nekretninama, sukladno Zakonu o upravljanju državnom imovinom („Narodne novine“, br. 52/18.), može se raspolagati samo putem javnog natječaja po cijeni utvrđenoj od strane ovlaštenog procjenitelja te nema mogućnosti raspolaganja istima na bilo koji drugi način, napose ne neposredno i besplatno. Bitno je za napomenuti da je odluku o prodaji nekretnina na kojima se nalazi bivše lječilište Dječje selo donijela Vlada Republike Hrvatske , nakon transparentno provedenog postupka donošenja odluke, u kojem postupku su sva relevantna tijela dala svoju suglasnost na donošenje odluke.

Vezano za vaše navode o objektu u Krvavici kao vrijednoj spomeničkoj baštini koju treba posebno čuvati, upućujemo vas da je zaštita spomenika kulture uređena Zakonom o zaštiti i očuvanju kulturnih dobara („Narodne novine“, br. 69/99., 151/03., 157/03., 100/04., 87/09., 88/10., 61/11., 25/12., 136/12., 157/13., 152/14., 98/15., 44/17., 90/18., 32/20., 62/20.), a odredbe navedenog zakona obvezujuće su za sve pa i za ovo Ministarstvo.

Slijedom svega navedenoga obavještavamo vas da ne postoje razlozi za odustajanje od postupka daljnjeg raspolaganja nekretninama bivšeg lječilišta Dječje selo u Promajni, kao i od daljnjeg razvijanja projekta Krvavica.

S poštovanjem,

MINISTAR

Darko Horvat

REPUBLIKA HRVATSKA
1
MINISTARSTVO PROSTORNOGA UREĐENJA, GRADITELJSTVA I DRŽAVNE IMOVINE
ZAGREB

Dostaviti:
1. naslovu
2. pismohrana – ovdje

Na znanje:
1. Vlada Republike Hrvatske, Ured Predsjednika, Trg Sv. Marka 2, 10000 Zagreb
2. Ministarstvo zdravstva, Ksaver 200 a, 10000 Zagreb

REPUBLIC OF CROATIA
MINISTRY OF PHYSICAL PLANNING, CONSTRUCTION AND STATE ASSETS
CLASS: 940-06/18-10/804
FILE NO.:
531-536-03-02-01/05-20-60

Zagreb, 11th August 2020

KAČIĆ ASSOCIATION
Ivana Gorana Kovačića 14 A
21327 Podgora

LOOSE ASSOCIATIONS
Vinogradska cesta 34
10000 Zagreb

PLATFORMA 9,81 – INSTITUTE FOR ARCHITECTURAL RESEARCH
Kliška 15
21000 Split

RE: Promajna, invitation to tender 2/20 – Promajna Children's Village, cadastral municipality of Bast – Baška Voda – statement of response, hereby delivered

To Whom It May Concern,

having received your open letter of 25th May 2020 concerning the disposal of the real estate in the cadastral municipality of Bast – Baška Voda (the former Children's Village health resort and the former Krvavica health resort), the Ministry of Physical Planning, Construction and State Assets issues the following statement of response.

For a number of years, the Ministry of Physical Planning, Construction and State Assets has been developing the projects of Children's Village, near the village of Promajna, and Krvavica, near a village of the same name. Both projects are located in the Baška Voda Municipality and are being developed in cooperation with the local community and with its support. The manner of the Ministry's disposal of the real estate is determined, on the one hand, by the legal regulations governing the management and disposal of state assets and, on the other hand, by the existing regional development plans. In the case in question, the hospitality and tourism-related purpose of the land on which the above-mentioned projects are planned is defined by the Development Plan of the Split – Dalmatia County and the Development Plan of the Baška Voda Municipality. This means that the Republic of Croatia can only dispose of this land in conformity with its defined purpose, and that it, therefore, cannot dispose of them for the purpose you proposed. As for the legal regulations, pursuant to the Act on State Assets Management (Official Gazette, no. 52/18), the real estate in question may only be disposed of through a tender, at the price determined by a certified assessor, and there exist no options of disposing of it in any other manner, especially not directly or free of charge. It should be noted that the Government of Croatia adopted the decision to sell the real estate containing the former Children's Village health resort following a transparent decision-making procedure, in which all the relevant authorities had agreed with the decision adopted.

Concerning your statements about the facility in Krvavica as a valuable monument which should be specially protected, we refer you to the Act on the Protection and Preservation of Cultural Property (Official Gazette, no. 69/99, 151/03, 157/03, 100/04, 87/09, 88/10, 61/11, 25/12, 136/12, 157/13, 152/14, 98/15, 44/17, 90/18, 32/20, 62/20), which governs the protection of cultural monuments and whose provisions are just as binding on this Ministry as they are on anyone else.

Pursuant to all of the above, we wish to inform you that there are no grounds for suspending either the procedure of the further disposal of the real estate of the former Children's Village health resort in Promajna, or the further development of the Krvavica project.

Sincerely,

MINISTER
Darko Horvat

To be delivered to:
1) the addressee
2) the archives – here

To the attention of:
1) the Government of the Republic of Croatia, Office of the Prime Minister, Trg Sv. Marka 2, 10000 Zagreb
2) the Ministry of Health, Ksaver 200 a, 10000 Zagreb

REPUBLIKA HRVATSKA

BIVŠI HOTEL KRVAVICA, Baška Voda

LOKACIJA

Bivši hotel Krvavica se nalazi nedaleko od Makarske, u mjestu Krvavica u općini Baška Voda, usred guste borove šume, omeđen morem s jedne strane i planinama s druge strane. Izgrađen je 1963. – 1964. godine kao dječje pomorsko lječilište za potrebe liječenja i rehabilitacije djece s plućnim bolestima.

Riječ je o jedinstvenom primjeru moderne lječilišne arhitekture druge faze modernizma i jednom od kanonskih djela hrvatske moderne arhitekture koje je relevantno i u internacionalnom kontekstu.

Prema rješenju Ministarstva kulture isti je stavljen pod preventivnu zaštitu kao nepokretno kulturno dobro.

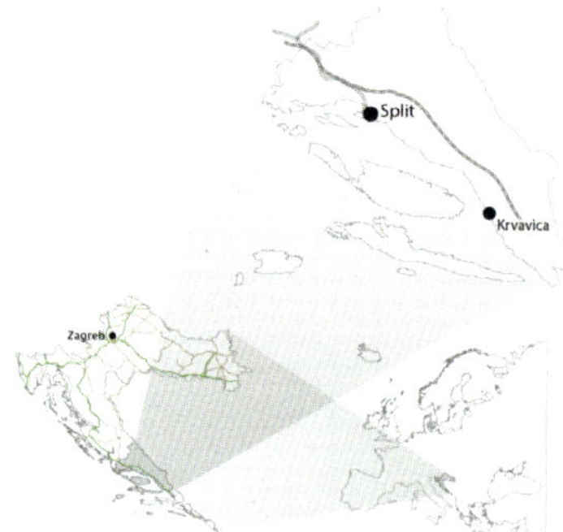

OPIS PROJEKTA

Prostornim planom Općine Baška Voda je Ugostiteljsko - turistička zona Krvavica određena kao izdvojeno građevinsko područje izvan naselja. Površina zone je 4.90 ha, a predviđeni smještajni kapacitet iznosi do 350 kreveta koji se prema zakonskim odredbama mogu rasporediti na način da se 70% kapaciteta odnosi na hotelski smještaj a 30% smještajnog kapaciteta na vile, izvan 100 metara zračne linije od obalne crte u dubinu prostora.

Propisana je obvezna izrada Urbanističkog plana uređenja (UPU). 45% ukupne površine ugostiteljsko turističke zone planira se za prateće sadržaje (ugostiteljske, javne i uslužne) proporcionalno smještajnom kapacitetu.

Bivši Hotel Krvavica nije u komercijalnoj uporabi.

MODEL TRANSAKCIJE

Republika Hrvatska za prodaju nekretnine obvezna je objaviti javni natječaj radi odabira najpovoljnijeg investitora. Prije objave javnog natječaja potrebno je izraditi konzervatorsku podlogu.

Moguće je ostvariti poticaje za razvoj projekta prema uvjetima određenima u Zakonu o poticanju ulaganja (NN 102/15).

Agencija za investicije i konkurentnost, Prilaz Gjure Deželića 7, 10 000 Zagreb, Republika Hrvatska

Ministarstvo gospodarstva, poduzetništva i obrta lansiralo je početkom travnja 2019. godine web stranicu namijenjenu investitorima pod nazivom investcroatia.gov.hr s koje je preuzet ovaj dokument u svibnju 2023.

Nositelji projekta:	Ministarstvo turizma	Ministarstvo državne imovine
Adresa:	10 000 Zagreb, Prisavlje 14	10 000 Zagreb, Dežmanova 10
Web adresa:	www.mint.hr	https://imovina.gov.hr

SPLITSKO-DALMATINSKA ŽUPANIJA

Stanovništvo (2011.): **454,798**
BDP po glavi stanovnika (2013.): **7,849 EUR**
Stopa nezaposlenosti (2015.): **26.1%**
Prosječna bruto mjesečna plaća: **983 EUR**
Prosječna bruto mjesečna plaća u sektoru (turizam): **867 EUR**

Splitsko-dalmatinska županija obuhvaća teritorij povijesne regije Dalmacije i lako je dostupna autocestom Zagreb-Split-Dubrovnik ili preko međunarodne zračne luke Split.

Najvažnija gospodarska aktivnost Županije je turizam. U prvih 8 mjeseci 2016. godini ostvareno je 2.2 milijuna turističkih dolazaka (rast od 9.6% u odnosu na isto razdoblje prethodne godine) i 12.4 milijuna noćenja što čini 19.1% ukupnih noćenja ostvarenih u I-VIII/2016. u Hrvatskoj. Tradicionalno najvažnija emitivna tržišta su Njemačka, Češka Republika i Poljska.

U Županiji se nalaze ukupno 144 hotela (4 sa pet zvjezdica i 62 hotela s kategorizacijom od četiri zvjezdice, dok ostalih 78 hotela uglavnom ima kategorizaciju od tri zvjezdice).

Osim hotela, smještajni kapaciteti postoje u apart-hotelima, turističkim naseljima i autokampovima. Prema Turističkoj zajednici Splitsko-dalmatinske županije, ukupni smještajni kapaciteti iznose 213,803 kreveta s najvećim udjelom u privatnom smještaju (68.7%). Ukupan broj kreveta u hotelskom smještaju iznosi 66,959. U županiji se nalazi 6 marina sa ukupno 1,551 vezova.

Međunarodni hotelski lanci prisutni u Splitu uključuju Le Meridien Lav i Radisson Blu.

Turistički potencijali Županije uključuju bogatu povijesnu baštinu i kulturnu ponudu, hodočasnička odredišta, aktivne i sportske odmore te zdravstveni turizam.

Županija je poznata po UNESCO-voj baštini (Dioklecijanova palača u Splitu i stari grad Trogir), hodočasničkim destinacijama (Sinj, Vepric i blizina Međugorja), raftingu na rijeci Cetini na području grada Omiša kao i planinarskim i biciklističkim stazama te šetnicama na planinama Marjan i Biokovo.

Veliki broj srednjih škola nudi edukaciju na polju turizma i ugostiteljstva, dok Sveučilište u Splitu ima dodiplomske i poslijediplomske programe iz turizma.

KONTAKTI

Ministarstvo turizma, www.mint.hr, e-mail: razvoj@mint.hr

Ministarstvo državne imovine, https://imovina.gov.hr

Agencija za investicije i konkurentnost, www.aik-invest.hr, e-mail: info@aik-invest.hr,
Damir Novinić, ravnatelj, e-mail: damir.novinic@aik-invest.hr

At the beginning of April 2019, the Ministry of Economy, Entrepreneurship and Crafts launched a new website for investors called investcroatia.gov.hr from which this document was downloaded in May 2023.

SD ŽUPANIJA

2,5 **Tri godine sanacije** Sanacija vodocrpilišta Pizdica traje treću godinu i stoji 2,5 milijuna kuna.

PIŠE
ANA DRAGIČEVIĆ

NEVJERICA MJEŠTANI NEGODUJU ZBOG SUDBINE BIVŠEGA VOJNOG ODMARALIŠTA

Za čiji se interes čuva Krvavica?

Budući da nijedna državna institucija nije od 1963. godine kada je vojno odmaralište za djecu u Krvavici sagrađeno, prstom mrdnula da ga očuva, a pogotovo ne da je zaštiti kao vrijednu arhitekturu, nedavno rješenje o uvrštavanju okruglog objekta u popis nacionalne kulturne baštine, izazvalo je sumnju u dobro djelo konzervatora.

- Nikome nije jasno zašto je Ministarstvo kulture - Konzervatorski odjel u Splitu, s potpisom pročelnika dr. **Radoslava Bužančića** - tako naprasno, nakon tolikih godina postojanja i devastacije za vrijeme rata, izdao rješenje o zaštiti građevine. Čudnovato je također da lokalna zajednica o tome nije imala nikakvih saznanja. Toliko smo puta nastojali motivirati Zagreb, odnosno vlasnika, da nešto poduzme oko ove sramote za Krvavicu i za hrvatski turizam.

Nikome nije jasno zašto je Ministarstvo kulture - Konzervatorski odjel u Splitu, s potpisom pročelnika dr. Radoslava Bužančića - tako naprasno, nakon tolikih godina postojanja i devastacije za vrijeme rata, izdalo rješenje o zaštiti građevine

Zapušten objekt u mjestu Krvavica IVO RAVLIĆ / CROPIX

Posjet Josipoviću

Delegacija Baške Vode je po tom pitanju posjetila i predsjednika **Ivu Josipovića** i molili smo ga da nam pomogne. Izlika je uvijek bila da se čeka odluka o tome što će se s objektom raditi. Sada je očito netko odlučio da im odgovara status quo, staviti objekt u Krvavici u mirovanje i sačuvati ga za nečije interese.

- Prostor na kojemu je objekt izgrađen, kao i drugi turistički vojni objekti na području Baške Vode, neprocjenjive je vrijednosti. Jer nezamislivo je da se jedan ruševan objekt može proglasiti kulturnom baštinom. Općina Baška Voda će se žaliti. Nijedan ozbiljan investitor ne bi zadržao postojeću veličinu, što se zaštitom nameće, jer bi posao bio neisplativ - reagirao je načelnik općine **Joško Roščić**.

U Clubu Adriatic, društvu oformljeno 2002. godine za upravljanje vojnom imovinom, dakle i Krvavicom, vijest o zaštiti objekta u Krvavici doznali su od novinara. Nikakav pismeni trag o tome nisu dobili, niti od vlasnika Ministarstva obrane, niti od Ministarstva kulture, tako da rješenje ne mogu komentirati.

U Konzervatorskom odjelu kažu kako je uobičajeni postupak da se pojedini objekti stavljaju pod privremenu zaštitu na rok od tri godine i da je postupak od Ministarstva kulture zatražio arhitekt. Nakon privremenog roka o zaštiti donosi se konačna odluka hoće li se staviti pod trajnu zaštitu ili će se ona skinuti. Na objektu se mogu obavljati zahvati, ali se ne može srušiti da bi se sagradila na njegovu mjestu nova zgrada ili se bitno mijenja arhitektura.

Vrijedan objekt

Odjel za odnose s javnošću Ministarstva kulture odgovorio je na naš upit: "Kompleks u Krvavici kojeg visoko vrednuje i arhitektonska struka i Društvo arhitekata Hrvatske, iznimno je vrijedan primjer druge faze modernizma koji je kanone internacionalnog stila preoblikovao slobodnijom uporabom formi i lokalnih materijala.

Vrijedan je to i primjer skladnog i organičenog odnosa arhitekture, njezine funkcije i krajolika.

Pravna zaštita objekta ne znači nikakav utjecaj na vlasništvo ili da se na objektu ne može ništa raditi. Ona podrazumijeva da se objekt ne može rušiti, te da za zahvate na objektu treba ishoditi konzervatorske smjernice", stoji u odgovoru.

Modernizam

U rješenju Konzervatorskog odjela Split s potpisom dr. sc. Radoslava Bužančića navodi se da je bivše vojno odmaralište izgrađeno 1963. godine. Projekt je izradio arhitekt Rikard Marasović. Sada je zaključeno kako se radi o jedinstvenom primjeru moderne lječilišne arhitekture druge faze modernizma i pravca kritičkog racionalizma u modernoj arhitekturi!

VIS

Sanira se vodocrpilište Pizdica

Nakon pripremnih radova (uklanjanje dotrajalih cijevi, pumpa i instalacija), koje su obavili djelatnici "Vodovoda i odvodnje otoka Visa" d.d., te nakon što je brodom "Dubina" dovezena i iskrcana nova oprema, djelatnici splitske tvrtke "Pomak" d.o.o. počeli su sanirati vodocrpilište Pizdica u blizini Komiže.

Slavica Dražić, direktorica zajedničke otočne tvrtke "Vodovod i odvodnja otoka Visa" d.d., prethodno je s direktorom Hrvatskih voda potpisala dva ugovora o sufinanciranju u vrijednosti od gotovo 10 milijuna kuna, od čega Hrvatske vode ulažu 90 posto iznosa, a 10 posto zajednički Županija i "Vodovod i odvodnja otoka Visa".

Sanacijom vodocrpilišta Pizdica u Komiži, koje već treću godinu nije u funkciji, "teškog" oko 2,5 milijuna kuna, Vis dobiva dodatnih šest litara vode u sekundi, time i određenu zalihu vode značajnu za cijeli otok. Otok Vis ima vlastite izvore vode koja se uz pomoć električnih pumpi crpi s dubine od 150 metara, a rok za završetak ovih radova je kraj 2012. godine.

BOGOLJUB MITRAKOVIĆ

POHVALNO

Vrgorcu ne prijeti bankrot

Je li Vrgorac pred bankrotom? Vrgorački gradonačelnik **Boris Matković** ističe kako je situacija teška, no daleko od bankrota.

- U ovom trenutku u Vrgorcu je blokirano oko 30 obrta i malih firmi, što se odrazilo i na gradsku blagajnu, koja se zbog toga slabije puni. Pored toga stalno je pomoć i od države. Situacija je teška, no daleko smo mi od bankrota, za prošli mjesec dali smo plaće s malo zakašnjenja, a i takva je situacija u cijeloj Hrvatskoj - istaknuo je Matković.

No da se malo racionalnije proteklih godina ponašala vrgoračka gradska uprava, po pitanju rashoda „voda još sigurno ne bi ih došla do grla". Samo su na troškove hrane i pića u zadnje dvije godine potrošili gotovo milijun kuna, što iz današnje perspektive izgleda suludo, bahato i neodgovorno. Ključni vrgorački problem je zarasla gospodarska zona u Ravči, jer da se pokrenula zona i privukli gospodarstvenici, smanjila bi se nezaposlenost.

M. PRIMORAC

SHOW VIKEND U ZNAKU MALENIH PJEVAČICA I PJEVAČA - NATJECANJE U DOMU KULTURE

Dugopolje večeras traži pjevačku zvijezdu

Dugopolje ovoga vikenda organizira tradicionalno natjecanje mladih pjevača 'Dugopolje traži zvijezdu' pa će tako na pozornici ove nedjelje navečer biti mladi pjevači.

Ovo poznato natjecanje već četvrtu godinu uspješno organizira Općina Dugopolje i Udruga "Dar", a da je riječ o popularnom natjecanju, govori podatak da se ove godine natječe čak 21 mladi pjevač i pjevačica.

-Natjecanje se priređuje u dva dijela - nakon subote u kojoj je nastupio 21 pjevač, u nedjelju je veliko finale kada se natječu 10 pjevača. Tko će na dugopoljskoj pozornici biti najuvjerljiviji za mikrofonom, odlučit će žiri - kaže **Mara Balić** iz Udruge "Dar".

Ovo natjecanje iz godine u godinu pobuđuje sve veće zanimanje mladih pjevačica i pjevača, ali i brojnih gledatelja jer se u publici osim članova rodbine nađu i drugi mještani Dugopolja uživajući u nastupima malenih pjevačkih zvijezda.

Posebno u nastupima uživaju mame, tate, bake, dide i tete jer se nastup u kućama vježba već mjesecima.

Dugopoljski show počinje ove nedjelje u Domu kulture u 19 sati.

O. KOHAREVIĆ

FINALE RASPRODAJE U BAŠKOJ VODI /

Što sa zaštićenom zgradom vojnog lječilišta? Stručnjaci bi je sačuvali, država prodala, a načelnik rušio

PLAN ZA SMANJENJE DEFICITA

Prodaja imovine počinje s hotelima: Za Sunčani Hvar, Imperijal, Maestral i Jadran dobit će se do 800 milijuna kuna

PRODAJA U DOBA EPIDEMIJE: Država nudi Dječje selo za 108 milijuna kuna

Kraj lječilišta u kojem se zadnjih 28 godina nije nitko liječio: Županija i službeno 'gasi' Dječje selo; Kompleks će uskoro na bubanj, a služit će, kome drugome, nego bogatašima

PRODAJA U DOBA EPIDEMIJE: Država nudi Dječje selo za 108 milijuna kuna

DALMACIJA // EKSKLUZIVNO

Luđe od ovog odavno niste čuli: slavna zaklada Getty željela je uložiti milijune u obnovu objekta na Makarskoj rivijeri i pretvoriti ga u svjetsku atrakciju. Ali država ih je odbila!

IMOVINA NA BUBNJU

Pomama za državnim odmaralištima: Za 15 nekretnina stigla 361 ponuda

KAKO JE PROPAO CLUB ADRIATIC

Prva državna tvrtka koja je otišla u stečaj

Autor: Ines Brežnjak/7dnevno Četvrtak, 03. listopada 2019. u 20:12

U sklopu nekadašnjeg **Fonda za privatizaciju**, današnjeg **Centra za restrukturiranje i prodaju** (CERP), RH još je 2002. osnovala tvrtku koja je, po nekim viđenjima, trebala biti perjanica turizma u Hrvatskoj – **Club Adriatic**.Zadaća ove tvrtke bila je pretvoriti nekoliko starih i derutnih MORH-ovih turističkih objekata, koji potječu još iz doba bivše Jugoslavije, u bisere koji bi privlačili turiste na jadransku obalu te punili budžet u turističkoj sezoni. S više od 120 zaposlenih, ova je tvrtka, barem iz današnje perspektive, bila san snova jer se već po završetku rata u Hrvatskoj znalo da će turizam jednog dana eksplodirati. No, netko je negdje u poslovnim koracima pogriješio, pa je umjesto tvrtke koja će zarađivati milijune na godišnjoj razini, Club Adriatic postao prva državna tvrtka koja je otišla – u stečaj.

Hoteli i kampovi

LJEČILIŠTE ZA RESPIRATORNE BOLESTI

Vlada RH: Zabranili rad kafića pa Dječje selo pustili u prodaju

Piše Andrea Topić, utorak, 07.4.2020. u 19:00

Foto: Google Maps

Lokacija za njihovu gradnju pomno je birana. Uz sposobno osoblje iz čitave Jugoslavije, važnost Dječjeg sela koje je spasilo na tisuće života stručnjaci su nalazili i u zraku, točnije, kombinaciji morskog i planinskog

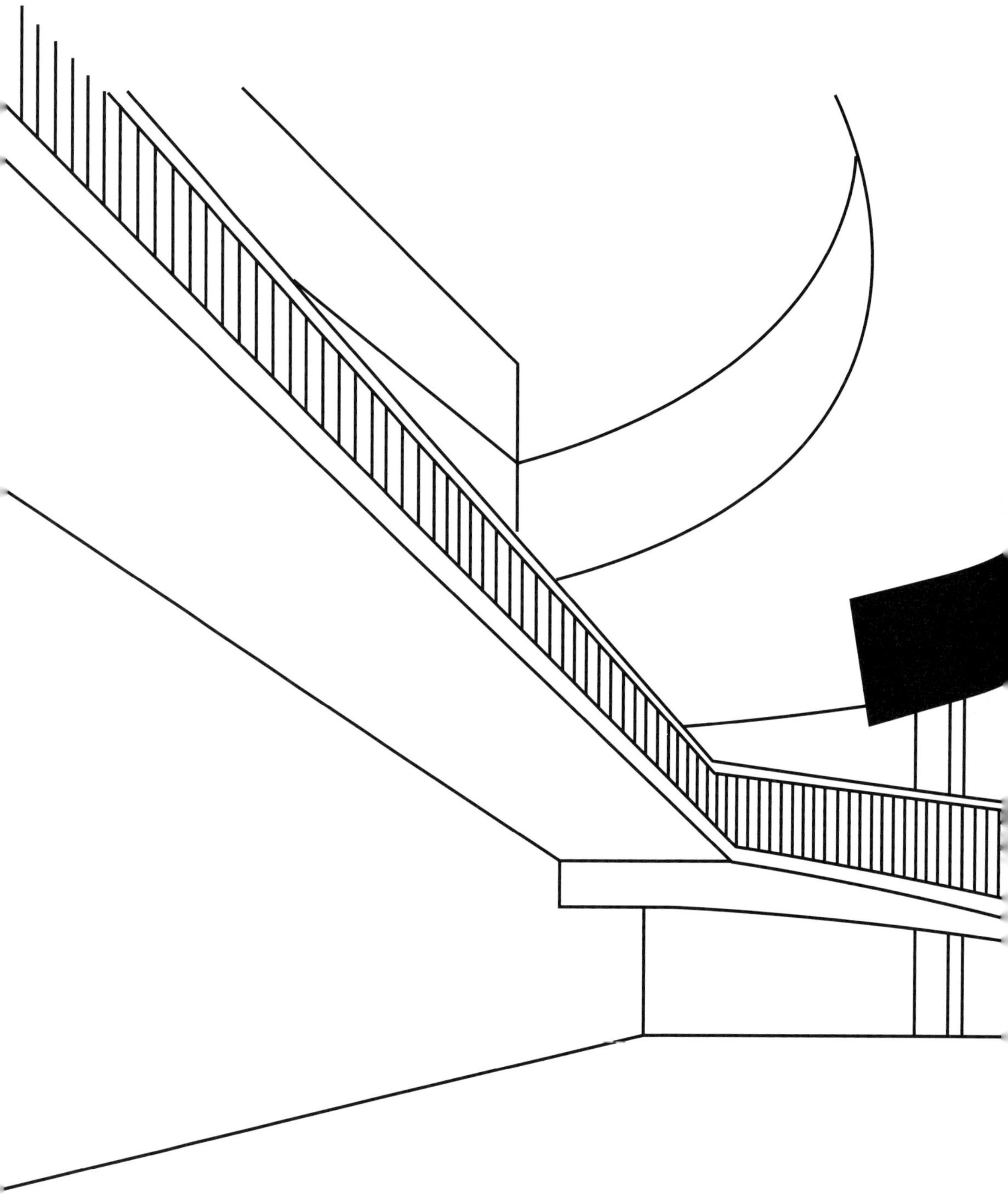

Fotovodiči „Jugoslavija", Makarska rivijera, *Izdavački zavod "Jugoslavija" Beograd*, 1966., arhiva Ivana Huljeva

Photo guides "Yugoslavia". Makarska riviera, *Izdavački zavod "Jugoslavija", Belgrade*, 1966, Ivan Huljev archive

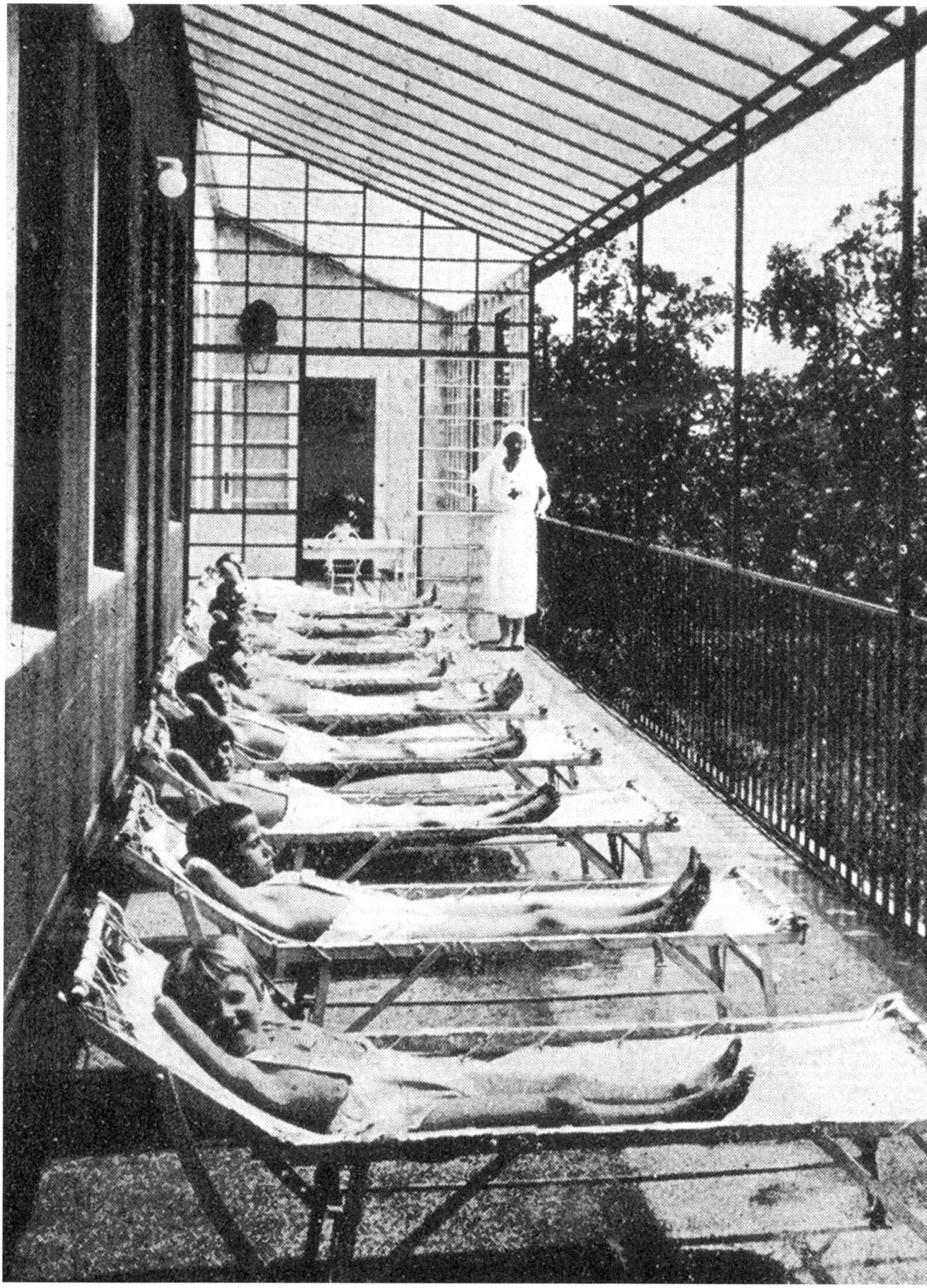

Dječja kolonija na Kantridi u Rijeci, sunčalište na terasi paviljona *Gaetano Giardino*
LOZZI BARKOVIĆ 2020

Children's colony in Kantrida, Rijeka, sun-bathing terrace of the *Gaetano Giardino* pavilion
LOZZI BARKOVIĆ 2020

POGLED NA POVIJESNI RAZVOJ JADRANSKIH KLIMATSKIH LJEČILIŠTA ZA DJECU

Lidija Butković Mićin

AN OVERVIEW OF THE HISTORICAL DEVELOPMENT OF CHILDREN'S SEASIDE HEALTH RESORTS ON THE ADRIATIC COAST

Dječje pomorsko lječilište u Krvavici od 2014. godine uživa status zaštićenog kulturnog dobra Republike Hrvatske jer je riječ „*o jedinstvenom primjeru moderne lječilišne arhitekture druge faze modernizma i jednom od kanonskih djela hrvatske moderne arhitekture koje je relevantno i u internacionalnom kontekstu*“, kako stoji u obrazloženju registracije.[1] Ostvarenje arhitekta Rikarda Marasovića visoko je valorizirano zbog izuzetnog oblikovanja prostora, ali i kao primjer rijetke arhitektonske tipologije – namjenski projektiranih klimatskih lječilišta za djecu – koja se pojavljuju u drugoj polovini 19. stoljeća odgovarajući na složene konstelacije društvenih i ekonomskih datosti modernog (europskog) društva. Razvoju ove specifične tipologije pogodovala su najmanje tri faktora: znanstveno istraživanje zdravstvenih prednosti pojedinih klimatskih podneblja, rast lječilišnog turizma, brojne nove spoznaje o ljudskoj (i dječjoj) fiziologiji, uzročnicima bolesti te razvoju terapijskih protokola, uz jačanje svijesti o potrebi institucionalne skrbi za zdravo odrastanje djece. Nabrojeni čimbenici zajedničko izvorište imaju u naglom demografskom, znanstvenom i tehnološkom procvatu industrijaliziranih država, ali i u njegovom naličju – nagomilanim socijalnim, javnozdravstvenim i ekološkim problemima urbanih sredina koja su osobito pogađala najmlađu populaciju.

Kako bi se ublažile anomalije modernog doba, od druge polovine 18. stoljeća osnažuje se paternalistička uloga države u zdravstvenom polju što je, sukladno jačanju humanističkih i demokratskih stremljenja, vodilo prema dostupnijoj zdravstvenoj zaštiti građana, premda još uvijek stratificiranih po porijeklu, imetku, spolu i dobi. Habsburška Monarhija je u industrijalizaciji kaskala za svojim europskim rivalima, no slijedeći prosvjetiteljske ideale, za vrijeme Marije Terezije i njenih nasljednika implementiraju se prijelomne zdravstvene i obrazovne reforme koje su značajno utjecale i na životni standard građana u hrvatskim krajevima. Provođenje općeg zdravstvenog zakona (*Generale normativum sanitatis*) iz 1770. godine bilo je povjereno varaždinskom liječniku Ivanu Krstitelju Lalangueu (1743. – 1799.) koji se osobito zalagao za smanjenje mortaliteta majki i novorođenčadi. Napisao je prvi udžbenik primaljstva na hrvatskom jeziku,

1 Registar kulturnih dobara Republike Hrvatske, https://registar.kulturna-dobra.hr/#/details/Z-6385
Formalnopravna zaštita Dječjeg lječilišta u Krvavici dokazuje da su unutar korpusa jugoslavenskog modernizma još moguća iznenađenja. Riječ je o realizaciji koja je tek nedavno atribuirana, znanstveno obrađena i valorizirana jer su podaci o njenoj izvedbi i autoru bili prilično oskudni. Osobito čudi što ovako reprezentativno i uspjelo arhitektonsko rješenje nije bilo objavljeno u stručnoj publicistici, niti uključeno u preglede i izložbe arhitektonske produkcije. Koliko je poznato, jedini spomen Krvavice u stručnoj literaturi iz vremena nastanka nalazi se u sljedećem izvoru: IVANOVIĆ 1970, 420-428.

In 2014, the Children's Seaside Health Resort in Krvavica was granted the status of protected cultural property of the Republic of Croatia, on the grounds of being a *"unique example of modern health resort architecture from the second phase of Modernism and a canonical work of Croatian modern architecture, relevant even in the international context*", as stated the explanatory note to the registration entry.[1] Rikard Marasović's work is highly valued because it exemplifies an extraordinary use of space, as well as a rare architectural typology of seaside health resorts specifically designed for children, one that appeared in the second half of the 19th century in response to the complex constellation of the social and economic conditions of the modern (European) society. The development of this typology was enabled by at least three factors: the scientific research of the health benefits of specific climates, the development of medical tourism, and the numerous new advancements in the field of human (specifically, children's) physiology, causes of diseases and development of therapeutic protocols, along with the raising of consciousness on the necessity of institutionalised care for the healthy development of children. The common origin of these factors was the surge of demographic, scientific and technological development in industrialised countries, as well as its underbelly – the aggregated social, public-health and environmental problems of urban areas, which particularly affected their youngest inhabitants.

In the second half of the 18th century, the paternalistic role of the state in healthcare strengthened, in order to mitigate the anomalies of the modern era. Concomitantly with the rise of humanist and democratic tendencies, this led to the increased availability of healthcare for citizens, who were, nevertheless, still stratified according to their background, wealth, sex and age. Although, compared to its rivals, the Habsburg Monarchy had been falling behind in terms of industrialisation, the reign of Maria Theresa and her successors saw the implementation of ground-breaking healthcare and educational reforms which had a significant impact on the standard of living in Croatia. The enforcement of the General Healthcare Act (*Generale normativum sanitatis*) of 1770 was entrust-

1 The Register of Cultural Property of the Republic of Croatia https://registar.kulturnadobra.hr/#/details/Z-6385
The formal legal protection of the Children's Health Resort in Krvavica is proof that surprises can still occur within the Yugoslav Modernist opus. The work in question has but recently been attributed, scientifically analysed and valuated because the data on its design and author was rather sporadic. It is particularly odd that such a representative and exquisite work of architecture was not featured in professional publications or included in architectural reviews and exhibitions. The only known mention of the facility in Krvavica in a professional publication dating from the time of its completion comes from the following source: IVANOVIĆ 1970, 420-428.

Bolnica Sestara milosrdnica, Vinogradska cesta, Zagreb
Muzej grada Zagreba, MGZ-43800

Sisters of Mercy Hospital, Vinogradska Road, Zagreb
Zagreb City Museum, MGZ-43800

organizirao stručnu obuku primalja u Varaždinu, poboljšao uvjete za porođaje i propagirao važnost dojenja i majčinog mlijeka.[2] Godine 1786. osnovana je primaljska škola u Rijeci, potom 1820. godine u Zadru, dok će se tek 1877. godine u Zagrebu otvoriti Kraljevsko primaljsko i Zemaljsko rodilište Bolnice Sestara milosrdnica.[3] Gradske bolnice, nasljednice nekadašnjih *hospitala* (ubožnica), bile su uglavnom smještene u adaptiranim zgradama te nisu mogle zadovoljiti higijenske i prostorne standarde moderne medicine koja se tijekom 19. stoljeća profesionalizirala razvivši brojne dijagnostičke metode i postupke liječenja. Ključni modernizacijski proces bilo je, stoga, ulaganje u suvremene bolničke zgrade, disponirane i opremljene prema zahtjevima zasebnih medicinskih grana, porastu bolničkog osoblja, pacijenata i aparature. U tom pogledu ističu se realizacije arhitekta Kune Waidmanna, od Zemaljske bolnice u Šibeniku (1883.) i Pokrajinske bolnice u Zadru (1886.), do Bolnice Sestara milosrdnica na Vinogradskoj cesti u Zagrebu (1894.), većinom funkcionalnih sklopova paviljonskog

2 FUREŠ, HABEK 2014, 237-43.
Pružanje stručne pomoći pri porodu najstariji je oblik medicinske djelatnosti usmjerene na očuvanje zdravlja (i života) žena i djece. U Hrvatskoj dokumentiran je rad primalja od rimskih vremena (npr. nadgrobna ploča rimske primalje Elije Sotera pronađena je u Vranjicu kraj Solina). Izniman primjer predstavlja *Ospedale della Misericordia* osnovano u 15. st. u Dubrovniku koji je bio poznat po naprednim idejama (utemeljenje prve karantene u svijetu 1377. godine). Inicijalno se *Ospedale* skrbilo za izvanbračnu djecu, no preraslo je u najstarije hrvatsko rodilište i pedijatrijsku bolnicu: DUGAČKI, REGAN 2019, 39; BAZALA 1975, 16.

3 DUGAČKI 2009, 62.

ed to Varaždin physician Ivan Krstitelj Lalangue (1743-1799), who particularly advocated for the reduction of mother and infant mortality. He wrote the first midwifery textbook in Croatian, organised professional training for midwives in Varaždin, improved childbirth conditions and raised awareness of the importance of breastfeeding and mother's milk.[2] A school of midwifery was founded in Rijeka in 1786, and in 1820, another one was founded in Zadar, while the Royal Land Maternity Clinic and School of Midwifery of the Sisters of Mercy Hospital in Zagreb was not founded until 1877.[3] As successors of the former *hospitali* (almshouses), the city hospitals were mostly located in converted buildings and therefore, could not meet the hygiene and spatial requirements of modern medicine, which became professionalised in the 19th century, having developed numerous diagnostic methods and treatment procedures. Accordingly, investment into modern hospital buildings, whose layout and equipment met the requirements of particular branches of medicine and could accommodate the rising number of hospital staff, patients and appliances, was a key modernisation process. Architect Kuno Waidmann designed some of the most exemplary buildings for this purpose, such as the Land Hospital in Šibenik (1883), the Provincial Hospital in Zadar (1886) and the Sisters of Mercy Hospital on Vinogradska Road in Zagreb (1894), which are mostly pavilion-type functional complexes.[4] The continuously improving conditions in the new healthcare facilities also enabled the treatment of children, as well as, in 1904, the founding of the specialist Paediatric Department of the Sisters of Mercy Hospital, headed by Radovan Marković, the first formally trained Croatian pediatrist.[5]

An important means of child patient screening and disease prevention was primary paediatric healthcare. Its organisation was significantly propped up by the adoption of the *Act on the Organisation of Healthcare in the Kingdoms of Croatia and Slavonia* (*Zakon o uredjenju zdravstva u kraljevinah Hrvatskoj i Slavoniji*) and

2 FUREŠ, HABEK 2014, 237-43.
The provision of expert assistance in childbirth is the oldest medical practice focussed on preserving the health (and lives) of women and children. In Croatia, the work of midwives has been documented since the Roman era (e.g. the tombstone of the Roman midwife Elia Sotera was discovered in Vranjic near Solin). A paragon in the field was the *Ospedale della Misericordia* founded in the 15th century in Dubrovnik, a city well-known for its advanced ideas (such as the establishment of the first quarantine in 1377). Although it initially provided care only to illegitimate children, the *Ospedale* later became the oldest Croatian maternity and paediatric clinic: DUGAČKI, REGAN 2019, 39; BAZALA 1975, 16.

3 DUGAČKI 2009, 62.

4 RADOVIĆ MAHEČIĆ 1999, 163-176.

5 DUGAČKI 2009, 66.

tipa.[4] U novim su se zdravstvenim objektima u sve boljim uvjetima liječili i dječji bolesnici, a u Bolnici Sestara milosrdnica od 1904. godine djelovat će i specijalistički Dječji odjel pod vodstvom Radovana Markovića, prvog hrvatskog školovanog pedijatra.[5]

Međutim, važno sredstvo u probiru oboljele djece, kao i prevenciji bolesti, činila je primarna zdravstvena zaštita djece. U njenoj organizaciji uvelike je pomoglo donošenje *Zakona o uredjenju zdravstva u kraljevinah Hrvatskoj i Slavoniji* i *Zakona o školstvu* 1874. godine za banovanja Ivana Mažuranića, te njihovih kasnijih iteracija. Potonji je regulirao nastavno-pedagošku djelatnost u pučkim školama, kao i liječnički nadzor školaraca kroz javnu zdravstvenu službu. Sustavno praćenje zdravlja djece uspostavilo se imenovanjem školskih liječnika, prvog za gimnaziju i realku u Zagrebu 1893. godine, čime je napravljen značajan pomak u sprečavanju širenja zaraznih bolesti i povećanja dostupnosti zdravstvene skrbi siromašnijim učenicima, faktički začetak školske medicine i mreže školskih poliklinika koja će se formirati u međuratnom razdoblju.[6] Državna intervencija u tom je pogledu već zakašnjela jer su boljke industrijskog doba na prijelazu 19. i 20. stoljeća zahvatile i hrvatske gradove, negativno utječući na izglede za preživljavanje dječje dobi. Od 1900. do 1905. godine 30 % živorođene djece umrlo je tijekom prve godine života, a od 1906. do 1910. više od 50 % ukupnog broja umrlih bila su djeca u dobi do 14 godina. Značajan socijalni problem predstavljala su i nezakonita djeca, u Zagrebu ih je 1910. godine bilo oko 29 %, koja su zbog društvenog ćudoređa i predrasuda bila stigmatizirana, izložena zanemarivanju i imala vrlo male mogućnosti za dostojan život.[7] U borbu protiv pomora dojenčadi, djece i mladih uključili su se i drugi protagonisti. Karitativna djelatnost postaje moralna obveza obogaćenog građanstva, novih predvodnika društvene hijerarhije, proširujući doseg i učinak društvenih usluga koje su tradicionalno pružale crkvene zajednice. Radom humanitarnih zaklada i dobrotvornih društava financirale su se institucije za zbrinjavanje siročadi i siromašne djece, suplementirajući kapacitete državnih prihvatilišta koja se mahom osnivaju tek nakon Prvog svjetskog rata. Siroćišta su imala i ulogu provizornih

4 RADOVIĆ MAHEČIĆ 1999, 163-176.

5 DUGAČKI 2009, 66.

6 Početci školske medicine sežu u 1793. godinu kada je za vrijeme Francuske revolucije ozakonjen zdravstveni pregled školske djece. Do kraja 19. stoljeća mnogi europski gradovi imaju imenovane školske liječnike (npr. Bruxelles 1874., Pariz 1879., Wiesbaden 1896. i dr.), a školska medicina se razvija kao posebna djelatnost. Prve školske poliklinike, koje vrše i liječenje bolesne djece, osnivaju se početkom 20. stoljeća: LANČIĆ 2009, 237-238.

7 BATINIĆ 2013, 30.

the *Formal Education Act* of 1874 (*Zakon o školstvu*), during the rule of *ban* Ivan Mažuranić, and their subsequent iterations. The latter Act governed the teaching and pedagogical activity in public schools, as well as the health surveillance of pupils by the public health service. The systematic monitoring of children's health began by appointing school physicians, the first of whom was allocated to the gymnasium and real school in Zagreb in 1893, which represented a significant advancement in halting the spread of infectious diseases and increasing the availability of healthcare for poor pupils, marking, in practice, the origins of school medicine and network of school polyclinics to be formed in the interwar period.[6] State intervention in this area was somewhat belated, considering that the turn-of-the-century malaises of the industrial age had also spread to Croatian cities, negatively affecting infant survival rates. From 1900 to 1905, 30% of live-born children died within the first year of their lives, while over 50% of the total number of deaths from 1906 to 1910 were those of children up to 14 years of age. A major social issue was also that of illegitimate children, of which there were 29% in Zagreb in 1910, and who were stigmatised, neglected and deprived of adequate opportunities for a decent life due to social morals and prejudice.[7] Other entities also became involved in the fight against increased infant, child and adolescent mortality. By becoming a moral obligation of the ever wealthier bourgeoisie, newly positioned at the top of the social hierarchy, charity expanded the scope and effect of the social services traditionally provided by church communities. The work of humanitarian foundations and charitable societies funded care facilities for orphans and poverty-stricken children, supplementing the capacities of state care homes, which were mostly founded only after World War I. Orphanages also served as provisional sanatoriums, considering that they provided extended care for children in poor physical condition who could not be apprenticed or fostered.[8]

In the early 20th century, tuberculosis, also known as the "white plague", reached the scale of an epidemic. In 1900, it was the cause of death of 53% of labourers in Zagreb, and in 1902, the percentage rose to 72%. Medical aid for the diseased improved in 1909, with the opening of the Brestovac sanatori-

6 The origins of school medicine can be traced back to 1793, when the medical examinations of schoolchildren were legalised during the French Revolution. By the end of the 19th century, many European cities had appointed school physicians (e.g. Brussels in 1874, Paris in 1879, Wiesbaden in 1896 etc.) and school medicine was developing as a separate branch. The first school polyclinics, which also served as treatment facilities for child patients, were founded in the early 20th century: LANČIĆ 2009, 237-238.

7 BATINIĆ 2013, 30.

8 BATINIĆ 2013, 37-38.

lječilišta jer su se u njima duže zadržavala djeca lošijeg fizičkog stanja koja nisu mogla biti upućena na naukovanje ili udomljena u obiteljima.[8]

Tuberkuloza, poznata i kao „bijela kuga“, početkom 20. stoljeća poprimila je epidemijske razmjere, bila je uzročnik smrti 53 % radnika u Zagrebu 1900. godine, a 1902. godine taj udio iznosio je čak 72 %. Medicinska pomoć oboljelima poboljšala se otvaranjem lječilišta Brestovac na Sljemenu 1909. godine kao prve ustanove specijalizirane za plućne bolesti u jugoistočnoj Europi. Pacijenti su tako bili izolirani od zdravog stanovništva, što je predstavljalo važan oblik prevencije širenja zaraze, te tretirani tada suvremenom Brehmer-Dettweilerovom metodom, primjenjivanom u europskim sanatorijima, koja se zasnivala na boravku na svježem planinskom zraku, umjerenom režimu vježbe i odmora te prilagođenoj prehrani. U nedostatku farmakoloških pripravaka i cjepiva, poboljšani uvjeti života imali su ključnu ulogu u rekonvalescenciji bolesnika.[9] Plućna tuberkuloza, kao primarno respiratorna bolest, preporučala se liječiti intenzivnim aeroterapijama, dok se za tuberkulozu kostiju, zglobova i žlijezdi, od koje su češće obolijevala djeca i adolescenti, pribjegavalo invazivnim kirurškim postupcima, u kombinaciji s helioterapijom – kontroliranim i ciljanim izlaganjem organizma blagotvornom djelovanju sunčevih zraka.[10] Klinike za helioterapiju, slično kao i sanatoriji, smještale su se u planinskom pejzažu, često u zamcima i svratištima koji su bili arhitektonski preinačeni da udovolje liječničkim postulatima: dograđivane su im prostrane terase i dugački potezi balkona za maksimalnu izloženost suncu, a široki prozori i lođe za prozračivanje bolesničkih soba. Sunčana terapija razvijala se kao intuitivan pristup liječenju, temeljena na opaženom unapređenju u zdravlju pacijenata izloženih suncu, a podrazumijevala je i preventivnu komponentu, opće poboljšanje izdržljivosti organizma i kvalitete života, te se osmišljavaju i posebni programi, primjerice „škole na suncu“ usmjerene na pravilan rast i razvitak djece i mladih. Dr. Auguste Rollier, jedan od najpoznatijih praktičara helioterapije, otvorio je takvu ustanovu u švicarskom

8 BATINIĆ 2013, 37-38

9 Sredinom 19. stoljeća, talijanski liječnik Biagio Castaldi, koji je sam patio od plućne tuberkuloze, potvrdio je da zdrav način života i boravak u planinskoj klimi značajno doprinose sprječavanju širenja i oporavku od ove bolesti. Prvi sanatoriji građeni su u Njemačkoj (Görbersdorf, 1857., Falkenstein, 1876.), a mnogo ih je bilo smješteno u Švicarskoj (Davos i okolica): CVETNIĆ, DUGAC 2020, 537.

10 Iako je dr. Niels Finsen dobio drugu Nobelovu nagradu za medicinu 1903. godine zbog uspjeha u liječenju tuberkuloze kože ultraljubičastim svjetlom, švicarski liječnik dr. Oskar Bernhard općenito se smatra prvim helioterapeutom modernog doba koji je u svojoj maloj klinici u St. Moritzu, otvorenoj 1905. godine, sustavno izlagao pacijente sunčevim zrakama: HOBDAY 1997, 457-459.

Dječje sklonište osnovano 1910. godine za prihvat i prehranu djece slabog imovinskog stanja s područja Rijeke i Sušaka

Children's shelter founded in 1910 for the reception and feeding of children of poor financial status from the area of Rijeka and Sušak

Sklonište na Sušaku

um on Sljeme, as the first institution specialised in the treatment of pulmonary diseases in south-eastern Europe. It enabled the isolation of the patients from healthy individuals, which was an important method of preventing the disease from spreading, and their treatment with the then modern Brehmer-Dettweiler method, applied in sanatoriums throughout Europe and based on spending time outdoors in the fresh mountain air, a moderate exercise and rest regime, and a special diet. In the absence of pharmacological preparations and vaccines, improved living conditions had a crucial role in convalescence.[9] The recommended treatment for pulmonary tuberculosis, which was a primarily respiratory disease, was intensive aerotherapy, while treatments of bone, joint and gland tuberculosis, which more often affected children and adolescents, resorted to invasive surgery combined with heliotherapy – a controlled and targeted exposure of the organism to the beneficial effects of sunlight.[10] Like sanatoriums,

9 In the mid-19th century, the Italian physician Biagio Castaldi, who himself suffered from pulmonary tuberculosis, attested that a healthy lifestyle and spending time in the mountain climate significantly contributed to the prevention of the spread of the disease and recovery from it. The first sanatoriums were built in Germany (in Görbersdorf in 1857, in Falkenstein in 1876), and many were located in Switzerland (Davos and its surroundings): CVETNIĆ, DUGAC 2020, 537.

10 Although Dr Niels Finsen was awarded the second Nobel Prize for Medicine in 1903 for his success in treating skin tuberculosis with ultra-violet light, the Swiss physician Dr Oskar Bernhard is generally regarded as the first heliotherapist of the modern era, who systematically exposed patients to sunlight in his small clinic in St Moritz, opened in 1905: HOBDAY 1997, 457-459.

Čehoslovačka dječja kolonija u Crikvenici

Czecho-Slovakian Children's Convalescent Home in Crikvenica

Cernatu, nedaleko svoje slavne klinike za tuberkulozu u Leysinu, a slične „škole u prirodi" nicale su diljem Europe proširujući obzore moderne pedagogije.[11] Osobitu popularnost stekle su u SAD-u, naročito u sklopu *preventorija*, odmarališta/lječilišta namijenjenih zdravstvenoj zaštiti djece koja su zamišljena kao spoj sanatorija, škole i tipičnog američkog doma, odnosno trebala su pružati medicinsku skrb u obiteljskoj atmosferi. Prvi američki preventoriji bili su Sea Breeze na Coney Islandu (1904.) i Cleveland Cottage u Lakewoodu u New Jerseyu (1909.), a uzori su im bili francuski dječji sanatoriji i škola u prirodi u Charlottenburgu u Njemačkoj.[12]

U drugoj polovini 19. stoljeća imućniji Europljani počinju sve više boraviti u područjima sa blagom mediteranskom klimom odsjedajući u novim, mondenim morskim lječilištima i odmaralištima. Njihovoj popularizaciji pridonijela su znanstvena istraživanja iz klimatologije, balneologije i talasoterapije tijekom 19. stoljeća, koja su promovirala terapeutske učinke morskog zraka, sunca i vode, te upotrebu tih prirodnih resursa u svrhu liječenja dijapazona različitih zdravstvenih stanja, posebice pulmoloških oboljenja. Hrvatska primorska mjesta privukla su pažnju zbog povoljnih klimatskih uvjeta i prirodnih ljepota te ih je nekoliko proglašeno lječilištima nakon zadovoljavanja strogih propisa Austro-Ugarske

11 Dr. Auguste Rollier popularizirao je helioterapiju kao sredstvo za liječenje tuberkuloze. Osnovao je i vodio kliniku u Leysinu u Švicarskoj od 1903. godine, koja je 1911. godine dobila novu zgradu, vjerojatno prvi namjenski objekt za helioterapiju u Europi: HOBDAY 1997, 459-460, 465.

12 CONNOLLY 2008, 41, 53-56.

heliotherapy clinics were built in the mountains, often in castles and chalets, which were architecturally converted to meet medical requirements: they were added spacious terraces and long balconies, for maximum exposure to sunlight, while their windows and loggias were enlarged in order to enable the airing of the patients' rooms. Heliotherapy was developed as an intuitive approach to medical treatment, based on the observed improvement of the health of patients exposed to the sun, and it also had a preventive component, that of the general improvement of the organism's resilience and quality of life, giving rise to the creation of special programmes such as the "school in the sun", focussed on the healthy growth and development of children and adolescents. Dr. Auguste Rollier, one of the best-known heliotherapy practitioners, established such an institution at Cernat in Switzerland, close to his famous tuberculosis clinic in Leysin, while similar "open-air schools" sprang up all over Europe, expanding the horizons of modern pedagogy.[11] They became particularly popular in the USA, as part of the so-called preventoriums, a type of vacation/health resort intended for child healthcare and designed as a combination of a sanatorium, a school and a typical American home, as they were meant to provide medical care in a family atmosphere. The first American preventoriums were the Sea Breeze on Coney Island (1904) and the Cleveland Cottage in Lakewood, New Jersey (1909), modelled upon French children's sanatoriums and the open-air school in Charlottenburg, Germany.[12]

From the second half of the 19th century, wealthier Europeans increasingly frequented regions with a mild Mediterranean climate and staying in new, fashionable seaside health and vacation resorts. Their popularisation was aided by 19th-century scientific research in climatology, balneology and thalassotherapy, which promoted the therapeutic effects of sea air, the sun and sea water, and the use of these natural resources in treating a range of different health conditions, especially pulmonary diseases. Since Croatian coastal towns had garnered attention due to their favourable climate and attractive scenery, several of them were proclaimed health resorts, having satisfied the strict requirements of the Austro-Hungarian Empire (Hvar in 1868, Opatija in 1889, Veli and Mali Lošinj in 1892, Lovran in 1904 and Crikvenica in 1906). This enabled their transformation into popular destinations for European and domestic tourists,

11 Dr Auguste Rollier popularised heliotherapy as a method of treating tuberculosis. In 1903, he founded a clinic in Leysin in Switzerland, and headed it. The building that was added to the clinic in 1911 was likely the first structure in Europe built for the purpose of heliotherapy: HOBDAY 1997, 459-460, 465.

12 CONNOLLY 2008, 41, 53-56.

Monarhije (Hvar 1868., Opatija 1889., Veli i Mali Lošinj 1892., Lovran 1904. i Crikvenica 1906.), što im je omogućilo preobrazbu u tražena odredišta za europske i domaće goste, privlačeći ugledne liječnike, medicinske praktičare te državne i privatne poduzetnike koji su ulagali u prometnu infrastrukturu (željeznice), hotele i pansione. U početku su funkcionirala kao zimska lječilišta, a kad je početkom 20. stoljeća morsko kupanje prihvaćeno kao poželjni oblik razonode i rekreacije, postaju destinacije cjelogodišnjeg turizma. Lječilišta su se brinula ne samo o tjelesnom zdravlju, već i o društvenom životu posjetitelja, organizirajući različite kulturne i društvene događaje.[13] Zdravstvene usluge nudile su se kako odraslim, tako i dječjim korisnicima, dapače, apostrofirao se pozitivan utjecaj sunčanih, zračnih i morskih kupki na dječju konstituciju i povećanje otpornosti na bolesti. Primjerice, austrijski balneoklimatolog i liječnik dr. Conrad Clar entuzijastično je hvalio Mali Lošinj svojim kolegama nakon što je njegov sin zaliječio bolest grla na tom kvarnerskom otoku 1885. godine.[14] Djeca su često sa roditeljima odsjedala u zdravstvenim zavodima primajući više tjedana razne kure pod liječničkim nadzorom, no u pojedinim gradovima javnim novcima i privatnom inicijativom podignut će se dječje bolnice, oporavilišta i odmarališta u koja će dolaziti pacijenti iz cijele Monarhije. Također, klimatološke značajke mediteranskog podneblja prepoznate su i kao važan saveznik u suzbijanju zaraznih bolesti, odnosno primjeni specifičnih sanitarnih mjera. Primjerice, liječnik Antun Anđeo Frari, javni zdravstveni službenik pod francuskom i austrijskom upravom Dalmacije, 1815. godine uspješno je okončao epidemiju kuge u Makarskom primorju tako što je naredio evakuaciju oko 850 preživjelih stanovnika u Baško Polje, gdje su bili smješteni u drvenoj građevini s oko 200 stambenih jedinica, hitno podignutoj pod vodstvom inženjera Petra Pekota. U ovom privremenom zdravstvenom kampu ili lazaretu, zaraza se nije proširila, niti je bilo smrtnih slučajeva, što je Frari pripisao prirodnom okruženju: „*(...) tu je zrak slobodan i čist, more pak s jedne strane, a lijepi brežuljci na podnožju Biokova s druge; tu sunce nesmetano rasprostire svoje životvorne zrake po divnom sagu zelenila, koje se blista od krasnoga prelijevanja njegovih čistih zraka po milijunima biljaka, još vlažnih od rose, te se po običaju natječu da tu blaženu atmosferu neprestano sve više obogate kisikom, tu sve odiše životom i snagom i tu čovjek na umoru ponovno oživljava.*“[15]

Liječenje djece u primorskim mjestima rijetko je bilo u domeni komercijalnog zdravstvenog turizma, već je riječ o ekstenziji humanitarnih djelatnosti Crkve i viših društvenih slojeva, uz sporadičnu podršku državnih ili gradskih vlasti.

13 KOS, BARKOVIĆ 2009, 17-25.; KRANJČEVIĆ, MUZUR 2020, 130-131.
14 IVANIŠEVIĆ 1996, 21.
15 VRANDEČIĆ 2017, 339-347. Prijevod citata prema talijanskom izvorniku.

and attracted prominent physicians, medical practitioners and state-owned and private companies which invested into transport infrastructure (railways), hotels and boarding houses. Although they had originally operated as winter resorts, from the early 20th century, when sea-bathing was accepted as a form of leisure and recreation, they became year-round tourist destinations. By organising various cultural and social events, the health resorts cared not only for the physical health of their guests, but for their social lives as well.[13] Health services were provided to both adults and children – moreover, the benefits of sun, air and sea baths on children's physique and immunisation were emphasised. For instance, Austrian balneo-climatologist and physician Dr. Conrad Clar enthusiastically commended Mali Lošinj to his colleagues after his son was cured of a throat condition on that Kvarner island in 1885.[14] Although children, accompanied by their parents, often stayed in healthcare institutes for several weeks, for various medically supervised treatments, in some cities, public and private investments were used to build children's hospitals, rehabilitation clinics and vacation resorts, frequented by patients from all parts of the Empire. The climatological properties of the Mediterranean were also recognised as playing an important role in combating infectious diseases, i.e. in the implementation of specific sanitary measures. Thus, in 1815, physician Antun Anđeo Frari, a public health official of the French and Austrian administration of Dalmatia, successfully extinguished a plague epidemic in the Makarska Riviera by ordering the evacuation of the approximately 850 survivors to Baško Polje, where they were housed inside a wooden structure with some 200 accommodation units, urgently erected under the supervision of engineer Petar Pekota. The disease failed to spread in this provisional healthcare camp or lazaretto, and there were no fatalities, which Frari attributed to the surroundings: *"(...) the air here is free and clean, there is the sea on one side and the beautiful hills at the foot of Biokovo on the other; the sun shines its tonic rays unimpeded across the marvellous green carpet, which sparkles, reflecting its clear rays across millions of still dewy plants, which, naturally, compete in imbuing this blessed atmosphere with even more oxygen; all exudes a life force and restores even dying men back to life."*[15]

The treatment of children in seaside towns and villages was rarely carried out in the context of commercial medical tourism. Rather, it was an extension of the humanitarian activities of the Catholic Church and the upper classes, sporadically aided by state or municipal authorities. Considering that the healing

13 KOS, BARKOVIĆ 2009, 17-25.; KRANJČEVIĆ, MUZUR 2020, 130-131.

14 IVANIŠEVIĆ 1996, 21.

15 VRANDEČIĆ 2017, 339-347. The quote is a translation from Italian.

Maria-Amalia asyl u Velom Lošinju, oporavilište za skrufulozne i tuberkulozne djevojčice

© Lošinjski muzej

Maria-Amalia asyl in Veli Lošinj, the convalescent home for scorbutic and tuberculous girls

© Lošinj museum

Ljekovitost morskog aerosola i autohtonog mediteranskog bilja predstavljala je važan aspekt liječenja, naročito plućnih oboljenja, stoga su interakcija higijenski osmišljene i održavane arhitekture, kultiviranog krajolika i projektiranih kupališta činili neizostavni dio morskih lječilišta. U adaptiranim manjim vilama i drugim objektima otvaraju se ustanove socijalnog karaktera, poput Dječje ljetne kolonije grada Graza u Savudriji za liječenje djece iz pokrajine Štajerske, ili Zabavišta za djecu i Obdaništa za siromašnu djecu u Velom Lošinju koje od 1880-ih godina vode Milosrdne sestre sv. Križa iz Đakova pod pokroviteljstvom nadvojvodskog para Karla Stjepana i Tereze, kasnije proširujući svoju djelatnost u *Sanatorium Betania*. Barunica Adolfina Hasslinger 1892. godine utemeljuje morsko oporavilište za skrufulozne i tuberkulozne djevojčice (*Maria-Amalia asyl*) u području Kaciol u Velom Lošinju, kojim će upravljati Sestre milosrdnice od sedam žalosti, a 1907. godine postat će državna ustanova. Sagrađena je komforna dvokatna zgrada, kapelica, gospodarski objekti, uređen park i morsko kupalište.[16] U Crikvenici se nekadašnji pavlinski samostan na ušću Dubravčine preuređuje u vojno lječilište *Kaštel*, potom *Ladislavov dječji dom*, nazvan po nesretno poginulom sinu dobročiniteljice Clotilde, supruge nadvojvode Josipa, u kojem su se od 1898. godine liječila siromašna djeca iz Mađarske i Hrvatske. Godine 1909. godine u istom se turističkom središtu osniva Čehoslovačko dječje oporavilište zalaganjem žena iz Brna (Marija Steyskalova i dr.), koje je moglo primiti oko 400 djece i raspolagalo je suvremenom opremom (rendgen, laboratorij), gimnastičkom dvoranom, parkom i vlastitim kupalištem.[17] Pod

16 DLAKA 2018, 36-39, 52-55.
17 KRIŠTAFOR 1988, 26-27.; JURDANA, UREMOVIĆ 1988, 159.

properties of maritime aerosol and native Mediterranean plants represented an important aspect of treatment, notably that of lung diseases, the interaction of hygienically designed and maintained architecture, the landscaping and the constructed bathing areas were essential aspects of seaside health resorts. Small villas and other types of buildings were converted for social welfare purposes, to house institutions such as the Children's Summer Colony of the City of Graz in Savudrija, where children from the province of Styria were treated, or the Children's Entertainment Centre and Children's Almshouse in Veli Lošinj. From the 1880s, the latter was run by the Đakovo Sisters of Mercy of the Holy Cross, under the auspices of the archducal couple Charles Stephen and Maria Theresia, and eventually expanded its activities under the name of *Sanatorium Betania*. In 1892, Baroness Adolfina Hasslinger founded a seaside convalescent home for scorbutic and tuberculous girls (the *Maria-Amalia asyl*) in the area of Kaciol in Veli Lošinj. The home was run by the Sisters of Mercy of the Seven Sorrows and became a state-owned institution in 1907. A spacious two-storey building, a chapel and commercial structures were then built, with the addition of a developed park and beach.[16] In Crikvenica, the former monastery of the Pauline Fathers on the confluence of Dubravčina was converted into the Kaštel military health resort. Later, it became *Ladislavov dječji dom* – Ladislav's Children's Home, named after the tragically deceased son of philanthropist Clotilda and Archduke Joseph. Since 1898, the Children's Home was used as a treatment facility for poor children from Hungary and Croatia. In 1909, through the efforts of the women of Brno (Marija Steyskalova and others), the Czecho-Slovakian Children's Convalescent Home was founded in the same tourist town. The Home could accommodate up to 400 children and had modern equipment (an X-ray machine and a laboratory), a gymnasium, a park and its own beach.[17] In 1887/1888, under the patronage of the Archduchess Maria Theresa and with financial support from prominent citizens and institutions, the city of Vienna built a children's hospital for the treatment of bone diseases in San Pelagio in Rovinj. With its two pavilion-type buildings for infectious and non-infectious child patients, a school and a gymnasium, the facility met the social and educational needs of child patients. The project was realised with the involvement of an interdisciplinary group of experts: the architect (Stiassny), civil engineers, horticulturalists and physicians, all of them aware of the importance of the natural environment, architectural design and landscaping for the recovery process.[18]

16 DLAKA 2018, 36-39, 52-55.

17 KRIŠTAFOR 1988, 26-27; JURDANA, UREMOVIĆ 1988, 159.

18 KRANJČEVIĆ, MUZUR 2022, 63-78. According to the researchers, adult patients from Germany, Russia and other countries were also treated in the facility, and orthopaedic surgical procedures were performed there since the 1890s.

patronatom nadvojvotkinje Marije Terezije i financijsku podršku uglednih građana i ustanova, grad Beč u San Pelagiju u Rovinju 1887./1888. godine gradi dječju bolnicu za liječenje koštanih oboljenja koja je sa svoje dvije paviljonske zgrade, za nezaraznu i zaraznu djecu, te školskim i sportskim dvoranama, zadovoljavala fizičke, socijalne i obrazovne potrebe dječjih bolesnika. Projekt je realiziran uz sudjelovanje interdisciplinarne grupe stručnjaka: od arhitekta (Stiassny), građevinara, vrtlara do liječnika, svjesnih važnosti prirodne okoline, arhitektonskog i hortikulturnog dizajna u procesu ozdravljenja.[18]

Nakon Prvog svjetskog rata potreba za lječilišnim odredištima i programima višestruko se povećala zbog eksplozije socijalnih bolesti posredovanih (po)ratnim stradanjima, nestašicama, ubrzanim prirastom urbanog stanovništva i pratećeg raspada tradicionalne (proširene) obiteljske zajednice, kao i osiromašenjem seoskih sredina. Ekonomske migracije, loši uvjeti radničkog stanovanja, zagađenje zraka i okoliša, neregulirano obiteljsko i radno zakonodavstvo te manjkavi sustavi socijalne zaštite, pridonijeli su zapuštanju i eksploataciji djece, među kojima je bio i velik udio ratne siročadi. U svjetlu demografskih gubitaka Prvog svjetskog rata, područje socijalne skrbi za djecu doživjelo je kvalitativnu promjenu. Smanjenje mortaliteta i profilaksa bolesti postaju prioritet nove Kraljevine Srba, Hrvata i Slovenaca, kasnije Kraljevine Jugoslavije, a pitanje dječjeg zdravlja i odgoja dolazi u fokus javnih socijalnih politika više nego ikada prije. Intenzivniji državni interes za zdrav fizički i duševni razvoj mladih proizlazio je iz projekcija potreba za radnom snagom kao preduvjetom gospodarskog oporavka i produktivnosti te političke stabilnosti društva, davši za pravo državnim institucijama da provode elektivne ili kompulzivne zdravstvene mjere. Međutim, jače involviranje školskog i zdravstvenog sustava za posljedicu će imati stvaranje napetosti između autoriteta obitelji i države u procesu odrastanja i društvene integracije djece.[19] Već od školske godine 1918./1919. svaka srednja škola u Hrvatskoj imala je školskog liječnika koji je vršio sistematske preglede

18 KRANJČEVIĆ, MUZUR 2022, 63-78. Kako istraživači još navode, u ovoj su ustanovi liječeni i odrasli bolesnici iz Njemačke, Rusije i drugih zemalja, a od 1890-ih izvodile su se i ortopedske operacije.

19 Kako tumači Igor Duda: „S produljivanjem obaveznog obrazovanja i sve većim obuhvatom školskih obveznika obrazovni sustav u 20. stoljeću postaje još utjecajniji, a s njime u sklopu sve jačeg interesa države zajedno djeluju sustav javnoga zdravstva, zdravstvene i socijalne skrbi o djeci. Djeca su se tako postupno našla u procjepu između obitelji i države, tradicionalnoga pa i patrijarhalnoga društva i onoga modernog koje javno prosvjećivanje smatra ne samo vrijednim promicanja, već i nametanja. Jača intervencija države koja prihvaća ideju blagostanja bila je izraz brige za nacionalno potomstvo i mijenjala je ulogu roditelja, neovisno o njihovu imovinskom stanju ili razini obrazovanja.“: DUDA 2015, 12-13.

Ladislavov dječji dom u Crikvenici

© Pomorski i povijesni muzej Hrvatskog primorja, Rijeka

Ladislav's Children's Home in Crikvenica

© Maritime and History Museum of the Croatian Littoral, Rijeka

After World War I, there was an increased need for health resorts and their programmes due to a surge of social diseases, brought about by the war and its aftermath, scarcity, accelerated urban population growth accompanied by the dissolution of the traditional (extended) family, and the pauperisation of rural communities. Economic migration, the workers' poor living conditions, air and environmental pollution, unregulated family and work legislation and deficient social welfare systems contributed to the neglect and exploitation of children, many of whom were war orphans. In light of the demographic losses brought about by World War I, the field of child welfare saw a qualitative change. As mortality reduction and prophylaxis were being prioritised by the new Kingdom of Serbs, Croats, and Slovenes, which would later become the Kingdom of Yugoslavia, public social policies became more focussed on the issue of children's health and upbringing than ever before. Vindicated by the state's growing interest in the healthy physical and mental development of young people, as derived from the projected demand for workforce as a precondition of economic recovery, productivity and socio-political stability, the state institutions implemented elective or compulsory healthcare measures. However, the increased involvement of the school and healthcare system would lead to tensions between familial and state authority in the upbringing and social integration of children.[19] As early as in the school year 1918/1919, every secondary school in

19 In the words of Igor Duda: "In the 20th century, the educational system gained even more influence due to the prolongation of the compulsory education period and the increased number of its beneficiaries. In parallel, and in the context of the growing interest of the state, there was the

te o nalazima i planu liječenja obavještavao roditelje. Zaštita zdravlja školske djece unaprijedila se osnivanjem školskih poliklinika koje su mogle obavljati brojne dijagnostičke i kurativne procedure. Na području Banovine Hrvatske 1940. godine djelovale su 32 školske poliklinike, kao i 11 dispanzera za majke i dojenčad, osiguravajući kontinuirani medicinski nadzor nad dječjom i adolescentskom populacijom.[20] Državna srednjoškolska poliklinika u Zagrebu, otvorena 1924. godine u sklopu Higijenskog zavoda, do Drugog svjetskog rata pod ravnateljstvom Desanke Ristović Štampar skrbila je za zdravlje učenika starijih od 12 godina iz srednjih, stručnih i zanatskih škola.[21] Kako bi se u poliklinici mogao organizirati cjelodnevni boravak i ishrana đaka putnika, 1931. godine bio je proveden pozivni natječaj za idejni projekt đačke menze i skloništa u kojem su sudjelovali Ignjat Fischer, Drago Ibler i Ernest Weissmann. Iako se iz financijskih razloga pribjeglo jeftinijoj soluciji te je prema projektu Luje Senđerđija 1933. godine rekonstruirana zgrada u Medulićevoj ulici, u susjedstvu središta ustanove, prikupljanje natječajnih rješenja pridonijelo je značaju ove društveno odgovorne investicije koja je uživala potporu beogradskog dvora i hrvatskog državnog vrha, rezultiravši uspostavljanjem prijeko potrebnog javnog servisa.[22]

Školske poliklinike bile su dio modernizacije zdravstvene službe koju su nadležna ministarstva narodnog zdravlja i socijalne politike provodila tijekom 1920-ih i 1930-ih godina ustrojivši organizacijske jedinice zadužene za preventivno djelovanje (higijenski zavodi, dispanzeri, zdravstvene stanice i ambulante, domovi zdravlja, savjetovališta) te podupirući izgradnju državnih, banovinskih i općinskih bolnica za liječenje sve brojnijih materijalno ugroženih skupina stanovništva.[23] Presudnu ulogu u razvoju javnozdravstvenog sustava, pa time i zdravstvene zaštite školske djece i mladih, imao je dr. Andrija Štampar, koji je od 1919. do 1930. godine predvodio higijensko odjeljenje pri Ministarstvu narodnog zdravlja u Beogradu. Socijaldemokratska uvjerenja Štampara i snažna

20 DUGAČKI, REGAN 2019, 63.
Premda je učinjen veliki napredak na tom polju, podaci sugeriraju da su ulaganja u primarnu zdravstvenu zaštitu bila i dalje nedovoljna. Polovinom 1930-ih godina u Savskoj Banovini (središnja Hrvatska i Slavonija) djelovao je jedan dispanzer na 20 000 djece, a u Dravskoj Banovini (Slovenija) jedan na 2 500 djece, dok je u drugim dijelovima Kraljevine Jugoslavije omjer bio još nepovoljniji: HAJNŽIĆ, SUŠEC 2005, 363.

21 HOFGRÄFF, FATOVIĆ FERENČIĆ 2012, 9-24.

22 BJAŽIĆ KLARIN 2015, 112.

23 BJAŽIĆ KLARIN 2015, 81. Kako dalje primjećuje autorica, loši uvjeti stanovanja su, uz lošu prehranu, bili glavi uzrok velikog broja oboljelih od tuberkuloze (uzročnika smrti svakog trećeg zagrebačkog radnika), no socijalni angažman općine i države se, umjesto planske stambene izgradnje, svodio na proširenje kapaciteta zdravstvenog sustava: BJAŽIĆ KLARIN 2015, 193.

Croatia had a school physician who performed check-ups and informed the parents of their findings and treatment plan. The healthcare of schoolchildren was further advanced by the founding of school polyclinics, which were able to perform numerous diagnostic and curative procedures. In 1940, on the territory of the Banovina of Croatia, there were 32 school polyclinics and 11 dispensaries for mothers and infants, which ensured the continued medical monitoring of the child and adolescent population.[20] Established in 1924 as part of the Institute of Hygiene, the State Secondary-School Polyclinic, headed by Desanka Ristović Štampar until the Second World War, provided healthcare to students over the age of 12, from secondary, vocational and trade schools.[21] In 1931, with the aim of organising an extended day programme and meals for commuting schoolchildren, a limited submission for the preliminary design of the school cafeteria and shelter was organised, with the participation of Ignjat Fischer, Drago Ibler and Ernest Weissmann. Although the design ultimately chosen was the cheaper one, by Lujo Senđerđi, and consequently, a building in Medulićeva Street, adjacent to the headquarters of the institution, was renovated in 1933, the submission of the designs contributed to the importance of this socially responsible investment, sponsored both by the Court in Belgrade and the Croatian authorities, and resulted in the establishment of an indispensable public service.[22]

School polyclinics were an aspect of the modernisation of the healthcare service implemented in the 1920s and 1930s by the competent ministries of public health and social policy. They set up organisational units in charge of preventive activities (institutes of hygiene, dispensaries, clinics and infirmaries, health and counselling centres) and supported the building of state, provincial and municipal hospitals for the treatment of materially deprived population groups, which

combined activity of the public health system and the children's healthcare and welfare system. Gradually, children thus stepped into a divide between the family and the state, between the traditional—even patriarchal—society and the modern one, which considered public enlightenment worthy not only of promotion, but of imposition. The intensified intervention of a state which embraced the concept of welfare was an expression of care for the nation's offspring and changed the role of the parents, regardless of their financial status and education level.": DUDA 2015, 12-13.

20 DUGAČKI, REGAN 2019, 63.
Although significant progress had been made in the field, the data indicate that investments in primary healthcare were still insufficient. In the mid-1930s, there was one dispensary for every 20 000 children in Savska Banovina (central Croatia and Slavonia) and one dispensary for every 2 500 children in Dravska Banovina (Slovenia). In other parts of the Kingdom of Yugoslavia, the ratio was even more unfavourable: HAJNŽIĆ, SUŠEC 2005, 363.

21 HOFGRÄFF, FATOVIĆ FERENČIĆ 2012, 9-24.

22 BJAŽIĆ KLARIN 2015, 112.

Izvadci iz filma o tuberkulozi. Izradili Institut za tuberkulozu i Škola narodnog zdravlja u Zagrebu. (God. 1938.)

Kadrovi iz edukativnog filma *Spašeni od sušice*,
Institut za tuberkulozu i Škola narodnog zdravlja u Zagrebu, 1938.
KISIĆ 2014

Izvadci iz filma o tuberkulozi. Izradili Institut za tuberkulozu i Škola narodnog zdravlja u Zagrebu.

Stills from the educational film *Saved from phthisis*,
Tuberculosis Institute and School of Public Health in Zagreb, 1938.
KISIĆ 2014

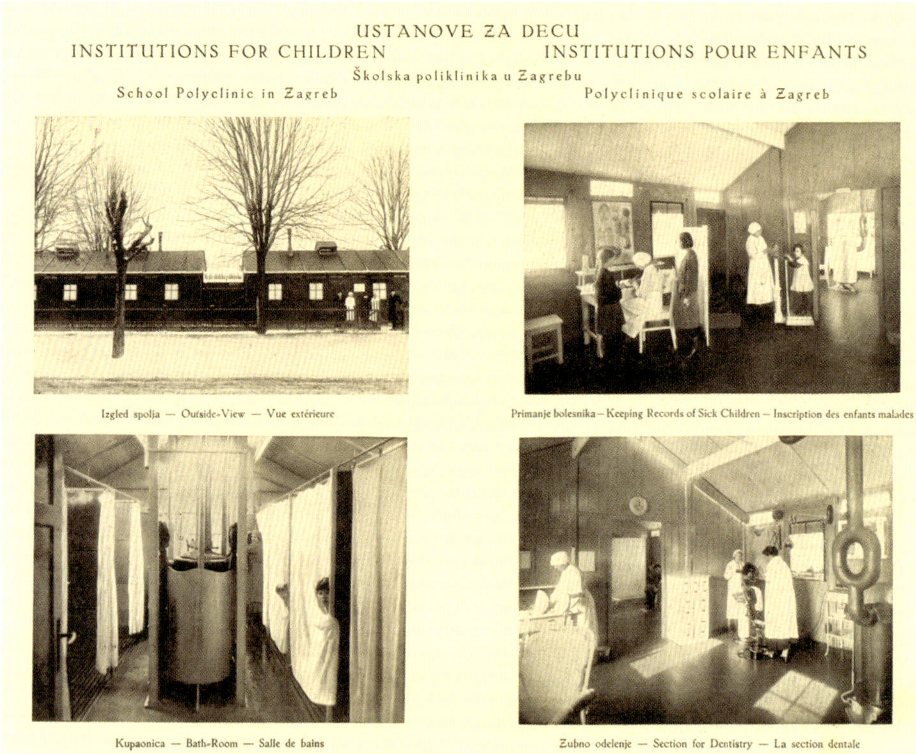
USTANOVE ZA DECU
INSTITUTIONS FOR CHILDREN — INSTITUTIONS POUR ENFANTS
Školska poliklinika u Zagrebu
School Polyclinic in Zagreb — Polyclinique scolaire à Zagreb

Izgled spolja — Outside-View — Vue extérieure

Primanje bolesnika — Keeping Records of Sick Children — Inscription des enfants malades

Kupaonica — Bath-Room — Salle de bains

Zubno odelenje — Section for Dentistry — La section dentale

Školska poliklinika u Zagrebu. Pet godina socijalno-medicinskoga rada u Kraljevini Srba, Hrvata i Slovenaca 1920. - 1925., Institut za socijalnu medicinu Ministarstva narodnog zdravlja, Zagreb, 1926.

School Polyclinic in Zagreb. Five years of social medical work in the Kingdom of Serbs, Croats and Slovenes 1920-1925, Institute for Social Medicine of the Ministry of Public Health, Zagreb, 1926

predanost socijalnoj medicini susreli su živu opoziciju unutar pretežno privatiziranog medicinskog sektora, no zahvaljujući podršci Rockefellerove fondacije, koja iskazuje veliko povjerenje Štamparu, njegovi napori uspijevaju. Među 250 socijalno-medicinskih ustanova osnovanih za njegove uprave, ističe se Škola narodnog zdravlja u Zagrebu koja je pridavala poseban značaj edukaciji o higijenskim praksama, prevenciji bolesti te promicanju zdravog načina života djece i odraslih. Doprinosila je i formiranju stručnjaka spremnih suočiti se s izazovima javnog zdravstva. Unutar te institucije ustrojen je Odjel za sanitarnu tehniku zapošljavajući arhitekte na podizanju sanitetsko-zdravstvene infrastrukture, osobito u svrhu borbe protiv tuberkuloze i drugih zaraznih bolesti, poput tifusa i dizenterije. Do početka rata djelatnici Odjeljenja realizirali su, pored ostalog, školsku polikliniku u Đakovu, đačke planinarske domove na Ograđenici i Bačićwere growing in numbers.[23] Dr. Andrija Štampar, who headed the Department of Hygiene of the Ministry of Public Health in Belgrade, played a crucial role in the development of the public health system, and, by implication, in the healthcare of schoolchildren and youth. Although Štampar's social democratic beliefs and strong commitment to social medicine had been met with fierce opposition within the predominantly privatised medical sector, his efforts were fruitful, owing to the support of the Rockefeller Foundation, which had great confidence in his abilities. An illustrious example of the 250 social medicine institutions founded during his mandate in the Ministry was the School of Public Health in Zagreb, with its particular commitment to education about hygienic practices, disease prevention, and promotion of a healthy lifestyle in children and adults. It also played a part in the education of experts equipped to face the challenges of public health. The institution's Department of Sanitation Technology employed architects on projects of building sanitary and healthcare infrastructure, particularly for the purpose of combatting tuberculosis and other infectious diseases, such as typhoid and dysentery. Before the war, the Department's employees had authored such projects as the school polyclinic in Đakovo, mountain lodges for schoolchildren in the localities of Ograđenica and Bačićkosa on Velebit and the high-school playground in Klaićeva Street in Zagreb.[24] An exemplary project was that of the Strmac-Šumetlica State Child Tuberculosis Sanatorium near Nova Gradiška, located in the picturesque hilly, woodland area, which provided a sterile environment for patient rehabilitation. Although it consisted of a single pavilion designed by Zoja Dumengjić, with heliotherapy bedrooms characteristically placed on the top floor (1936–1938), it represented an extraordinary investment in child healthcare capacities in the interwar period.[25] The

23 BJAŽIĆ KLARIN 2015, 81. The author adds that, even with the fact that poor living conditions coupled with a poor diet had been the main cause of widespread tuberculosis (the cause of death of one in every three Zagreb labourers), the social contribution of the municipality and the state was reflected in the expansion of healthcare capacities, rather than in planned housing construction: BJAŽIĆ KLARIN 2015, 193.

24 The architects from the Department of Sanitation Technology were an example of socially responsible experts aware of social problems. Over the years, the Department employed a number of architects, such as Hinko Kolarić-Kišur, Zoja Dumengjić, Selimir Dumengjić, Bogdan Teodorović, Lujo Senđerđi, Andrej Šavcov, Marinko Bučić and Slavko Delfin, as well as their junior colleagues and architecture students: KISIĆ 2014, 18-31.

25 Zoja Dumengjić's was the most significant contribution to the design of tuberculosis sanatoriums in Croatia from the 1930s to the 1960s (Šumetlica 1936–1938, Biograd 1946, Novi Marof 1948, hospital pavilions in Varaždin 1936–1942, Split 1954–1958, Koprivnica 1960–1966 and Karlovac 1961–1969), and the architect also excelled in the design of other healthcare architecture typologies: BARIŠIĆ MARENIĆ, ŠERMAN, UCYTIL 2011, 73-91; BARIŠIĆ MARENIĆ 2020, 79-81, 131-139.

kosi na Velebitu, srednjoškolsko sportsko igralište u Klaićevoj ulici u Zagrebu.[24] Među izgrađenim objektima ističe se Državno dječje lječilište za tuberkulozu Strmac-Šumetlica pokraj Nove Gradiške, u slikovitom brežuljkastom, šumovitom području koje je pružalo sterilno okruženje za rehabilitaciju pacijenata. Riječ je o iznimnom ulaganju u zdravstvene kapacitete za djecu u međuratnom razdoblju, iako je tada realiziran samo jedan paviljon po projektu Zoje Dumengjić s karakterističnim potezima ležaonica za helioterapijsko liječenje na posljednjem katu (1936. - 1938.).[25]

Na spomenutom natječaju za Đačku menzu u Zagrebu Ernest Weissmann sudjelovao je posredovanjem Škole narodnog zdravlja, dijeleći progresivna uvjerenja njenih djelatnika i želju za kritičkim društvenim angažmanom. Sa zdravstvenim stručnjacima i inženjerima Škole surađivao je na nizu zadataka razvijajući mogućnosti racionalizacije i tipizacije zdravstvenih građevina. Spomenut ćemo samo sanatorij za oboljele od tuberkuloze kostiju na poluotoku Oštro u Kraljevici, osmišljen s doktorom Miroslavom Delićem 1927./1928. godine, koji se trebao dograditi uz predratni hotel *Liburnija* u kojem su se liječila djeca pogođena istom bolešću. Projekt novog sanatorija razvedene, paviljonske dispozicije inkorporirao je sadržaje za liječenje i socijalizaciju, uz brojne radionice, školu za djecu, dvoranu za predavanja i kino projekcije, prateći načela funkcionalnosti, efikasnosti, higijene te uzimajući u obzir psihološke i emocionalne potrebe pacijenata.[26]

Rockefellerova fondacija je preko Škole narodnog zdravlja poticala i razvoj dječjih oporavilišta i odmarališta kao bitne komponente dječje preventivne i kurativne medicine, učvršćujući model američkog preventorija u europskim državama u kontekstu transatlantske borbe za suzbijanje tuberkuloze.[27] Podrazumijevala

24 Arhitekti Odjela za sanitarnu tehniku primjer su društveno odgovornih stručnjaka svjesnih socijalnih problema. U radu Odjela tijekom godina sudjelovao je veliki broj arhitekata, npr. Hinko Kolarić-Kišur, Zoja Dumengjić, Selimir Dumengjić, Bogdan Teodorović, Lujo Senđerđi, Andrej Šavcov, Marinko Bučić i Slavko Delfin, kao i mlađih kolega, pa i studenata arhitekture: KISIĆ 2014, 18-31.

25 Zoja Dumengjić ostvarila je najznačajniji doprinos lječilišta za tuberkulozu od 1930-ih godina do 1960-ih godina u Hrvatskoj (Šumetlica 1936. - 1938., Biograd 1946., Novi Marof 1948., paviljoni u sklopu bolnica u Varaždinu 1936. - 1942., Splitu 1954. - 1958., Koprivnici 1960. - 1966. i Karlovcu 1961. - 1969.), te se istakla u projektiranju drugih tipologija zdravstvene arhitekture: BARIŠIĆ MARENIĆ, ŠERMAN, UCYTIL 2011, 73-91.; BARIŠIĆ MARENIĆ 2020, 79-81, 131-139.

26 BJAŽIĆ KLARIN 2015, 80-99.

27 Premda su američki preventoriji bili temeljeni na europskim uzorima, nakon Prvog svjetskog rata eksportiraju se u Europu i ostatak svijeta podrškom Rockefellerove fondacije kao dio američkog iskustva u javnozdravstvenim politikama. Francuska je prvi preventorij otvorila 1917.,

participation of Ernest Weissmann at the mentioned submission for the school cafeteria in Zagreb was made possible by the School of Public Health, as the architect had subscribed to the progressive beliefs of its employees and shared their dedication to critical involvement with social issues. In cooperation with the School's healthcare experts and engineers, he developed the capacities for the rationalisation and typifying of healthcare facilities. An example of such work is the unrealized project for the bone tuberculosis sanatorium on the Oštro peninsula in Kraljevica, co-designed with physician Miroslav Delić in 1927–1928, as an addition to the *Liburnia* hotel, which had operated as a treatment institution for children suffering from the same disease. The new sanatorium, with a scattered, pavilion-based layout, was designed to incorporate the functions of treatment and socialisation, through numerous workshops, a school for the patients and an auditorium, as well as to adhere to the principles of functionality, efficacy and hygiene, and meet the patients' psychological and emotional needs.[26]

Through the School of Public Health, the Rockefeller Foundation also encouraged the development of children's health resorts and convalescent homes, as a major component of preventive and curative paediatric medicine, affirming the model of the American preventorium in European countries, within the context of the trans-Atlantic fight against tuberculosis.[27] These institutions entailed the removal of children from their family homes, where, due to inadequate housing and diet, they had become predisposed for the development of infectious and chronic diseases, such as tuberculosis, rachitis, asthma, anaemia, allergies etc., or had already been diagnosed with early stages thereof. Several-month stays in natural surroundings were prescribed as a form of quality treatment and in order to build up immunity after convalescence, while shorter stays benefitted the strengthening of the children's immune system. As few in number and low in capacity as these institutions were, their value stemmed from an integrative approach to medical care, rehabilitation and recovery, which included medical treatments, education and physical and recreational therapy. Their purpose was to improve health and stimulate physical, emotional and social development, especially of poor and neglected children, whose health was at greater risk. The

26 BJAŽIĆ KLARIN 2015, 80-99.

27 Although the American preventoriums were modelled on European institutions, after World War I, the concept of the preventorium was exported to Europe and the rest of the world through the Rockefeller Foundation, as part of the American know-how in public-health policy. France opened its first preventorium in 1917, and several years later, Australia, Canada, England, Ireland and New Zealand followed suit. Every Christmas Eve until his death in 1937, John D. Rockefeller would personally bring presents to the wards of the preventorium in Farmingdale, New Jersey: CONNOLLY 2008, 69, 78-77.

Državno dječje lječilište za tuberkulozu Strmac u Šumetlici, arh. Zoje Dumengjić - fotografije katne ležaonice, interijera skupnih soba (gore i u dnu stranice) te novog i starog drvenog paviljona (sredina), 1936. Muzej grada Zagreba

The State Children's Tuberculosis Hospital Strmac in Šumetlica, architect Zoja Dumengjić - photos of the interior of the common rooms (top and bottom of the page), the new and old wooden pavilion (middle), 1936. Zagreb City Museum

MGZ-79294
MGZ-79306
MGZ-79274
MGZ-79292

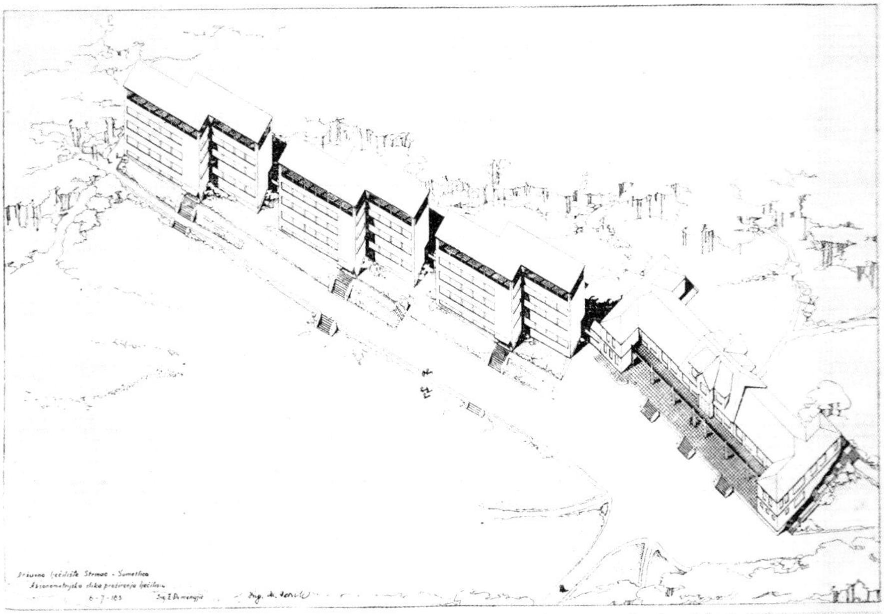

Državno dječje lječilište za tuberkulozu Strmac u Šumetlici - aksonometrija projekta proširenja lječilišta
Muzej grada Zagreba, MGZ-79293

The State Children's Tuberculosis Hospital Strmac in Šumetlica - axonometrics of the sanatorium expansion project
Zagreb City Museum, MGZ-79293

convalescent homes placed great importance on tidiness, hygiene, creating good habits and taking responsibility for the protection of one's own health and well-being. The children could apply what they had learned about health and a healthy lifestyle at home and educate their parents in turn. For repetition, they could use educational booklets such as *Čitanka o zdravlju* ("Health Reader"), written by the famous author Ivana Brlić-Mažuranić, illustrated by Vladimir Kirin (1927) and published as part of a public educational campaign of the School of Public Health.

Children were referred to treatment by healthcare services. The School Polyclinic in Zagreb ran the day colony in Podsused, the vacation colony for schoolchildren in Fužine in Gorski kotar, and the convalescent home in Selce near Crikvenica. The latter institution was managed in cooperation with the City Institute for Hygiene, and, as of 1920, as a permanent facility, it operated in a purchased building, admitting poor children, as well as those whose parents could afford to pay the costs of their stay.[28] In 1938, the School Polyclinic in Zagreb also founded a children's convalescent home on Sljeme, with an "open-air school" for those children who had to make up for classes they had been

28 BRANICA 2006, 47-62.

su izmještanje djece iz obiteljskih domova u kojima su, uslijed neadekvatnog stanovanja i prehrane, stekla predispoziciju za razvoj zaraznih i kroničnih bolesti, poput tuberkuloze, rahitisa, skolioze, astme, anemije, raznih alergija itd., ili im je već bio dijagnosticiran rani stadij. Boravak u prirodnom ambijentu u trajanju od nekoliko mjeseci propisivao se radi kvalitetnog zaliječenja i izgradnje rezistencije organizma nakon proživljene bolesti, a kraći termini pogodovali su ojačanju imunološkog sustava djece. Vrijednost tih institucija, koliko god malobrojne i nedostatne bile, ležao je u integriranom pristupu medicinskoj skrbi, rehabilitaciji i oporavku koji je uključivao medicinske tretmane, obrazovanje te tjelesnu i rekreativnu terapiju. Njihova svrha bila je poboljšati zdravstveno stanje te potaknuti fizički, emocionalni i socijalni razvoj, posebice siromašne i nezbrinute djece kojoj su prijetili veći zdravstveni rizici. U oporavilištima se inzistiralo na urednosti, higijeni, stvaranju dobrih životnih navika, preuzimanju odgovornosti za očuvanje vlastitog zdravlja i dobrobiti. Stečenu svijest o zdravlju i zdravom stilu života djeca su mogla ponijeti svojim kućama educirajući povratno i roditelje, a naučene lekcije mogle su se ponoviti uz edukativne knjižice, poput *Čitanke o zdravlju* proslavljene autorice Ivane Brlić-Mažuranić s ilustracijama Vladimira Kirina (1927.), objavljene u sklopu kampanje narodnog prosvjećivanja Škole narodnog zdravlja.

Djeca su upućivana na liječenje od strane zdravstvenih službi. Školska poliklinika u Zagrebu vodila je dnevnu koloniju u Podsusedu i đačku ferijalnu koloniju u Fužinama u Gorskom kotaru, a zajedno s Gradskim higijenskim zavodom rukovodila je i oporavilištem u Selcu kraj Crikvenice. Riječ je o stalnoj ustanovi koja je od 1920. godine djelovala u kupljenoj nekretnini te primala siromašnu djecu, ali i onu boljestojećih roditelja koji su snosili troškove smještaja.[28] Zagrebačka Školska poliklinika 1938. godine ustanovila je i dječje oporavilište na Sljemenu sa „školom u prirodi" za učenike koji su morali nadoknađivati redovnu nastavu propuštenu zbog bolesti.[29] Na otoku Lokrumu ispred Dubrovnika, u prostorijama bivšeg benediktinskog samostana i palače princa Maksimilijana Habsburga, od 1921. godine smješteno je Državno dječje oporavilište služeći uglavnom djeci sa plućnim oboljenjima.[30] Svakodnevnu skrb za korisnike domova u Selcu i Lokrumu preuzele su redovnice, nastavljajući tradiciju partnerstva državnih i crkvenih

a nakon nekoliko godina uslijedili su novi u Australiji, Kanadi, Engleskoj, Irskoj i Novom Zelandu. John D. Rockefeller do svoje smrti 1937. godine svaki je Badnjak osobno donosio darove štićenicima preventorija u Farmingdaleu, New Yersey: CONNOLLY 2008, 69, 78-77.

28 BRANICA 2006, 47-62.

29 HOFGRÄFF, FATOVIĆ FERENČIĆ 2012, 17.

30 BRANICA 2006.

prevented from attending due to illness.[29] As of 1921, the former Benedictine monastery and palace of Prince Maximilian of Habsburg on the island of Lokrum, off the coast of Dubrovnik, was used to house the State Children's Convalescent Home, intended primarily for children suffering from lung ailments.[30] Daily care for the wards of the homes in Selce and Lokrum was later assumed by nuns, continuing the tradition of the partnership of state and church structures in charity and educational activities. A similar situation was recorded in 1926, when Dominican nuns from Split were invited to run a children's sanatorium, with a school and apprenticeship facilities for the wards, in the ruins of the Monastery of the Holy Cross on Čiovo, in order to help combat the endemic problem of malaria in the Trogir area, due to which an institute for studying and combating the disease had been established several years earlier, under the leadership of dr. Andrija Sfarčić.[31] In 1926, under the administration of the Adriatic Guard, a children's sanatorium was opened in the single-storey building of a former lazaretto in the picturesque Martinšćica bay in Sušak, while in neighbouring Rijeka, annexed to the Kingdom of Italy, a children's colony was built in the district of Kantrida (*Borgomarina*). Its architecture, i.e. six pavilions of different dimensions and function, reflects a transition from the vivacious tendencies of the 1920s, who drew upon historical styles (the Italian Renaissance), to the refined Modernism of the 1930s. Children's colonies were an important element of the public health system of the Kingdom of Italy. Ten or more permanent and temporary seaside colonies were operative in the Province of Kvarner (*Provincia del Carnaro*), which included Rijeka, the part of Istria up to Brseč and the neighbouring parts of Slovenia as of 1928. Smaller day colonies were also set up, usually in converted buildings, such as those in Opatija, Lovran, Medveja and Ičići, or in the built pavilions in the mentioned Kantrida. In addition, mountain colonies were established in Podgrad (*Castelnuovo*) and on Učka, while heliotherapy colonies could be found in Ilirska Bistrica (*Villa di Nevoso*) and Knežak (*Fontana del Conte*), along with colonies in Matulji and Klana. In 1931, the seaside and mountain colonies in the Province of Kvarner could accommodate a total of 400 children, and the number grew to 2000 in 1937.[32] The number of children's sanatoriums in operation on both

29 HOFGRÄFF, FATOVIĆ FERENČIĆ 2012, 17.

30 BRANICA 2006.

31 After World War II, most of the monastery was converted into a dormitory for secondary-school students, while the nuns left the island: ARMANDA 2013, 139-162.

32 LOZZI BARKOVIĆ 2020, 165-188.; RADOVIĆ MAHEČIĆ 2005, 45-48.
The use of children's colonies to spread Fascist ideology can be illustrated on the example of the colony in Pula, at the entrance of which the *Opera Nazionale Balilla*, the organisation in charge of the physical and moral upbringing of children and youth, had put up a sign reading "We are here because Il Duce wants us to be.": DUDA 2015, 17.

Oton Postružnik,
Zdravstveno-propagandni plakat, Škola narodnog zdravlja, litografija, 1930-e
KISIĆ 2014

Oton Postružnik,
Health propaganda poster, School of Public Health, lithography, 1930s
KISIĆ 2014

struktura u karitativnim i obrazovnim aktivnostima. Slična situacija zabilježena je i 1926. godine kada su sestre dominikanke iz Splita bile pozvane voditi dječje lječilište s pratećom školom i naukovanjem za štićenike u ruševnom samostanu sv. Križa na Čiovu, kako bi se pomogao sanirati endemski problem malarije na trogirskom području zbog kojeg je nekoliko godina ranije bio utemeljen i Institut za proučavanje i suzbijanje ove bolesti pod vodstvom dr. Andrije Sfarčića.[31] U slikovitoj uvali Martinšćica u Sušaku 1926. godine u prizemni objekt nekadašnjeg lazareta useljeno je dječje ljetovalište pod upravom Jadranske straže, a u susjednoj Rijeci, pripojenoj Kraljevini Italiji, poduzet će se izgradnja dječje kolonije na Kantridi (*Borgomarini*) čija arhitektura, odnosno šest paviljona različitih dimenzija i funkcije, odražava za lokalno područje karakterističan prijelaz od dopadljivog izričaja dvadesetih godina koji je inspiraciju crpio iz elemenata povijesnih stilova (talijanska renesansa), do pročišćenog modernizma tridesetih godina. Dječje kolonije bile su važna sastavnica javnozdravstvenog sustava u Kraljevini Italiji. Unutar Kvarnerske provincije (*Provincia del Carnaro*), koja je obuhvaćala Rijeku, dio Istre do Brseča te, od 1928., i susjedna područja Slovenije, djelovalo je desetak ili više stalnih i privremenih morskih kolonija. Također su bile prisutne manje dnevne kolonije, obično u adaptiranim objektima, kao u Opatiji, Lovranu, Medveji i Ičićima, ili u izgrađenim paviljonima u spomenutoj Kantridi. Aktivne su bile i planinske kolonije u Podgradu (*Castelnuovo*) i na Učki, te helioterapijske kolonije u Ilirskoj Bistrici (*Villa di Nevoso*) i Knežaku (*Fontana del Conte*), kao i kolonije u Matuljima i Klani. Godine 1931., morske i planinske kolonije u Kvarnerskoj provinciji mogle su primiti ukupno 400 djece, dok je ta brojka porasla na 2000 do 1937. godine.[32] Brojnost djelatnih dječjih oporavilišta s obje strane državne granice potvrđuje tezu da su u međuratnim desetljećima europske nacionalne države, bez obzira na opredjeljenje vladajućih stranaka i pokreta, jednako percipirale djecu i mlado stanovništvo kao zalog prosperitetne budućnosti te se uključile, manje ili više indoktrinarno, u njihovu edukaciju i zdravstveni odgoj.

Drugi svjetski rat uzrokovao je eksploziju zaraznih bolesti, povećan mortalitet dojenčadi, otežano djelovanje zdravstvenih punktova te kroničan nedostatak zdravstvenih djelatnika. Po završetku ratnih zbivanja, nova socijalistička vlast žurno će raditi na uspostavi sveobuhvatnog sustava zaštite narodnog zdravlja, vodeći se

31 Nakon Drugog svjetskog rata samostan je većim dijelom prenamijenjen u srednjoškolski dom, a redovnice su napustile otok: ARMANDA 2013, 139-162.

32 LOZZI BARKOVIĆ 2020, 165-188.; RADOVIĆ MAHEČIĆ 2005, 45-48.
Što se tiče instrumentalizacije dječjih kolonija za širenje fašističke ideologije, zabilježen je primjer kolonije u Puli na čiji je ulaz *Opera Nazionale Balilla*, organizacija koja je skrbila o fizičkom i moralnom odgoju djece i mladih, postavila natpis „Ovdje smo jer to želi Duce“: DUDA 2015, 17.

Kućni pijevac na krov stao,
Ponosno je zapjevao:
„Pogledajte, ljudi, amo,
„Kakvu djecu mi imamo!

„Djecu čistu, okupanu,
„Lijepo, glatko očešljanu,
„Djecu čilu, što se smiju,
„Kad se hladnom vodom miju!

„Znadu, da kroz usta voli
„Doći klica mnogoj boli,
„Zato zube čiste revno,
„Dvaput pa i triput dnevno.

„Kod nas bolest, ljudi moji,
„Ne može da dugo stoji,
„Jer nam zrak kroz sobu piri,
„A sunašce u stan viri.

„Pogledajte, ljudi, amo,
„Kakvu djecu mi imamo!"

Ivana Brlić Mažuranić,
Dječja čitanka o zdravlju, 1927.
Ilustracije: Vladimir Kirin

Tužna sliko, što se crniš!
Tužno oko, što te gleda!
Kolka žalost i neznanje,
Kolka patnja, bol i bijeda!

U toj kući zbog neznanja
Grudobolja strašna hara,
Pa od jednog bolesnika
Odmah sedam novih stvara.

Ovdje bi se htjelo reda,
Sunca, svijetla, zraka zdrava,
I sa zdravim da bolestan
Nikada ne spava.

Ivana Brlić Mažuranić,
Children's Health Reader, 1927
Illustrations: Vladimir Kirin

sides of the state border supports the thesis that, in the interwar period, European nation-states, regardless of the ideologies of the parties and movements in power therein, equally considered children and youth as the pathway to a prosperous future, and consequently participated, with varying degrees of indoctrination, in their education, even as it pertained to health.

World War II caused infectious disease outbreaks, increased infant mortality, difficulties in the operation of healthcare facilities and a chronic lack of medical personnel. After the end of the war, the new Socialist government rushed to establish a comprehensive public health system, guided by the proclaimed goals of international authorities and its own interwar experience.[33] Considering that

33 Andrija Štampar drafted the WHO Constitution, presided over the First World Health Assembly in Geneva in 1948 and was the first vice-president of the Economic and Social Council of the UN. These positions enabled him to instil his abundant experience in policymaking related to public health in the foundations of the most significant post-war organisations in the world, which aimed to decrease the disparities in the standard of living and opportunities present among the population of the world: KISIĆ 2014, 18-19.

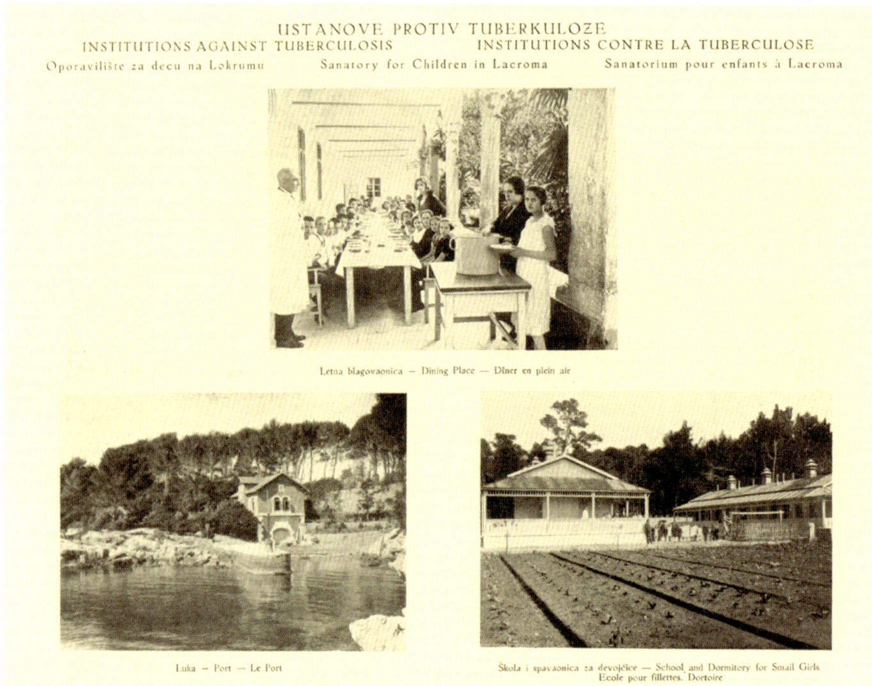

Dječje oporavilište na Lokrumu.
Pet godina socijalno-medicinskoga rada u Kraljevini Srba, Hrvata i Slovenaca 1920. - 1925., Institut za socijalnu medicinu Ministarstva narodnog zdravlja, Zagreb, 1926.

Children's recovery center on the island of Lokrum.
Five years of social medical work in the Kingdom of Serbs, Croats and Slovenes 1920-1925, Institute for Social Medicine of the Ministry of Public Health, Zagreb, 1926

proklamiranim ciljevima međunarodnih autoriteta, ali i vlastitim međuratnim iskustvima.[33] Najveća pozornost pridaje se primarnoj zdravstvenoj zaštiti te se do sredine 1950-ih godina organizira mreža Domova zdravlja, zdravstvenih ustanova koje su imale dispanzere za medicinsku njegu dojenčadi, predškolske i školske djece te žena, kao i dispanzere za suzbijanje tuberkuloze koja se ponovno razbuktala u teškim ratnim i poratnim prilikama. Uz potporu UNICEF-a proširena je Dječja bolnica u Šumetlici (Ivo Geršić, 1951. - 1956.), a u Zagrebu

33 Andrija Štampar izradio je Ustav Svjetske zdravstvene organizacije (WHO) i predsjedavao je prvoj Svjetskoj zdravstvenoj skupštini u Ženevi 1948. godine te bio prvi potpredsjednik Ekonomsko-socijalnog vijeća OUN-a. Ove pozicije omogućile su mu da svoje bogato iskustvo u kreiranju javnozdravstvenih politika ugradi u temelje najznačajnijih svjetskih poslijeratnih organizacija koje su stremile smanjiti razlike u životnom standardu i mogućnostima svjetskog stanovništva: KISIĆ 2014, 18-19.

Sestre dominikanke s osobljem i djecom u dječjem lječilištu na Čiovu, Trogir, kraj 1920-ih godina
ARMANDA 2013

Dominican nuns with the staff and children at the children's sanatorium in Čiovo, Trogir, late 1920s
ARMANDA 2013

Padiglione scolastico

Dječja kolonija na Kantridi u Rijeci, paviljon za dnevnu asistenciju (*Margherita Giardino*), pogled na zapadno pročelje
LOZZI BARKOVIĆ 2020

Children's colony in Kantrida, Rijeka, daily assistance pavilion (*Margherita Giardino*), view of the west facade
LOZZI BARKOVIĆ 2020

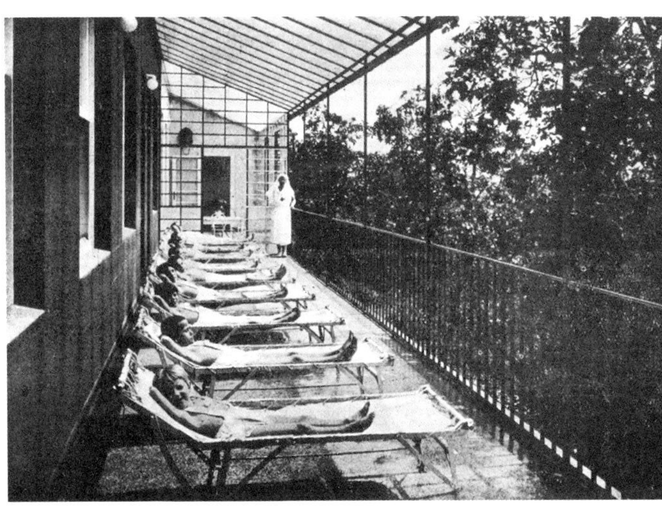

Dječja kolonija na Kantridi u Rijeci, sunčalište na terasi paviljona *Gaetano Giardino*
LOZZI BARKOVIĆ 2020

Children's colony in Kantrida, Rijeka, sun-bathing terrace of the *Gaetano Giardino* pavilion
LOZZI BARKOVIĆ 2020

osnovan Centar za zaštitu majki i djece čije je sjedište u Klaićevoj ulici projektirao arhitekt i sveučilišni profesor Vladimir Turina (1954. – 1956.).[34] Suradnjom s UNICEF-om opremljene su i dvije tvornice za proizvodnju mlijeka u prahu, više centara za pasterizaciju te brojni mliječni restorani i školske menze u svrhu poboljšanja ishrane djece u uvjetima poratne neimaštine. Kako je iscrpljujući rat na području Jugoslavije ostavio 283 000 siročadi, od toga 88 000 bez oba roditelja, a još mnoge obitelji nisu bile u stanju adekvatno podizati potomstvo zbog teških materijalnih prilika, narasla je i potreba za dječjim domovima, internatima te posebnim ustanovama za djecu s poteškoćama u razvoju. Zakonskim propisima uređeno je da nezbrinuta djeca postaju odgovornost države te je, sukladno tome, povećavan broj javnih institucija toga tipa, a i počelo se šire prakticirati udomiteljstvo.[35]

Ministarstvo za socijalnu politiku već je 1945. godine slalo djecu na ljetovanje kako bi se fizički i psihički oporavila od ratnih trauma. Potom su inicijativu preuzela republička tijela i društvene organizacije (Ferijalni savez, Društvo Naša djeca, Narodna omladina, Savez izviđača, Crveni križ, Planinarski savez). Prednost se davala djeci bez roditelja, iz radničkih obitelji i iz industrijskih centara, osobito iz unutrašnjosti zemlje, te djeci narušena zdravlja. Već 1947. godine bilo je 377 ljetovališta u kojima je boravilo oko 68 000 djece, a 1950. godine 1010 ustanova i oko 214 000 smještene djece.[36] Početkom 1960-ih godina dječja i omladinska odmarališta u Hrvatskoj raspolagala su s oko 25 000 kreveta, najviše u primorskim središtima (pulskom, riječkom i splitskom kotaru), što je iznosilo čak 77,5 % jugoslavenskih kapaciteta.[37] Poslijeratna oporavilišta još uvijek imaju kurativnu svrhu, definirana su kao klimatska lječilišta te primaju djecu kojoj je potrebna pojačana medicinska skrb, no sve više poprimaju karakter sezonskih odmarališta (što će i biti najčešća terminologija od 1950-ih godina) koja su u službi higijensko-zdravstvenog odgoja djece, strukturiranja njihovog slobodnog vremena i socijalizacije. Osim u prvih nekoliko poratnih godina, političko-ideološki sadržaji nisu značajnije prisutni u dječjim aktivnostima.[38] Kao i u međuratnim kolonijama, djeci je prvenstveno osigurana kvalitetna

34 MARKIČEVIĆ, KOSIĆ, DUMENGJIĆ, OSTROGOVIĆ 1975, 37-45.; DUGAČKI, REGAN 2019, 64-65.; BARIŠIĆ MARENIĆ 2020, 41, 137.

35 SAVIĆ 1955, 362-364.

36 SAVIĆ 1955, 364.

37 DUDA 2005, 120, 134.

38 Kako navodi Igor Duda: „Znatno kraćega trajanja bio je pokušaj opterećivanja ljetnoga boravka u odmaralištima težim odgojno-obrazovnim i političko-ideološkim sadržajima, pa je već 1948. zaključeno da 'treba ukinuti nepotrebne kružoke i ostale forme rada koje su se pokazale rđavom praksom', a potom je uslijedilo usmjeravanje prema organiziranju 'slobodnog dječjeg života, šetnji, izleta, igara, priredaba'.": DUDA 2015, 192-193.

primary healthcare was prioritised, a network of community health centres was established by the mid-1950s. These healthcare facilities had dispensaries for the medical care of infants, children of pre-school and school age and women, as well as dispensaries for the prevention and treatment of tuberculosis, outbreaks of which had re-emerged in the harsh war and post-war circumstances. With the support of UNICEF, the Children's Hospital in Šumetlica was expanded (Ivo Geršić, 1951–1956), and the Centre for the Protection of Mothers and Children was founded in Zagreb, its headquarters in Klaićeva Street designed by architect and university professor Vladimir Turina (1954–1956).[34] Cooperation with UNICEF also enabled the equipping of two factories for the production of powdered milk, several pasteurisation centres and numerous milk bars and school cafeterias, for the purpose of improving the diet of children in the conditions of post-war scarcity. Considering that the harrying war on the territory of Yugoslavia had left 283 000 children orphaned, 88 000 of whom doubly, and many families unable to adequately raise their offspring due to harsh material conditions, there arose the need for children's care homes, boarding schools and special institutions for children with developmental disabilities. As legal provisions stipulated that neglected children were to become wards of the state, the number of public institutions designed for this type of care increased, and foster care became more widespread.[35]

As early as in 1945, the Ministry of Social Policy organised summer vacations for children, in order to help them physically and mentally recover from war traumas. Later on, the initiative for such activities would come from bodies and social organisations on the level of individual republics (the Vacation Association, the *Naša djeca* Society, People's Youth, the Scouts Association, the Red Cross, the Mountaineering Association). Advantage in qualifying for such vacations was given to orphans, children from working-class families and industrial centres, especially from continental regions, and to children of poor health. Already in 1947, there were 377 summer vacation resorts, which accommodated approximately 68 000 children, while in 1950, there were 1010 such facilities, accommodating approximately 214 000 children.[36] In the early 1960s, children's and youth resorts in Croatia had a total capacity of around 25 000 beds, which amounted to 77.5 % of the total capacities in Yugoslavia, and were mostly located in seaside centres (the *kotars* of Pula, Rijeka and Split).[37]

34 MARKIČEVIĆ, KOSIĆ, DUMENGJIĆ, OSTROGOVIĆ 1975, 37-45; DUGAČKI, REGAN 2019, 64-65, BARIŠIĆ MARENIĆ 2020, 41, 137.
35 SAVIĆ 1955, 362-364.
36 SAVIĆ 1955, 364.
37 DUDA 2005, 120, 134.

Karlovačko dječje oporavilište u Selcu, 1950-ih godine
BOROVČEK 2014

The Karlovac children's convalescence home in Selce, 1950s
BOROVČEK 2014

prehrana, odmor, svjež zrak i sunce, a vrijeme su ispunjavala sudjelovanjem u raznim aktivnostima, poput škole u prirodi, sportskim i društvenim igrama, kupanju i rekreaciji. Osim što su pružala fizičko ozdravljenje, ova mjesta su poticala socijalnu interakciju među djecom iz različitih socijalnih pozadina pridonoseći izgradnji zajedničkog duha i prijateljstava koja su imala dugotrajni utjecaj na formiranje njihovih osobnosti i stavova prema suradnji i zajedništvu.

U odnosu na prijeratnu praksu, novinu su predstavljali pionirski gradovi kao oblik edukativnih centara namijenjenih razvijanju socijalnih vještina i interesa djece i mladih. Zbog složenih sadržaja, cjelogodišnjeg rada i koncentracije velikog broja korisnika, bili građeni isključivo u blizini većih gradskih središta. Vrlo uspješnu primjenu ovog modela predstavlja Pionirski grad u Granešini u Zagrebu gdje je u šumskom okruženju interpoliran rahli sistem objekata vrlo raznolike namjene, i na kojem, potvrđujući društveno-politički značaj investicije, surađuju etablirani arhitekti i urbanisti (Josip Seissel, Marijan Haberle), kao i predstavnici mlađe generacije (Ivo Vitić).[39] Za pionirske gradove, kao i odmarališta manjeg mjerila, preporučao se već dokazani tip paviljonske izgradnje prilagođen zdravstvenim zahtjevima (izolacija zarazne djece), ali i etapnoj provedbi u slučaju malih mogućnosti ulaganja. Osim rezidencijalnih objekata i kuhinjskog trakta s menzom, u tipičnim odmaralištima planirao bi se središnji dom za razne

39 ODAK 2005, 105-113.

Although the post-war convalescent homes still had a curative function, were defined as seaside or mountain health resorts and admitted children in need of intensified medical care, they were increasingly adopting the features of seasonal vacation resorts (which would become their predominant designation in the 1950s), in the service of upbringing focussed on hygiene and health, structuring the children's leisure time, and their socialisation. With the exception of the first post-war years, the children's activities were not markedly political and ideological in content.[38] Much like in the interwar colonies, children were primarily ensured good-quality meals, rest and exposure to fresh air and the sun, while their time was spent on various activities, such as outdoor classes, sports and board games, swimming and recreation. In addition to fostering physical recovery, these places encouraged social interaction between children from different backgrounds, thereby contributing to the forging of esprit de corps and friendships with long-term effects on the formation of the children's personalities and views on collaboration and community.

In comparison to pre-war practices, Pioneer cities emerged as a major novelty. They were a form of educational centres designed for the development of social skills and interests in children and youth. Due to their complex system of amenities, year-round operation and the concentration of a large number of beneficiaries, Pioneer cities were exclusively built near major urban centres. An example of a highly successful implementation of this model is the Pioneer City in Granešina in Zagreb, which represents an interpolation of a scattered system of structures with diverse purposes into a forest environment, as well as a collaboration between established architects and urban planners (Josip Seissel, Marijan Haberle) and the representatives of a younger generation of professionals from these fields (Ivo Vitić), which confirmed the socio-political significance of the investment.[39] The recommended type of construction for Pioneer cities and small-scale resorts was the well-established pavilion-type one, adapted to healthcare requirements (isolation of infectious children) and to implementation in phases, in the event of significantly limited investment capacities. In addition to residential facilities and the kitchen tract with a canteen, the plan of a typical resort included a central hall for various group activities and

38 In the words of Igor Duda: "The attempt of encumbering summer stays in resorts with more solemn educational and political and ideological content was short-lived: As early as in 1948, it was concluded that 'unnecessary study groups and other forms of work, proven to be failed practices, should be abolished'. This was followed by a turn towards organising 'leisure time, walks, games, shows for children'.": DUDA 2015, 192-193.

39 ODAK 2005, 105-113.

grupne aktivnosti te vanjski sportski i drugi tereni (pozornica i sl.).[40] Postavljeni arhitektonsko-urbanistički program odmarališta pretočio se u praksu, iako u manjem obimu nego se priželjkivalo. Novoizgrađeni lokaliteti slabo su publicirani u stručnoj periodici, no iz razdoblja 1950-ih možemo izdvojiti oporavilište u Medulinu,[41] te svakako najpoznatiji primjer – Dječje odmaralište Vladimir Nazor u Crikvenici koje je projektirala Zoja Dumengjić. U postojećem paviljonu iz 1890-ih godina omogućen je prihvat boležljive djece tijekom cijele godine, dok suvremene objekte autorica približava tradicionalnom, primorskom oblikovnom idiomu, s plitkim dvostrešnim krovovima, južnim porticima, zabatnih strana obloženih prirodnim kamenom i uronjenih u bogatu mediteransku vegetaciju. Odmaralište je raspolagalo s uslužnim sadržajima, uređenim šetnicama, sportskim površinama te kupalištem.[42] Mnoga odmarališta useljavala su se u starije građevine, što je iziskivalo manja inicijalna ulaganja, a i omogućavalo je nastavak upotrebe objekata koja su ili izgubila primarnu funkciju ili promijenila status nacionalizacijom. Primjerice, nakon rata djeca su organizirano ljetovala u bivšim samostanima na obali, npr. Santa Caterina kod Rovinja, Badia i drugi, poznato klimatsko lječilište Gornja Bistra otvoreno je u bivšem dvorcu grofova Oršić na obroncima Sljemena, a dobro je dokumentirano i djelovanje lječilišta za djecu oboljelu od poliomilitisa u dvorcu u Vranskom u Sloveniji, prije preseljenja u Staru Goru.[43] Nastavlja se i djelatnost ranijih morskih lječilišta, no u drukčijim vlasničkim i upravljačkim odnosima. Godine 1953. se u zgradi *Češke kolonije* u Crikvenici, u koju su zbog političkih (ne)prilika nakon 1948. godine prestala dolazili djeca iz Čehoslovačke, otvara Oporavilište za rekonvalescentnu djecu *Primorka*, a lošinjska lječilišta, nekadašnji privatni pansioni i klinike, nakon nacionalizacije većinom su bili stavljeni pod upravljanje Kotarskog poduzeća *Jadranka* te prenamijenjeni u radnička odmarališta. Dječje odmaralište za zagrebačku djecu *Zlatokrila* revitalizirat će 1970-ih godina povijesne turističko-lječilišne sklopove u Velom Lošinju (*Maria-Amalia asyl*, *Kuranstalt dr. Simonitscha* i *Pension villa*

40 O tipologiji i projektiranju dječjih odmarališta diskutiralo se već na Prvom savjetovanju arhitekata i urbanista Jugoslavije u Dubrovniku 1950. godine, pridajući im stručnu pažnju ravnopravnu njihovoj društvenoj vrijednosti. Tom su prilikom iznesene upute za projektiranje tri vrste: pionirski gradovi, sezonska odmarališta (morska i planinska) te odredišta za dvodnevni ili jednodnevni boravak. Pretpostavljalo se da će se dio potreba zadovoljavati adaptacijom postojećih zgrada, ali se u tim domovima ne predviđa razvoj široke programske djelatnosti. TATIĆ, DRAGIĆ 1950.

41 ANONIM 1955, 46.

42 BARIŠIĆ MARENIĆ 2020, 161-166.

43 RADOVIĆ MAHEČIĆ 2005; ANONIM 1953; SCINCARIOL 2017, 159-172. Netipičan je slučaj karlovačkog dječjeg oporavilišta u Selcu koje preuzima i svojim sredstvima privodi svrsi napušteni objekt sagrađen od strane zatvorenika Golog otoka od 1948. do 1950. godine: BOROVČEK 2014, 56-57.

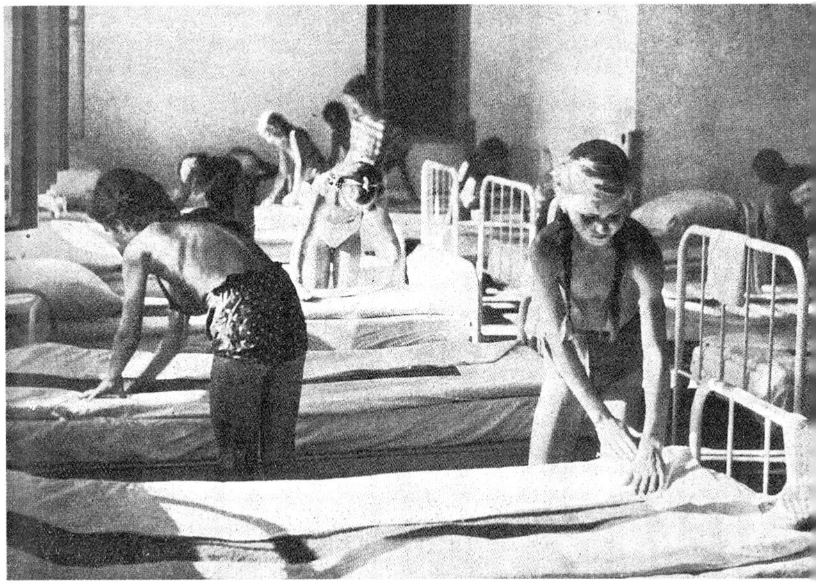

Dječje odmaralište u Malinskoj, 1950-e godine SAVIĆ 1955

Children's Vacation Resort in Malinska, 1950s SAVIĆ 1955

outdoor sports terrains and other areas (a stage etc.).[40] The envisioned architectural and urban planning programme of the vacation resort was eventually translated into practice, although to a smaller extent than desired. Although the newly built localities were under-publicised in professional periodicals, prominent examples from the 1950s include the convalescent home in Medulin[41] and the undoubtedly best-known one – the *Vladimir Nazor* Children's Vacation Resort designed by Zoja Dumengjić. While the existing pavilion from the 1890s enabled the admission of sick children throughout the year, the architect's design of the contemporary facilities drew upon the traditional, coastal idiom, with double-pitched roofs, south-oriented porticos, and gable ends with natural stone cladding, immersed in the thick Mediterranean vegetation. The resort had service facilities, landscaped promenades, sports grounds and a beach.[42] Many vacation resorts were set up in older buildings, which required less initial

40 The typology and design of children's vacation resorts was discussed at the First Symposium of Architects and Urban Planners of Yugoslavia held in Dubrovnik in 1950, where the professional consideration paid to these structures was commensurate with their social value. The discussion resulted in the adoption of guidelines for the design of three types of facilities: Pioneer cities, seasonal vacation resorts (seaside and mountain ones) and resorts for two-day stays or day trips. Although it was considered that the needs would be partially met through alterations of existing buildings, no comprehensive programmatic activities were planned for these types of facilities. TATIĆ, DRAGIĆ 1950.

41 ANONYMOUS AUTHOR 1955, 46.

42 BARIŠIĆ MARENIĆ 2020, 161-166.

Mathilde), dok *Pension Johanneshof*, koji također datira iz Austro-Ugarskog razdoblja, bio je 1930. pretvoren u oporavilište Caritasa biskupije iz Brna, a nakon Drugog svjetskog rata u Klimatsko lječilište za djecu Crvenog križa Hrvatske i potom, od 1962. godine, u Dječju bolnicu za alergijske bolesti dišnih organa. *Colonia marina* na Kantridi u Rijeci već 1949. godine udomljava Bolnicu za dječju koštanu tuberkulozu, kasnije Kliniku za dječje bolesti.[44] Kod Promajne na Makarskoj rivijeri 1958. godine financijskom potporom Crvenog križa Kraljevine Švedske osnovano je Dječje selo za prihvat djece izbjeglica iz Mađarske, ali koje će funkcionirati kao dječje lječilište te od 1967. godine prerasti u specijalnu bolnicu za respiratorne i alergijske bolesti dječje dobi.[45]

Navedeni lošinjski, riječki i makarski slučajevi tranzicije klimatskih lječilišta u dječje bolnice nisu bili iznimka, upravo suprotno, tijekom prve polovine 1960-ih godina mnoge zdravstvene ustanove koje su svoje medicinske usluge i tretmane temeljile na povoljnim klimatskim faktorima, mijenjaju nadležnost ili organizacijsku strukturu, pripajaju se kliničko-bolničkim centrima ili se preustrojavaju u specijalne bolnice. Posljedica je to prestanka financiranja klimatskih lječilišta u sklopu obuhvatne privredne reforme u Jugoslaviji, potaknuto težnjom za racionalizacijom zdravstvenih kapaciteta, ali i činjenicom da su napretkom medicinske znanosti pronađene učinkovitije metode liječenja tuberkuloze i drugih bolesti zbog kojih su se u prošlosti otvarali sanatoriji i oporavilišta. Dječja su oporavilišta u tom pogledu dijelila sudbinu drugih ustanova zdravstvenog turizma.[46] Također, jugoslavenski turizam od 1960-ih godina snažno se orijentirao na inozemna tržišta, što je pratila potreba za povećanjem kapaciteta komercijalnog smještaja,

44 DLAKA 2018, 8, 30-33, 36-43, 46-47.
Dječje odmaralište Zlatokrila poduzet će dodatna ulaganja u svoj kompleks. 1970-ih godina zgrade su rekonstruirane i dodano je nekoliko novih servisa, a 1980-ih arhitekt Andrija Mutnjaković projektirat će novu salu za objedovanje i terasu za aktivnosti na otvorenom, za kojima je postojala najveća potreba korisnika: RADOVIĆ MAHEČIĆ 2005, 47.

45 Program zakupa lječilišta Dječje selo, zaključak sjednice Upravnog vijeća lječilišta, Baška Voda, 21. 12. 2000.

46 Za liječenje tuberkuloze nakon Drugog svjetskog rata postaju dostupni lijekovi i cjepiva pa dotadašnji protokoli temeljeni na izolaciji bolesnika, helioterapijama te jačanju imuniteta boravcima na planinskom ili morskom zraku, gube na medicinskoj relevantnosti. Stoga su zgrade sanatorija, među kojima su paradigmatska djela modernističke arhitekture, zbog svojih specifičnih funkcionalnih elemenata (ležaonice), ubrzo fizički degradirale jer se nisu mogle efikasno i ekonomično prilagoditi novim funkcijama. Međutim, afirmacijom modernističke baštine i konzervatorskih inicijativa, najistaknutija tuberkulozna lječilišta obnavljaju se i upisuju na liste zaštićenih spomenika kulture (primjerice, Sanatorij u Palmiu Aalvara Aalta, 1929. – 1933. i Zonnenstraal u Hilversumu Johannesa Duikera i Bernarda Bijvoeta, 1926. – 1931.): BARIŠIĆ MARENIĆ 2020, 216.

investment and enabled continuity of use for structures that had either lost their primary purpose or changed status due to nationalisation. For example, after the war, summer vacations for children were organised in former monasteries on the coast, such as Santa Caterina near Rovinj, Badia and others. The famous climate sanatorium of Gornja Bistra was opened in the former castle of the Oršić counts on the slopes of Sljeme, while the operation of the health resort for children suffering from poliomyelitis, opened in a castle in Vransko, Slovenia, was also well-documented before it was moved to Stara Gora.[43] The activities of former seaside sanatoriums continued, but under different ownership and management relations. In 1953, the building of the Češka kolonija ("Chech Colony") in Crikvenica, where children from Czechoslovakia stopped coming after the political upheaval of 1948, was converted for the purposes of the Children's Convalescent Home "Primorka", while the sanatoriums in Lošinj, formerly private lodges and clinics, were placed under the management of the Kotar Company *Jadranka* and converted into workers' resorts. In the 1970s, the Zagreb Children's Vacation Resort *Zlatokrila* revitalised the historic tourist and sanatorium complexes in Veli Lošinj (the *Maria-Amalia Asyl*, the *Kuranstalt Dr. Simonitsch* and the *Pension Villa Mathilde*). The *Pension Johanneshof*, dating from the Austro-Hungarian period, was converted into a sanatorium of the Brno Diocese Caritas in 1930. After World War II, it was once again converted into the Seaside Children's Sanatorium of the Croatian Red Cross, while in 1962, it became the Children's Hospital for Allergic Respiratory Diseases. In 1949, the *Colonia marina* in Kantrida, Rijeka was converted into the Hospital for Child Bone Tuberculosis, which later became the Paediatric Clinic.[44] In 1958, owing to financial support from the Red Cross of the Kingdom of Sweden, a children's village was established near Promajna on the Makarska Riviera. Originally set up to admit refugee children from Hungary, it served as a children's health resort and, in 1967, it was turned into a specialist paediatric hospital for respiratory and allergic diseases.[45]

43 RADOVIĆ MAHEČIĆ 2005; ANONYMOUS AUTHOR 1953; SCINCARIOL 2017, 159-172. A fairly atypical example is that of the Karlovac children's convalescence home in Selce, which was set up inside an abandoned facility built by the prisoners of Goli Otok from 1948 to 1950, and converted for the purpose from its own funds: BOROVČEK 2014, 56-57.

44 DLAKA 2018, 8, 30-33, 36-43, 46-47. The *Zlatokrila* Children's Vacation Resort made additional investments in its complex. In the 1970s, the buildings were reconstructed and several new services were added, while in the 1980s, architect Andrija Mutnjaković designed a new dining hall and terrace for outdoor activities, in response to the most pressing needs of the resort's beneficiaries: RADOVIĆ MAHEČIĆ 2005, 47.

45 Lease programme for the Children's Village health resort, conclusion of the session of the Management Council of the Health Resort, Baška Voda, 21st December 2000.

Dječje odmaralište *Vladimir Nazor* u Crikvenici - fotografije prizemnog paviljona (lijevo) i trijema s nadzornom grupom i projektanticom (desno), 1948. Muzej grada Zagreba, MGZ-79295, MGZ-79296

Children's resort *Vladimir Nazor* in Crikvenica - photos of the ground floor pavilion (left) and the porch with the supervisory group and the designer (right), 1948. Zagreb City Museum, MGZ-79295, MGZ-79296

nerijetko nauštrb dječjih odmarališta koja su pripadala socijalnoj kategoriji i time nepoželjna u projekcijama turističkog rasta jadranskih središta.[47] Njihov broj otad je bio u stalnom opadanju, a nakon rata 1990-ih godina rijetki su gradovi zadržali svoja odmarališta na obali, dok su imovinsko-pravni sporovi sprečavali revitalizaciju drugih.

Dječja oporavilišta i odmarališta, stoga, danas promatramo kao povijesnu pojavu, potkrijepljenu nizom razloga odgovornih za genezu ove tipologije, njeno „zlatno doba" i u konačnici faktičko iščeznuće. Budući da su dosad objavljena tek rijetka istraživanja ove uske, ali zanimljive zdravstvene i društvene priče, ne možemo tvrditi da smo dobro upoznali ovaj segment naše arhitektonske baštine, ali buduća ocjena vjerojatno neće puno odudarati od sadašnjeg dojma da se uglavnom radi o diskretnim intervencijama čija najveća vrijednost leži u ekološkom pristupu prostoru – očuvanju prirodnog ambijenta te stalnom

47 O prešutnoj likvidaciji dječjih odmarališta pisalo se već 1960-ih godina, upravo zbog želje općinskih vlasti da se prostor oslobodi za strane goste koji su donosili već zaradu: DUDA 2015, 192-193.

The aforementioned Lošinj, Rijeka and Makarska cases of the conversion of seaside health resorts into children's hospitals were not exceptional. On the contrary, during the first half of the 1960s, many healthcare institutions that based their medical services and treatments on favourable climate conditions, changed their area of competence or organisational structure, became annexes of university hospital centres or were converted into specialist hospitals. This was a consequence of the suspension of financing of seaside or mountain sanatoriums as part of the broader economic reforms in Yugoslavia, spurred by the efforts to rationalise healthcare capacities and by the fact that, as part of the progress of medicine, more effective methods of treating tuberculosis and other diseases had been discovered, thus eliminating the main reason for the establishment of sanatoriums and convalescent homes in the past. In this respect, children's convalescent homes shared the fate of other institutions intended for medical tourism.[46] In addition, since the 1960s, Yugoslav tourism was strongly oriented towards foreign markets, which entailed the need to increase the capacities for commercial tourist accommodation, often at the expense of the children's vacation resorts, which were categorised as social-welfare institutions and thus considered undesirable in the projections of tourism-related growth of Adriatic coastal centres.[47] Their number has been in constant decline since then, and after the war in the 1990s, few cities retained their seaside resorts, while legal disputes over ownership prevented the revitalisation of others.

Thus, children's convalescent homes and vacation resorts are today considered a historical phenomenon, supported by a number of reasons for the genesis of this typology, its "golden age" and its ultimate demise. Since the research published so far on this interesting healthcare and social phenomenon is scant,

46 With the availability of medications and vaccines for the treatment of tuberculosis after World War II, the former protocols based on the isolation of patients, heliotherapy and strengthening of immunity by exposure to mountain or sea air, lost their medical relevance. Therefore, sanatorium buildings, including some exemplary works of Modernist architecture, soon became physically degraded because of their specific functional elements (sun-balconies), seeing that they could not be efficiently and cost-effectively adapted to serve new purposes. However, through the affirmation of Modernist heritage and preservation initiatives, the most prominent tuberculosis sanatoriums were renovated and inscribed on lists of protected cultural monuments (for example, the Sanatorium in Paimio by Aalvar Aalto, 1929–1933, and the Zonnenstraal in Hilversum by Johannes Duiker and Bernard Bijvoet, 1926–1931): BARIŠIĆ MARENIĆ 2020, 216.

47 The tacit suspension of children's vacation resorts became a topic of interest as early as in the 1960s, precisely because of the efforts of municipal authorities to free up the premises for use by foreign tourists, which would generate more profit: DUDA 2015, 192-193.

Dječje pomorsko oporavilište u Krvavici, Makarska IVANOVIĆ 1970

Children's Seaside Health Resort in Krvavica, Makarska IVANOVIĆ 1970

Dečje oporavilište Krvavice (arh. R. Marasović)

Dečje oporavilište Krvavice — pogled iz atrijuma

recikliranju i adaptaciji zatečenih arhitektonskih struktura, kao i u afirmaciji javnoga zdravstva, demokratskih načela i principijelnom ulaganju javnih resursa u najranjivije članove društva. U tom kontekstu trebamo još više cijeniti Marasovićev *tour de force* u koncipiranju i realizaciji Dječjeg lječilišta u Krvavici, monumentalnog spomenika društvene solidarnosti, koji je ovu skromnu arhitektonsku temu izdignuo iz razine povijesne bilješke, a čudnim spletom sudbine njegova je kreacija uzvratila uslugu učinivši Marasovića (ponovno) važnom figurom moderne hrvatske arhitekture.

we cannot claim to have learned much about this aspect of our architectural heritage. However, future valuation is unlikely to deviate much from the present perspective, according to which these were mostly discrete interventions, whose greatest value lies in an environmentally conscious approach to space, i.e. in the preservation of the natural environment and continuous recycling and adaptation of existing architectural structures, as well as in the affirmation of public health, democratic principles and responsible investment of public funds for the benefit of the most vulnerable members of society. In this context, Marasović's *tour de force* with regard to the conceptualisation and realisation of the Children's Health Resort in Krvavica calls for even greater appreciation. Namely, the facility stands as a monument to social solidarity, its architect having raised an otherwise minor architectural theme above the level of a historical footnote. By a strange twist of fate, his creation returned the favour, making Marasović (once again) a significant figure of modern Croatian architecture.

IZVORI

Program zakupa lječilišta Dječje selo, zaključak sjednice Upravnog vijeća lječilišta, Baška Voda, 21. 12. 2000.

Registar kulturnih dobara Republike Hrvatske, https://registar.kulturnadobra.hr/#/details/Z-6385

LITERATURA

Anonim, Dječje oporavilište Gornja Bistra, brošura, Vjesnik, 1953.

Anonim, Medulin: dječje oporavilište, u: *Arhitektura*, 3-4, 1955.

Armanda, Ivan, Povijest filijale sestara dominikanki na Čiovu (1926. – 1953.), u: *Kulturna baština*, 39, 2013.

Barišić Marenić, Zrinka; Šerman, Karin; Uchytil, Andrej, Paviljonski sklop dječjeg lječilišta tuberkuloze Strmac-Šumetlica u Slavoniji, u: *Prostor*, 1(41), 2011.

Barišić Marenić, Zrinka, *Arhitektica Zoja Dumengjić*, Arhitektonski fakultet i UPI-2M plus, Zagreb, 2020.

Batinić, Štefka, *Kao Hlapić i Gita: siročad u Hrvatskoj potkraj XIX. i početkom XX. stoljeća*, Hrvatski školski muzej, Zagreb, 2013.

Bazala, Vladimir, Pregled povijesti zdravstvenog graditeljstva na području SR Hrvatske / Kulturno-historijski razvoj lječilišnih i zdravstvenih ustanova, u: *Arhitektura*, 152-153, 1975.

Bjažić Klarin, Tamara, *Ernest Weissmann: društveno angažirana arhitektura 1926. – 1939.*, Hrvatska akademija znanosti i umjetnosti, Zagreb, 2015.

Borovček, Andrija, Karlovačko dječje odmaralište Hostel „Karlovac" d.o.o. Selce-Crikvenica, Karlovac, 2014.

Branica, Vanja, Razvoj društvene skrbi za djecu u prvoj polovini 20. stoljeća, u: *Ljetopis socijalnog rada*, 1, 2006.

Connolly, Cynthia A., *Saving Sickly Children: The Tuberculosis Preventorium in American Life, 1909. – 1970.*, Rutgers University Press, 2008.

Cvetnić, Željko; Dugac, Željko, Povijest tuberkuloze – od tuberkulina do antituberkulotika (II. dio), u: *Veterinarska stanica*, 5, 2020.

Dlaka, Irena, *Lošinjski hoteli, pansioni i lječilišta*, 2. izmj. izdanje, Lošinjski muzej, Mali Lošinj, 2018.

Duda, Igor, *U potrazi za blagostanjem. O povijesti dokolice i potrošačkog društva u Hrvatskoj 1950-ih i 1960-ih*, Srednja Europa, Zagreb, 2005.

Duda, Igor, *Danas kada postajem pionir: Djetinjstvo i ideologija jugoslavenskoga socijalizma*, Srednja Europa i Centar za kulturološka i povijesna istraživanja socijalizma, Zagreb – Pula, 2015.

Dugački, Vladimir, Proces institucionalizacije hrvatske medicine do Prvoga svjetskog rata, u: *Acta medico-historica Adriatica*, 1, 2009.

Dugački, Vlatka; Regan, Krešimir, Povijest zdravstvene skrbi i razvoja zdravstvenih ustanova na hrvatskom prostoru, u: *Studia lexicographica*, 25, 2019.

Fureš, Rajko; Habek, Dubravko, Prvi izvorni povijesni prilog o promicanju dojenja u stručnoj medicinskoj tiskanoj literaturi u Austro-Ugarskoj Monarhiji na hrvatskom jeziku, u: *Paediatria Croatica*, 58, 2014.

Hajnžić, Tomislav Franjo; Sušec, Tanja, The Hundredth Anniversary of the University Department of Pediatrics, Sestre Milosrdnice University Hospital, Zagreb, Croatia, u: *Acta clinica Croatica*, 4, 2005.

Hobday, R. A., Sunlight Therapy and Solar Architecture, u: *Medical History*, 42, 1997.

Hofgräff, Darija; Fatović Ferenčić, Stella, Uloga i doprinos Desanke Ristović Štampar (1882. – 1968.) razvoju Školske poliklinike u Zagrebu (1925. – 1941.), u: *Anali Zavoda za znanstveni i umjetnički rad u Osijeku*, 28, 2012.

SOURCES

Lease programme for the Children's Village health resort, conclusion of the session of the Management Council of the Health Resort, Baška Voda, 21st December 2000

Register of Cultural Property of the Republic of Croatia, https://registar.kulturnadobra.hr/#/details/Z-6385

BIBLIOGRAPHY

Anonymous author, *Dječje oporavilište Gornja Bistra*, booklet, Vjesnik, 1953

Anonymous author, Medulin: dječje oporavilište, in: *Arhitektura*, 3-4, 1955

Armanda, Ivan, Povijest filijale sestara dominikanki na Čiovu (1926. - 1953.), in: *Kulturna baština*, 39, 2013

Barišić Marenić, Zrinka; Šerman, Karin; Uchytil, Andrej, Paviljonski sklop dječjeg lječilišta tuberkuloze Strmac-Šumetlica u Slavoniji, in: *Prostor*, 1(41), 2011

Barišić Marenić, Zrinka, *Arhitektica Zoja Dumengjić*, Faculty of Architecture and UPI-2M plus, Zagreb, 2020

Batinić, Štefka, *Kao Hlapić i Gita: siročad u Hrvatskoj potkraj XIX. i početkom XX. stoljeća*, Croatian School Museum, Zagreb, 2013

Bazala, Vladimir, Pregled povijesti zdravstvenog graditeljstva na području SR Hrvatske / Kulturno-historijski razvoj lječilišnih i zdravstvenih ustanova, in: *Arhitektura*, 152-153, 1975

Bjažić Klarin, Tamara, *Ernest Weissmann: društveno angažirana arhitektura 1926. - 1939.*, Croatian Academy of Sciences and Arts, Zagreb, 2015

Borovček, Andrija, Karlovačko dječje odmaralište Hostel „Karlovac" d.o.o. Selce-Crikvenica, Karlovac, 2014

Branica, Vanja, Razvoj društvene skrbi za djecu u prvoj polovini 20. stoljeća, in: *Ljetopis socijalnog rada*, 1, 2006

Connolly, Cynthia A., *Saving Sickly Children: The Tuberculosis Preventorium in American Life, 1909. - 1970.*, Rutgers University Press, 2008

Cvetnić, Željko; Dugac, Željko, Povijest tuberkuloze - od tuberkulina do antituberkulotika (II. dio), in: *Veterinarska stanica*, 5, 2020

Dlaka, Irena, *Lošinjski hoteli, pansioni i lječilišta*, 2nd revised edition, Lošinj Museum, Mali Lošinj, 2018

Duda, Igor, *U potrazi za blagostanjem. O povijesti dokolice i potrošačkog društva u Hrvatskoj 1950-ih i 1960-ih*, Srednja Europa, Zagreb, 2005

Duda, Igor, *Danas kada postajem pionir: Djetinjstvo i ideologija jugoslavenskoga socijalizma*, Srednja Europa and Centre for Cultural and Historical Research of Socialism, Zagreb - Pula, 2015

Dugački, Vladimir, Proces institucionalizacije hrvatske medicine do Prvoga svjetskog rata, in: *Acta medico-historica Adriatica*, 1, 2009

Dugački, Vlatka; Regan, Krešimir, The History of Healthcare and the Development of Health Institutions in Croatia, in: *Studia lexicographica*, 25, 2019

Fureš, Rajko; Habek, Dubravko, Prvi izvorni povijesni prilog o promicanju dojenja u stručnoj medicinskoj tiskanoj literaturi u Austro-Ugarskoj Monarhiji na hrvatskom jeziku, in: *Paediatria Croatica*, 58, 2014

Hajnžić, Tomislav Franjo; Sušec, Tanja, The Hundredth Anniversary of the University Department of Pediatrics, Sestre Milosrdnice University Hospital, Zagreb, Croatia, in: *Acta clinica Croatica*, 4, 2005

Hobday, R. A., Sunlight Therapy and Solar Architecture, in: *Medical History*, 42, 1997

Hofgräff, Darija; Fatović Ferenčić, Stella, Uloga i doprinos Desanke Ristović Štampar (1882. - 1968.) razvoju Školske poliklinike u Zagrebu (1925. - 1941.), in: *Anali Zavoda za znanstveni i umjetnički rad u Osijeku*, 28, 2012

Ivanišević, Goran, Veli Lošinj – morsko klimatsko lječilište u hrvatskom zdravstvu i turizmu, u: *Fizikalna i rehabilitacijska medicina*, 3-4, 1996.

Ivanović, Živorad, Izgradnja bolničkih objekata, u: *25 godina građevinarstva Jugoslavije*, Tehnika, Beograd, 1970.

Jurdana, Stanko; Uremović, Vladimir, Razvoj zdravstvenog turizma i talasoterapije u Crikvenici, u: *Turistička Crikvenica 1888. – 1988.*, Crikvenica, 1988.

Kisić, Dubravka, *Škola narodnog zdravlja „Andrija Štampar" 1926. – 1939.: Arhitektura i sanitarna tehnika u službi napredka*, Hrvatska akademija znanosti i umjetnosti, Zagreb, 2014.

Kos, Mirjana; Lozzi Barković, Julija, *Kvarnerska kupališna baština: nestala kupališta s kraja 19. i početka 20. stoljeća*, Hrvatski muzej turizma, Opatija i Državni arhiv Rijeka, 2009.

Lančić, Francisca, Zdravstvena zaštita školske djece – školska medicina nekad i danas, u: *Medicus*, 2, 2009.

Kranjčević, Jasenka; Muzur, Amir, Vojna lječilišta na Kvarneru u AU i briga za unapređenje časničkog zdravlja, u: *Acta medico-historica Adriatica*, 1, 2020.

Kranjčević, Jasenka; Muzur, Amir, Dječja bolnica na moru nadvojvotkinje Marije Terezije u Rovinju i počeci zdravstvenog turizma na hrvatskom Jadranu, u: *Godišnjak njemačke zajednice, DG Jahrbuch*, 29, 2022.

Krištafor, Vladimir, Kronologija turističkog razvoja Crikvenice 1888. – 1988., u: *Turistička Crikvenica 1888. – 1988.*, Crikvenica, 1988.

Lozzi Barković, Julija, Morske i planinske kolonije: prilog istraživanju javnozdravstvenih ustanova u razdoblju međurača u Rijeci i regiji, u: *Ars Adriatica*, 10, 2020.

Markičević, Boris; Kosić, Ivan; Dumengjić, Selimir; Ostrogović, Ivanka, Zdravstvo u SR Hrvatskoj, u: *Arhitektura*, 152-153, 1975.

Odak, Tomislav, Sinergija s krajolikom: Pionirski grad, 1948., u: *Ivan Vitić, Arhitektura*, 1(217), 2005.

Radović Mahečić, Darja, Prilog poznavanja opusa Kune Waidmanna, u: *Radovi Instituta za povijest umjetnosti*, 23, 1999.

Radović Mahečić, Darija, L'altro adriatico. Colonie di vacanza in Croazia, u: *Architetture per colonie di vacanza. Esperienze europee*, (ur. Valter Balducci), Firenca, 2005.

Savić, Branka, Dječja zaštita, u: *Deset godina nove Jugoslavije*, Beograd, 1955.

Scincariol, Michele, Poliomyelitis and its Management in the Hospital of Stara Gora, Slovenia, u: *Acta Medica Historica Adriatica*, 1, 2017.

Tatić, Rajko M.; Dragić, Ljubiša, Dečja letovališta, Referati za Prvo savetovanje arhitekata i urbanista Jugoslavije, prvi deo, Dubrovnik, 23. do 25. 11. 1950. god.

Vrandečić, Josip, Makarska kuga i Antun Anđeo Frari, u: *Kuga u Makarskoj i Primorju 1815.: zbornik radova sa znanstvenog skupa održanog od 2. do 4. prosinca 2015. u Makarskoj*, Gradski muzej, Makarska, 2017.

Ivanišević, Goran, Veli Lošinj – morsko klimatsko lječilište u hrvatskom zdravstvu i turizmu, in: *Fizikalna i rehabilitacijska medicina*, 3-4, 1996

Ivanović, Živorad, Izgradnja bolničkih objekata, in: *25 godina građevinarstva Jugoslavije*, Tehnika, Beograd, 1970

Jurdana, Stanko; Uremović, Vladimir, Razvoj zdravstvenog turizma i talasoterapije u Crikvenici, in: *Turistička Crikvenica 1888. – 1988.*, Crikvenica, 1988

Kisić, Dubravka, Škola *narodnog zdravlja „Andrija* Štampar" *1926. – 1939.: Arhitektura i sanitarna tehnika u službi napredka*, Croatian Academy of Sciences and Arts, Zagreb, 2014

Kos, Mirjana; Lozzi Barković, Julija, *Kvarnerska kupališna baština: nestala kupališta s kraja 19. i početka 20. stoljeća*, Croatian Musem of Tourism, Opatija, and Rijeka State Archive, 2009

Lančić, Francisca, Zdravstvena zaštita školske djece – školska medicina nekad i danas, in: *Medicus*, 2, 2009

Kranjčević, Jasenka; Muzur, Amir, Vojna lječilišta na Kvarneru u AU i briga za unapređenje časničkog zdravlja, in: *Acta medico-historica Adriatica*, 1, 2020

Kranjčević, Jasenka; Muzur, Amir, Dječja bolnica na moru nadvojvotkinje Marije Terezije u Rovinju i počeci zdravstvenog turizma na hrvatskom Jadranu, in: *Godišnjak njemačke zajednice, DG Jahrbuch*, 29, 2022

Krištafor, Vladimir, Kronologija turističkog razvoja Crikvenice 1888. – 1988., in: *Turistička Crikvenica 1888. – 1988.*, Crikvenica, 1988

Lozzi Barković, Julija, Morske i planinske kolonije: prilog istraživanju javnozdravstvenih ustanova u razdoblju međuraća u Rijeci i regiji, in: *Ars Adriatica*, 10, 2020

Markičević, Boris; Kosić, Ivan; Dumengjić, Selimir; Ostrogović, Ivanka, Zdravstvo u SR Hrvatskoj, in: *Arhitektura*, 152-153, 1975

Odak, Tomislav, Sinergija s krajolikom: Pionirski grad, 1948., in: *Ivan Vitić, Arhitektura*, 1(217), 2005

Radović Mahečić, Darja, Prilog poznavanja opusa Kune Waidmanna, in: *Radovi Instituta za povijest umjetnosti*, 23, 1999

Radović Mahečić, Darija, L'altro adriatico. Colonie di vacanza in Croazia, in: *Architetture per colonie di vacanza. Esperienze europee*, (ed. Valter Balducci), Florence, 2005

Savić, Branka, Dječja zaštita, in: *Deset godina nove Jugoslavije*, Beograd, 1955

Scincariol, Michele, Poliomyelitis and its Management in the Hospital of Stara Gora, Slovenia, in: *Acta Medica Historica Adriatica*, 1, 2017

Tatić, Rajko M.; Dragić, Ljubiša, Children's Vacation Resorts, Papers for the First Symposium of Architects and Urban Planners of Yugoslavia, part one, Dubrovnik, 23rd to 25th November 1950

Vrandečić, Josip, Makarska kuga i Antun Anđeo Frari, in: *Kuga u Makarskoj i Primorju 1815.: zbornik radova sa znanstvenog skupa održanog od 2. do 4. prosinca 2015. u Makarskoj*, City Museum, Makarska, 2017

POŠTARINA PLAĆENA U GOTOVU

RADOST

LIST ZA UČENIKE OSNOVNIH ŠKOLA OD I DO VIII RAZREDA

GOD. XXV ZAGREB, LIPANJ 1976 BROJ 10

Naslovnica dječjeg lista RADOST, lipanj 1976. Ilustracija: Danica Rusjan. Ljubaznošću Nakladničke kuće NAŠA DJECA iz Zagreba

Cover page of the children's magazine RADOST, June 1976. Illustration: Danica Rusjan. Courtesy of NAŠA DJECA Publishing House from Zagreb

SOCIJALISTIČKA JUGOSLAVIJA I POLITIKE DJETINJSTVA

Sanja Petrović Todosijević
u razgovoru s Natašom Bodrožić

Sanja Petrović Todosijević
in conversation with Nataša Bodrožić

SOCIALIST YUGOSLAVIA AND CHILDHOOD-RELATED POLICIES

Dr. sc. Sanja Petrović Todosijević, viša je znanstvena suradnica Instituta za noviju istoriju Srbije. Bavi se društvenom historijom Srbije i Jugoslavije u periodu nakon Drugog svjetskog rata s posebnim osvrtom na povijest djetinjstva i obrazovanja. U kratkom razgovoru, Petrović Todosijević skicirala je promjene u sferi politika djetinjstva, nastupanjem perioda socijalističke Jugoslavije.

Što je novo donijela socijalistička Jugoslavija u odnosu na „politike prema djeci / politike djetinjstva"?

U godinama po okončanju Drugog svetskog rata dolazi do radikalne promene dominantnih politika prema deci kao društvenoj grupi ne samo u Jugoslaviji već u čitavom svetu. Posledice Drugog svetskog rata, uz razvoj masovnih medija, suočile su čovečanstvo sa scenama masovnog stradanja dece u bombardovanjima velikih gradova, aktima direktnog terora, koncentracionim logorima smrti. Upravo su ove okolnosti doprinele neočekivanoj i iznuđenoj emancipaciji dece kao društvene grupe i njihovom pomeranju sa margine ka centru političkih i društvenih zbivanja. To se odrazilo i na rad novoosnovane Organizacije Ujedinjenih nacija čije su članice, među kojima se nalazila i Jugoslavija, već 1945. izglasale *Opštu deklaraciju o pravima čoveka* koja se odnosila i na decu. Kao deo Organizacije Ujedinjenih nacija koja je u godinama posle Drugog svetskog rata, polazeći, pre svega, od ideja antifašizma, ali i koegzistencije među „do juče" zaraćenim narodima, odigrala ključnu ulogu u procesu definisanja krovnih politika prema deci, Jugoslavija je zahvaljujući članstvu u dve prestižne agencije OUN-a: Međunarodnom dečijem fondu odnosno UNICEF-u (od 1947.) i Agenciji OUN-a za obrazovanje nauku i kulturu, odnosno UNESKO-u (od 1950.) uspela da obezbedi resurse, materijalna sredstva i stručnu pomoć, koji su bili neophodni u procesu saniranja brojnih zdravstvenih, socijalnih i školskih problema sa kojima su bila suočena deca posle rata. Jugoslovenska država nikada nije prebrojala decu koja su stradala u ratu. Ipak, formulacija o 300 000 „dece žrtava rata", 280 845 „bez oba ili jednog roditelja", 320 000 „kojima je hitno bila potrebna pomoć države u hrani, obući i odeći po okončanju ratnih sukoba" često prisutna u različitim izveštajima novih komunističkih vlasti, jasno je ukazivala ne samo na alarmantnost problema, već i spremnost države da participira u zbrinjavanju najugroženije i najosetljivije društvene grupe.

Čime su takve politike bile motivirane?

Sanja Petrović Todosijević, PhD, is a Senior Research Associate at the Institute for Recent History of Serbia. Her field of interest is the social history of Serbia and Yugoslavia in the aftermath of the Second World War with special reference to the history of childhood and the history of education. In a short interview, Petrović Todosijević sketched the changes in the sphere of childhood-related policies at the onset of the era of socialist Yugoslavia.

What innovations did socialist Yugoslavia bring about in relation to "children-related / childhood-related policies"?

In the years after the end of World War II, there were radical changes in the dominant policies aimed at children as a social group not only in Yugoslavia, but worldwide. The consequences of the World War II, together with the development of mass media, confronted humanity with scenes of mass suffering of children in the bombings of large cities, acts of direct terror, and deaths in concentration camps. These circumstances led to the unexpected and forced emancipation of children as a social group and their movement from the margins to the centre of political and social events. This was reflected in the work of the newly established United Nations, whose members, including Yugoslavia, voted in favour of the *Universal Declaration of Human Rights*, which encompassed children, already in 1945. As part of the Organization of the United Nations, which, having adopted the ideas of anti-fascism and the co-existence of the previously warring nations as its cornerstones, had played a crucial part in the process of defining the overarching policies regarding children in the period after World War II, and thanks to its membership in two prestigious OUN agencies—the International Children's Emergency Fund, i.e. UNICEF (since 1947), and the United Nations Educational, Scientific and Cultural Organization, i.e. UNESCO (since 1950)—Yugoslavia managed to secure the resources, funds and expert assistance vital to the process of resolving the myriad health, social and educational issues threatening children in post-war times. The Yugoslav state had never counted the child victims of that war. Nevertheless, frequent reports by the new Communist government on 300 000 "child war victims", 280 845 "children without one or both parents" and 320 000 "children in urgent need of government aid in terms of food, shoes and clothes following the end of the war" clearly indicated not only that the issues were pressing, but that the government was prepared to participate in caring for the most disadvantaged and vulnerable social group.

Ekspanziji politike prema deci u posleratnoj jugoslovenskoj državi, najviše su doprinele dve okolnosti. Pre svega, komunistička ideologija je počivala na ideji o širokoj društvenoj participaciji u procesu izgradnje socijalističkog društvenog poretka. Komunisti su svoju dečiju odnosno Pionirsku organizaciju osnovali još u ratu i to na marginama Prvog zasedanja AVNOJ-a u Bihaću, decembra 1942. godine. Organizovanjem dece pod okriljem Komunističke partije Jugoslavije, ali i prvih organa državnosti, jasno se poručivalo da u budućoj Jugoslaviji deca moraju imati i svoj etički lik. Promovisanje slike borbenog detinjstva je trebalo da pokaže da su i najmlađi uzeli aktivnu ulogu u borbi protiv fašizma čime su se, rame uz rame sa odraslima, izborili za ravnopravan položaj u društvu. Predstavljanje dece kao aktivnih, a ne pasivnih članova društva u javnom prostoru postalo je još značajnije 1948. godine nakon organizovanja prvog posleratnog popisa stanovništva u Jugoslaviji. Rezultati popisa iz 1948. su pokazali da deca uzrasta do 14 godina starosti čine 33 % svih građana i građanki Jugoslavije. Iz ugla komunističke vlasti koja je težila izgradnji socijalističkog društvenog poretka, ova vrsta pokazatelja je predstavljala uznemirujući alarm. Jedna od najbrojnijih društvenih grupa koja je u budućnosti trebalo da odigra ključnu ulogu u procesu izgradnje socijalističke Jugoslavije nalazila se van kontrole nedovoljno izgrađenog zdravstvenog, socijalnog i obrazovnog sistema. Prepoznavanje zbrinjavanja dece kao krupnog političkog problema u godinama posebno osetljivim za „novu" Jugoslaviju i njen komunistički režim, bio je važan okidač u procesu izgradnje složenog i veoma učinkovitog zdravstvenog, socijalnog i obrazovnog sistema u zemlji.

Po završetku ratnih zbivanja, nova socijalistička vlast žurno će raditi na uspostavi sveobuhvatnog sustava zaštite narodnog zdravlja, vodeći se proklamiranim ciljevima međunarodnih autoriteta, ali i vlastitim međuratnim iskustvima, navodi se u prethodnom tekstu.[1] Što je novo u području dječje zdravstvene zaštite nakon Drugog svjetskog rata?

U godinama po okončanju Drugog svetskog rata najznačajniju novinu predstavlja uspešna borba protiv visoke stope smrtnosti najmlađih putem sprovođenja masovnih zdravstvenih kampanja čija realizacija ne bi bila moguća, ako govorimo o deci, bez pomoći UNICEF-a ali i masovnih društvenih organizacija poput Antifašističkog fronta žena čije su aktivistkinje odigrale izuzetno značajnu ulogu, pre svega, na polju edukacije majki odnosno žena koje su u velikom broju živele na selu „odvojene"

1 Vidjeti tekst dr. sc. Lidije Butković Mićin u ovoj knjizi.

What motivated these policies?

Two circumstances primarily contributed to the expansion of children-related policies in the post-war Yugoslav state. First, the Communist ideology rested on the idea of a broad social participation in the process of establishing the socialist social order. The Communists had founded their children's organisation, i.e. the Pioneer Organisation, during the War, as an adjunct to the First Session of the Anti-Fascist Council for the People's Liberation of Yugoslavia in December of 1942. Organising children under the wing of the Communist Party of Yugoslavia and the first organs of the state was sent a clear message that children were to have an ethical aspect in future Yugoslavia. Promoting the image of a dauntless childhood was meant to show that even the youngest were actively participating, side by side with the adults, in the struggle against fascism, thereby attaining an equal status in society. The public representation of children as active, rather than passive, members of society gained even more prominence in 1948, after the first post-war census in Yugoslavia. According to the results of the 1948 census, children up to the age of 14 made up 33% of all the citizens of Yugoslavia. From the point of view of a Communist government which strove to establish a socialist social order, this indicator was alarming. One of the largest social groups, which was to play a crucial role in the process of building a socialist Yugoslavia in the years to come, was outside of the control of an insufficiently developed healthcare, social and educational system. The recognition of care for children as a major political issue in the years pivotal to the "new" Yugoslavia and its Communist regime was an important motivating factor in the process of the creation of a complex and highly efficient healthcare, social and educational system of the state.

As stated on the preceding pages, at the end of the war, the new socialist government rushed to establish a comprehensive healthcare system, guided by the proclaimed goals of international authorities and its own interwar experiences.[1] What was new in the area of child healthcare after World War II?

In the years after World War II, the most important novelty was the successful lowering of the high mortality rate of the youngest population, by carrying out mass healthcare campaigns. With regard to children, these campaigns would not have been realised without the help of UNICEF and mass social organisations, such as the Women's Antifascist Front, whose activists played a

1 See the text by Lidija Butković Mićin, PhD.

od bilo kakvog relevantnog izvora informacija o porođaju, negovanju odojčadi i male dece. Česta pojava smrti najmlađih je predstavljala u mnogim delovima Jugoslavije veoma rasprostranjenu i samim tim „normalizovanu" pojavu. Ova vrsta „normalnosti" je „pripadala" privatnosti porodice. Sprovođenje masovnih zdravstvenih kampanja u svim delovima Jugoslavije je trebalo da doprinese ne samo saniranju najkrupnijih zdravstvenih problema već i širenju predstave o državi u novom, odnosno emancipatorskom svetlu. Država je na ovaj način preuzimala odgovornost za rešavanje egzistencijalnih problema svojih građana i građanki prevodeći ih iz sfere privatnog u sferu javnog. Ova vrsta „olakšanja" je verovatno imala ključnu ulogu u procesu izgradnje zdravstvenih institucija u Jugoslaviji, ali i sticanja ogromnog poverenja građana i građanki u državu kroz sistem zdravstvenih institucija. Međunarodni dečiji fond UN-a je u godinama posle Drugog svetskog rata sproveo u Jugoslaviji više zdravstvenih kampanja od kojih su najznačajniji bili: Program borbe protiv tuberkuloze (1948. – 1958.), Program suzbijanja endemskog sifilisa (1949. – 1953.) i Program suzbijanja i eradikacije mikoze (1949. – 1964.). Zahvaljujući politici UN-a u Jugoslaviji, UNICEF-ovi programi su vremenom prerasli u kampanje koje su imale za cilj osnaživanje jugoslovenske zdravstvene službe što će za posledicu imati ne samo izgradnju zdravstvenih objekata već i otvaranje brojnih dečijih lečilišta od kojih će neka sa iskorenjivanjem određenih bolesti vremenom dobiti status dečijih odmarališta.

crucial part, primarily in educating mothers and women in rural areas, who were "isolated" from relevant sources of information on childbirth and care for infants and young children. In many parts of Yugoslavia, frequent deaths of youngest children were very widespread and, therefore, "normalised". This sort of normalcy "belonged" to the privacy of the family. The realisation of mass healthcare campaigns in all parts of Yugoslavia was meant to contribute not only to the resolution of major healthcare issues, but also to the popularisation of the new image of the state as an emancipator. In this manner, the state took on the responsibility of resolving the existential problems of its citizens, by transferring them from the private into the public sphere. It is likely that this type of "relief" was crucial to the process of the establishment of the system of healthcare institutions in Yugoslavia, and to the building of the citizens' firm trust in the state, achieved through that system. After World War II, the United Nations International Children's Emergency Fund conducted several healthcare campaigns in Yugoslavia, most notably: the Programme for the Fight against Tuberculosis (1948 – 1958), the Programme for the Fight against Endemic Syphillis (1949 – 1953), and the Programme for Combating and Eradicating Mycosis (1949 – 1964). Thanks to the UN policies in Yugoslavia, in time, UNICEF's programmes developed into campaigns aimed at strengthening the Yugoslav healthcare service, which in turn, resulted in the building of numerous healthcare facilities and children's health resorts. After the eradication of certain diseases, some of the latter would be granted the status of children's vacation resorts.

Natpis "Vratite lječilišta bolesnoj djeci" na prozoru Dječjeg lječilišta u Krvavici, foto: Marija Ivanković, 2020.

The inscription "Return children's health facilities to sick children" on the window of the Children's Health Resort in Krvavica, photo: Marija Ivanković, 2020

VRATITE
ljećilišta
BOLESNOJ
DJECI

Panoramski pogled na Dječje lječilište, arhivska fotografija. Izvor: MAKARSKA RIVIJERA, Grafički zavod Hrvatske, Zagreb, 1976. Ljubaznošću Ivana Huljeva

Panoramic view of the Children's Health Resort, archival photo. Source: MAKARSKA RIVIJERA, Graphic Institute of Croatia, Zagreb, 1976. Courtesy of Ivan Huljev

IZGUBLJENA TIPOLOGIJA

Jelena Borota

THE LOST TYPOLOGY

Kada govorimo o tipologiji dječjih odmarališta i lječilišta, često u fokus stavljamo iznimnu vrijednost arhitektonskih dostignuća ovih zgrada, neupitnu kvalitetu koja se iz današnje perspektive čini gotovo nedostižnom, pogotovo za sadržaje javne i društvene namjene. Međutim, puno rjeđe se osvrćemo na izgubljenu društvenu vrijednost tipologije koja u centar stavlja potrebe djece, sve djece bez iznimke, u svakom smislu: zdravstvenom, odgojnom, rekreativnom pa i duševnom. Tema ovog kratkog osvrta nije analiza izuzetnog objekta Rikarda Marasovića, otvorenog 1965. godine u Krvavici, kao izoliranog dostignuća, već pokušaj kontekstualizacije tog poduhvata, kratak uvid u sistem i njegov raspad. U tom smislu je čitanje referata Rajka Tatića i Ljubiše Dragića, kao neposrednog povoda ovom tekstu, od iznimne važnosti. Godine 1950., u trenutku pisanja referata, svijest o važnosti stvaranja sustava koji osigurava svoj djeci pravo na ljetovanje već je uspostavljena, a brojni koraci u tom smjeru već su poduzeti. Arhitekti Rajko Tatić i Ljubiša Dragić pišu svoj referat jednostavnog i jasnog naziva *Dječja ljetovališta* u sklopu *Prvog savjetovanja arhitekata i urbanista Jugoslavije* održanog u Dubrovniku. Publikacija s ovog skupa došla je u moje ruke kao dio biblioteke Vuke Bombardellija. Listajući je, naišla sam na brojne podcrtane pasuse i komentare arhitekta koji je možda i sam bio sudionik, a sasvim sigurno pažljivi promatrač rezultata tog prvog u nizu savjetovanja.

Čitajući referat saznajemo kako se 1950. godine dječja odmarališta i ljetovališta smatraju važnim oblikom zaštite djece, uvjetovanim Ustavom, kao jedan od osnovnih moralnih postulata. Njihovoj izgradnji pristupa se sveobuhvatno, sagledavajući zahtjeve i probleme same tipologije kao i mogućnosti njene transformacije, odnosno ukupne uloge u društvu. Tako se planira opcija lakog pretvaranja u sadržaje koji van sezone služe kao zdravstvene ambulante, kina ili domovi kulture obližnjim naseljima i predstavljaju značajan doprinos kvaliteti života svih stanovnika, a ne isključivo djece. Također, predviđa se gradnja versatilne tipologije koja je, bez velikih ulaganja, svojom prostornom dispozicijom i organizacijom, u slučaju potrebe pogodna za prenamjenu iz odmarališta u lječilište. Takve ustanove se koriste do početka 90-ih godina prošlog stoljeća kada prvo uslijed rata, a kasnije zbog nedostatka političke volje i vizije polako nestaju, propadaju, prenamjenjuju se (najčešće u hotele ili turistička naselja) i konačno prodaju. Dječja odmarališta koja su u funkciji mogu se na prste izbrojiti, dok je od dječjih lječilišta preostalo jedino ono u Malom Lošinju.

Takoreći netragom nestala tipologija čije postojanje je omogućavalo besplatan odmor za (svu) djecu posljednjih godina ustupila je mjesto kojekakvim skupim obiteljskim hotelima (*family friendly!*) ili sportskim kampovima i sličnim organizacijskim oblicima koji popunjavaju onih pet do šest tjedana koliko obično iznosi nesrazmjer u trajanju dječjih godišnjih odmora i godišnjih odmora njihovih roditelja.

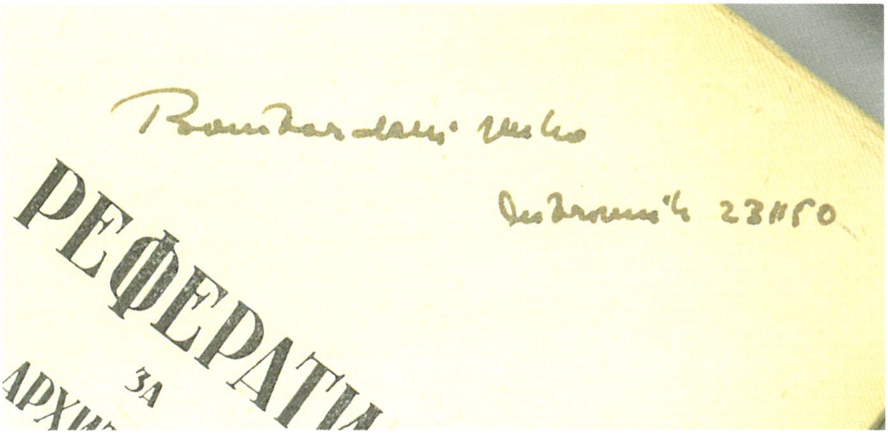

Naslovnica Referata za prvo savjetovanje arhitekata i urbanista Jugoslavije s osobnim bilješkama Vuke Bombardellija. Ljubaznošću Mee Bombardelli, uz zahvalu Jeleni Boroti.

Cover page of the Report for the first consultation of architects and urban planners of Yugoslavia with personal notes of Vuko Bombardelli. Courtesy of Mea Bombardelli. Thanks to Jelena Borota.

Discussions of the typology of children's vacation and health resorts are often focussed on the extraordinary value of these architectural achievements and on their undeniable quality, which nowadays seems practically unattainable, especially in the domain of public and community facilities. What is more rarely discussed is the lost social value of the typology centred on the needs of children, all children, without exception, in every sense: that of healthcare, education, recreation, and even mental health. Rather than analyse the extraordinary structure, designed by *Rikard Marasović* and opened in 1965 in Krvavica, as an isolated achievement, this brief review attempts to contextualise the project and provide a glimpse of the system and its collapse. A crucial aspect of this attempt, as well as the inspiration for this review, is the reading of a paper by Rajko Tatić and Ljubiša Dragić. At the time of its writing, in 1950, there had already existed an awareness of the importance of creating a system which would guarantee the right to a summer vacation to all children, and numerous steps had been taken to achieve this goal. Architects Rajko Tatić and Ljubiša Dragić had written their paper, under the simple and clear title *Children's Summer Resorts*, as a contribution to the *First Symposium of the Architects and Urban Planners of Yugoslavia*, held in Dubrovnik. I obtained the symposium proceedings as a small part of the personal library of *Vuko Bombardelli*. Leafing through it, I noticed that the architect himself had underlined many paragraphs and jotted down a number of comments, having possibly been a participant of this first of many symposia, and most certainly a keen observer of its outcomes.

Još uvijek se zadržala tradicija skauta ili izviđača, ali daleko je to od nekadašnjeg dobro razrađenog sistema koji je najbolje, ili kako se to danas kaže „najvrjednije" lokacije, često na samoj obali mora, rijeke ili jezera, obronku planine prepuštao neometanom korištenju mališanima. I ne samo to, sistem koji se pobrinuo da te lokacije odaberu i oblikuju ponajbolji među nama arhitektima i planerima.

Izrazi poput dječjeg sela, dječjeg odmarališta ili dječjeg lječilišta danas paraju uši svojim anakronim prizvukom, izazivajući u najboljem slučaju sjetu. Nastavimo li ovim tempom komercijalizacije i turistifikacije neće proći dugo, a ti nazivi naići će na potpuno nerazumijevanje većine slušatelja koji neće znati o čemu se radi. Zbog toga su iznimno vrijedne izložbe i knjige poput ove, kao i brojne druge akcije, umjetničke intervencije, stručne i popularne publikacije koje za sada relativno uspješno ne dopuštaju da zaboravimo kako je postojalo vrijeme kada se država brinula za svoju djecu, u sustavu koji nam je usprkos svim svojim nesavršenostima i manama ostavio u dotu ili miraz relikte poput impozantne strukture Rikarda Marasovića u Krvavici koja danas najviše nalikuje oborenoj svemirskoj letjelici s kojom zatečeni domoroci ne znaju što bi osim da je prodaju.

Kao i u brojnim drugim temama, nažalost nedostaje nam snage da sagledamo širi društveni značaj održavanja i obnavljanja sustava dječjih odmarališta kao ulaganja u buduće generacije, odnosno sve ostaje na deklarativnoj razini zagovaranja preventivne medicine dok infrastruktura dječjih odmarališta koja imaju neizmjerno važnu ulogu u tom smislu nestaje. Naša djeca ustupaju mjesto bogatim turistima. Takav pristup prenamjeni nekadašnjih ustanova u službi zdravlja u eri monokulture turizma nema čak ni svoje gospodarsko opravdanje. Drugim riječima, sve što propustimo učiniti za djecu u njihovoj nježnoj dobi vratit će nam se sigurnošću i žestinom bumeranga, kao pojedincima, kao društvu i kao državi, u zdravstvenom, ekonomskom i možda još gore u socijalnom kontekstu. Međutim, trendovi su neumoljivi, krećemo se u smjeru fuzije zdravstva i turizma, ka privatizaciji zdravstvene zaštite. Nemoguće je u tom kontekstu ne spomenuti incidente poput hotela[1] koji je onkološkim i drugim pacijentima splitske bolnice na Firulama (usput budi rečeno fantastičnog ostvarenja arhitektice Zoje Dumengjić) zaklonio ne samo sunce i pogled na more, već i pojeo prostor za potrebno širenje bolnice, a sve ukazuje (kako primjeri iz prakse tako i najavljene izmjene zakonske regulative) na bolnu realnost da takvi slučajevi vrlo skoro neće biti iznimka, već pravilo. Stoga naglašavam važnost ove publikacije koja

1 Reportaža Silvane Menđušić u emisiji Potraga na RTL televiziji, https://net.hr/danas/potraga/koja-je-cijena-hotelizacije-splita-poliklinike-postaju-hoteli-a-vec-se-i-licitira-cijenama-terena-na-firulama-bbe7a30a-b9f2-11ec-b60c-0242ac12002a, pristupljeno 10. 3. 2024.

As we can learn from the paper, in 1950 children's vacation and summer resorts were considered to be a significant form of child welfare, upheld as a moral postulate in the Constitution. The holistic approach to their construction covered the requirements and problems inherent to the typology, as well as the possibilities of its transformation, i.e. its overall social function. Thus, the design of these buildings provided for their simple transformation into off-season health clinics, cinema halls or community centres meant to serve the nearby settlements, and thereby significantly improve the quality of life in them, rather than exclusively benefit the visiting children. The typology of the buildings was meant to be versatile, so that the spatial layout and organisation of these vacation resorts could allow for their conversion into health resorts in case of need, without it requiring major investments. Such institutions were used until the early 1990s, when the war and the ensuing lack of political motivation and vision led to their gradual disappearance, decay, conversion (usually into hotels or tourist villages), and eventual selling off. The children's vacation resorts that are still in operation are few and far between, and only one children's health resort remains, the one in Mali Lošinj.

In the last several years, this typology, whose existence enabled free vacations for (all) children, has practically disappeared into thin air, replaced by all kinds of expensive family ("family-friendly"!) hotels, sports camps and other organisational forms designed to fill the five-to-six-week gap period between the children's and the parents' vacations. Although still honoured, even the Scouting tradition is a far cry from the former, highly developed system, in which the best—or, in today's jargon, "most valuable"—destinations, often at the very coast, or the shores of a river or lake, were reserved for unimpeded use by the children. Moreover, it was a system in which such destinations were chosen and developed by the very best among us architects and urban planners.

Nowadays, expressions such as "children's village", "children's vacation resort" or "children's health resort" sound jarringly anachronous, eliciting nostalgia at best. If we continue down this path of commercialisation and touristification, it won't be long before these terms become foreign to most ears. This is why exhibitions and books such as this one, as well as numerous other actions, artistic interventions and professional and popular publications, are extremely valuable, as relatively successful reminders of a time when the state took care of its children. Imperfect and flawed as it was, it was a system which endowed us with relics such as the imposing structure in Krvavica designed by Rikard Marasović. Today, it resembles an abandoned spaceship with which the bewildered natives have no idea what to do, other than sell it.

govori o gubitku društvenog pamćenja uslijed radikalne društvene promjene i posljedicama tog procesa, a ne isključivo o vrijednoj arhitekturi.

Očita je neprilagođenost zakonodavnog okvira ideji i svrsi društvene solidarnosti i stvarnoj prevenciji ne samo zdravstvenih već i društvenih devijacija kroz razvoj druženja i zajedništva na svježem zraku u sklopu mreže institucija odmarališta i ljetovališta. U tom smjeru ide i nedavno usvojena nadogradnja zakonodavnog okvira[2] koja uvodi mogućnost sekundarne namjene ugostiteljsko-turističkih sadržaja u gotovo svakoj kategoriji javne i društvene namjene, pa tako i zdravstvene. U mom petnaestogodišnjem djelovanju u oblasti prostornog planiranja nisam se susrela s tipologijom dječjih odmarališta iako sam se relativno često susretala sa zgradama koje su nekoć bile dječja odmarališta, a koje danas djeluju kao objekti u nekoj formi turističkog smještaja ili, još gore, propadaju zbog neriješenih imovinsko pravnih odnosa.

Kako bi shvatili razmjere društvenog problema o kojem govorimo, potrebno je obratiti pozornost na zastrašujuće statističke podatke koji nam kazuju kako je danas čak i obiteljima u kojima su oba roditelja zaposlena vrlo teško ili gotovo nemoguće poslati djecu na more ili u planine ako kojim slučajem nemaju rodbinu na obali Mljeta ili na obroncima Plješivice. Osim zdravstvene koristi, ne smijemo zanemariti socijalni aspekt druženja čija važnost je danas izraženija nego nekada, a kada promislimo da više od 40 % obitelji s djecom koje žive u Hrvatskoj sebi ne mogu priuštiti ljetovanje,[3] ovaj referat i ova publikacija dobra su prilika da se kao društvo konačno okrenemo brizi za one koji bi trebali biti naša budućnost. Ovo je prilika da osvijestimo potrebu ponovnog uspostavljanja mreže ustanova koja će svoj našoj djeci, bez iznimke, omogućiti pravo na zdravlje, na sunce, na more, na planine i na druženje.

Tekst završavam proročanskim riječima dr. Iva Babića iz transkripta njegovog izlaganja na festivalu *Fališ,* sada već nekoliko godina starog, ali aktualnog, u kojem se referira na za sada još uvijek neuspješno prenamjenjivanje trogirske osnovne škole (impozantne kamene dvokatnice na samoj rivi u neogotičkom stilu) u hotel:

“U ovom Trogiru koji zamire, koji je zimi pun duhova, u kojemu možeš sresti jedino mačke. Dakle htjeli su izbaciti školu. A škola sa svojom grajom, s dječjim žamorom, to je zadnji kontrapunkt smrti. Zadnji kontrapunkt propadanju.”

2 Pravilnik o prostornim planovima (NN broj 152/23) https://www.zakon.hr/cms.htm?id=59008

3 Izvor: Državni zavod za statistiku, https://podaci.dzs.hr/media/pprhctvu/zudp-2023-1-1-pokazatelji-siroma%C5%A1tva-i-socijalne-isklju%C4%8Denosti-u-2022.pdf, pristupljeno u rujnu 2024.

Unfortunately, as with so many other issues, we lack the tenacity to consider the broader social significance of maintaining and restoring the system of children's vacation resorts, as an investment into future generations. Instead, we remain at the declarative level of advocating for preventive measures, while the infrastructure of children's vacation resorts is disappearing, along with its crucial role in the mentioned investment. Our children are being ousted by rich tourists. In this age of the "monoculture" of tourism, the described approach to the transformation of former healthcare institutions lacks even an economic rationale. Namely, our inadequate care for children at their tender age will come back to us, as individuals, as a society, and as a state, with the inevitability and force of a boomerang, in the healthcare, economic and (more immediate) sociological aspect. Nevertheless, the trends are unstoppable, and we are heading in the direction of the fusion of healthcare and tourism, towards the privatisation of the former. In this context, it would be impossible not to mention certain incidents, such as the hotel[1] which not only robbed the oncological and other patients of the Split hospital in Firule (a magnificent example of architect Zoja Dumengjić's work) of sunlight and a view of the sea, but also deprived the hospital of the space for its much-needed expansion. Everything, from the examples from current practice to the announced amendments to relevant regulations, foreshadows a harsh immediate future in which cases like this one are no longer an exception, but a rule. Therefore, I wish to underline the significance of this book, which addresses the social amnesia, caused by radical social changes, and the consequences of this process, instead of merely showcasing valuable architecture.

There is obvious incongruity between the legislative framework and the idea and purpose of social solidarity and actual prevention of deviations, both health-related and social, through the fostering of socialisation and community in the fresh air, within a network of vacation and summer resorts. The recently announced add to the legislative framework[2], which would provide for the introduction of tourism-related amenities into every category of public and community structures, and therefore even into healthcare institutions, are only further proof of this. In my work in the field of urban planning, I have not encountered the typology of children's vacation resorts, but I have, relatively often, come

1 In Silvana Menđušić's reportage in the Potraga show on RTL television, https://net.hr/danas/potraga/koja-je-cijena-hotelizacije-splita-poliklinike-postaju-hoteli-a-vec-se-i-licitira-cijenama-terena-na-firulama-bbe-7a30a-b9f2-11ec-b60c-0242ac12002a, retrieved on March 10th, 2024.

2 Ordinance on the physical plans (Official Gazette 152/23) https://www.zakon.hr/cms.htm?id=59008

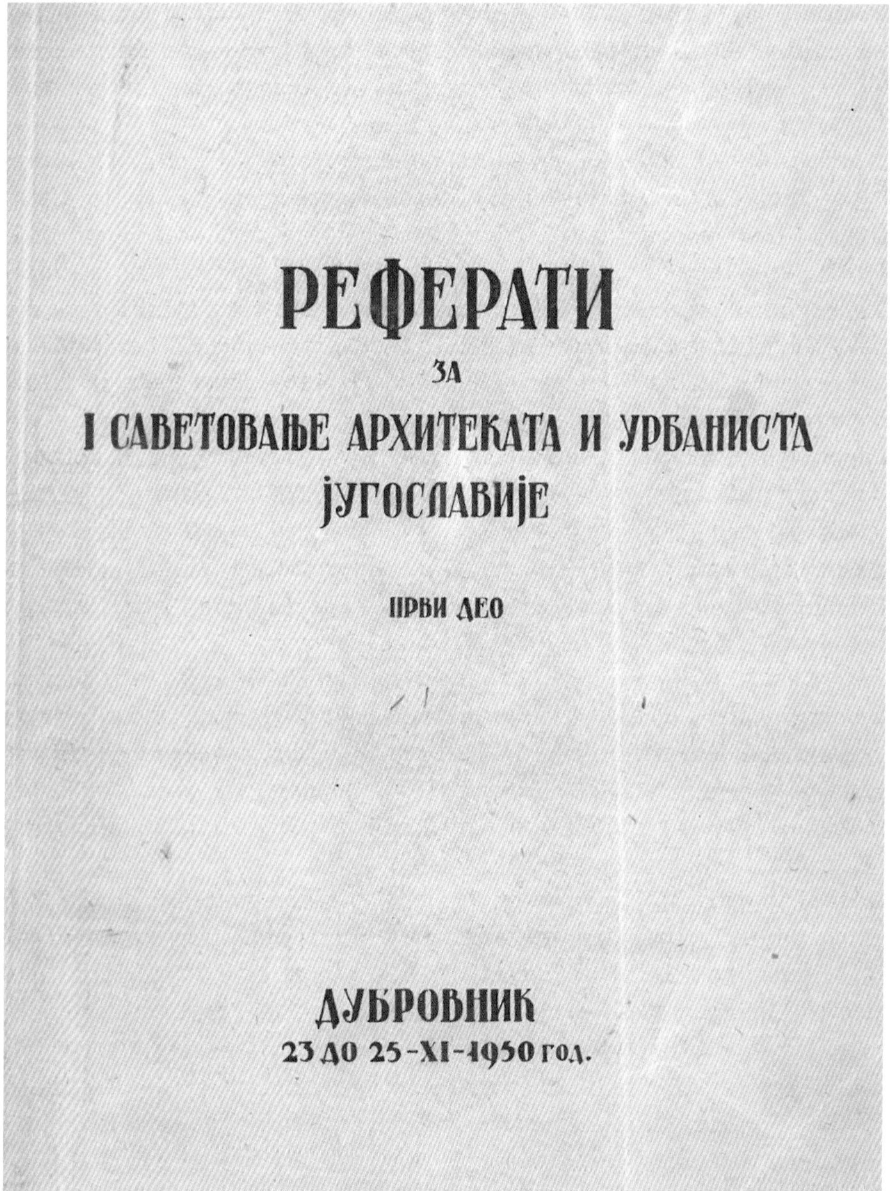

РЕФЕРАТИ

ЗА

I САВЕТОВАЊЕ АРХИТЕКАТА И УРБАНИСТА ЈУГОСЛАВИЈЕ

ПРВИ ДЕО

ДУБРОВНИК

23 ДО 25-XI-1950 ГОД.

Naslovnica Referata za prvo savjetovanje arhitekata i urbanista Jugoslavije. Iz osobne ostavštine Vuke Bombardellija

Cover page of the Report for the first consultation of architects and urban planners of Yugoslavia. From the personal legacy of Vuko Bombardelli across buildings which used to be children's vacation resorts, but today function as tourist accommodation facilities of one type or another, or what is worse, which have been abandoned to decay due to unregulated property-law relations.

In order to understand the magnitude of the social problem we are dealing with, it is necessary to consider the terrifying statistics, according to which even families with both parents employed find it very hard, or even impossible, to afford a vacation for their children at the seaside or in the mountains, unless they have relatives on the island of Mljet or on the slopes of Plješivica. In addition to the health benefits, the aspect of socialisation should not be overlooked either, and considering that over 40% of Croatian families with children cannot afford a summer vacation,[3] this paper and the exhibition present our society with a good opportunity to finally start caring for the ones who are meant to be our future. It is an opportunity to recognise the need for re-establishing a network of institutions which will make sure that every child, without exception, is able to enjoy their right to healthcare and the benefits of the sun, the sea, the mountains, and of friendship.

I would like to close with the prophetic words of Ivo Babić, PhD, taken from the transcript of the talk he gave at the *Fališ* festival, which is just as significant today as it was several years ago. Referring to the (as of yet still unrealised) conversion of the primary school in Trogir (a majestic Neo-Gothic two-storey stone building on the waterfront) into a hotel:

"In this dying town of Trogir, which, in winter, is transformed into a ghost town, where one can meet only cats on the street. This is where they wanted to get rid of the school. But, the school, with its bustling halls and children's clamour, is the last counterpoint to death. The last counterpoint to decay."

3 Source: State Bureau of Statistics, https://podaci.dzs.hr/media/pprhctvu/zudp-2023-1-1-pokazatelji-siroma%C5%A1tva-i-socijalne-isklju%C4%8Deno-sti-u-2022.pdf, retrieved in September 2024.

Razglednica s motivom Dječjeg lječilišta u Krvavici, arhiva Ivana Huljeva, 1967.

Postcard with the motif of the Children's Health Resort in Krvavica. Courtesy of Ivan Huljev, 1967

REFERATI ZA PRVO SAVETOVANJE
ARHITEKATA I URBANISTA
JUGOSLAVIJE
PRVI DEO

DUBROVNIK
23. DO 25. 11. 1950. GOD.

Arh Rajko M. Tatić
Arh Ljubiša Dragić
Beograd, Projektantski zavod IONO-a
(Izvršni odbor Narodnog odbora)

DEČJA LETOVALIŠTA

Naš referat obuhvata pitanje podizanja odmarališta i letovališta kao posebnu problematiku, koju rešavaju u prvom redu naši veliki gradovi odnosno veći industriski centri. Kod ovih naselja sa znatnom aglomeracijom stanovnišva pitanje dečje zaštite je akutno te su dečja odmarališta i letovališta samo jedan od njenih oblika. Potrebne analize crpljene su iz rezultata postignutih u Beogradu na realizovanju ovog oblika dečje zaštite, posebno školske dece i učenika u privredi. Ovaj rad vršio se preko Povereništava za prosvetu, narodno zdravlje i socijalno staranje Izvršnog odbora Narodnog odbora u Beogradu.

Naše novo socijalno zakonodavstvo zasnovano na Ustavu, koje brigu o novim naraštajima tretira kao moralni postulat društvene zajednice, postavilo je ogromne zadatke našim narodnim vlastima. Tako je u nizu mnogobrojnih zakonskih mera za zaštitu dece, podizanje dečjih odmarališta u uslovima naše socijalističke izgradnje, dobilo svoju sadržinu jedne kompleksne problematike. Arhitektonska razrada ovoga pretpostavlja izvesna raščišćavanja osnovnih postavki programskog karaktera da bi se na taj način povoljno rešila sva pitanja u vezi sa tim, a iz oblasti urbanizma, arhitekture, tehnike i ekonomije izgrađivanja objekata za odmarališta odnosno dečja letovališta.

Postavlja se odmah pitanje kako prići problemu: centralizacije dečjih ustanova ovog tipa, upravljanih preko najviših izvršnih organa u jednom gradu, sa stvaranjem čitavih kompleksa u vidu pionirskih gradova, odnosno masovnih odmarališta gde se vrši koncentracija velikog broja dece na jednom mestu; ili obrnuto: decentralizacija, sa vođenjem preko nižih organa, sa okupljanjem manjeg broja dece u manje organizacione jedinice. Zatim se postavljaju pitanja i same vrste letovališta, to jest odmarališta, u pogledu na dužinu boravka dece tj. postavlja se pitanje posebnih tipova odmarališta - letovališta sistema „vikend" pri čemu se deca izvode na obdanicu ili na dva dana, obično poslednja u nedelji. Ova vrsta obdaništa obično se postavlja u neposrednoj blizini periferija gradskih graničnih reona. Najzad, postavlja se pitanje da li stvarati ferijalni tip odmarališta, u koja se deca dovode radi menjanja klimatskih uslova što znači da ovakvi tipovi podrazumevaju lokaciju u predelima gde postoje povoljni klimatski uslovi.

PAPERS FOR THE FIRST SYMPOSIUM OF THE ARCHITECTS AND URBAN PLANNERS OF YUGOSLAVIA PART ONE

DUBROVNIK
23rd to 25th November 1950

Rajko M. Tatić, architect
Ljubiša Dragić, architect
Belgrade, Design Institute of the Executive Council of the People's Committee

CHILDREN'S SUMMER RESORTS

Our paper deals with the construction of vacation and summer resorts, as a separate issue, to be tackled primarily by our major cities and industrial centres. In these major population agglomerations, where child welfare is a pressing concern, children's vacation and summer resorts are but one of its aspects. The necessary analyses were based on the results achieved in Belgrade in connection with the implementation of this aspect of child welfare, especially that of schoolchildren and apprentices. These activities were carried out by the boards of education, healthcare and social welfare of the Executive Council of the People's Committee in Belgrade.

By upholding the welfare of the coming generations as a moral postulate of the community, our new social legislation, based on the Constitution, presents our public authorities with a monumental task. As one of the many legislative measures for child welfare, the construction of children's vacation resorts, as part of our Socialist civil engineering projects, has thus become a complex issue. The architectural approach to its resolution presupposes the defining of programmatic tenets in order to adequately resolve all the issues related to the construction of structures for vacation resorts, i.e. children's summer resorts, as they arise within the domains of urban planning, architecture, technology and economics.

The first question is how to approach the problem: whether by centralising children's institutions of this type and entrusting the highest executive bodies of a city with their management, which entails the construction of entire complexes in the form of Pioneer cities, where large numbers of children would be accommodated in one place, or by doing the reverse: decentralising, with management entrusted to lower-level bodies, which would enable the grouping of children into smaller organisational units. The next question refers to the type of summer or vacation resorts with respect to the length of the children's stay. It concerns the proposed need for special types of "weekend" summer resorts, where children are accommodated for a day or two, usually for the weekend. Day-care centres of this type are usually built in the peripheral areas of outer city districts. The final question is whether to build resorts exclusively for school vacations, where children would be brought for a change of climate, which implies that these resorts would have to be built in areas with a favourable climate.

S obzirom na širu lokaciju svih gore navedenih vrsta objekata, odnosno kompleksa za odmarališta i letovališta, oni dobijaju posebnu karakteristiku već po tome da li se podižu u planinama ili na moru. Svi napred pomenuti momenti primarno utiču na same programske elemente od kojih zavise definitivna urbanistička i arhitektonska oformljenja.

Iz dosadašnje prakse provedene u Beogradu, možemo konstatovati da su ostvareni uglavnom pet tipova dečijih odmarališta, odnosno letovališta o kojima ćemo govoriti posebno u najosnovnijim crtama. Kratkom analizom svih napred pomenutih slučajeva, utvrdit ćemo istovremeno i sva preimućstva kao i nedostatke pojedinih tipova.

1) Stvaranjem uzornih atraktivnih dečijih odmarališnih baza tipa pionirskog grada, podignutih u relativnoj blizini velikih gradova, postižu se široke mogućnosti u pogledu njihove frekvencije jer se usled blizine mogu vršiti brze smene odmaranja velikog broja gradske dece. Na taj način pruža se zaštita velikom broju dece, pri čemu je moguće da odmor može biti i duži čak i od 15 dana.

   Važno je da se ovakva odmarališta mogu koristiti kroz sva godišnja doba. Pedagoška uloga ovakvih ustanova je značajna, jer deca pod vođstvom svojih nastavnika iz redovne nastave ne prekidaju tok učenja već ga nastavljaju u izmenjenom ambijentu, te zdravstveno i fizičko osvežavanje neobično povoljno utiču na opšti razvoj dece. Pri tome redovna služba iz oblasti higijene, fiskulture, praktičnoga rada i zabave pod nadzorom, vrši se preko stalnih organa čije je sedište u samom pionirskom gradu. Ovakvom organizacijom omogućeno je potpuno korišćenje kapaciteta preko cele godine. Jedini nedostatak ovih odmarališta leži u tome što je nemoguće zadovoljiti uslove drastičnih klimatskih promena, neophodnog elementa za potpuno fizičko osveženje dece.

   Unutrašnja organizacija ovakvih kompleksa mora biti savršena, te sa tih razloga za njegovo realizovanje podrazumeva se s jedne strane dalekosežna studija pri izboru terena, uzimajući u obzir sve urbanističke momente jer ovakvi kompleksi redovno prejudiciraju regionalne osnove grada dok s druge strane arhitektonska rešenja imaju relativno komplikovanu programsku bazu. Arhitektonska razrada ne može se provoditi brzo. Investicije za pripremne radove za obradu samog terena a zatim i za građevinske objekte su vrlo znatne. Podizanje ovakvih kompleksa prirodno zahteva duže vreme, bolje materijale i dobro smišljenu opremu. Održavanje se vrši relativno lako, pošto se kompleksi nalaze u neposrednoj blizini glavnog administrativnog i kulturnog centra, kao i centra građevinske operative.

2) Poseban tip velikih ferijalnih odmarališta- letovališta u klimatskim mestima, obično pored većih reka, ili u planinama, pored tekućih planinskih voda ili jezera, ili najzad na morskoj obali, ima vrlo složenu i specijalnu problematiku. S jedne strane, ovakva letovališta zahtevaju posebnu organizaciju transporta, u cilju okupljanja dece, dok s druge strane imaju sve ostale karakteristike navedene u prethodnoj tački. Usled

With respect to the general area in which the mentioned types of structures, i.e. vacation and summer resort complexes, should be built, their special characteristics will derive from their location, i.e. from whether they are built in the mountains or by the sea. All of the above-mentioned considerations primarily influence the essential programmatic elements of definitive urban-planning and architectural solutions.

Based on the practices implemented in Belgrade so far, we can divide the built children's vacation and summer resorts into roughly five types, to be further outlined. A short analysis of the presented cases will also reveal all the advantages and disadvantages of each type.

1) The building of exemplary, attractive children's vacation centres of the Pioneer city type in the relative vicinity of major cities has opened up an array of possibilities in terms of their frequentation, considering that the vicinity has enabled the vacationing of city children in large and rapidly succeeding groups. This, in turn, has ensured the welfare of a large number of children, during accommodation periods which may be even longer than 15 days.

   An important feature of such vacation resorts is that they can be used throughout the year. Such institutions have a significant pedagogical role because they allow children, under the guidance of their schoolteachers, to continue their education in an altered environment, whose health and physical benefits promote the general development of children to an outstanding degree. All the while, the standard services in the area of hygiene, physical education, practical work and supervised entertainment are provided by the resident authorities with headquarters in the Pioneer city itself. This kind of organisation maximises the use of the capacities throughout the year. The only disadvantage of this type of resort is that it does not meet the criterion of a drastic change of climate, which is a crucial component of the overall physical benefits that children should be able to avail of.

   Considering that the internal organisation of such complexes must be perfect, their construction presupposes the preparation of a comprehensive study as the basis for the choice of the terrain. The study must take into consideration all the urban-planning elements, considering that the design of such complexes usually rests on the idea of cities as regional centres. In addition, architectural solutions of this kind have a relatively complex programmatic background. Their architectural elaboration takes time. The investments, both in preliminary earthworks and the construction itself, are major. Naturally, such complexes take a long time to build and require high-quality building materials and an efficient use of machinery. They are relatively easy to maintain, considering that they are located in the immediate vicinity of administrative and cultural centres and hubs of construction activity.

2) The special type of large school vacation resorts located in areas with a specific climate, usually on the shores of major rivers, in

znatnih različitosti klime, zatim zbog geofizičkih, geografskih i hidrometeoroloških elemenata, otvaraju se razni problemi iz oblasti urbanizma, arhitektonskog komponovanja kao i problemi ekonomsko-tehničke prirode koji se imaju savladati prethodno kroz sam program, zatim i pri razradi projekata, a prirodno i prema operativnom izvođenju tehničkih radova.

Već i pri izboru mesta za podizanje ovakvih kapaciteta, javlja se poseban zadatak praćen pitanjima eksproprijacija, zatim uklapanja u regionalne planove bliskih naselja. Obezbeđenja saobraćajnih uslova snabdevanja vodom, građevinskim materijalom i životnim namirnicama predstavljaju za sebe jedan poseban problem o kome se mora voditi posebna briga.

Kod odmarališta, odnosno letovališta ovoga tipa, javljaju se isto tako problemi unutrašnje organizacije, zasnovane na samom karakteru ustanove kao takve, a u vezi sa tim, programski deo je diferenciran još i po tome da li se objekti koriste preko cele godine, sezonski tj. zimi, odnosno leti, zatim da li koji od objekata sanitetske službe imaju služiti samo za interno poslovanje ili se moraju kombinovati sa medicinskom službom dotičnog kraja. Isto tako, postoji težnja kod svih lokalnih vlasti da ovi isti objekti koji pripadaju gradu, kao glavnom investitoru, budu korišćeni van sezone za potrebe lokalnih ustanova. Pošto ovaj momenat zadire u sam sistem upravljanja ustanovom, moraju se kroz program provesti elementi kojima će se naći odgovarajuća rešenja u osnovama zgrada, a kroz to i u samoj organizacionoj strukturi ustanove. Ovo se mora učiniti sa razloga da se otstrane neizbežni konflikti nadležnosti i odgovornosti o održavanju ovakvih kompleksa. Prema tome, kompleksi letovališta, odnosno odmarališta, u najvećem broju slučajeva, moraju imati karakter potpuno posebnih naselja naslonjenih na reonsku, republičku ili saveznu saobraćajnu mrežu. Njihovo podizanje i redovno održavanje zahteva naročitu studiju te ovo pretstavlja glavni momenat u odlučivanju generalne postave projekta. Naročitu brigu projektanta zauzimaju problemi samog oblikovanja jer se bezuslovno moraju postići kvaliteti obrade u smislu prilagođavanja karakteru nacionalne arhitekture specifične za sam kraj.

3) Tip odmarališta - letovališta organizovan za jednodnevne izlete ili dvodnevni boravak manjeg broja dece iz škola ili internata, pretstavlja kompleks manjeg kapaciteta. Ovi kompleksi izgrađuju se u širem zelenom pojasu, na domaku perifernih reona grada i mogu se nazvati varijantom dvaju napred pomenutih tipova. Ovde je potrebno naglasiti da je njihova karakteristika u tome što se oni smatraju depandansima brojnih gradskih škola, odnosno internata za učenike u privredi. U školama i zavodima postoji već organizovan vaspitni, nastavni, pedagoški i zdravstveni personal koji je svakodnevno u kontaktu sa decom, te poslovanje u vezi sa brigom o deci produžava praktično i prilikom samih izleta ili kratkih boravaka. Zbog toga, kod ovakvih tipova letovališta otpada potreba za direktnim funkcionisanjem aparata za staranje o deci od strane centralizovanih ustanova pri najvišim izvršnim organima vlasti jednog grada. Ovu brigu praktično preuzimaju same škole odnosno internati koji su izrazito individualističke ustanove. Ne samo da se

the mountains, on the shores of mountain streams or lakes, or at the seaside, comes with a highly complex and unique set of issues. Summer resorts of this type require specially organised transport of the children in groups, whilst they exhibit all the features mentioned under the previous point. Due to significant variations in climate and the various geophysical, geographical and hydrometeorological elements, a number of issues arise in relation to urban planning, architectural composition, economy and technology. They are to be dealt with beforehand, through programming and project elaboration, as well as, naturally, as part of technical works.

The specific requirements that the choice of location for the building of such capacities entails also relate to expropriation and conformity with the regional plans of the nearby settlements. The fulfilment of the transport conditions related to the supply of water, building materials and basic foodstuffs presents a separate issue, which must be adequately addressed.

The vacation and summer resorts of this type also face internal organisation problems inherent to the nature of such institutions. The programming aspect also varies, depending on whether the resorts are used throughout the year or seasonally (in the winter or the summer), and whether any of the medical service facilities are intended solely for internal operation or have to collaborate with the medical service of the relevant area. Moreover, the local authorities tend to require that these structures, which belong to the city as the main investor, be used off-season as well, for the purposes of local institutions. Considering that this requirement affects the very management system of the institution, the programme must include elements which will enable the incorporation of adequate solutions in the buildings' plans and, consequently, in the organisational structure of the institution. This must be done in order to prevent the otherwise inevitable conflicts of competence and responsibility for the maintenance of such complexes. Therefore, in most cases, the summer and vacation resort complexes must function as separate settlements connected to the regional, republican or federal transport network. The fact that their construction and regular maintenance require special studies represents a crucial point in deciding on the overall structure of the project. Meanwhile, the considerations of form are particularly pressing for the architect, considering that the quality of the treatment must be such as to enable the buildings' conformity with the characteristics of the national architecture of the relevant area.

3) Summer resorts of the type organised for day trips or two-day stays of small groups of children from schools or boarding schools represent complexes with a smaller capacity. These complexes are built on green belts, in the vicinity of the outer city districts, and can be considered a variant of the two previously mentioned types. It should be noted that they are considered additions to numerous city schools or boarding schools for apprentices. The schools and institutes already have organised educational, pedagogical and health care personnel,

programski elementi znatno razlikuju od onih kod ranije navedenih tipova, no i sam način izgradnje zahteva se da bude drukčiji. Potrebno je pri tome naročito istaći da se zbog akutnih problema zdravstvenog stanja naše gradske školske dece, a pogotovu učenika u privredi, javlja potreba za izgrađivanjem u velikom broju ovakvih odmarališta-izletišta. Zbog toga, kod prethodnih tipova predviđa se način stabilnog izgrađivanja, dok se kod ovih preporučuje brzi montažni način gradnje. Tom operativnom metodom mogu se postići najbolji rezultati u izgranjivanju, a na taj način pružiti i najbrža zaštita najvećem mogućem broju dece. S druge strane, sam privremeni karakter ovakvih objekata, po svojim materijalnim vrednostima ne prejudicira definitivnom urbanističkom razvoju, inače vrlo osetljivih perifernih terena gradova. Svi drugi momenti pomenuti u analizi prvih dvaju stalnih odmarališta ostaju u važnosti i kod ovih tipova, ali pri tome se moraju učiniti izvesne restrikcije kako u programu tako i kod samih objekata.

Montažna izgradnja dečijih odmarališta ne isključuje željeno arhitektonsko oblikovanje, već kroz skladnu arhitektonsku kombinatoriku daje se široka mogućnost za kulturnu obradu objekata.

Nesumnjivo je da se kroz izgradnju ovih tipova odmarališta približavamo idealnom stanju jer angažovanjem manjih investicija postižemo praktično cilj, da svako dete dobije mogućnost odmora pod određenim dobrim smeštajnim uslovima. U prilog ovakvog rešenja govori i sam teskoban i nehigijenski položaj naših gradskih škola, osobito onih u Beogradu, koje po svojoj organizaciji nose težak pečat nesagledanja posledica jedne loše vođene brige o deci. Nedostaci ovih tipova, međutim, očigledno su u tome, što je već unapred predodređen privremeni karakter naselja, ali u ispravnom gledanju na naše društvene dužnosti u pogledu zaštite dece ova mera je potpuno opravdana.

4) Naznačen četvrti tip letovališta po selima i oko manastira u stvari kao organizovana ustanova i ne postoji, pa se prema tome u perspektivnom planu ovakva praksa neće produžavati u koliko se bude podigao idealan broj organizovanih letovališta. Naime, tu se radi o smeštaju dece koja letuju pod inače dobrim uslovima ishrane, ali relativno lošim smeštajem u postojećim školama, zatim u gostinskim zgradama manastira, raznim domovima seljačkih radnih zadruga, adaptiranim velikim seoskim zgradama itd. Ova mera je palijativna, proistekla iz nužde, ali u svakom slučaju veoma dobra da se odgovori zadacima masovne zaštite dece u periodu do konačne izgradnje dečijih odmarališta po definitivnom planu. Dobra strana ovog tipa letovanja leži u tome što deca dobijaju punu mogućnost da dođu u neposredan dodir sa selom i da osete draži zdravog seoskog života. Mada postoje velike teškoće zbog nedostatka prostorija za sanitetsku službu, ova se obavlja uzorno kao terenska.

5) Peti tip letovališta pretstavlja sredinu između planski izgrađenih letovališta po tipu 1-3 i letovališta po tipu 4.- ta su letovališta smeštena u domovima raznih vrsta, rađenih pre rata, koji su projektovani za slične svrhe, ali organizaciono ne pretstavljaju ni u kom slučaju neki uzorni tip (dom u Stanišincima na Goču i dom u

who are in daily contact with the children and extend their childcare activities to day trips and short stays. Therefore, summer resorts of this type do not require the direct provision of childcare services by centralised institutions governed by the city's highest executive authorities. In effect, the provision of childcare is the responsibility of the schools or boarding schools, which are extremely individualistic by nature. Not only are the programmatic elements significantly different from those of the previously mentioned types, but the construction method itself needs to be different. It should be emphasised that the acute health problems of the schoolchildren in our cities, especially of the apprentices, call for building a significant number of vacation resorts of this type. Therefore, while resorts of the previously mentioned types are planned as traditionally built structures, it is recommended that resorts of this type be built quickly, as prefabricated structures. This operational method yields the best results in terms of construction and enables the fastest provision of welfare to the greatest possible number of children. Moreover, the material values embodied by the temporary character of such structures do not preclude the urban development of the city outskirts, which is usually very precarious. All the other elements mentioned in the analysis of the first two traditionally built types of resorts apply to this type as well, with certain programmatic and building restrictions.

The construction of prefabricated children's vacation resorts does not preclude the realisation of the desired architectural design; instead, a well thought-out architectural approach will open up numerous possibilities for the cultural treatment of these structures.

The building of vacation resorts of this type will undoubtedly bring us closer to the ideal state of affairs, considering that the goal of providing each child with satisfactory vacation accommodation can be achieved through small-scale investments. An argument in favour of this solution are the precarious and unhygienic conditions in our city schools, especially those in Belgrade, whose organisation is severely affected by the obliviousness to the consequences of poorly managed childcare. Although the disadvantage of this type of resort is its predetermined temporary character, the correct approach to our social duties with respect to child welfare fully justifies such a measure.

4) Considering that summer resorts of the mentioned fourth type, in villages and near monasteries, do not, in fact, exist as established institutions, future planning will not provide for this practice if an ideal number of organised summer resorts is built. Namely, although they typically have good nutrition plans for the children, these vacation accommodation facilities tend to be in a poor state, being schools, monastery guest houses, various farmers' cooperative centres, altered large country structures etc. However, as a palliative and emergency one, this measure is certainly a good response to the challenges of mass child welfare in the period leading up to the completion of children's vacation resorts under a definitive plan. An advantage of summer vacations spent in this type of accommodation is that they

U korist izgradnje Doma
Saveza društava “Naša djeca” NR Hrvatske,
razglednica iz arhive N. Bodrožić
Ilustracija: Danica Rusjan

In favor of the construction of the House of
the Association of Societies "Naša djeca" of
the People's Republic of Croatia,
postcard from the archive of N. Bodrožić
Illustration: Danica Rusjan

Jarmenovcima ispod Rudnika). Sem toga, za ove svrhe adaptirane su zgrade sasvim drugih namena, kao što su letovalište u samostanskoj zgradi u Živogošću kod Makarske, letovalište u Omišu, gde treba da se izvrši adaptacija bivše fabrike ulja, zatim adaptirana zgrada bivšeg privatnog dvorca na otoku Šolti, letovalište u Podgori, osposobljeno adaptacijom privatne zgrade. Po izvršenim radovima na adaptacijama mogu se u izvesnoj meri ostvariti približni uslovi higijene i dobiti kapaciteti koji će biti iskoristljivi, ali bez neke široke programske podloge.

Iz prednjeg izlaganja uočava se da sva tri tipa planski izgrađenih odmarališta imaju izraziti karakter kompletnih naselja, sa unapred određenim mogućnostima za nesmetani razvitak svojstven naselju atraktivnog karaktera, potrebnog za pravilno odgajanje mladih generacija, gde je zdravstvena zaštita osigurana stalnom sistematskom kontrolom. U konkretnom rešavanju ovoga problema za Beograd, ustanovljen je kroz statističke podatke, stvaran broj školske dece koji podleže zaštiti i zdravstvenoj kontroli, pa je utvrđeno da taj broj dostiže cifru od 30.000. - Analizom ovog broja utvrđen je i približni procenat dece kojoj je potrebna klimatska promena i oporavak, koji će biti ostvaren letovanjem u šumi, na moru ili u drugim reonima gde postoji puna mogućnost snabdevanja životnim namirnicama, svežim voćem, povrćem i dr. na osnovu tih analiza stvorena je mreža letovališta i putem širokih kompetentnih komisija izvršen je izbor lokacija za komplekse, kao i izbor postojećih kapaciteta.

Opsežnom studijom, u saradnji sa svima zainteresovanim stručnjacima, a posebno sa lekarima higijeničarima, arhitektu projektantu dečijih odmarališta, pružena je mogućnost da utvrdi puni maksimalni kapacitet novoprojektovanih odmarališta. Osvetljavajući problem sa sviju strana, utvrđeno je da maksimalni kapaciteti ne smeju preći broj od 500 dece. Za masovi tip letovališta nađeno je da ovaj broj može da varira počev od 250 dece. Ti kapaciteti, koncentrisani na jednom mestu, prema već ostvarenim planovima, zahtevaju za srednji tip od 300 dece površinu od oko 25 hektara, gde su predviđeni svi potrebni uslovi pravilnog smeštaja, fiskulturnog razvoja, igre i zabave. Ovo su po našoj dosadašnjoj praksi, maksimalni obimi u kojima se može pravilno obavljati smeštaj, ishrana, pedagoška i higijenska služba, kulturni i sportski život, a da pritom bude sve spretno vođeno sa relativno malim upravnim aparatom, dirigovanim iz glavnog centra. Ukoliko je letovalište, odnosno odmaralište manjeg kvaliteta, jasno je da je i rukovođenje njime lakše.

Daljim produbljivanjem osnovnih elemenata koji služe za bazu zdravog postavljanja problema, utvrđeno je da za odmarališta u klimatskim mestima ne treba ići na veću visinu od 600 metara, da bi akomodacija pri promeni klimatskih uslova bila povoljnija po dečiji organizam, jer se ovde konkretno imaju dovesti deca koja su navikla na život u Beogradu gde je prosečna kota 180 m nad morem.

Mreža letovališta utvrđuje se dalje s obzirom na pristupačnost u cilju osiguranja brzog transporta dece, zatim na mogućnost snabdevanja svežom hranom jer se ima u vidu činjenica da se samo artikli kolonijalne robe dobijaju preko centara.

enable children to directly experience the countryside and the benefits of a healthy country life. In addition, the field medical services have been an exemplary response to the challenge presented by the lack of permanently available spaces for their operation.

5) Summer resorts of the fifth type represent a compromise between the summer resorts of types 1 to 3, which are a result of planned construction, and those of type 4. These resorts are located in community centres of various types, built before the war for similar purposes, although hardly representative of an ideal type in terms of their organisation (the centre in Stanišinci on Goč and the one in Jarmenovci at the foot of Rudnik). In addition, a number of buildings originally designed with an entirely different purpose in mind have been altered to serve as resorts, such as the summer resort in the monastery building in Živogošće near Makarska, the summer resort in Omiš, where the repurposing of a former oil factory is underway, the former privately-owned castle on the island of Šolta and the summer resort in Podgora, formerly a privately-owned building. After the completion of alteration works, these structures will be able to meet the approximate hygienic criteria and provide usable capacities, although they will lack a comprehensive programmatic basis.

It is evident from the given presentation that the three types of vacation resorts built as planned units are to function in every way as settlements, with pre-designed amenities for an unimpeded development, characteristic of a living community desirable for the proper upbringing of young generations, which includes healthcare exercised through regular check-ups. According to statistics, one of the obstacles to the resolution of this issue in Belgrade is the number of schoolchildren requiring welfare and medical check-ups, which is as high as 30,000. The analysis of these figures revealed the approximate percentage of children in need of a change of climate and recovery, which will be provided in the form of summer vacations in the mountains, at the seaside or in other regions, where there are abundant supplies of staple foods, fresh fruit, vegetables etc. A network of summer resorts was created based on these analyses, the task of choosing the locations for the complexes and selecting between the existing capacities having been awarded to competent commissions made up of various experts.

Comprehensive studies conducted in cooperation with all interested experts, especially medical hygienists, enabled the architects of the children's vacation resorts to establish the full capacity of the newly-designed vacation resorts. Through an analysis of all the aspects of the subject-matter, it was established that the maximum capacity was not to exceed 500 children. For mass summer resorts, it was concluded that this number may vary, from 250 children upwards. According to the already implemented plans, such accommodation capacities, concentrated in a single location as a medium-size resort for up to 300 children, require a surface of approximately 25 hectares, with all the necessary conditions of adequate accommodation, physical development, play and entertainment fulfilled. Our previous practice suggests that this is the maximum capacity at which accommodation, nutrition, pedagogical and hygiene services can be adequately provided under

Rasprostranjivanjem mreže dečijih letovališta, koja sadrže sve elemente za provođenje pravilne sanitetske zaštite, želelo se u isto vreme da se sa osnivanjem ovih odmarališta jednovremeno proširi i mreža sanitarne zaštite u narodu uopšte, jer se ambulante iz kompleksa programski tretiraju kao sreski sanitarni punktovi.

Tokom arhitektonske razrade programa, utvrđeno je da sva letovališta sa svojim objektima imaju izvesnu karakterističnu strukturu, koja se odražava rasporedom objekata u generalnoj dispoziciji. Utvrđeno je da za pravilno funkcionisanje letovališta treba da bude usvojen parterni sistem zgrada i da pojedine funkcionalne grupe treba da budu u zasebnim paviljonima. Pri tome je konstatovano da ovakav raspored u isto vreme potpuno zadovoljava sve propise iz normativa u pogledu zauzetih kvadratura bruto zgrada. Tako je dalje utvrđeno da smeštaj dece treba izvršiti u posebnim paviljonima u broju 30- 40 dece, raspoređenih po sobama od 6-12, najbolje prosečno 8. Paviljoni određeni za spavaonice treba da sadrže samo prostore za spavanje dece i prostor za njihovog vaspitača. Ovakvi paviljoni treba da budu snabdeveni sa odgovarajućim brojem posebnih plakara za smeštaj odela. Sanitarni prostori treba da obuhvate klozete, umivaonike, sa prostorima za smeštaj čistog i prljavog rublja. Svaki od ovih paviljona treba da raspolaže pogodno orijentisanim terasama za dnevno ležanje u cilju obaveznog popodnevnog odmora. Najzad, utvrđeno je da vaspitni principi zahtevaju da niukom slučaju ne treba predviđati u zgradama, namenjenim za spavanje dece, ma kakve prostore za dnevni boravak. Na protiv dnevni boravak koncentrisati u posebnoj zgradi, nazvanoj domu kulture.

Dom kulture sadrži salu za priredbe sa pozornicom i potrebnom kabinom za bioskopske projekcije, zatim najnužnije prostore kao što su sala za šah, ping-pong, sa čitaonicom i malom bibliotekom. Ova zgrada treba da bude uvek centralno orijentisana, ali tako da može poslužiti za priredbe većeg značaja, gde, u izvanrednim slučajevima, može omladina iz okoline da uzme učešća. Uz ovaj dom poželjno je da se predvidi letnja pozornica provizornog baštenskog karaktera, u koliko to terenski uslovi omogućuju.

Napred je već rečeno da spavaonice čine posebni sistem u kompleksu. Takav dispozicioni sklop grupiranja po funkcionalnosti, omogućuje da se ovako projektovana odmarališta, odnosno letovališta mogu lako preobratiti u dečija oporavilišta jer to zahtevaju naše zdravstvene prilike. Ovo preobraćanje organizaciono je moguće naročito zbog toga što glavni objekt sanitarne službe- ambulanta organizaciono to čak i prejudicira. Pri preradi u eventualna oporavilišta, ostali paviljoni dobijaju isti značaj kao i kod letovališta. Prerastanje dečijih letovališta u viši tip ustanove sanitetskog karaktera neće biti moguć ako se dečija letovališta ne tretiraju onako kako je to napred izloženo.

Dom kulture treba disponirati na domaku fiskulturnog terena i prostora za igru, jer se tim načinom postiže pravilno funkcionisanje i vaspitno pedagoške službe. Kod odmarališta u planinama, koja se leti koriste kao letovališta, a zimi kao ferijalni skijaški centri, predviđaju se posebni tereni za ove svrhe i posebni tremovi za skijaše, obično u vezi sa glavnim objektima, bilo domom, bilo trpezarijom.

a relatively small, but deft management supervised by a central authority. It stands to reason that, if the summer or vacation resort is of a lower category, it will be easier to manage.

Deeper analysis of the fundamentals of a sensible approach to this subject-matter revealed that the vacation resorts in areas with a specific climate should not be built more than 600 metres above sea level, in order to ensure that the children are able to easily accommodate to the change of climate, considering that they will have travelled to the resort from Belgrade, where the average altitude is 180 m.

The network of summer resorts is further defined with regard to accessibility, for the purpose of ensuring the expedient transport of children, and the availability of fresh food, considering that only general goods can be obtained in the centres themselves.

Another rationale behind the building and expansion of the network of children's summer resorts, which incorporate all the elements of the provision of appropriate sanitary protection, was the expansion of the public sanitary protection network, considering that the complexes' resident medical services also function as county sanitary services.

As part of the architectural elaboration of the programme, it was established that all summer resorts had a characteristic structure reflected in the arrangement of the buildings in the general layout. It was determined that the proper functioning of the summer resorts requires hardscaping and the placing of structures belonging to the same functional group in separate pavilions. Such an arrangement, it was concluded, would also fully comply with the building standard requirements related to the gross occupied floor area of buildings. It was further established that children should be accommodated in pavilions, 30-40 children per each and 6-12 per each room, with the optimal number of children per room averaging out at 8. The pavilions designed as dormitories should only contain the children's sleeping quarters and rooms for the teachers. They should also be equipped with a sufficient number of fitted cupboards for uniforms. The sanitation facilities should include toilets, wash-basins and areas for clean and dirty laundry. Each pavilion should have suitably oriented terraces for mandatory afternoon rest. Finally, in accordance with pedagogical principles, it was specified that the dormitories should not contain any lounge areas. These should be concentrated in a separate building, i.e. the community centre.

The community centre should contain a combined theatre and cinema hall, along with areas for basic activities such as chess and ping-pong, and a reading room equipped with a small library. The building should always be centrally positioned, but also accessible for larger-scale performances, in which youth from the surrounding area can also participate on special occasions. If the terrain is adequate, the centre should also include a garden which functions as a provisional summer stage.

It has already been mentioned that the dormitories comprise a separate system of the complex. Vacation resorts designed with this kind of layout,

Zgrada trpezarije predviđa se zajedno s kujnom, čiji kapacitet treba obično odrediti za dve smene. Kujna sadrži sve potrebne elemente jednog dobro opremljenog dečjeg restorana. Sa vaspitnog gledišta bezuslovno rešavati salu za obedovanje restoranskog tipa. Decu smeštati za stolovima po 4, pošto se letovališta predviđaju za uzraste od 6-16 godina, što je potpuno izvodljivo kao vaspitna mera.

Za upravu predviđati posebnu zgradu sa prostorima za upravnika, sekretarijat i blagajnika. Ovaj poslednji prostor treba zgodno povezati sa ekonomatom, koji se nalazi u neposrednoj vezi s magacinima hrane, odela, rublja i inventarom. Pri tome treba omogućiti pristup liferanata, što pretpostavlja zgodnu dispoziciju ovog objekta u odnosu na glavne pristupne puteve. Za stanovanje osoblja treba predvideti posebne zgrade, koje postaviti periferno, tako da se omogući lak pristup, kojim se ne tangiraju glavni objekti. Broj stalnog osoblja odmarališta je relativno mali, dok je broj sezonski zaposlenog daleko veći. Sa tih razloga kod svih letovališta stanovanje ovog osoblja treba predvideti uglavnom tamo gde su vezani za svoj normalni rad. Tako sanitetsko osoblje treba smestiti u samim ambulantama, stručne radnike vezati za upravnu zgradu, ili za radionice, garažu ili konjušnicu, ukoliko se predviđa stočna zaprega za vozila. Sav ostali personal vezan za održavanje vrtova, puteva, dnevni rad u kujni, treba uzeti iz kadrova vezanih za samo mesto.

Lekarska kontrola sve dece vrši se svakodnevno preko ambulantne službe koja se smešta u zasebnoj zgradi. Ova zgrada sadrži prostore za redovan pregled, zatim zubnu ordinaciju, ukoliko se ambulanta tretira kao sanitarni sreski punkt. Predviđa se prema normativu da broj bolesnika koji je na stalnom lečenju iznosi 5% od broja dece. U tu svrhu predviđaju se bolnički kreveti u posebnom krilu, koje je vezano direktno sa ordinacijom lekara. Ambulanta se disponira obično u perifernom krugu, usamljenom i izolovanom intenzivnim zelenilom, ali redovno u vezi sa glavnom komunikacijom, tako da se može u slučaju potrebe, kad nastupe infektivna oboljenja vršiti otstranjivanje dece u bolnice.

Masovno kupanje dece treba vršiti u posebnoj zgradi za kupatilo u kojoj se smešta dezinfekcija i dezinsekcija. Uz ovu zgradu ili u samoj zgradi predvideti perionicu sa sušionom i glačaonicom rublja. Kao pogon za kupatilo treba najbolje predvideti agregat sa grejanjem na naftu jer se time izbegavaju skupe i neopravdane instalacije stabilnog postrojenja.

Pored ovih objekata treba normalno predvideti zgradu za radionicu osposobljenu za sve kućne opravke, zatim garažu za dva motorna vozila i štalu za dva konja sa tremom za smeštaj zaprežnog vozila. U ovom posebnom objektu treba smestiti i stan stalnog stručnog majstora.

Po ovim utvrđenim programskim principima za potrebe Izvršnog odbora u Beogradu projektovana su sledeća letovališta:

1) Letovalište na planini, na mestu Ždreban ispod Rudnika kod Gornjeg Milanovca sa kapacitetom od 250 dece na koti 550.

which features grouping according to function, can be easily converted into children's health resorts when our healthcare conditions require it. From an organisational point of view, this conversion is particularly possible because the central building of the medical service already provides for it. In the event of the conversion into a health resort, the other pavilions would retain the same character as they had when the complex was a summer resort. The upgrading of children's summer resorts into healthcare facilities will not be possible if the children's summer resorts are not designed as previously mentioned.

In order to enable the adequate work of the pedagogical personnel, the community centre should be built adjacent to the sports grounds and play area. The design of the mountain resorts intended for use both during the summer holidays and the winter skiing season will feature special terrains for season-specific purposes and special porches for skiers, usually as part of the central buildings, i.e. the community hall or the canteen.

The canteen should be in the same building as the kitchen, which should normally be designed for work in two shifts. The canteen should have all the necessary elements of a well-equipped children's restaurant. From the pedagogical point of view, a dining hall of the restaurant type is undoubtedly optimal. Children should be seated at tables in groups of 4, since the summer resorts are designed for ages 6-16, which is fully feasible as a pedagogical measure.

The management's headquarters should be located in a separate building, with the manager's, the secretariat's and the treasurer's office. The latter should be efficiently connected with the supply department's office, which should, in turn, be directly connected to the food, uniform and laundry depots, as well as the inventory items. In addition, the building should be easily accessible to suppliers, which means that it has to be conveniently positioned with respect to the main access roads. The personnel should be accommodated in separate quarters on the complex's periphery, with access paths which do not cut into the central structures. While the number of permanently employed personnel in a vacation resort is relatively small, the number of seasonal workers is far bigger. Therefore, in all summer resorts, the accommodation of the former should be designed in locations adjacent to their daily work spaces. For example, the medical personnel should be accommodated in medical service facilities, while the skilled workers should be accommodated in the vicinity of the management's headquarters, the workshops, the garage or the horse-stables, if horse-drawn carts are planned as part of the fleet of vehicles. All other personnel required for the maintenance of gardens, paths and roads and daily work in the kitchen, should be hired amongst the population of the nearby settlement.

The daily medical supervision of all the children is to be provided by the medical service, located in a separate building. The building should contain areas for regular examinations and a dental practice, if the medical service is to function as a county sanitary facility. According to the standard, the number of patients admitted for in-patient treatment should be no more than 5% of the number of children. A special wing with hospital

2) Odmaralište na moru kod Baških voda, na Bučinama u blizini Makarske, sa kapacitetom od 500 dece.
3) Letovalište u šumi, kod manastira Ljubostinje, u blizini Trstenika, a pored zapadne Morave, na mestu zvanom Vetrenjak, sa kapacitetom 300 dece, na koti 400m
4) Letovalište pod Avalom, u blizini Beograda, na 23 km. puta Beograd-Kragujevac, sa kapacitetom od 150 dece, a sa perspektivnim proširenjem do 300 dece, na koti 280 m.

Za sve ove objekte, odnosno komplekse, izrađeni su idejni, glavni i detaljni projekti sa projektom generalnih dispozicija, a izrađeni elaborati za izvođenje, po kojima su utvrđene tačne cene punog koštanja svakog kompleksa. Na osnovu tih podataka izrađen je etapni investicioni plan za izgradnju do kraja 1951. godine. Taj plan, koristeći podatke iz napred navedenih elaborata, obuhvatio je i adapcije navedenih objekata, koji se nalaze na moru. Po tome planu potrebna je suma od 130.000.000.- dinara radi ostvarenja kapaciteta za smeštaj 12.000 dece u smenama od po 2.000.

Kada se uzmu u obzir postojeći kapaciteti, stalnog i sezonskog karaktera, u raznim objektima sa kojima raspolaže služba dečije zaštite u Beogradu, za sada se mogu smestiti oko 18.000 dece.

Sa izgradnjom novih letovališta, kojom će se postići smeštaj još daljih 12.000 dece, doći će se do mogućnosti smeštanja 30.000 dece u 6 smena po 5.000. Time bi se uglavnom zadovoljile današnje potrebe Beograda.

U perspektivi, razvoj dečijih odmarališta kretao bi se u smislu daljeg razgranjavanja mreže, daljim poboljšanjem postojećih kapaciteta, njihovom dogradnjom i adaptacijama. Za potpuno organizovanje sanitetske službe, izvršiće se dogradnja novih paviljona, a radi rasterećenja postojećih kapaciteta, u korak sa porastom broja dece, izgrađivaće se veći i brojniji kompleksi, naročito onih tipova odmarališta, koji će služiti kao depandansi škola i kao dopuna ferijalnih odmarališta.

Za pravilno planiranje podizanja novih letovališta mogu poslužiti podaci iz orijentacionog etapnog plana. Po proračunima koji su izvedeni kao baza za stvaranje toga plana, a na osnovu podataka iz glavnih projekata i definitivnih pokazatelja, utvrđeno je da jedan kvadratni metar površine iznosi 5.500- dinara. Ovom sumom obuhvaćeni su paušalno svi troškovi za potpunu izgradnju čitavog kompleksa tj. počevši od spavaonica i drugih objekata, uračunati su i troškovi za interne puteve, kaptaža vode, izrada glavne vodovodne mreže, izrada glavne kanalizacione mreže sa objektima za biološko prečišćavanje, drenaže itd. Podaci su crpljeni iz elaborata koji su bili izrađeni za različite vrste letovališta, te tako mogu služiti kao opšti indeks i pokazatelj radova, za svako moguće slično rešenje.

U ovom referatu mi se nećemo upuštati u dalje detaljnije analize problema unutrašnje obrade objekata, niti dodirivati uopšte problem instalacija nameštaja i dr. opreme. Ovo je s jedne strane nemoguće zbog toga, što mi imamo već ovde razne vrste letovališta po svome organizacionom karakteru, ali možemo u glavnim linijama dati izvesne zaključke.

beds and a direct connection to the doctor's practice is to be designed for this purpose. The location of the medical service is normally on the periphery of the complex, detached and isolated by copious greenery, but connected to the main communication, in order to enable the dispatch of children to hospitals in case of outbreaks.

Children should be collectively bathed in a separate bathhouse-type building with disinfection and disinfestation facilities. A laundry with a drying and ironing room should be planned next to this building or inside it. A diesel generator should be used for heating the bathing facilities, as an alternative to the costly and unjustified installations in a fixed plant.

The building planned next to these structures should contain a workshop with all the necessary household repairs equipment, a garage with two motor vehicles and a stable for two horses, with a porch for storing the cart. This special-purpose structure should also contain the accommodation of the resident repairman.

According to these established programmatic principles, the following summer resorts were designed for the purposes of the Executive Council in Belgrade:

1) The mountain summer resort in Ždreban at the foot of Rudnik, near Gornji Milanovac, with the capacity to accommodate 250 children, at the elevation of 550 metres.
2) The seaside resort near Baška Voda, in Bučina, in the vicinity of Makarska, with the capacity to accommodate 500 children.
3) The woodland resort near the Ljubostinje monastery, in the vicinity of Trstenik and the western Morava, in the location known as Vetrenjak, with the capacity to accommodate 250 children, at the elevation of 400 metres.
4) The summer resort at the foot of Avala, near Belgrade, situated at the 23rd kilometre of the Belgrade–Kragujevac motorway, with the capacity to accommodate 150 children and a planned expansion of the capacity to 300 children, at the elevation of 280 metres.

Preliminary, general and detailed designs and general layout plans were prepared for each of these complexes, along with feasibility studies laying out the exact overall costs of each complex. This information was then used to prepare a phased investment plan for construction until 1951. Using data from the above-mentioned studies, the plan also covered alterations of the mentioned seaside structures. According to the plan, the funds required to build accommodation capacities for 12,000 children, who would be accommodated in shifts of 2,000, amount to 130,000,000 dinars.

As for the existing year-round and seasonal capacities, currently, around 18,000 children can be accommodated in different structures available to the child welfare service in Belgrade.

The building of new summer resorts, with the capacity to accommodate an additional 12,000 children, will enable the accommodation of 30,000 children, in 6 shifts of 5,000 children each. This would essentially meet Belgrade's current needs.

Unutrašnja obrada dečijih domova uopšte ima svoje specifične principe i zakone. Naime, kod dece, stanovnika ovih domova, treba već kroz same dimenzije zgrada, prostora, kroz oblikovanje otvora i drugih elemenata stvoriti osećaj da ove zgrade pripadaju njima. Sem toga, treba stvoriti kod dece razumevanje za kulturnu obradu predmeta koji ih okružuju što se naročito odnosi na svaki predmet unutrašnje opreme. Dimenzije svih elemenata u zgradi moraju biti podređene veličini stature samih stanovnika. Svi ti elementi daju mogućnosti da se kroz detalje da karakter objektu, što je najzad i glavni zadatak i cilj svakog projektanta.

S ćirilice originalni referat pretipkala: N. Bodrožić
Zagreb, svibanj 2023.

Zahvala Jeleni Boroti!

Ovaj referat lociran je kao radni materijal u osobnoj ostavštini splitskog arhitekta Vuke Bombardellija. Za ovu priliku pretipkali smo originalni tekst bez uredničkih intervencija. Referat je objavljen u publikaciji naslova: Referati za I savetovanje arhitekata i urbanista Jugoslavije: prvi deo: Dubrovnik 23. do 25. XI. 1950. Beograd: Naučna knjiga, 1950.

This report was located as working material in the personal legacy of Split architect Vuko Bombardelli. For this occasion, we retyped the original text without editorial intervention. The paper was published under the title: Papers for the first consultation of architects and urban planners of Yugoslavia: first part: Dubrovnik 23 to 25.XI. 1950. Belgrade: Naučna knjiga, 1950

The perspective for the development of children's vacation resorts features the further expansion of the network and the upgrading of the existing capacities through add-ons and alterations. In order to fully organise the medical services, new pavilions will be added on, while the goal of freeing up the existing capacities, in keeping with the increase of the number of children, will entail the building of a number of larger complexes, especially vacation resorts designed as additions to schools or existing resorts.

Adequate planning of the building of new summer resorts can be based on data from the preliminary phased plan. According to the list of costs prepared as the basis for the plan, themselves based on general designs and definitive indicators, one square metre of the floor surface costs 5,500 dinars. This notional amount includes all the costs of building a finished complex, from the dormitories and other structures upwards, as well as the costs of internal pathways, water capture, the building of the main water supply network, the main sewer with biological sewage treatment facilities, the drainage system etc. Considering that the data were obtained from the studies prepared for various types of summer resorts, they can also be used as a general catalogue and indicator of the required works, for every possible similar solution.

This paper will not present further, more detailed analyses of the issues related to the treatment of the structures' interiors or discuss at any length the installations, furniture and other equipment. One of the reasons why this is impossible is that we have already presented different types of summer resorts, in terms of their organisational features, but we can lay out certain general conclusions.

Generally speaking, the treatment of children's centres' interiors has its own principles and laws. Namely, the very dimensions of the buildings, the spaces, as well as the shaping of apertures and other elements, should encourage the children, as the users of these centres, to feel that the buildings belong to them. Children should also be taught to value their surroundings, particularly the interior furnishings. The dimensions of all the elements in the building must correspond to the stature of the occupants. All of these considerations enable the architect to imbue the building with a unique character, which is their ultimate task and goal.

The original paper was transliterated from the Cyrillic script by N. Bodrožić.

Zagreb, May 2023

Acknowledgments to Jelena Borota!

2

DJEČJE LJEČILIŠTE U KRVAVICI – VREMENSKA CRTA

KRVAVICA CHILDREN'S HEALTH RESORT – TIMELINE

1960.– 1962.

Arhitekt Rikard Marasović projektira zgradu Dječjeg pomorskog lječilišta

Architect Rikard Marasović designs the building of the Children's Maritime Health Resort

1963.– 1964.

Gradnja objekta

Construction of the building

1965.

Otvaranje Vojnog dječjeg lječilišta u Krvavici

Opening of the Military Children's Health Resort in Krvavica

1973.

Zgrada postaje vojno odmaralište. Iz primarne zdravstvene namjene prelazi u turističku.

The building becomes a military resort. It is transformed from a healthcare facility to a tourism-oriented one.

1991.

Odlazak JNA iz Krvavice

Departure of the Yugoslav People's Army from Krvavica

1991. – 1995.

Za vrijeme rata, 1991. – 1995. , koristi se za smještaj ranjenika, obuku specijalnih vojnih jedinica i prognanika od kojih su zadnji napustili kompleks početkom 2000-ih.

During the war, from 1991 to 1995, it is used for sheltering and treating the wounded, training special military units, and accommodating refugees, the last of whom leave the complex only in early 2000s.

2002.

Zgrada je "demilitarizirana", prešla je iz nadležnosti MORH-a u ruke državne agencije Club Adriatic. Uklonjen je nadzor nad objektom što je označilo početak pustošenja zgrade.

The building is "demilitarised", as the responsibility for its operation is transferred from the Ministry of Defence to the state agency "Club Adriatic". As the building is left without supervision, its vandalisation begins.

2008.

Objavljeno istraživanje Mirande Veljačić u časopisu ORIS, u članku pod nazivom «Perje na buri».

Miranda Veljačić's research published in the ORIS magazine, in an article entitled "Feathers in the Bora".

2012.

Preventivna zaštita objekta: rješenje o preventivnoj zaštiti izdano je 31. kolovoza zajedničkim naporima Platforme 9.81 i splitskog Konzervatorskog odjela.

Preventive protection of the building: a decision on preventive protection issued on August 31 as a result of the joint efforts of Platform 9.81 and the Split Conservation Department.

2015.

Zgrada je trajno zaštićena, pod oznakom Z-6385. U Registru kulturnih dobara RH, zavedena je kao pojedinačno nepokretno kulturno dobro.

The building is permanently protected, under the designation Z-6385. It is entered in the Register of Cultural Property of the Republic of Croatia as a single immovable cultural property.

2016.

Snimljena dokumentarna serija Betonski spavači i epizoda o Dječjem lječilištu u Krvavici – E03 «Tajanstveni objekt u borovoj šumi».

Release of the documentary series *Slumbering Concrete*, which includes an episode about the Children's Health Resort in Krvavica – E03, "Mysterious Object in the Pine Forest".

2018.

Objavljen je natječaj za signalizaciju objekta u okviru projekta Motel Trogir, a nagrađeno rješenje Jana Pavlovića djelomično je izvedeno.

Following the announcement of an open call for building signage as part of the Motel Trogir project, the award-winning solution, designed by Jan Pavlović is partially implemented.

2020.

Lansirana inicijativa triju udruga (Slobodne veze, Udruga Kačić, Platforma 9,81) i brojnih potpisnika: ZA BOLJE I ZDRAVIJE DRUŠTVO KROZ OBNOVU DJEČJEG SELA KOD PROMAJNE I DJEČJEG LJEČILIŠTA U KRVAVICI, NJIHOVO ZADRŽAVANJE U JAVNOM VLASNIŠTVU TE PONOVNU AKTIVACIJU U SLUŽBI ZDRAVLJA GRAĐANA RH. Odgovor na inicijativu od strane Ministarstva prostornog uređenja, graditeljstva i državne imovine bio je negativan.

Launching of an initiative by three associations (Loose Associations, Kačić Association, Platforma 9,81) and numerous signatories, under the title "BUILDING A BETTER AND HEALTHIER SOCIETY THROUGH THE RENOVATION OF THE CHILDREN'S VILLAGE NEAR PROMAJNA AND THE CHILDREN'S HEALTH RESORT IN KRVAVICA, THEIR RETENTION AS PUBLIC PROPERTY AND THEIR REOPENING IN THE SERVICE OF THE HEALTH OF THE CITIZENS OF THE REPUBLIC OF CROATIA". The Ministry of Spatial Planning, Construction and State Property's response to the initiative was negative.

2021.

Prva cjelovita izložba o povijesti i propadanju kompleksa otvorena je u Salonu Galić u Splitu listopada 2021. pod nazivom *(Ne) vjeruj pripovjedaču: Slučaj Dječjeg lječilišta u Krvavici*, kustosa N. Bodrožić, I. Huljeva, A. Vodanović, u organizaciji udruge Slobodne veze / projekta Motel Trogir.

The unveiling of the saga of the establishment and subsequent decline of the Children's Health Resort happened for the first time at the exhibition "(Dis) Trust the Storyteller: The Case of Krvavica", held at Salon Galić in Split. The curators were N. Bodrožić, I. Huljev and A. Vodanović, and the organisers Loose Associations / the Motel Trogir project.

2024.

Status quo - danas je objekt u lošem / devastiranom stanju, njime trenutačno upravlja Ministarstvo prostornoga uređenja, graditeljstva i državne imovine, koje i dalje inzistira na prodaji objekta. Sudbina mu je neizvjesna.

Lokalne inicijative nastavljaju djelovati u Krvavici.

Status quo – today the building is in a bad condition. It is currently managed by the Ministry of Physical Planning, Construction and State Assets, which still insists on selling it. Its fate is uncertain.

Local initiatives continue their work in Krvavica.

Djeca iz Lječilišta na plaži u Krvavici, proljeće 1965. ili 1966., fotografija iz privatnog albuma, ljubaznošću V. D.

Children from the Health Resort on the beach in Krvavica, spring 1965 or 1966. Photo from a private album, courtesy of V. D.

FoTo
DASKAL
MAKARSKA

ŠEZDESETE, RANO PROLJEĆE 1965. ILI 1966.

Pozdrav,
evo što se sjećam od svog boravka u Krvavici:

Imala sam pet ili šest godina kad sam završila tamo radi upale pluća. Bila sam, čini mi se, mjesec dana. Sjećam se velike, široke rampe, čini mi se da je pod bio siv, možda gumeni, kojim smo iz spavaonica silazili u prizemlje. Spavaonice su bile velike, valjda desetak kreveta, kupaonice na katu nisu bile vezane na sobu. Sjećam se da je u sobama bilo puno svjetla. Okoliš je bio uređen, bilo je puno borova okolo. Mislim da arhitektura lječilišta nije bila pogodna za odmaralište, radi tih ogromnih spavaonica. Kako je moj otac bio oficir u vojsci, bili smo par puta i u nekim odmaralištima, negdje na Makarskoj rivijeri. To su bila odmarališta kao sva druga radnička odmarališta, poput hotela s 2-3 zvjezdice. Krvavica je bila drugačija, barem sobe na katu. U prizemlju su bile ambulante i sobe za terapije i one kojih sam se najviše bojala: gdje su sestre davale injekcije, meni svaki dan dva puta.

Nisu neka detaljna sjećanja, bilo je to davno; bila sam mala i nesretna što su me roditelji ostavili samu među nepoznatima. Više od činjenica, sjećam se svoje tuge, ali i da je prostor bio lijep i svijetao i da mi se sviđao, kako sama zgrada, tako i okoliš.

(...)

Doista se ne sjećam da li su svi klinci bili djeca vojnih lica. Samo znam da ih je bilo odasvuda. Dodala bih da me je okrugli paviljon i onako malenu impresionirao i da mi se sviđao jer je bio drugačiji od svega ostaloga. Molila bih i da ne stavite moje puno ime. Ne zato što bih se skrivala, nego zato što sam doživjela negativne reakcije (čak i među poznatima) kad sam rekla da mi je tata bio pukovnik JNA. Ljudi su svakakvi...

Šaljem Vam i scan one slike na plaži. Ja sam ovo smiješno derište skroz lijevo, širom otvorenih usta, haha. Što se mene tiče, slobodno i nju objavite ako Vam je interesantna.

(V. D.)

THE 1960S, EARLY SPRING OF 1965 OR 1966

Hello,
this is what I remember from my stay in Krvavica:

I was five or six when I ended up there because of pneumonia. I think I stayed there for a month. I remember a big, wide ramp with a grey, possibly rubber floor, by which we descended from the bedrooms to the ground floor. The bedrooms were big, I think they had ten beds each, and the bathrooms on the upper floor were shared by several rooms. I remember the rooms had a lot of natural light. The surroundings were landscaped, there were a lot of pines around. I think the huge bedrooms made the architecture of the health resort inadequate for a vacation resort. Since my father was an army officer, we had stayed at vacation resorts a few times, somewhere on the Makarska Riviera. Those vacation resorts were just like all other workers' resorts, resembling 2-star or 3-star hotels. Krvavica was different, however, at least its upper-floor rooms were. The ground floor contained infirmaries, therapy rooms, as well as the rooms I feared most: those in which the nurses gave us injections. I would get one twice a day.

My recollections are not detailed, it was a long time ago; I was little and unhappy because my parents had left me alone among strangers. I remember my sadness more than any facts, but I also remember that the space was beautiful and luminous, and that I liked it – the building, as well as its surroundings.
(...)

I really don't remember whether all the kids there were children of army personnel. I just know they came from all over the country.

I would also like to add that the circular pavilion impressed me even at such a young age, and that I liked it because it was different from everything else I'd seen. I would also like to ask you to keep my contribution anonymous. Not because I wish to hide from anyone, but because I faced negative reactions (even from my acquaintances) when mentioning that my father had been a Yugoslav People's Army colonel. There are all kinds of people out there...

I've also enclosed a scan of that photo on the beach. I'm the silly brat furthest to the left, with her mouth wide open, ha-ha! As far as I'm concerned, you may publish it, if you find it interesting.

(V. D.)

Razglednica iz privatne kolekcije Dina Beroša

Postcard from the private collection of Dino Beroš

"Dragi tata i mama!

Lijepo sam putovala i kad smo stigli zadivio me izgled te zgrade i okoline.

Kasnije ću vam pisati pojedinosti o mom boravku, ali to vam mogu reći jednom riječju 'Fantastično'.

Imamo najbolju tetu u čitavom odmaralištu.

Dorica"

Jako nas je obradovala razglednica Dječjeg lječilišta u Krvavici, iz 1966., čiju nam je digitalnu kopiju poslao pratitelj Facebook stranice. Na poleđini razglednice, nalazi se tekst djevojčice koja se u to vrijeme liječila u lječilištu. On otkriva dječju percepciju objekta u Krvavici te pokazuje njeno oduševljenje arhitekturom. Na osnovu ovakvih vrijedih arhivskih materijala doznajemo kako su djeca percipirala zgradu i boravak u njoj. Razglednicu je snimio i izradio foto studio Daskal iz Makarske, što ukazuje da ovaj vojni objekt, netom nakon izgradnje, nije bio skrivan od očiju javnosti, kako se ranije smatralo.

Tekst: A. Vodanović
(Facebook Udruge Kačić)

"Dear dad and mom!

I had a nice trip and when we arrived I was amazed by the appearance of that building and the surroundings.

I will write you the details of my stay later, but I can tell you in one word 'Fantastic'.

We have the best auntie in the whole resort.

Dorica"

We were very pleased with the postcard of the Children's Health Resort in Krvavica, from 1966, a digital copy of which was sent to us by a follower of our Facebook page. On the back of the postcard, there is a text from a little girl who was being treated at the Health Resort at that time. It reveals the child's perception of the object in Krvavica and shows her enthusiasm for the architecture she encountered. Based on such valuable archival materials, we find out how the children perceived the building and their stay in it. The postcard was shot and created by the Daskal photo studio from Makarska, which indicates that this military facility, just after its construction, was not hidden from the public eye, as was previously believed.

Text: A. Vodanović,
Kačić Association (Facebook)

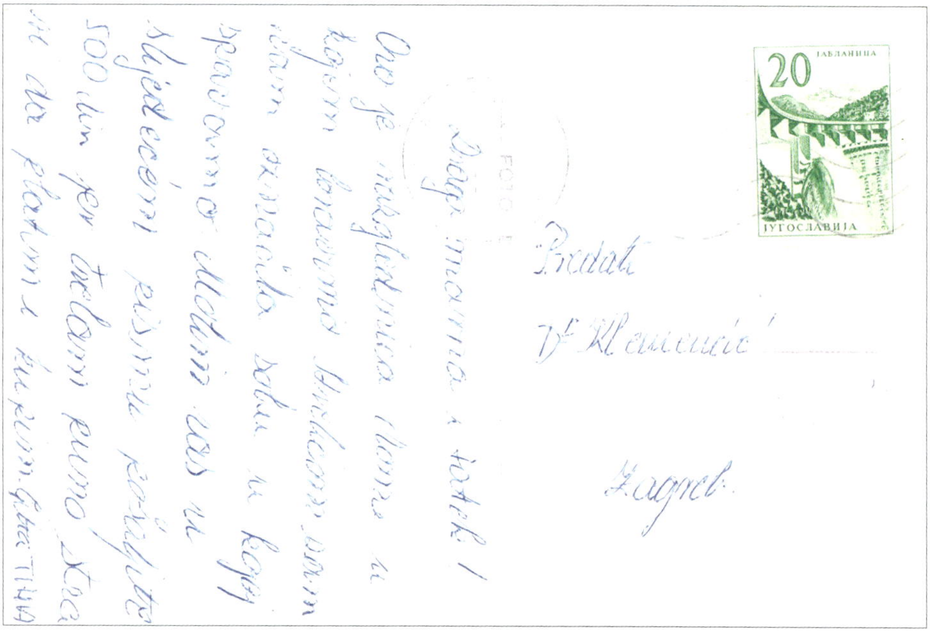

Razglednica iz privatne kolekcije Ivana Huljeva

Postcard from the private collection of Ivan Huljev

"Draga mama i tatek!

Ovo je razglednica doma u kojem boravimo. Strelicom sam vam označila sobu u kojoj spavamo. Molim vas u sljedećem pismu pošaljite 500 din jer trebam puno stvari da platim i kupim.

Tina"

Fotografija razglednice prikazuje zračni snimak kompleksa Dječjeg lječilišta u Krvavici, arhitekta Rikarda Marasovića. Nastala je vjerojatno neposredno nakon izgradnje, a najkasnije 1966. godine kad je razglednica poslana. Kao zanimljivost iz povijesti svakodnevice navodimo strelicu kojom je djevojčica Tina, za vrijeme svog boravka u Lječilištu roditeljima na razglednici označila položaj sobe u kojoj je boravila.

Ova razglednica, kao i ostale snimljene po završetku gradnje objekta te kasnije, ukazuju da objekt nije bio skriven od očiju javnosti, kako to navode neki prethodno objavljeni tekstovi, jer se u suprotnom ne bi tiskale i prodavale razglednice koje obično dolaze u većim tiražama. Navedenu razglednicu snimio je foto studio “Daskal” iz Makarske.

Tekst: I. Huljev (Facebook Udruge Kačić)

"Dear mom and dad!

This is a postcard of the building where we stay. I marked the room where we sleep with an arrow. Please send 500 din in the next letter because I need a lot of things to pay for and buy.

Tina"

The postcard photo shows an aerial view of the Children’s Health resort in Krvavica. It was probably taken immediately after construction, and no later than 1966, when the postcard was sent. As an interesting fact from the history of everyday life, we note the arrow with which the little girl Tina, during her stay in the Children’s Naval Health Resort, marked the position of the room she was staying in on a postcard sent to her parents.

This postcard as well as other postcards taken after the completion of the building and later, indicate that it was not so much hidden from the eyes of the public, as some previous articles suggested, because otherwise the postcards, which usually come in larger editions, would not have been printed and sold. The mentioned postcard was taken by the photo studio “Daskal” from Makarska.

Text: I. Huljev, Kačić Association (Facebook)

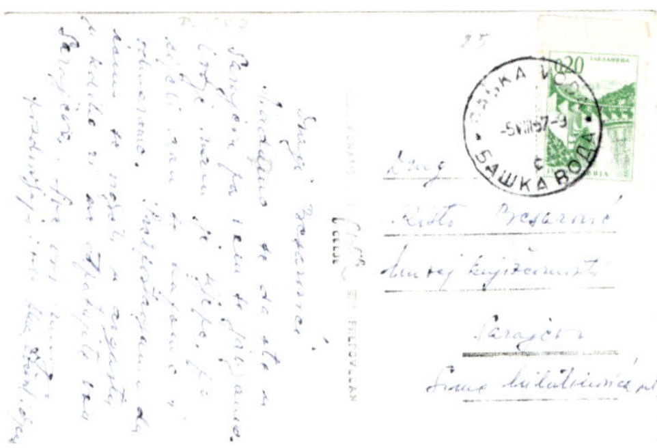

Razglednice iz privatne kolekcije Ivana Huljeva

Postcards from the private collection of Ivan Huljev

1974

Pregledom novinskog članka Slobodne Dalmacije o uspjesima gradnje splitskog poduzeća „Tehnogradnja" osnovanog 1946., saznali smo da je upravo ta firma sudjelovala u izgradnji Dječjeg lječilišta u Krvavici. U članku se navodi "...a u Krvavicama dječje lječilište, također sa 200 postelja."

Članak preuzet sa: www.arhiv.slobodnadalmacija.hr Tekst: I. Huljev (Facebook Udruge Kačić)

By reviewing the Slobodna Dalmacija newspaper article about the construction successes of the Split-based company "Tehnogradnja" founded in 1946, we learned that it was this company that participated in the construction of the Children's Health Resort in Krvavica. The article states "... and in Krvavice a children's hospital, also with 200 beds."

(Slobodna Dalmacija, 26.10.1974.) The article downloaded from: www.arhiv.slobodnadalmacija.hr Text: I. Huljev, Kačić Association (Facebook)

SPOMEN - SVJETIONIK — SIMBOL

»Tehnogradnje«

Detalj stambenog kompleksa u „Splitu 3"

Split u ruševinama. Sredstava, građevinskog materijala i stručnjaka nema. Takve su bile prilike kada je odlukom tadašnjega Gradskog narodnooslobodilačkog odbora 20. prosinca 1946. godine osnovano Gradsko građevno poduzeće. Da nagađanja ne bi bilo, riječ je o današnjoj „Tehnogradnji", poduzeću koje tim nazivom posluje od 1955. godine.

U prvim je počecima poduzeće bilo vrlo malo, okupljalo je samo četrdesetak radnika. Mehanizacija se svodila na ono što su oni iz kuće donosili. U voznom su parku bila troja zaprežna kola, a tek planska raspodjela obogatila je poduzeće jednim talijanskim zaplijenjenim kamionetom, popularno nazvanim „kozica". Takve mogućnosti nisu, međutim, bile prepreka tek osnovanoj građevinskoj ogranizaciji da zdušno priđe obnovi i izgradnji svog grada. To je vrijeme kad „Tehnogradnja" rekonstruira i adaptira Tehničku školu, most na Bačvicama, gimnaziju, zgradu Narodne banke, hotel na Bačvicama. U Tršćanskoj ulici gradi montažne objekte za iseljenike povratnike, a na Lovretu pet zgrada paviljonskog tipa. Bilo je to prvo stambeno poslijeratno naselje u koje su uselili brodogradilišni radnici.

Počeci koji danas odišu romantikom došli su u drugi plan. Poduzeće je napredovalo i stalno usavršavalo tehnologiju građenja. Unaprijeđena je organizacija poslovanja, stvoreni su kadrovi, stalno se poboljšavala mehanoopremljenost. Zahvaljujući tome, „Tehnogradnja" je danas snažna građevinska organizacija, a to potvrđuje činjenica da joj rezultati nadilaze prosjek grupacije kojoj pripada. Proizvodna moć – riječ je o dvije stotine milijuna dinara godišnjeg kapaciteta – stalno raste, mehanoopremljenost je na najmodernijem stupnju, a stručni kadar evropskog profila. „Tehnogradnjina" građevinska operativa i Projektni biro omogućili su da poduzeće usvoji tehničko-tehnološku organizaciju sa sistemom kompletnog inženjeringa, a to znači spremnost organizirati, projektirati i izvoditi. U „Tehnogradnji" je danas zaposleno 1.200 radnika, udruženih u četiri OUR-a (građenje, konstrukcija, mehanizacija, društvena prehrana i smještaj) i radnu zajednicu zajednički poslovi. Tom suvremenom organizacijom i samoupravnom podjelom rada omogućena je savršena suradnja osnovnih organizacija udruženog rada i njihovo uspješno djelovanje u integracionom samoupravnom sistemu, zajedničko organiziranje poslova i stvaranje organizacije neograničene moći proizvodnje i kapaciteta. Sve je to u „Tehnogradnji" postignuto unapređenjem proizvodnje i produkcionih odnosa temeljenih na samoupravnoj osnovi.

Od osnivanja do danas građevno poduzeće „Tehnogradnja" postalo je nosilac stambene izgradnje i objekata javnog karaktera u Splitu. U trenucima kada se slavi tridesetogodišnjica oslobođenja i kada se promatra rast grada, i prilog građevinara „Tehnogradnje" zaslužuje nemalu pažnju. Podugačak bi, a osim toga nesumnjivo i monoton, bio popis svih građevinskih zahvata što ih je „Tehnogradnja" obavila u gradu. Stoga su radnici poduzeća za ovu priliku prašinu zaborava otresli samo sa najznačajnijih građevina.

Na ulazu u gradsku luku s Kataliničeva briga namjernike morem nadaleko upozorava Spomen-svjetionik. Tu vertikalu iz betona i čelika u poduzeću smatraju simbolom stalnog rasta kolektiva. Školska poliklinika na Lovretu prvi je poslijeratni u Splitu izgrađeni zdravstveni objekt. S osobitim ponosom u „Tehnogradnji" se ističe izgradnja bolničkog kompleksa na Firulama od 83 tisuće metara četvornih. Među javnim objektima valja još spomenuti omladinski hotel u Spinutu, Pravni fakultet, osnovnu školu na Brdima, depadansu Doma JNA, Dom Građevinskog školskog centra, Kemijsko-tehnološki fakultet.

Kao graditelji splitskih privrednih objekata radnici „Tehnogradnje" podigli su tvornicu salonita u Vranjicu, auto-servisnu kuću „Autohrvatske", kompleks autosaobraćajnog poduzeća „Promet", tvornice slatkiša i obuće za potrebe „Bobisa" i kombinata „Jugoplastike". Kad je riječ o splitskoj angažiranosti „Tehnogradnje", treba još reći da je to poduzeće gradilo hotelski kompleks „Split" na Trsteniku (500 kreveta) i turističko naselje u Duilovu (505 postelja). U izgradnji se upravo nalazi „Dalmin" komercijalni centar na Radničkom šetalištu i pomorska baza Ustanove za održavanje plovnih puteva u Sjevernoj luci.

Više od pet i po tisuća stanova, dovršenih i useljenih dakako, bilanca je „Tehnogradnjine" stambene izgradnje u gradu podno Marjana. Riječ je o naseljima na Glavičinama (600 stanova), na Skalicama (700), Gripama (1100), Spinutu (450) i u „Splitu 3" (650). Više od dvije tisuće stanova izgrađeno je u drugim dijelovima grada, na pojedinačnim lokacijama, kako to kažu građevinari. Sada se u izgradnji samo na gradilištima „Splita 3" nalazi oko tisuću stanova i u toku su pripreme za otvaranje radova na Sveučilišnoj ulici. Na drugim mjestima u gradu „Tehnogradnja" još podiže oko 450 stanova.

Djelatnost građevinara „Tehnogradnje" nije se, međutim, svodila samo na radove u rodnom gradu. Upravo najkrupniji zahvati u izgradnji turističkih objekata obavljeni su izvan Splita. Samo na otoku Hvaru poduzeće je izgradilo više hotelskih kuća s bogatim pratećim sadržajima. Opseg toga posla može se prikazati podatkom da je u hotelskim sobama „Tehnogradnjine" produkcije namješteno 1.900 postelja. Osim toga u Biogradu na moru i Filipjakovu izgrađeni su smještajni kapaciteti od 600 postelja, u Živogošću hotel „Nimfa" sa 200 kreveta, a u Krvavicama dječje lječilište, također sa 200 postelja. Na račun kombinata „Vrana" iz Biograda građeni su poljoprivredni pogoni i staklenici. U Drnišu se upravo gradi tvornica vapna.

Posebno poglavlje „Tehnogradnjine" djelatnosti smatra se u poduzeću sedmogodišnje gostovanje u Skoplju. Nakon katastrofalnog potresa koji je u zoru 26. srpnja 1963. godine pogodio glavni grad SR Makedonije ekipa splitskih graditelja među prvima je porušenoj metropoli došla u pomoć. „Tehnogradnja" je u Skoplju imala jaku građevinsku operativu koja je izvršila značajnu ulogu da se grad vrati u normalan život. Rad poduzeća na obalama Vardara rezultirao je sa 1860 stanova, hotelom, tvornicom cigareta, klaonicom, TV-centrom i mnogim drugim objektima, u koje je uz tisuće kubika betona ugrađena i solidarnost. U tome valja naći razlog što je ukazom predsjednika Tita „Tehnogradnja", poradi zasluga u obnovi Skoplja odlikovana Ordenom bratstva i jedinstva sa srebrnim vijencem. Još se jedno priznanje, koje je pripalo „Tehnogradnji", čuva kao izuzetan kapital poduzeća. Riječ je o Nagradi grada Splita kojom je potvrđeno značenje „Tehnogradnjina" udjela u izgradnji grada.

Bolnički kompleks na Firulama

Razglednica iz privatne kolekcije Ivana Huljeva

Postcard from the private collection of Ivan Huljev

1975
AV IZ
VICE

1970-е
1970s

военный дом отдыха

крвавице • крвавице

возле макарской, телефон (058) 77-243

В сердце Макарского приморья со всеми красотами, прекрасным пляжем, идеальным средиземноморским климатом, с сосновым лесом у самого моря, плантациями маслин и виноградниками, под величественным Биоковом (1762 м) самое красивое место отдыха Макарского приморья — Крвавице.

Крвавице гордится одним из самых красивых пляжей на Адриатике, расположенным под лесом старых сосен, тени которых простираются до самого моря. Чистота и голубая прозрачность моря, пляж, преимущественно покрытый белым мелким песком, всегда чистый и приятный для отдыха и развлечений.

Дом отдыха »Крвавице« находится в 4 км от Макарской, а весьма интересный по своей архитектуре. Дом отдыха располагает 200 койками в трехместных и четырехместных комнатах, имеет ресторан, аперитив-бар, зал с телевизором, летнюю террасу, собственные места стоянок для автомобилей, пристань для пароходов, спортивные площадки и собственный пляж.

Имеет хорошую ежедневную автобусную связь с Макарской, Сплитом и Плочами, в летний сезон автобусы прибывают и отбывают каждых 30 минут. Отдых в Крвавице останется незабываемым тем, которые любят красивые пейзажи, романтическую окрестность и приятные прогулки.

Дом отдыха »Крвавице« находится в составе Военного ресторанно - гостиничного учреждения по отдыху и рекреации »Башко Поле«, а работает с 1 июня по 30 сентября.

VOJNO ODMARALIŠTE »KUPARI« — KUPARI

Naziv objekta i smeštajna jedinica	VII i VIII	VI i IX	Ostali meseci
1	2	3	4
HOTEL »GALEB«			
— Apartman	164	140	130
— Dvokrevetna soba	152	126	115
HOTEL »PELEGRIN«			
— Apartman	150	135	125
— Dvokrevetna soba	130	105	98
— Trokrevetna soba	120	98	95
— Višekrevetna soba	110	95	88
HOTEL »KUPARI«			
— Apartman	155	140	130
— Jednokrevetna soba	150	126	120
— Dvokrevetna soba	140	115	110
— Trokrevetna soba	125	105	100

VOJNO ODMARALIŠTE »PERNA« — OREBIĆ

Naziv objekta i smeštajna jedinica	VII i VIII	Ostali meseci
1	2	3
HOTEL »KOMODOR«		
— Apartman	150	135
— Jednokrevetna soba	133	120
— Dvokrevetna soba	128	110
— Trokrevetna soba	120	100

VOJNO ODMARALIŠTE »BAŠKO POLJE« — BAŠKA VODA

Naziv objekta i smeštajna jedinica	VII i VIII	VI i IX	Ostali meseci
1	2	3	4
HOTEL »ALEM«			
— Apartman i bungalov	150	135	125
— Dvokrevetna soba	130	105	98
— Trokrevetna soba	120	98	95
Paviljoni: »Vis«, »Avala«, »Burin«, »Marjan«, »Papuk«, »Soča« i »Hvar«			
— Trokrevetna soba	120	97	95

VOJNO ODMARALIŠTE »DUILOVO« — SPLIT

Naziv objekta i smeštajna jedinica	VII i VIII	VI i IX	Ostali meseci
1	2	3	4
— Apartman i bungalovi	150	135	125
— Jednokrevetna soba	140	120	105
— Dvokrevetna soba	130	105	98
— Trokrevetna soba	120	98	95

VOJNO ODMARALIŠTE »KRVAVICA« — KRVAVICE

Naziv objekta i smeštajna jedinica	VII i VIII	Ostali meseci
1	2	3
— Sve sobe u objektu	115	95

VOJNO ODMARALIŠTE »ĐURO SALAJ« — GRADAC n/m

Naziv objekta i smeštajna jedinica	VII i VIII	Ostali meseci
1	2	3
— Sve sobe u objektu	115	95

VOJNO ODMARALIŠTE »SLOBODA« — BLED

Naziv objekta i smeštajna jedinica	VII i VIII	I, II, V, VI i IX	Ostali meseci
1	2	3	4
HOTEL »SLOBODA«			
— Apartman	160	135	125
— Sve sobe u objektu	150	130	120
DEPADANS »PREŠERN«			
— Sve sobe u objektu	120	100	92
DEPADANS »ISTRANKA«			
— Sve sobe u objektu	120	100	92

VOJNO ODMARALIŠTE »ISTRA« — CRIKVENICA

Naziv objekta i smeštajna jedinica	VII i VIII	Ostali meseci
1	2	3
— »Istra«, »Park«, »Beograd« i »Istranka«		
— Sve sobe u objektu	115	95

VOJNO ODMARALIŠTE »13 MAJ« FAŽANA

Naziv objekta i smeštajna jedinica	VII i VIII	Ostali meseci
1	2	3
— Zidani objekti	105	95
— Vikend kućice	100	85

VOJNO ODMARALIŠTE »VRNJAČKA BANJA« — VRNJAČKA BANJA

Naziv objekta i smeštajna jedinica	VII i VIII	I, V, VI i IX	Ostali meseci
1	2	3	4
HOTEL »BREZA«			
— Apartman	155	140	130
— Jednokrevetna soba	150	126	120
— Dvokrevetna soba	140	115	110
— Trokrevetna soba	125	105	100

VOJNO ODMARALIŠTE »TARA« — BAJINA BAŠTA

Naziv objekta i smeštajna jedinica	I, II, III	VII i VIII	Ostali meseci
1	2	3	4
HOTEL »OMORIKA«			
— Apartman	155	140	130
— Jednokrevetna soba	150	126	120
— Dvokrevetna soba	140	115	110
— Trokrevetna soba	125	105	100

VOJNO ODMARALIŠTE »JAHORINA« — JAHORINA

Naziv objekta i smeštajna jedinica	I, II, III	VII i VIII	Ostali meseci
1	2	3	4
HOTEL			
— Apartman	150	135	125
— Sve sobe u objektu	125	105	95
— Višekrevetna soba	110	95	90
DEPADANS			
— Sve sobe u objektu	115	97	90
VILA			
— Sve sobe u objektu	115	97	90

P R E G L E D

CENA ISHRANE U VOJNIM ODMARALIŠTIMA PREKO PUNOG PANSIONA

O b e d	Uz poslugu konobara	U expres restoranu samoposluga
1	2	3
— Doručak	19.—	17.—
— Ručak	30.—	28.—
— Večera	26.—	25.—
S V E G A:	75.—	70.—

P R E G L E D

CENA ISHRANE U VOJNIM ODMARALIŠTIMA BEZ PANSIONSKE PRETPLATE

O b e d	Uz poslugu konobara	U expres restoranu samoposluga
1	2	3
— Doručak	27.—	24.—
— Ručak	46.—	44.—
— Večera	42.—	38.—
SVEGA:	115.—	106.—

P R E G L E D

CENA PARKIRANJA PUTNIČKIH AUTOMOBILA U VOJNIM ODMARALIŠTIMA ZA 1977. GODINU

O d m a r a l i š t a	Dnevno po automobilu
1	2
U svim odmaralištima	3,50

N A P O M E N A:

— Za svaki dan boravka u vojnom odmaralištu, pored predviđene cene usluga, gost plaća još i boravišnu taksu i osiguranje, shodno odluci nadležne skupštine opštine.

— Cene pansionskih usluga iz ovog cenovnika odnose se samo na vojna lica, građanska lica na službi u JNA i penzionisana vojna lica i članove njihovih porodica, ako ih izdržavaju.

— Nosioci »Partizanske spomenice 1941«, narodni heroji, španski borci i borci oslobodilačkih ratova 1912.—1918. van JNA, koriste pansionske usluge vojnih odmarališta po cenama koje su 10% veće od cena za korisnike iz JNA.

— Cena apartmana važi ako se izdaje za dve osobe. Ako se apartman izdaje za više od dve osobe, cena prvog dodatnog ležaja umanjuje se za 20%, a drugog za 30% od cene pansiona u apartmanu.

— Ukoliko se sobe određenog broja ležaja koriste za ležaj manje, cena neiskorištenog ležaja naplaćuje se 50% od cene pansiona, koja važi za dotičnu smeštajnu jedinicu.
— Ukoliko se na zahtev gosta ubacuje u sobu pomoćni ležaj, cena ovog ležaja naplaćuje se 80% od cene pansiona koja važi za dotičnu smeštajnu jedinicu.

— Zabranjuje se tokom sezone godišnjih odmora (juni — septembar) izdavanje smeštajnih jedinica, čiji kapacitet korištenja prelazi više ili manje od jednog ležaja od kapaciteta smeštajne jedinice.

— Deca do 7 godina uživaju popust na pun pansion i to:
  - — ako koriste poseban ležaj 20%, a ako koriste ležaj sa jednim od roditelja 50%.
  - — ako ne koriste hranu a koriste poseban ležaj imaju popust 50%.
  - — ako ne koriste hranu a spavaju sa jednim od roditelja imaju popust 70%.

— Deci pripada isti normativ hrane kao odraslima.

— Na cene vanpansionskih usluga nema popusta.

— U cene pansionskih usluga za 1977. godinu, nisu uračunati troškovi bazena i sportskih rekvizita. Ove cene naplaćuju se posebno, prema odobrenom cenovniku.

R E Z E R V A C I J E:

— Zahtev za izdavanje rezervacija za period od 01. VI do 30. IX 1977. dostaviti organu komande nadležnom za izdavanje rezervacija.

— Zahtev za izdavanje rezervacija za period od 22. XII 1977. do 21. III 1978. godine dostaviti nadležnoj komandi.

— Za ostale mesece zahtev dostavljati direktno odmaralištima.

— Za sve rezervacije obavezno je uplatiti akontaciju od 1000.— dinara. Ovaj iznos mora se uplatiti u roku od 15 dana od dana prijema rezervacije. Ako akontacija ne bude uplaćena u određenom roku rezervacija se smatra nevažećom.

— Ako korisnik usluga prekine korištenje pansiona, pre isteka rezervacije, plaća cenu pansiona umanjenu za vrednost namirnica, po planskoj ceni do isteka rezervacije.

— Svaki korisnik može po prijemu rezervacije, izvršiti uplatu u ratama do punog iznosa koliko iznose troškovi boravka u odmaralištu. Korisnici mogu, ako žele uplatiti ceo iznos u jednoj rati.

REZERVACIJE ZA KAMP

— Rezervacije se vrše na isti način kao i za hotelske objekte.

— Odmarališta su obavezna obezbediti mesto za svaku rezervaciju u auto-kampu za broj izdatih rezervacija od strane nadležnog organa u komandi.

— Akontacija za rezervaciju u auto-kampu plaća se 200.— dinara po mestu za šator.

— Akontacija za karavan kamp u auto-prikolicama ista je kao i za zidane objekte.

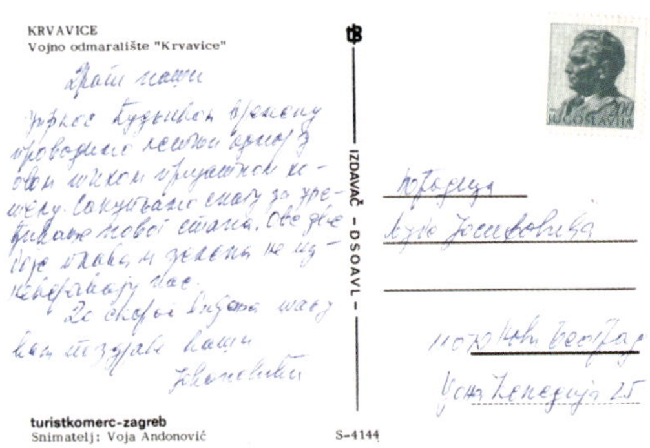

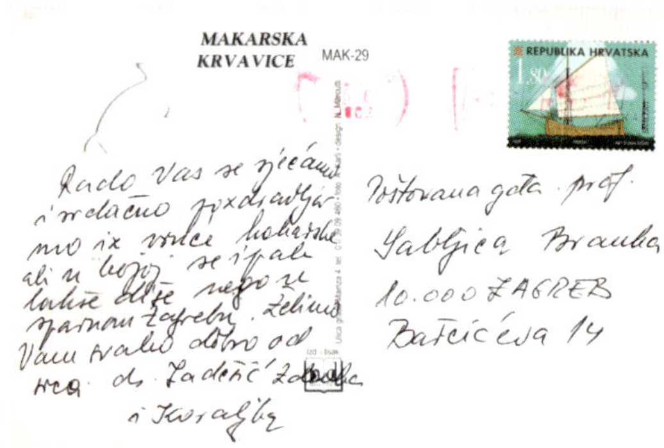

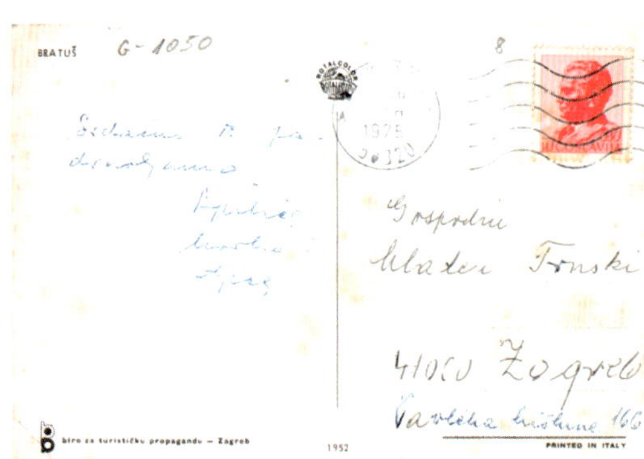

Razglednice i arhivski materijali
iz privatne kolekcije Ivana Huljeva

Postcards and archival materials from
the private collection of Ivan Huljev

ZDRAVO!

PRIMITE PUNO TOPLIH POZDRAVA IZ KRVAVICA OD OBITELJI: TATARI

PRIMA: MARICA SAMARDŽIĆ
TRG SLOBODE 1c
43300 KOPRIVNICA

P-334

KRVAVICE
Vojno odmaralište "Krvavice"

turistkomerc-zagreb

S-7434

Dragi naši.

Često vas se sjetimo i na odmoru. Hoćemo li te već vidjeti u Beogradu? Puno, puno pozdrava od Cvidin

Obitelj Bašinec
Ošiška 4A
41000 Zagreb

KRVAVICE
Vojno odmaralište "Krvavice"

turistkomerc-zagreb

S-7435

IZVANREDNA SJEDNICA IZVRŠNOG VIJEĆA ZOS-a O POŽARIMA U DALMACIJI

Žrtava nema - turisti sigurni

Unatoč ozbiljnosti situacije na poprištu katastrofalnih požara, nitko u vatri nije nastradao, a poduzeto je sve da se garantira sigurnost mnogobrojnih stranih i domaćih turista koji provode odmor u Dalmaciji – Odlučeno je da se 156 profesionalnih vatrogasaca i deset auto-cisterni iz unutrašnjosti Hrvatske zadrži u Dalmaciji do kraja ljeta – Dodatne mjere kako bi se preventivno spriječila opasnost od izbijanja požara

Stranica 2.

SLOBODNA DALMACIJA

GLASILO SOCIJALISTIČKOG SAVEZA RADNOG NARODA HRVATSKE ZAJEDNICE OPĆINA SPLIT

Split, godina XLI – broj 12524

četvrtak 8. kolovoza 1985.

Predsjednik Poslovodnog odbora **Nenad Šore (v. d.)**
Glavni i odgovorni urednik **Joško Kulušić**
Uređuje redakcijski kolegij
Predsjednik Savjeta lista: **Ivica Restović**

Cijena 30 dinara

REPUBLIČKI ŠTAB CIVILNE ZAŠTITE HRVATSKE O POŽARIMA

Više brige preventivi

Stranica 24.

RAPORTI IZ MAKARSKE, DUBROVNIKA, KORČULE I ŠIBENIKA

Noć sudara ljudi i plamena

Izgledalo je kako su poslije svih prethodnih gorućih dana i noći sve riječi već potrošene, kao što se činilo da su iznemogli, potrošeni i iscrpljeni ljudi i strojevi. Ali nakon ove strašne noći moguće je vjerovati (po tko zna koji put) da tisuće volja može nadvladati tisuće nevolja i tako u beskraj. I jedan od brojnih ognjeva što se vidi biva skršen. Kako je već rečeno: svi smo mi Armija i kad jesmo i kad nismo u uniformi. A kakva tuga ostaje, koji bol, svi znamo.

Snimci: Vojko BAŠIĆ

Stranice: 2, 4, 5, 12. i 13.

U kolovozu 1985. Makarsko primorje pogodio je jedan do tada najvećih požara, prilikom kojeg su bili ugroženi stanovnici, turisti i naselja na rivijeri. Požar je krenuo od predjela Kuk kraj Makarske, odakle je nošen jakim jugom zahvatio prostor u dužini oko 12 km prema Promajni, Krvavici, Baškoj Vodi i Bastu, sve do Donjih Brela gdje je zaustavljen. U gašenju požara koji je trajao oko deset sati (na kraju je pomogla i kiša) sudjelovalo je oko 30 000 ljudi (vatrogasci, pripadnici JNA, lokalno stanovništvo i turisti).

Tom prilikom izvedena je velika evakuacija stanovnika, turista te svih korisnika i osoblja Dječjeg sela „Makarska" kraj Promajne. Evakuacija je izvršena s četiri trajekta Jadrolinije i uz pomoć lokalnih turističkih brodica te glisera iz Makarske, a uz turiste i lokalne stanovnike, u Podgoru i Makarsku evakuirano je i 350 djece iz Dječjeg sela. Bili su smješteni u makarskom vrtiću, osnovnoj školi, sportskom centru, te kino dvorani, a u Podgori u Domu prvog mornaričkog odreda. Među djecom i njihovim roditeljima za novine je izjavu dala Dina Dimitrijevska iz Tetova u Makedoniji, majka troje djece (Katarine, Vesne i Jelene): "Ovu ću noć upamtiti zbog dvije stvari – straha od vatre i gostoljubivosti kojom su nas nakon evakuacije iz Baškog polja okružili domaćini."

Novinski članci donose informacije i viđenje novinara Ilije Maršića i Krune Kljakovića te kratke izjave sudionika tih dramatičnih događanja. Donosimo i rekonstrukciju smjera požara.

Izvor arhivskih materijala:
Slobodna Dalmacija,
https://arhiv.slobodnadalmacija.hr/
Tekst: I. Huljev
(Facebook Udruge Kačić)

In August 1985, the Makarska coast was hit by one of the biggest fires up to that time, during which residents, tourists and settlements on the riviera were endangered. The fire started from the area of Kuk near Makarska, from where it was carried by a strong southern wind and covered an area of about 12 km in length towards Promajna, Krvavica, Baška Voda and Bast, all the way to Donja Brela, where it was stopped. About 30,000 people (firemen, members of the Yugoslav Peoples Army, local residents and tourists) took part in extinguishing the fire, which lasted for about ten hours (in the end, the rain also helped).

On that occasion, a large-scale evacuation of residents, tourists and all users and staff of the Children's Village "Makarska" near Promajna was carried out. The evacuation was carried out with four Jadrolinija ferries and with the help of local tourist boats and speedboats from Makarska, and in addition to tourists and local residents, 350 children from the Children's Village were evacuated to Podgora and Makarska. They were accommodated in the Makarska kindergarten, elementary school, sports center, and cinema hall, and in Podgora in the Home of the first naval detachment. Among the children and their parents, Dina Dimitrijevska from Tetovo in Macedonia, mother of three (Katarina, Vesna and Jelena), gave a statement to the newspaper: "I will remember this night for two things - the fear of fire and the hospitality of the local inhabitants after the evacuation from Baško polje."

Newspaper articles bring information and views from the pen of journalists Ilija Maršić and Kruno Kljaković, as well as brief statements of participants in these dramatic events. There is also a reconstruction of the direction of the fire.

Source: Slobodna Dalmacija,
https://arhiv.slobodnadalmacija.hr/
Text: I. Huljev, Kačić Association
(Facebook)

Pripravnost *Na Jadranskoj cesti u srijedu oko 1.30 sati koncentrirala se glavnina vatrogasnih snaga. Plamen i dalje prijeti . . .*

FOTO-

Dram
noć
Biok

Snimci: Andro DAMJANIĆ,

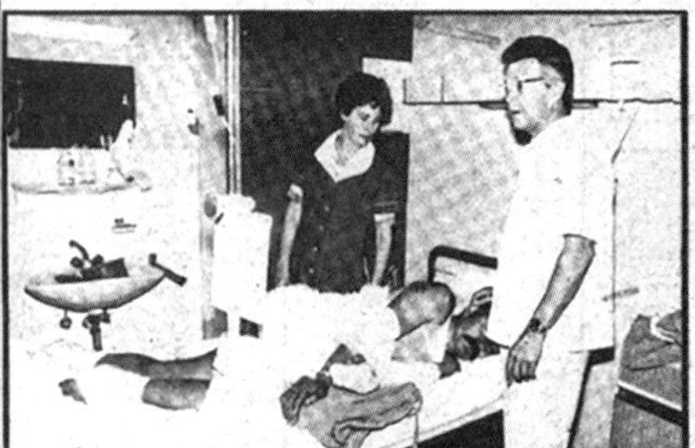

Požrtvovnost *Zbog opekotina u makarskom je Domu zdravlja zadržan vatrogasac Berislav Erceg. Dr Spasoje Rimini i medicinska sestra Gordana Kosović bdiju uz ozlijeđenoga vatrogasca*

Armija *U gašenju su neprocjenjiv doprinos dali i vojnici iz Sarajeva, pripadnici specijalne pro*
iscrpljujuće borbe s vatrom na Mljetu. Već su šest dana u akciji. Tko zna kada će na zas

Umor *U makarskom Sportskom centru smještena su djeca i turisti iz Baškog polja i Promajne. Nakon svih iskušenja protekle noći san je svladao umorne ljude koji su u jutarnjim satima vraćeni u svoja ljetovališta.*

Štab *Zajedno sa članovima Štaba Civilne zaštite noć je proveo i Jure Bilić, član Predsjedništva CK SKJ. Iskusni je rukovodilac svojim savjetima pomogao u organiziranju i vođenju borbe protiv požara*

Ka
izvješta
čenih p

NAL

;ična
›od
vom

RČIĆ i Stanko KARAMAN

Predah *Nakon punih 10 sati bitke s vatrom pripadnici dobrovoljnih vatrogasnih društava iz Omiša i Gata mogli su odahnuti. Mjesto Krvavice obranjeno je iako je vatra dospjela na nekoliko metara od kuća.*

inice. U Makarsku su stigli nakon

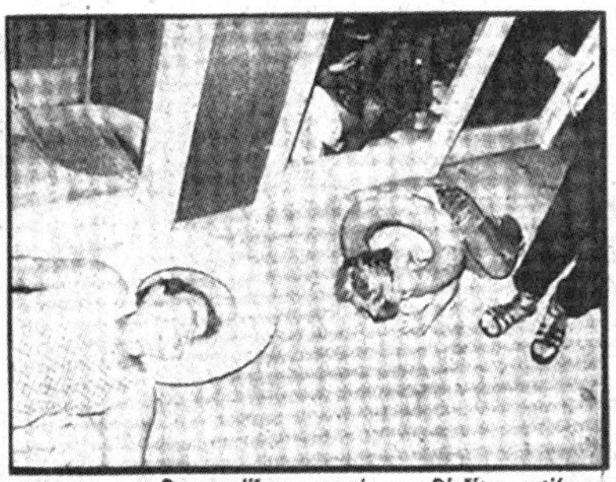

San *Dva mališana spavaju u Dječjem vrtiću u Makarskoj. Nadamo se da su im snovi bili ugodniji od jave protekloga dana.*

Svjedok *Na putu prema Bastu zauvijek je zaustavljena cisterna makarske registracije. Nagorjeli kamion nijemo svjedoči o snazi i brzini napredovanja vatrene stihije.*

a je u kampu u Baškom polju tila nekoliko šatora, a očevici l eksplozija plinskih boca zahva-

Zora *Iako je požar svladan, gasioci su ostali na zgarištima i u zoru. Zlu ne trebalo*

RAPORT S POPRIŠTA ISCRPLJUJUĆE BITKE S VATROM NA MAKARSKOM PRIMORJU

Katastrofalan požar koji je u utorak oko 15.30 sati buknuo na Makarskom primorju progutao stotine hektara borove šume, maslinika i vinograda, te opasno zaprijetio Baškoj Vodi, Brelima, Bastu, Promajni, Krvavicama i Baškom polju, nakon 12 sati iscrpljujuće borbe oko 30.000 vatrogasaca, mještana, pripadnika JNA i turista konačno je ugašen!

S tom kratkom, ali upečatljivom i toliko očekivanom viješću započinjemo naš raport s mjesta zasigurno najveće nesreće koja je nakon potresa 1961. godine pogodila Makarsko primorje. Međutim, bit ćemo iskreni: ugledavši preksinoć oko 22 sata vatrenu krestu Biokova s udaljenosti od nekoliko kilometara, nismo ni pomišljali na tako (relativno) brz završetak borbe s podivljalim plamenom. No, pođimo redom, pokušajmo sastaviti mozaik događaja koji su tako grubo prekinuli san ljetne noći.

Na Dupcima se formirala duga sablasna kolona vozila koja polako mili u pravcu Splita.

Na Kričku, povrh Donjih Brela, u kući koju obasjavaju vatreni jezici što plaze s Biokova, zasjeda mjesni štab Civilne zaštite. Ivan Ribičić preko radio-prijemnika napregnuto osluškuje glasove spasilaca razasutih po brdu i pokušava pokupiti sve konce obrane. Osnovni se cilj zna: plamen ne smije preskočiti magistralu i progutati biser Makarske rivijere — Donja Brela.

— Što da vam kažem — vidite i sami — kaže Ribičić i nastavlja: — Mobilizirali smo sve što može hodati, pa ipak još uvijek nismo sigurni da će katastrofa biti izbjegnuta. Jugo nas uništava, jednostavno tjera i ubrzava vatru i tu ni sto „kanadera" ne može pomoći.

U srcu plamena

Pred kućom u tišini nekoliko ljudi očekuje daljnja naređenja. Trebat će, izgleda, otići prema Bastu gdje se po najnovijim izvještajima na više mjesta topi obrambeni kordon. Odatle se upravo vratio Mario Medić. Neprekidno gasi još od 16 sati. Bio je, kako sam kaže, u srcu plamena, pred razularenom stihijom koja je nemilosrdno uništavala sve pred sobom.

— Spašavali smo gole živote. Bježao sam i plakao. Zbog nemoći, bijesa. E, da hoće kiša, majku joj . . .

Srijeda. Točno je 00.15 sati s magistrale se spuštamo u Donja Brela koja su sinoć podsjećala na napušteno mjesto. Dojam ne vara, dio je mještana i gostiju evakuiran, a u mraku pred nekoliko kuća i zatvorenih gostionica grupice ljudi čekaju što će se dogoditi. Oči su uprte prema nebu iz kojeg se cijedi tek po koja kap. Ispred „Berulije" mnogo je življe; ljudi trčkaraju naokolo, svatko po svome zadatku, pripremajući se ako zatreba i za obranu hotela.

Ni u Baškoj Vodi nema ni traga tipične ljetne vreve. Umjesto ležernih šetača rivom svako malo jure masivne cisterne koje se opskrbljuju vodom i odmah zatim hitaju natrag, u susret stihiji. U automobilima cijele obitelji provode noć. Na licima tjeskoba i umor. Ugasila se muzika s hotelskih terasa. Nezaboravan odmor, na žalost.

Iz tijesne sobe Turističkog saveza pulsirao je mozak Baške Vode. Pripadnici Štaba Civilne zaštite znaju što im je činiti. Bez panike je uspješno evakuirano, kaže Mirko Batinović, preko 5000 ljudi, a na vatrenom frontu je trenutno oko 13.000 gasilaca. Na znak sirene u pomoć su priskočili i mještani i gosti, na vatru se krenulo i vatrogasnim šmrkovima i običnim prućem, ali, na žalost, i pored izvanrednih napora koji se ulažu, organizacije i solidarnosti, nitko ne zna kako ćemo dočekati jutro.

— Nikada mi komunisti nismo toliko gledali u nebo i beštimali — kaže uz gorki osmijeh Nikša Staničić iz Splita, koji od prvog trenutka pomaže svojim prijateljima Baškovođanima.

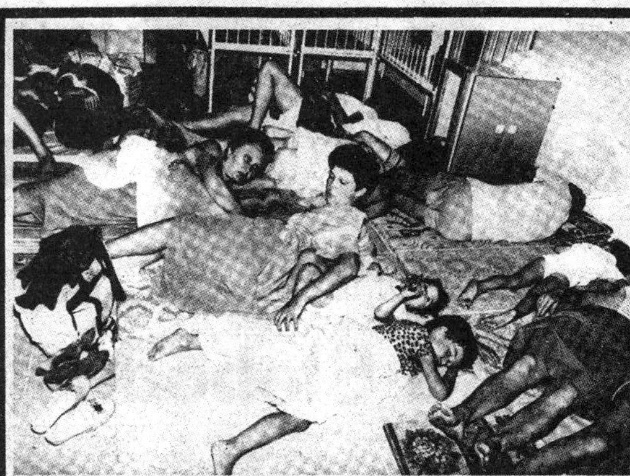

Evakuirani su turisti smješteni u učionice osnovne škole, dječji vrtić i Sportski centar u Makarskoj. Nitko se nije tužio na smještaj, glavno je bilo pobjeći od vatre . . .

Snimio: A. Damjanić

Živi bedem na magistrali!

Dina Dimitrijevska, radnica „Žitoploda" iz Tetova: „Noć ću upamtiti zbog dvije stvari — straha od vatre i gostoljubivosti kojom su nas nakon evakuacije iz Baškog polja okružili domaćini"

Evakuacija

Kada je vatra zaprijetila i objektima, Štab Civilne zaštite i najodgovorniji ljudi u makarskoj općini donijeli su odluku o evakuaciji djece iz Dječjeg sela, te turista iz Promajne, Baškog polja, Baške Vode i drugih mjesta. Štab Civilne zaštite Zajednice općina Split odmah je u pravcu Baške Vode uputio „Jadrolinijine" trajekte „Lošinjka", „Šoltanka", „Krčanka" i „Bračanka", te tegljače splitskog „Brodospasa". Iz Makarske su u pravcu Promajne isplovile brojne turističke brodice koje su također prevozile djecu do Podgore i Makarske. U pomoć su pritekli i pripadnici JNA.

Dok je trajala bitka za djecu, na cesti od Dubaca do Omiša formirala se kolona od više tisuća automobila. Promet Jadranskom cestom od Dubaca do Makarske bio je prekinut desetak sati, pa su sva vozila upućivana zaobilaznicom preko Imotskoga i Stupice u pravcu Vrgorca. Računa se da je tim putovima s makarskog područja otišlo oko 10.000 ljudi.

Ukopani u zemlju

A onda u 00.45 sati nešto je zapucketalo po krovu. Ne, vatra ne može biti. Kiša! Napokon se otvorilo nebo. U početku stidljivo, a zatim gromovito proradiše nebeski šmrkovi. Vjerujemo da nikad dosad ni Baškovođani ni Makarani ni Breljani nisu s većom željom dočekali prolom oblaka. I glasovi iz radio-predajnika sada su nešto vedriji. Međutim, još nije gotovo, kiša je tek nakvasila leđa vatrenoj beštiji, valja i nama dalje.

Opet smo na Jadranskoj cesti čiju su desnu stranu okupirali deseci teških vatrogasnih kola. Rotirajuća plava svjetla obasjavaju umorna lica vatrogasaca među kojima je i Žarko Čović iz DVD u Tučepima: — Izgubili smo dosta tehnike, ali koliko vidim svi smo na broju. To je najvažnije.

Sada je 1.15 sati, a još prije nepun sat vremena Vicko Visković i njegovi drugovi bili su gotovo „na ti" sa smrću:

— Morali smo se ograđivati kamenim bedemima da ne bismo izgorjeli. Da, bili smo u obruču, dim nas je gušio.

Čuli smo da su se neki vatrogasci i ukopavali u zemlju i tako preživjeli . . .

Konačno smo u Makarskoj koja nikad neće zaboraviti vjerojatno najpotresnije scene iz protekle vatrene noći — evakuaciju i prijem djece iz Dječjeg sela u Baškom polju. Oko 350 mališana prebačeno je gliserima, turističkim brodicama i trajektima „Jadrolinije" do Makarske i Podgore. U pogorskom Domu Prvog mornaričkog odreda, te u makarskom dječjem vrtiću, Sportskom centru i kino-dvorani njima je pružena sva potrebna pomoć. „Tičjeg mlika" i pelena, dakako nije falilo ni blizankama Katarini, Vesni i Jeleni, pa je stoga razumljiva izjava njihove mame Dine Dimitrijevske, radnice „Žitoploda" iz Tetova: Ovu ću noć upamtiti zbog dvije stvari — straha od vatre i gostoljubivosti kojom su nas nakon evakuacije iz Baškog polja okružili domaćini.

U Domu zdravlja na okupu su svi zaposleni. Prema riječima ravnatelja dra Ante Kovačevića, 33 osobe su u toku poslijepodneva i večeri zatražili liječničku pomoć. Troje ih je upućeno u splitsku bolnicu, dok su u domu zadržani Slobodan Simić iz Beograda, Ahmet Škoro iz Sarajeva i makarski vatrogasac Berislav Erceg koji je zadobio opekotine prilikom gašenja. Najnovija informacija glasi — tri su osobe dopremljene s prijelomima nogu, dok je jedan čovjek pri padu zadobio prijelom rebara.

Vedrije vijesti

Negdje oko 3 sata u srijedu ujutro pristižemo u Štab Civilne zaštite iz kojeg se već punih 12 sati bez minute odmora rukovodi akcijama gašenja u kojima sudjeluje oko 30.000 stanovnika Makarske i okolnih mjesta, turista i pripadnika JNA na čelu sa 600 profesionalnih vatrogasaca iz Makarske, Imotskog, Vrgorca, Metkovića, Kardeljeva, Splita, Omiša, te susjednih bosansko-hercegovačkih općina Čapljine, Ljubuškoga, Stolca, Čitluka, Dola, Duvna i Livna. Svi su se oni bez pogovora odazvali pozivu koji je upućen preko Centra za obavještavanje Štaba Civilne zaštite ZO Split. I svi su zaslužni za sve vedrije informacije koje se dostavljaju na stol prvog čovjeka u štabu, predsjednika Izvršnog vijeća SO Makarska Gorana Čulića.

Konačno, oko 3.30 sati može se čuti ona olakšavajuća konstatacija „požar je lokaliziran", ali nema ni govora o opuštanju i odmoru jer s terena još uvijek stižu informacije o sporadičnim proplamsajima vatrenog diva na umoru. Vrijeme je da se iz dima i pepela pokušaju izvući prve ocjene, srediti dojmovi iako je svima jasno da se tek očekuju ozbiljine i temeljite analize.

Dakle, u požaru koji je svoj rušilački pohod započeo kod Kuka nadomaku Makarske izgorjelo je na stotine hektara stoljetne borove šume, maslinika i vinograda. Već nakon deset minuta od izbijanja vatra je poprimila katastrofalne dimenzije i nošena je jakim jugom koje je na trenutke udaralo brzinom od 100 kilometara na sat prešla put dug 12 kilometara za samo dva sata. U plamenu su nestale šume sjeverno od Jadranske ceste kod Krvavca, Bratuša, Promajne, Baške Vode, Basta i Brela. Požar je povremeno napadao i borovu šumu s južne strane, ali su uporni gasioci uspjeli spriječiti dublje prodore. Ukratko, šteta je neprocjenjiva, a uzrok se najvećeg požara koji je zahvatio Makarsku rivijeru tek treba utvrditi.

Svanuće i povratak prema Splitu pružaju mogućnost da se konačno i vide posljedice. Sa crnih ogoljelih površina još se uvijek diže dim, a vatrogasci poput astronauta obilaze Mjesečev pejzaž nadomak Makarskoj. U Krvavicama novi prizor apokalipse: tek je nekoliko metara nedostajalo da i kuće planu. U kampu u Baškom polju pocrnjeli šatorski kreveti i razbacana oprema svjedoče o nečijem nasilno prekinutom odmoru. Mrtva priroda na potezu dugom 12 dugih kilometara.

Ilija MARŠIĆ
Kruno KLJAKOVIĆ

JUGOSLOVENSKA NARODNA ARMIJA

DIREKCIJA ZA SNABDEVANJE I ODMOR AKTIVNIH VOJNIH LICA

DODELJUJE
MALU PLAKETU JNA

VATROGASNOM DRUŠTVU „MAKARSKA"

kao znak priznanja za izuzetno zalaganje u gašenju požara u vojnom odmaralištu „KRVAVICE" i doprinos u spasavanju ljudskih života, društvene i lične imovine

22. 12. 1985 god.

u BEOGRADU

DIREKTOR
pukovnik
DUŠAN DUBRAVČIC

U gašenju požara sudjelovao je veliki broj vatrogasaca iz Makarske, Imotskog, Vrgorca, Metkovića, Ploča (tadašnjeg Kardeljeva), Splita, Omiša te susjednih bosanskohercegovačkih općina, Čapljine, Ljubuškog, Stolca, Čitluka, Dola, Duvna i Livna.

Dokument je dio arhiva DVD Makarska, ljubaznošću Nikole Đapića.

A large number of firefighters from Makarska, Imotski, Vrgorac, Metković, Ploče (then Kardeljevo), Split, Omiš and the neighboring municipalities of Bosnia and Herzegovina, Čapljina, Ljubuški, Stolac, Čitluk, Dol, Duvno (today Tomislavgrad) and Livno participated in extinguishing the fire.

The document is part of the archive of the Makarska Voluntary Fire Brigade. Courtesy of Nikola Đapić.

OSAMDESETE: MJEŠTANI SE SJEĆAJU

I.

Ja sam rođen 1984., a u Krvavici živim od 1986. tako da bi ta neka prva sjećanja bila s kraja osamdesetih godina kada je hotel još bio otvoren za turiste i domaće ljude. Ta prijeratna sjećanja su naravno zamagljena proteklim vremenom, ali sjećam se da su domaći ljudi, stanovnici Krvavice i drugih mjesta radili u hotelu, ona velika terasa je bila puna stolova i stolica, u ponudi hotelskog restorana bili su hrana i piće, sladoled, kolači (još se sjećam mirisa i okusa). Kuhinja je bila u sjeveroistočnom bloku zgrade, kao i unutarnji salon sa stolovima iz kojeg se izlazilo na veliku terasu. S obzirom da se radilo o vojnom odmaralištu, JNA je postavila stražarsku kućicu u kojoj je uvijek bio jedan vojnik, tamo gdje se i sada nalazi rampa za naplatu parkinga za plažu, a koliko se sjećam nije se plaćalo ništa za ulaz u kompleks, bar ne mještani. Osim toga, prisustvo vojske nije se osjetilo u tom vremenu. Mi djeca nismo bili toliko zainteresirani za sam hotel koliko za jedan skroz mali objekt (i danas radi kao privatni biznis) u kojem se prodavao isključivo sladoled i limunada, one stare škrinje za sladoled iz doba Jugoslavije s okruglim poklopcima za različite vrste sladoleda (imali su samo vaniliju i čokoladu, a kad bi taknuli škrinju stresla bi nas struja, he he). Sjećam se i kako smo smislili način kako doći do besplatnog korneta - umjesto dvije kugle sladoleda u jedan kornet, mi bi pitali po jednu kuglu posebno u svoj kornet, prodavaču nije trebalo dugo da shvati pa nam nije prolazilo više... Pišem vam kako mi sjećanja dolaze, znam da to nije ništa važno, ovakve anegdote, ali lijepa sjećanja su to... Zadnja lijepa vezana za taj objekt, s obzirom na ratna zbivanja 1990-ih kada se sve iz temelja promijenilo, jedna prekrasna oaza mira postala je krajnje mračno i neprivlačno mjesto ispunjeno ozračjem ljudske patnje i besmislenosti ljudskog života uopće, atmosfera straha, boli i svih loših emocija...

Za nas domaću djecu i djecu koja su tu ljetovala posebnu ulogu imao je taj veliki mul i mala lučica. Na tome mulu bi provodili čitava ljeta uz pravilo da starije generacije djece imaju prednost i pravo zauzeti najatraktivniji dio mula. To pravo se prenosilo sa starijih generacija na mlađe, obično kad bi se ušlo u teenagerske godine, mul bi se napuštao i ostavljao u "nasljeđe" mlađoj generaciji. Tako je i moje društvo prošlo sve te primopredaje i to se nastavilo sve do nedavno, a tome mulu kao da je pridodano nekakvo "mistično" značenje u sjećanju svih koji su odrastali u Krvavici. Danas ne vidim više da nekakva hijerarhija te vrste postoji, mul je uvijek pun djece svih uzrasta. Za mene je to doista posebno mjesto i emocije me preplave uvijek kad se sjetim tih dana, tako i sada osjećam nostalgiju. Puno mojih osobnih i važnih iskustava iz tog vremena su vezana baš za taj mul. Pitali ste je li mi naporno pisati o tome, ne, nije mi naporno iako (...) Hvala vam što ste još angažirani oko pitanja Marasovićevog objekta, nadam se da neće doći do najgoreg scenarija, a to bi bila prodaja objekta.

THE 1980S: REMINISCENCES OF THE LOCALS

I

I was born in 1984 and have lived in Krvavica since 1986, meaning my first memories are from the late eighties, when the hotel was still open to tourists and locals. Naturally, these pre-war memories are somewhat obscured by all the time that has passed, but I do recollect that the locals of Krvavica and other towns and villages worked at the hotel, that the big terrace was full of tables and chairs, and that the hotel restaurant offered food and beverages, ice-cream, cakes (I still remember the smells and tastes). The kitchen was in the north-eastern wing of the building, as was the lounge with tables, which led onto the big terrace. Since this was an army vacation resort, the Yugoslav People's Army had put up a guardhouse, with one soldier on duty at all times, where the toll gate for the beach parking lot now stands. As far as I can recall, no fee was charged for visiting the complex, at least not to the locals. Apart from the guardhouse, the presence of the Army was not felt at the time. We kids were not as interested in the hotel as we were in a small stand (still in operation today, as a private business) which sold only ice-cream and lemonade and had those old, Yugoslav-era ice-cream freezers with round lids for different flavours (this one had only vanilla and chocolate, and would slightly electrocute us when we touched it, ha-ha). I also remember that we figured out a way to get free cones – instead of having two scoops of ice-cream in one cone, we would ask for each scoop in its own, separate cone. However, the salesman was onto us soon enough, and we could no longer get away with our shenanigans. I'm writing these memories down as they reappear, and although I know they're of little importance, they're still great memories... The last good ones, in fact, considering the 1990s' war, which upended everything: a beautiful and peaceful oasis became an utterly dark and hostile place, filled with an atmosphere of human suffering and the meaninglessness of existence, an atmosphere of fear, pain and all other negative emotions...

There was this big quay there, and a small port, which had a special role in the lives of us local kids, and of those who spent their summers there. We would spend the entire summer on that quay, always obeying the rule that the older children had a privilege, and a right, to occupy the most attractive part of it. This right was passed on from one generation to the next: usually, when the children entered their teens, they would leave the quay, bequeathing it to the younger ones. My group of friends also went through all these transfers, which went on until very recently, and the quay seems to have acquired some "mystical" property in the memories of all those who grew up in Krvavica. As far as I can tell, that type of hierarchy seems to have vanished because, nowadays, the quay is constantly filled with children of all ages. Since that place is really special to me and I get very emotional thinking about those times, I feel nostalgic even at this moment. Many of my formative experiences from those days are tied to that quay. You asked me whether this was a difficult topic to write about and, no, it is not, although (...) Thank you for taking a stand concerning Marasović's building, I hope the worst scenario, which is its sale, will not come true.

doplgenger
Snimak pejzaža bez predistorije,
video snimak, 2020.

doplgenger
A Record Of Landscape Without Prehistory,
video still 2020

an Which war?

DEVEDESETE: MJEŠTANI SE SJEĆAJU

II.

... dolaskom 1991. koja je označila početak bezumnog i moram reći iznimno besmislenog i preglupog sukoba ovih naših nesretnih naroda, hotel Krvavica dobiva novu ulogu, novo ruho. Maslinasto zelene uniforme bivše JNA nestale su tiho, preko noći, zajedno sa ljudima koji su ih nosili i neki novi ljudi odjeveni u maskirne uniforme poklonjene Hrvatskoj od američke vojske i s drugačijim kapama s hrvatskim grbom, pojavili su se u prostoru kompleksa, čudni, zabrinutih lica, ozbiljni... Nama djeci ta vizualna transformacija bila je na neki način jako zanimljiva i zabavna jer nismo u svojim dječjim glavama mogli niti znali pojmiti i predvidjeti što to sve u stvari znači i da će uskoro, za koju godinu, hotel preplaviti gomila ranjenih vojnika i djece. Rat je došao (...)

Ranjeni vojnici su voljeli nas djecu i sjećam se da su imali pristup sandolinama koje su bile smještene u skladištu hotela i nekad bi nam ih dali da ih koristimo i to je za nas bilo kao da plovimo u najmanju ruku Titanikom, da, voljeli su nas i unatoč svojim neizmjernim patnjama poklanjali su nam osmijeh... sad mi je jasno zašto, podsjećali smo ih na to da njihova nemjerljiva i herojska žrtva nije bila uzaludna i da ćemo mi, nove generacije, kao svjedoci svega toga dobiti inspiraciju izgraditi bolji svijet.. Koliko smo u tome uspjeli vidite i sami. Kao što je nova država nakon rata pokradena i devastirana ljudskim nemarom i glupošću, tako je i naš hotel stoički pretrpio tu istu okrutnu, besmislenu sudbinu i kao po nekakvom zlobnom sinkronicitetu utonuo u dugogodišnji duboki mračni san. Zaspao je... Sve do trenutka dok ga opet nisu probudili neki dobri ljudi i on onako izmučen, oštećen i pospan danas priča priču nade i optimizma da ga neće prodati i srušiti, da ga neće izdati i da će i dalje nastaviti stajati na svojim čvrstim temeljima, da masivni potporni stupovi koji nose lebdeće prostorije neće popustiti, da će pogled ka nebu i moru i dalje tako nesebično poklanjati ljudima i da će i buduće generacije odrastati bezbrižno i sretno na njegovim terasama. Naš zadatak je da ga zaštitimo, naša dužnost je da ga čuvamo... Jer on je čuvao nas.

III.

Dodatak koji sam zaboravio napisati u prethodnom mailu. Zaposlenici MORH-a zaduženi za čuvanje lječilišta Krvavica bili su toliko revni u čuvanju objekta da su povlačili pištolje i uperivali prema praktički djeci od 14-15 godina starosti koja su samo imali nevinu namjeru igrati se i zabavljati na prostranoj terasi hotela (...)

Svjedočio sam tom nemilom događaju u kom se na nas, domaću djecu povlačilo oružje, pozvana je policija i mali "teroristi" su pušteni uz zapisnik koji je policajac nakon ispisivanja iskidao jer je bio normalan čovjek i uvidio o kakvom sramotnom događaju se radi. Eto, samo jedna anegdota iz prošlosti vezana za taj objekt. (...)

Ne, ta anegdota se zbila mislim 1996. ili 1997. godine, ne mogu se sjetiti točno. Devastacija je počela nedugo nakon toga, 1998. ili 1999. Kroz ratno razdoblje objekt je bio u punoj funkciji i primao je vojnike ranjene na ratištu i ranjene civile iz svih zaraćenih područja RH i BiH. To su doista bili šokantni prizori za nas domaću djecu, gledati drugu djecu bez udova, sa šipkama u nogama, opekotinama. Već tu je počela devastacija objekta jer su tu bili smještene i zdrave izbjeglice

THE 1990S: REMINISCENCES OF THE LOCALS

II

The year 1991 ushered in a mindless and, I must say, utterly pointless and stupid conflict between the unfortunate peoples of our land, as well as a new purpose for the Krvavica hotel, painting its halls a different colour. The olive-green uniforms of what was formerly the Yugoslav People's Army vanished silently, overnight, together with the people who wore them, while some new faces, this time in camouflage uniforms, donated to Croatia by the US army, wearing different caps, ones with a Croatian coat of arms, appeared in the complex. They were strange, with a worried look, serious... To us kids, the visual transformation was really interesting and entertaining, in a way. Our child brains could neither fathom nor foretell what all of it meant or that soon, in a few years, the hotel would be flooded by wounded soldiers and children. The war had come (...)

The wounded soldiers liked us kids. I remember they had access to the beach canoes kept in the hotel depot, and would occasionally let us use them. To us, this was like sailing on the Titanic, at the very least. Yes, they loved us, gifting us their smiles, despite their immense suffering... Now I know they did that because we were a reminder that their immeasurable and heroic sacrifice had not been in vain and that we, the new generations, having witnessed all that had occurred, would be inspired to build a better world. You can see for yourselves how much of that we have achieved. In the aftermath of the war, when the new state was robbed and devastated through negligence and stupidity, our hotel stoically met the same cruel, meaningless fate and fell into years of deep, dark slumber, as if by some menacing synchronicity. It fell asleep... until some good people woke it up again. Today, as haggard, damaged and sleepy as it is, it tells a story of hope and optimism, one in which it does not get sold and torn down, does not get betrayed, and continues to stand on its firm foundations. In the story, the massive buttress piers supporting the "levitating" rooms do not give in, selflessly bestowing on the visitors a view of the sky and the sea, as future generations grow up carefree and happy on the building's terraces. It is our responsibility to protect it and our duty to look after it… Because it looked after us.

III

I forgot to mention a certain detail in my previous e-mail. The employees of the Ministry of Defence of the Republic of Croatia in charge of guarding the Krvavica health resort were so vigilant in their duty that they drew their guns and pointed them at children of 14 to 15, who only wanted to play and have fun on the hotel's spacious terrace. (...)
I witnessed this unfortunate event, when weapons were drawn at us local kids and police was called. The young "terrorists" were eventually released after a record had been written. The officer in charge tore it up later, because he was a normal person who understood the shamefulness of what had happened to us. So, just an anecdote connected to the building. (...)

The anecdote is from 1996 or 1997, I can't remember exactly. The devastation began soon thereafter, in 1998 or 1999. The complex was in full operation throughout the war, taking in soldiers wounded in battle and wounded civilians from all the war-torn parts of the Republic of Croatia and Bosnia and Herzegovina. We local kids were truly shocked by the scenes we encountered

koje su (ne krivim ih) istraumatizirane ratom dosta toga oštetili. Bilo ih je jednostavno previše na jednom mjestu i bez odgovarajućeg nadzora. Svi hoteli na Makarskoj rivijeri su oštećeni nakon primanja izbjeglica, to je već poznata priča. Usputno rečeno, nakon početka rata u BiH, nije bilo obitelji u Krvavici koja nije u svoju kuću primila izbjeglice. Organizirala se i pučka kuhinja i mi djeca smo tu stekli puno poznanstava i prijateljstava koja traju i do danas. Sjećam se da su nakon odlaska izbjeglica i ranjenika iz hotela 1994. tamo stigli pripadnici raznih specijalnih postrojbi HV-a i HVO-a koji su tu imali obuku. Na onoj glavnoj, središnjoj terasi bi postavljali strunjače i vježbali, što inače takve postrojbe rade. Nama djeci (ja sam 1984. godište) to je bilo jako zanimljivo pa bi satima sjedili kraj njih i promatrali. Nekad bi nas pustili u salu gdje je bila televizija da možemo gledat s njima. Još jedna zanimljivost je anegdota kad je General T, tada visoko pozicioniran u redovima HV -a naredio svojim gorilama da unište boćalište di su mještani igrali balote jer mu je navodno smetala buka dok je vjerojatno bio u pjesničkom zanosu, pišući svoje "pjesme"... To su sve bile ratne godine.

(M. Z.)

Fotografije iz privatnog albuma M. Z.

Photos from the private album of M. Z.

then, as we saw other children without limbs, with metal rods in their legs, with burns... The devastation began as early as then, because the complex also accommodated healthy refugees, who damaged it, traumatised by war, and I do not wish to blame them for that. They were living in overcrowded conditions, without adequate supervision. All the hotels on the Makarska Riviera were damaged after taking in refugees, this is common knowledge. Incidentally, after the war started in Bosnia and Herzegovina, there wasn't a family in Krvavica which didn't take in refugees. In the soup kitchen that had been set up, we kids met a lot of our current acquaintances and friends. I also remember that in 1994, after the refugees and the wounded left the hotel, it was turned into a training facility for various special units of the Croatian Army and the Croatian Defence Council. They would place mats on the main, central terrace and train there, as these units do. We kids (I was born in 1984) found that very interesting, and we would sit beside them and watch them for hours. Occasionally, they would let us join them in the lobby, to watch TV. Another interesting anecdote involves a certain General T., a high-ranking officer of the Croatian Army at the time, who instructed his gorillas to destroy the locals' pétanque court because the noise coming from it allegedly disturbed him in moments of poetic fervour and he could not write his "poetry"... Such were the war years.

(M. Z.)

CENTAR ZA VOJNU OBUKU U KRVAVICI RANIH DEVEDESETIH (1991. – 1992.): BILJEŠKE

Nataša Bodrožić
Antonia Vodanović

MILITARY TRAINING CENTRE IN KRVAVICA IN THE EARLY NINETIES (1991-1992): NOTES

Dječje lječilište u Krvavici ratnih devedesetih, nakon odlaska JNA, istraženo je relativno slabo. Razlog tomu su vanredne okolnosti te korištenje zgrade od strane vojno-policijskih snaga, često u tajnosti, ili kasnije za smještaj izbjeglica, što je u tom vremenu bila sudbina mnogih hotela na obali. Ove dvije činjenice, dosadašnji istraživači uglavnom su šturo navodili, a i sami mještani spominju ih bez puno detalja.

Fragmente narativa koji nedostaje nalazimo kod povjesničara koji istražuju devedesete kroz prizmu vojnih, odnosno ratnih događanja. Tako se u knjizi autora Stjepana Marčetića,[1] Krvavica spominje u poglavlju o vojnoj izobrazbi hrvatskih dobrovoljaca iz BiH u Hrvatskoj,[2] u kontekstu kratkotrajnih, tajnih obuka visokog intenziteta. Autor navodi da se u prosincu 1991. bilježi prvi odlazak skupine dragovoljaca iz općine Brčko u RH, pri čemu je i sam odlazak čuvan u strogoj tajnosti.[3] Bilježi da su u veljači 1992. organizirane dvije vojne izobrazbe časničkog kadra iz Bosanske Posavine, od čega je jedna bila „u vojnom objektu Krvavica nadomak Makarske“.[4] Polazak za Makarsku bio je iz Slavonskog Broda, u dva autobusa, do kojih su polaznici iz BiH trebali stići u vlastitom aranžmanu. Kako dalje autor navodi, posredstvom i pozivom pojedinaca iz HDZ-a i hrvatskog Kriznog štaba općine Brčko (...) na vojno-policijsku izobrazbu u kamp Krvavica otišlo je devet ljudi, a izobrazbu su realizirali instruktori Hrvatske vojske koji su do tada već bili na nizu ratišta te su polaznicima prenosili izravna iskustva.[5] Po sjećanju sudionika, sama izobrazba trajala je ne više od dvadeset dana. Iako je agitiranje i odlazak na izobrazbu u općini Brčko provođen u strogoj tajnosti, s obzirom na to da se radi o malim seoskim sredinama, vijest o njihovu boravku u Krvavici nije ostala tajna.[6] Još dodaje da je skupina koja je tu boravila pohađala izviđačko-diverzantsku obuku te da je izobrazba u Makarskoj počela krajem siječnja, a završila polovinom veljače 1992. godine.[7]

1 MARČETIĆ, STJEPAN, *Početak rata i zločini nad Hrvatima općine Brčko 1992. godine*, Hrvatski dokumentacijski centar Domovinskog rata u BiH, Mostar, 2023.

2 Poglavlje 8.8. *Hrvati iz Brčkog na vojnoj izobrazbi u Republici Hrvatskoj – centri za obuku Kunjevci, Krvavica, Slavonski Brod* (MARČETIĆ 2023, 182-185.)

3 MARČETIĆ 2023, 182.

4 MARČETIĆ 2023, 183.

5 MARČETIĆ 2023, 183.

6 Autor navodi da je polaznicima dana uputa da na obuku u Krvavicu i Slavonski Brod putuju bez identifikacijskih dokumenata: MARČETIĆ 2023, 184.

7 Autor u navedenom poglavlju iznosi još niz zanimljivih detalja koji se odnose na boravak građana BiH, hrvatske nacionalnosti, na obuci u Krvavici, poput informacija da su nakon završetka izobrazbe polaznici polagali prisegu Hrvatskoj vojsci te su zadužili uniforme koje su mogli ponijeti sa sobom, ali i razdužili oružje koje su koristili tokom obuke. (MARČETIĆ 2023, 183-184.)

There is relatively little research on the Children's health resort in Krvavica during the war period of the 1990s, after the retreat of the Yugoslav People's Army. The reasons for this can be traced back to extraordinary circumstances and the often clandestine use of the building by military and police forces. After that, like many seaside hotels, the building was used as housing for refugees. Most researchers, as well as the locals, mention these two facts only in passing and without going into detail.

Fragments of the missing narrative can be pieced together from the works of the historians who have studied the nineties through the lens of military and wartime events. For instance, in a book by Stjepan Marčetić[1], Krvavica is mentioned in a chapter on the military training of Croatian volunteers from Bosnia and Herzegovina in Croatia,[2] in the context of short, high-intensity secret training sessions. The author states that the first departure of a group of volunteers from the Brčko municipality to the Republic of Croatia, conducted in utmost secrecy, was recorded in December 1991.[3] In February 1992, the author notes, officers from the inner areas of the Sava river basin in Bosnia were sent to two military training sessions, one of which was organised "in the Krvavica military facility near Makarska".[4] The trainees were to depart for Makarska in two buses from Slavonski Brod, which they had to get to from Bosnia and Herzegovina at their own expense. According to the author, following the intervention of certain members of the Croatian Democratic Union and the Croatian Crisis Headquarters of the Brčko Municipality, and at their invitation, (...) nine people eventually departed for military and police training in the Krvavica camp, organised by Croatian Army instructors, who had by then fought in a number of battlefields and could thus impart their direct experiences to the trainees.[5] The participants recollect that the training lasted around twenty days. Although the agitation in the Brčko municipality and the departure for training therefrom had been carried out in utmost secrecy, the news of the officers' stay in Krvavica could not have remained a secret in such small, village communities.[6] The author adds

1 MARČETIĆ, STJEPAN, *Početak rata i zločini nad Hrvatima općine Brčko 1992. godine*, Croatian Documentation Centre of the Homeland War in Bosnia and Herzegovina, Mostar, 2023
2 Chapter 8.8. "Hrvati iz Brčkog na vojnoj izobrazbi u Republici Hrvatskoj – centri za obuku Kunjevci, Krvavica, Slavonski Brod" (MARČETIĆ 2023, 182-185)
3 MARČETIĆ 2023, 182
4 MARČETIĆ 2023, 183
5 MARČETIĆ 2023, 183
6 According to the author, the trainees were instructed to travel to Krvavica and Slavonski Brod without identification documents: MARČETIĆ 2023, 184.

© Nataša Bodrožić

Prema ovim bilješkama, za pretpostaviti je da njihov boravak nije mogao ostati tajna ni za mještane Krvavice. Međutim, točan slijed događaja, način upotrebe objekta, različite funkcije koje je Marasovićeva zgrada imala te stupanj interakcije privremenih korisnika s lokalnim stanovništvom u navedenom periodu, tek treba istražiti.

© Tea Noite

that the group that stayed in Makarska had attended scout and commando training from late January to mid-February 1992.[7]

It would follow from these notes that the training could not have been kept a secret from the Krvavica locals, either. However, the exact course of events, the various types of use and purposes of Marasović's building, and the extent of the interactions of its temporary users with the locals during the period in question have yet to be studied.

7 The mentioned chapter contains a number of other interesting details about the training of Bosnian and Herzegovinian citizens of Croatian ethnicity in Krvavica, such as the fact that the trainees swore an oath to the Croatian Army at the end of the training, that they had been issued uniforms which they were allowed to take back with them and that they also returned the weapons they had been issued during the training (MARČETIĆ 2023, 183-184).

udruga za suvremene umjetničke prakse
Vinogradska 34, Zagreb
www.slobodneveze.wordpress.com
M: 091 763 2983

MINISTARSTVO OBRANE RH
SREDIŠNJI VOJNI ARHIV
Ilica 256b, Zagreb

Zagreb, 15.1.2024.

PREDMET: ARHIVSKI MATERIJALI MORH-a IZ RAZDOBLJA 1991.- 1999. VEZANO UZ BIVŠE VOJNO ODMARALIŠTE/ DJEČJE LJEČILIŠTE U KRVAVICI KOD MAKARSKE

Poštovani,

Slijedom telefonskog razgovora, šaljem službeni upit u vezi arhivske građe (dokumentacije, fotografija) vezano uz korištenje nekadašnjeg vojnog odmarališta/ dječjeg lječilišta u Krvavici kod Makarske od strane MORH-a, nakon odlaska JNA 1991. i preuzimanja zgrade od strane hrvatske vojske. Naime, već duže vrijeme radimo na publikaciji o povijesti zgrade i inicijativama za zaštitu nekadašnjeg vojnog dječjeg lječilišta, inače remek-djela moderne arhitekture druge polovice 20. stoljeća, arhitekta Rikarda Marasovića. Radi se o zaštićenom kulturnom dobru, zavedenom pod oznakom Z-638 nepokretno kulturno dobro – pojedinačno, u Registar kulturnih dobara RH (podaci dostupni na stranicama Ministarstva kulture i medija).

Naime, istražujući povijest odmarališta, razgovarajući s lokalnim stanovništvom i bivšim zaposlenicima, kao i konzultirajući neke znanstvene radove koji se bave uglavnom ratnim operacijama i stradavanjem stanovništva u Domovinskom ratu, saznali smo da je odmaralište od 1991. korišteno za vojne vježbe i obuku, kao i za smještaj izbjeglica i prognanika iz ratom pogođenih područja. Budući da su ti podatci javno dostupni, a jako je teško doći do dokumentacije, a posebno fotografija vezano uz ratno doba (ali i poraće), zanima nas posjedujete li u vašem Arhivu neke od dokumenata, a posebno fotografije, vezane uz to mjesto i razdoblje. Kako su nam upravo 1990-te najslabije obrađene, iz znanih okolnosti rata, od velike bi nam važnosti bio bilo kakav dokument ili fotografija koja bi se mogla javno publicirati. Naime, kako saznajemo, zgrada je bila pod ingerencijom MORH-a sve do kraja 1990ih kada prelazi u nadležnost državne agencije Club Adriatic. Dakle, bilo kakva dokumentacija iz razdoblja 1991.-1999. bila bi nam izuzetno dragocjena kako bismo lakše rekonstruirali priču o zgradi i njezinom korištenju.

Ovaj dopis završavamo kratkim opisom naše inicijative i konteksta u kojem nastaje spomenuta publikacija. Udruga za suvremene umjetničke prakse Slobodne veze, osnovana je 2009. u Zagrebu, od kada djeluje u zemlji i inozemstvu. Jedan od naših najvidljivijih projekata je MOTEL TROGIR koji od svog začetka 2013. godine funkcionira kao građanska kampanja i projekt usredotočen na društvenu valorizaciju i formalnu zaštitu arhitekture kasnog modernizma u Hrvatskoj, graditeljske baštine kojoj još uvijek nije posvećena sustavnija institucionalna pažnja. Poseban naglasak stavljen je na zaštitu jadranskih motela arhitekta Ivana Vitića te arhitektonskih i urbanističkih vrijednosti srednjodalmatinskog modernizma druge polovine 20. stoljeća, ali i još niza zgrada poput centra Koteks na Gripama u Splitu, bivšeg vojnog Dječjeg lječilišta u Krvavici itd. Strategijom umrežavanja, javnim informiranjem putem medija I društvenih mreža te partnerstvom s lokalnim udrugama koje se bave baštinskim aktivizmom, Motel Trogir radi na preusmjeravanju javnog diskursa ka konstruktivnim idejama za očuvanje nasljeđa modernizma te artikulaciji društveno odgovorne pozicije nasuprot devastaciji. Projekt je razvio specifičnu metodologiju koju možemo opisati kao spoj građanskog aktivizma te znanstvenog, publicističkog, kustoskog i edukativnog rada. Uz javne tribine i predavanja, kontinuirano se organiziraju umjetnička događanja međunarodnog karaktera, stručno vođene šetnje te izložbeni projekti koji širu javnost senzibiliziraju za modernu arhitektonsku baštinu jadranske regije i šire. Posebno mjesto u našem radu zauzimaju publikacije tj. izdavačka djelatnost, a naše publikacije imaju globalnu distribuciju. Naš rad podržavaju Ministarstvo kulture i medija RH, Grad Zagreb, Grad Split, Europska unija/ program Kreativna Europa, brojne zaklade poput Zaklade Adris i Kultura nova te mnogi drugi.

U iščekivanju skorog odgovora, srdačno pozdravljamo,

Nataša Bodrožić,
Predsjednica udruge i voditeljica projekta Motel Trogir
abodrozi@gmail.com

Loose Associations, platform for contemporary art practices
Vinogradska 34, Zagreb
www.slobodneveze.wordpress.com

MINISTRY OF DEFENCE OF THE REPUBLIC OF CROATIA
CENTRAL ARMY ARCHIVES
Ilica 256b, Zagreb

Zagreb, 15 January 2024

RE: ARCHIVES OF THE MINISTRY OF DEFENCE OF THE REPUBLIC OF CROATIA FROM 1991 – 1999 ON THE FORMER ARMY VACATION RESORT / CHILDREN'S HEALTH RESORT IN KRVAVICA NEAR MAKARSKA

Dear Madam,

Pursuant to our telephone conversation, I hereby send an official request regarding archival material (documents, photographs) on the utilisation of the former army vacation resort / children's health resort in Krvavica near Makarska by the Ministry of Defence of the Republic of Croatia after the takeover of the building from the Yugoslav People's Army by the Croatian armed forces in 1991. Namely, we have been working for some time on a publication on the history of the building and the initiatives for the protection of it. This former army-managed children's health resort, designed by Rikard Marasović, is a masterpiece of late-20th-century Modernist architecture. It is a protected cultural asset entered in the Register of Cultural Assets of the Republic of Croatia under designation Z-6385 as an immovable cultural asset – separate (information thereon are available at the website of the Ministry of Culture and the Media).

By researching the history of the vacation resort, talking to the local population and former employees and consulting certain scientific papers dealing predominantly with war operations and civil victims of the Croatian War of Independence, we found out that, as of 1991, the vacation resort had been used for army training and the accommodation of refugees and displaced persons from war-torn areas. Considering that this information is publicly available and the documents are very hard to obtain, especially photographs from the wartime (and post-war) period, we would like to inquire whether your Archives hold documents, particularly photographs, related to the relevant location and period. Considering that our research material from the 1990s is scarce, evidently due to the war circumstances of the period, any document or photograph available for public disclosure would be greatly significant to us. Namely, we found out that the building was managed by the Ministry of Defence of the Republic of Croatia until the late 1990s, when its managements was taken over by the Club Adriatic state agency. Therefore, any documents from the period between 1991 – 1999 would be extremely valuable to us in our efforts to reconstruct the story of the building and its utilisation.

We would like to end this letter with a short description of our initiative and the context in which the mentioned publication is being prepared. The Loose Associations initiative for contemporary art practices was founded in 2009 in Zagreb, and has been active in Croatia and abroad ever since. One of our best-known projects is MOTEL TROGIR, which, since its launching in 2013, has served as a citizens' initiative and project focussed on the social valuation and formal protection of late Modernist architecture in Croatia – a part of built heritage which has still not received systematic institutional treatment. We placed special emphasis on the protection of the motels by Ivan Vitić on the Adriatic coast, and on the preservation of the architectural and urban planning values of late-20th-century Modernism in Central Dalmatia. In addition, we advocated for the protection of a number of other buildings, such as the Koteks centre in Gripe in Split, the former army-managed children's health resort in Krvavica etc. By employing a strategy that combines networking, public information activities through the media and social networks, and partnering with local associations centred on heritage activism, Motel Trogir works on redirecting public discourse to constructive ideas for the preservation of Modernist heritage and the articulation of a socially responsible position against devastation.

We look forward to your expeditious reply.
Best regards,

Nataša Bodrožić,
Loose Associations, President and Motel Trogir Project Manager
abodrozi@gmail.com

ARHIV MORH-A, BIVŠE VOJNO ODMARALIŠTE U KRVAVICI KOD MAKARSKE U RAZDOBLJU 1990IH

arhiv@morh.hr
pon, 29. sij 12:56

prima: Natasa Bodrozic

Poštovana,
vezano uz Vaš upit kojim tražite arhivsko gradivo o nekadašnjem vojnom odmaralištu u Krvavici kod Makarske izvješćujemo Vas Središnji vojni arhiv ne raspolaže arhivskim gradivom koje se odnosi na traženo. Potvrđujemo da smo zaprimili Vaš upit i poštom te da ćemo ga proslijediti Sektoru za vojnu infrastrukturu i zaštitu okoliša (MORH, Uprava za materijalne resurse). Napominjemo da se arhivskom gradivu može pristupiti samo temeljem Odluke ministra o odobrenju uvida u gradivo te da se za navedeno potrebno obratiti zamolbom Kabinetu ministra, odnosno, ministru obrane.

Lp,
Ivana Filipović, prof.
voditeljica
SVA
tel. 01 37 84 694 i mob. 098 9222 827

MORH, Glavno tajništvo,
Sektor za opće poslove i prip. akata,
Služba za opće i potp. poslove i prip. akata, SVA

arhiv@morh.hr
čet, 7. ožu 11:20

prima: tajnistvo, Natasa Bodrozic

Poštovana,

vezano uz Vaš upit kojim tražite podatke iz dokumentacije i fotografije nekadašnjeg vojnog odmarališta / dječjeg lječilišta u Krvavici u svrhu izrade publikacije, izvješćujemo Vas da smo informirani od Sektora za vojnu infrastrukturu i zaštitu okoliša kako isti ne posjeduju traženo jer je navedeni objekt prenesen u vlasništvo nekadašnjeg Hrvatskog fonda za privatizaciju.

Lp,

Ivana Filipović
voditeljica
Središnji vojni arhiv

MORH, Glavno tajništvo,
Sektor za opće poslove i pripremu akata,
Služba za opće i potp. poslove i prip. akata, SVA

ARCHIVES OF THE MINISTRY OF DEFENCE OF THE REPUBLIC OF CROATIA, FORMER ARMY VACATION RESORT IN KRVAVICA NEAR MAKARSKA IN THE 1990S

arhiv@morh.hr
Monday, 29 January 2024, 12:56 p. m.

To: Natasa Bodrozic

Dear Ms Bodrožić,
With regard to your request for archives on the former army vacation resort in Krvavica near Makarska, we inform you that the Archives of the Ministry of Defence do not contain materials of relevance to your request. We confirm that we have received your request and that it will be forwarded to the Sector for Military Infrastructure and Environment Protection (Ministry of Defence of the Republic of Croatia, Directorate for Material Resources). We emphasize that the archives can only be accessed pursuant to a decision of the Minister permitting inspection of the archives. In order to obtain the decision, you must submit a request to the Minister of Defence via the Cabinet of the Minister.

Best regards,

Ivana Filipović, prof.
Head
Central Army Archives
Phone number: 01 37 84 694;
mobile phone number:
098 9222 827

Ministry of Defence of the Republic of Croatia, General Secretariat,
Sector for General Affairs and the Preparation of Acts,
Department for General Affairs, Auxiliary Services and the Preparation of Acts, Central Army Archives

arhiv@morh.hr
Thursday, 7 March 11:20 a. m.

To: tajnistvo /the Secretariat/,
Natasa Bodrozic

Dear Ms Bodrožić,

Regarding your request for information from the archival documents and photographs of the former army vacation resort / children's health resort in Krvavica, for the purpose of preparing a publication, we inform you that the Sector for Military Infrastructure and Environment Protection has informed us that it does not possess the requested materials because ownership of the relevant building was transferred to the former Croatian Privatisation Fund.

Best regards,

Ivana Filipović, prof.
Head
Central Army Archives

Ministry of Defence of the Republic of Croatia, General Secretariat,
Sector for General Affairs and the Preparation of Acts,
Department for General Affairs, Auxiliary Services and the Preparation of Acts, Central Army Archives

VOJNI ARHIV - MINISTARSTVO ODBRANE REPUBLIKE SRBIJE U BEOGRADU

PODACI O NEKADAŠNJEM VOJNOM DJEČJEM LJEČILIŠTU KOD MAKARSKE

natasa bodrozic
<abodrozi@gmail.com>
pet, 13. lis 2023. 08:00

prima: vojni arhiv

Poštovani,

pišem vam iz Zagreba, kao urednica publikacije o nekadašnjem vojnom dječjem lječilištu u Krvavici kod Makarske, inače remek-djelu modernističke arhitekture druge polovice 20. vijeka, iz 1964. Naime, o zgradi koja je po našim saznanjima bila pod ingerencijom JNA do 1991. i koja je u početku služila za oporavak djece vojnih osiguranika od plućnih bolesti, a kasnije bila vojno odmaralište, još uvijek nije nađeno puno podataka (ni o gradnji ni funkcioniranju). Naša publikacija nastaje s ciljem očuvanja najboljih primjeraka modernizma i pokušava to promijeniti tj. ispričati cjelovitiju priču o zgradi. Inače, već duže vremena bavimo se temom zaštite baštine iz razdoblja socijalističke Jugoslavije, posebno u Dalmaciji.

Zanima me da li je moguće da podatke o takvom objektu čuva vaš Vojni arhiv?

Na vašem ljubaznom odgovoru, unaprijed zahvaljujemo.

Nataša Bodrožić

<vojniarhiv@mod.gov.rs>
čet, 19. lis 2023. 10:45

prima: Natasa Bodrozic

Поштована,

Поводом Вашег захтева обавештавамо Вас да Војни архив не располаже траженом документацијом.

Молимо да, уколико нисте држављанин Републике Србије, евентуалне будуће захтеве Војном архиву упућујете дипломатским путем.

С поштовањем,
Војни архив.

MILITARY ARCHIVE - MINISTRY OF DEFENSE OF THE REPUBLIC OF SERBIA IN BELGRADE

INFORMATION ON THE FORMER ARMY-MANAGED CHILDREN'S HEALTH RESORT NEAR MAKARSKA

natasa bodrozic
<abodrozi@gmail.com>
Friday, 13 October 2023
8:00 a. m.

To: vojni arhiv
/ the Army Archives /

Dear Sirs,

I'm writing to you from Zagreb, as the editor of a publication on the former army-managed children's health resort in Krvavica near Makarska, which is a masterpiece of late-20th-century Modernist architecture built in 1964. Namely, very little information has so far been uncovered about this building (regarding its construction and use), which, as far as we know, was managed by the Yugoslav People's Army until 1991, and which had initially operated as a recovery facility for the children of Army employees suffering from pulmonary diseases, and was later used as the Army's vacation resort. Our publication, created for the purpose of preserving the finest works of Modernism, is trying to change this state of affairs, by telling a more comprehensive story about the building. For a number of years, our activities have been focused on the protection of heritage from the period of Socialist Yugoslavia, especially of that located in Dalmatia.

I would be interested to know if any data on this building could be retrieved from the Army Archives.

With sincere thanks in advance for your response,

Nataša Bodrožić

<vojniarhiv@mod.gov.rs>
Thursday, 19 October 2023,
10:45 a. m.

To: Natasa Bodrozic

Dear Ms Bodrožić,

In response to your request, we wish to inform you that the Army Archives does not possess the requested documents.

If you are not a citizen of the Republic of Serbia, we urge you to submit any further requests you may have to the Army Archives through diplomatic channels.

Sincerely,
the Army Archives

doplgenger
Snimak pejzaža bez predistorije,
video snimak, 2020.

doplgenger
A Record Of Landscape Without Prehistory,
video still, 2020

more.

8

fotografije / photos by Damir Fabijanić (DF)
ostale fotografije / other photos Dinko Peračić (DP)

DP

PERJE NA BURI

Miranda Veljačić

–

Ovaj tekst originalno je objavljen u časopisu ORIS br. 50, 2008. godine.

This text was originally published in ORIS magazine, issue 50, 2008.

FEATHERS IN THE BORA

'...ruševina 'propuh' stanja nalazi se i u Krvavici, malom pitoresknom mjestu udaljenom od Makarske 3 km zapadno. Ovaj objekt nekad je bio vojni hotel, a mislim da je danas u vlasništvu Cluba Adriatic. Dakle, u maloj šumici na samoj plaži nalazi se ovaj, kružno kao svemirski tanjur arhitektonski riješen nekadašnji hotel. Tablu recepcije sam pronašao u jednoj sobi, a objekt ću upamtiti po tome što je prepun perja. Perja na sve strane.'[1]

Mjesto Krvavica podno masiva Biokova 60-ih godina postala je 'domaćinom' vrlo vrijednog arhitektonskog ostvarenja – Dječjeg pomorskog lječilišta vojnih osiguranika autora Rikarda Marasovića.

Objekt je smješten u neposrednoj blizini plaže od kamenih oblutaka, u velikoj zaštićenoj pošumljenoj zoni. Svojom postavom koristi prednosti terena i pozicionira se u skladu njegovim datostima. Prostori 'dječjeg svijeta' spram prostora 'svijeta odraslih' formiraju osnovnu strukturu kuće, čine splet odnosa, preklapanja i iznenađenja.

Istaknuto prema moru razvija se sklop 'dječjeg svijeta'. Njegov ustroj sasvim je neočekivan, inventivan i duhovit, sa rafiniranim prostorima, doživljajima i mjerilom.

Dominatno obilježje dječjeg bloka čini lebdeći kružni volumen visoko podignut nad prizemljem u kojem su smještene sobe stacionara lječilišta za djecu.

Lebdeći prsten položen je na prizemni volumen tlocrtnog 'L' oblika koji objedinjuje društvene prostore, kantinu, sobe za dnevni boravak, igraonice i TV salu. Sistemom velikih višekrilnih vrata svi se ti prostori mogu povezati i dodatno proširiti na vanjski prostor. Postav ovog volumena jednostavno ali izuzetno prostorno dojmljivo dijeli prizemlje na zapadni ulazni prostor i istočnu terasu s vrtom. Njegov krov služi kao terasa na razini stacionara kako bi najmanja djeca, koju valja posebno kontrolirati, nesmetano provodila vrijeme na otvorenom.

Podjela prostora prizemlja ispod kružnog volumena ključni je element projekta. Ona odvaja prostor kretanja, cirkulacije, ulaza i kontakta s mjestom od prostora boravka, igre, parka, plaže i usmjerenih vizura. Ulaznim prostorom dominira dvokraka rampa koja, zaobljena u isječku kružnog tlocrta, dinamično povezuje

1 np Unoffical Tribute To Black Sabbath VA – In These Black Days. Ulomak iz rasprave 'Anti turizam MA rivijere' na http://sickofitall.blog.hr

> 'A ruin of a 'draught' condition may also be found in Krvavica, a small picturesque village three kilometres west of Makarska. The facility used to be a military hotel, and I think that today it is owned by Club Adriatic. This former hotel, architecturally circular as a flying saucer, is situated in a small forest on the beach. I found a reception desk table in one of the rooms, and I shall remember the facility by the fact that it was full of feathers. Feathers all over the place.'[1]

The village of Krvavica under the Biokovo massif became the 'host' of a very valuable architectural achievement in the 1960s: the Children's Maritime Health Resort of Military Insured Persons by architect Rikard Marasović.

The facility is situated in the immediate vicinity of a pebble beach, in a large protected wooded area. With its arrangement it exploits the advantages of the terrain and it is positioned according to its features. The areas of the 'children's world' against the spaces of the 'world of adults' form the basic structure of the building, they make a web of relations, overlapping and surprises.

A complex of 'children's world' is developed toward the sea. Its organization is quite unexpected, inventive and ingenious with refined spaces, experiences and scale.

A levitating circular volume raised high above the ground floor creates the dominant feature of the children's block, in which the rooms of the children's inpatient clinic are situated.

The hovering ring is placed on the ground floor volume of the L-shape layout which unites social premises, a canteen, living rooms, playrooms and a TV room. All spaces may be mutually connected and additionally extended to the outer space by the system of large multi-winged doors. The arrangement of this volume divides the ground floor into the western entrance area and the eastern terrace with a garden in a simple but spatially impressive way. Its roof serves as a terrace at the level of the inpatient clinic, so that small children under special control could freely spend time in the open.

The division of the ground floor area under the circular volume is the key element of the project. It divides the area of movement, circulation, entrance and

1 np Unofficial Tribute To Black Sabbath VA – In These Black Days. A fragment from the discussion 'Anti tourism of MA Riviera' at åhttp://sickofitall.blog.hr

prizemlje s katom. Upravo ta dimenzija zračnog međuprostora stvara reprezentativni karakter ustanove. Svojom geometrijski preciznom linijom rampa koja se nastavlja na kružni hodnik – galeriju soba unosi novu dimenziju posebne atrakcije za djecu, prostor za igru i druženje. Prostori koje formiraju uzdignuti volumen i park koji on obavija stvaraju sjenovite ambijente ugodne za boravak djece, brišući granice prirodnog i artificijelnog ambijenta šume u kojoj se nalaze.

Sobe su organizirane u jedinicama od po 12 kreveta u dvije odvojene prostorije između kojih se nalazi soba dežurnog osoblja, kupaonice i predprostor. Svaki sklop ima svoju terasu u razini krošnji stabala. Svi prostori su direktno zračeni, dok same spavaonice imaju dvostruko osvjetljenje i zračenje. Takav presjek omogućava 'da svaka jedinica ma na kojem se dijelu prstena nalazila hvata sunce i može se zaštititi od udara vjetra ma iz kojeg smjera dolazio'.[2] Drugi važan zahtjev koji je riješen presjekom je zahtjev da se objekt približi mjerilu ambijenta igrom krovnih ploha i usklađenjem visina i veličina pojedinih elemenata lječilišta. Kruna razigranih krovnih volumena s donje strane je smirena ujednačenom zaobljenom plohom koju nose centralno postavljeni stupovi konusnog presjeka. Na taj način cijeli volumen stoji konzolno na obje strane, što pojačava dojam 'lebdenja'.

Sjeverni dio sklopa dijelom je ukopan u teren koji je u nagibu te je formiran prilazni park koji prelazi preko njegovih krovova.

2 Citat autora Rikarda Marasovića.

Arhiv Gradski muzej Makarska

Archiv The Makarska Municipal Museum

Arhiv Gradski muzej Makarska

Archiv The Makarska Municipal Museum

contact from the area of sojourn, playing, park, beach and oriented views. A two-arm ramp dominates the entrance area, which dynamically connects the ground floor with the first floor in the circular layout segment. This dimension of airy interspace creates a representative character of the institution. The ramp, which continues to the circular corridor – gallery of rooms, brings a new dimension with its geometrically precise line, as a particular attraction for children, the playing area and the area for keeping company. The areas formed by the elevated volume and the park encircling it create a distinctive shady atmosphere which is pleasant for children, erasing the borders of the natural and artificial atmosphere of the forest in which it is situated.

Rooms are organized in 12-bed units in two separate rooms with a room for the staff on duty, lavatories and a foreroom in between. Each set has its own terrace at tree-top level. All areas are directly ventilated, while the bedrooms are lighted and ventilated from two sides. Such intersection of bedrooms enables ‘that each unit catches the light no matter on which part of the ring it is situated

DF

U tom dijelu smješteni su svi servisni prostori: tehnički, medicinski, skladišni gospodarski kao i stanovi osoblja. Dva niska bloka servisnih funkcija formiraju gospodarsku ulicu, preko koje su povezani mostom.

Niski ukopani blok završava četverokatnom stambenom zgradom za osoblje bolnice.

Administrativno-upravni dio objekta sa suprotne strane sadrži prijemni odjel, ambulantu, upravu i kuhinjski blok. Osoblje ima vlastite komunikacije unutar objekta, vlastiti ulaz s natkrivenim trijemom i odvojene linije kretanja. Struktura i mjerilo gospodarskog dijela, obrade i artikulacija njegovih prostora u arhitektonskom i funkcionalnom smislu predstavlja poznati i očekivani prostor lječilišta i 'svijeta odraslih'.

Sve navedne prostorne kvalitete sintetizirane su u jedinstveno putovanje kroz vrhunsku arhitekturu. Decentan postav na obali, blago odmaknut od plaže i skriven u šumi, dinamična spirala kretanja koja sve prostore čini aktivnima,' lebdeća' struktura sa otvorenim prostorom u sredini koja rastvara volumen omogućavajući njegovo povezivanje sa prirodom, inventivna konstrukcija i iznad svega suptilan odgovor na imaginaciju dječjeg svijeta čine ovaj objekt izuzetnim primjerom skladnog i organičnog odnosa arhitekture, pejzaža i sadržaja koji kuća udomljuje.

and may be protected from the gusts of wind no matter from which direction it is blowing'[2]. A second important requirement solved by the intersection is getting the facility closer to the scale of the ambience through the play of roof surfaces and by harmonizing the heights and sizes of particular elements of the health resort. The crown of playful roof volumes from the lower side is calmed by a homogeneous rounded surface carried by centrally placed pillars of conical intersection. Thus the entire volume stands like a console on both sides emphasizing the impression of 'hovering'.

The northern part of the complex is partly dug into the terrain which is inclined, and an access park is formed passing over its roofs. All service facilities, technical, medicinal and storage premises, outbuildings and staff apartments are situated in this part. Two low blocks of service premises form the outbuildings street, connected by a bridge.

A low dug-in block ends in a four-storey building for the hospital staff.

The administration and management part of the facility on the opposite side includes the admissions department, a clinic, the management and a kitchen block. The staff has its own communications within the facility, its own entrance with a roofed porch and separate movement lines. The structure and scale of the outbuildings, the treatment and articulation of their spaces, in the architectural and functional sense, represent a familiar and expected area of a health resort and 'the world of adults'.

All the mentioned spatial qualities have been synthesized into a unique journey through supreme architecture. A decent arrangement on the coast, slightly shifted away from the beach and hidden in the forest, a dynamic loop of movement which makes all spaces active, a 'levitated' structure with an open space in the middle which opens the volume gradually enabling its connection with nature, an inventive construction and above all a subtle response to the imagination of a child's world, make this building an exceptional example of a harmonious and organic relationship between architecture, landscape and the content housed by the building.

For a long time the health resort was strictly controlled by the military and inaccessible to villagers and tourists of Krvavica. It was also hidden and out of the focus of architectural interest. Numerous other military facilities had a similar

2 Quotation by author Rikard Marasović.

DF

DP

Perspektiva
Perspective drawing

Presjek
Section

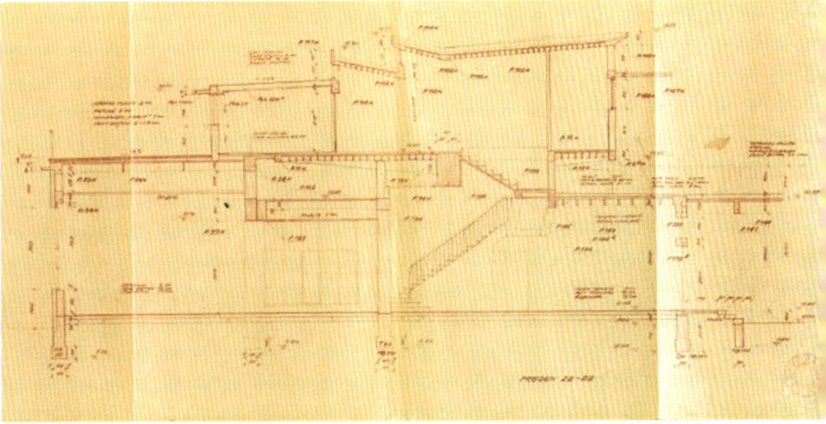

Tlocrt prizemlja
Ground floor plan

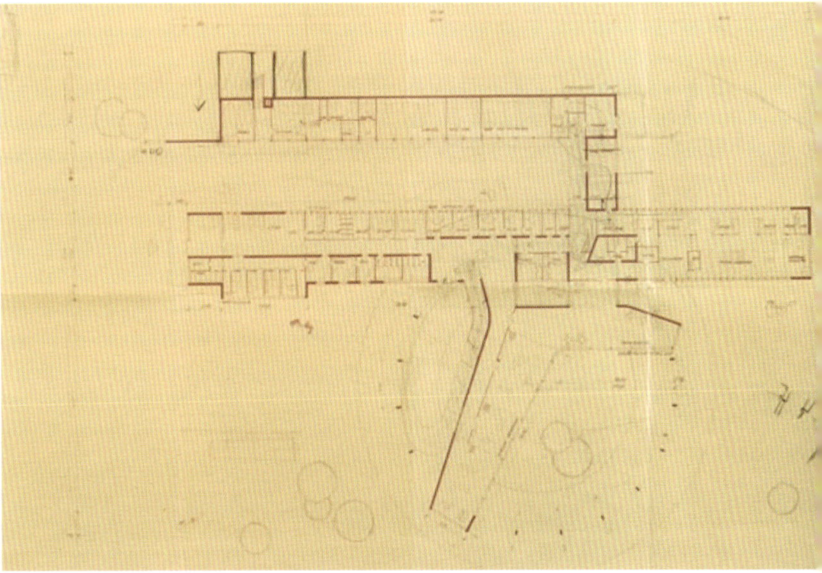

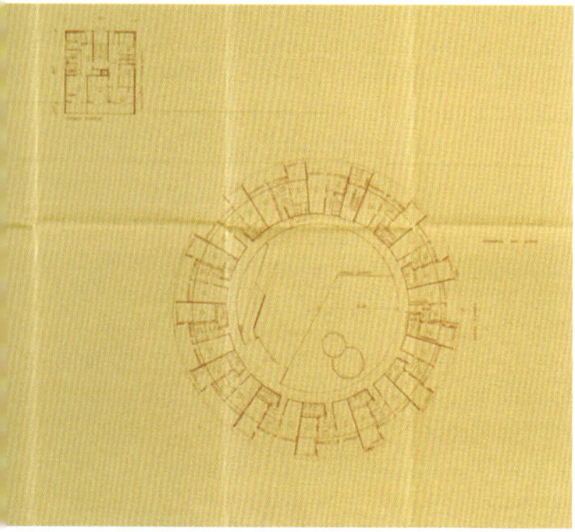

Tlocrt 1. kata
1st floor plan

Karakteristična jedinica dječjih soba
Characteristic unit – children's room

Dugo je vojska strogo kontrolirala lječilište te je ono bilo nedostupno za mještane i turiste Krvavice. A isto je tako bilo skriveno arhitektonskom interesu i izvan njegovog fokusa. Sličnu sudbinu imali su i brojni drugi vojni objekti koji su se pojavili u javnosti tek demilitarizacijom vojnih struktura. Tim činom vojska je prepustila lokalnim zajednicama, fondovima za privatizaciju i javnim institucijama opus izuzetnih arhitektonskih ostvarenja. U vremenu tranzicije i odbacivanja nasljeđa socijalističkog društva ta izuzetna djela redom su devastirana. Isto se dogodilo i Vitićevim domovima armije, kao i vojnim hotelima, odmaralištima i upravnim zgradama drugih autora.

Bivše Dječje pomorsko lječilište sa svojim uništenim inventarom, razbacanim krevetima, devastiranom staklenom ovojnicom prepušteno je propadanju i iščekuje rušenje. Uništeni dijelovi namještaja terasa, opreme za plažu i sandoline govore o vremenu luksuza koji je pripadao najmlađima i bolesnima.

Nošeno znamenitom makarskom burom, perje dječjih jastuka danas putuje kružnim rampama i hodnicima, dok gradnja bivšeg dječjeg lječilišta iščekuje neizvjesnu sudbinu svjedočeći o vremenu kada su socijalna osjetljivost i arhitektonska ambicija predstavljali samorazumljive sinonime.

Zahvaljujemo Nikoli Radeljkoviću na vrijednim informacijama o objektu, Mari Bošković-Marasović na upoznavanju s radom Rikarda Marasovića, Vinku Peračiću na trudu za pronalazak dokumentacije, Građevinskom odjelu MORH-a u Lori.

destiny, which appeared in the public only after the demilitarization of military structures. Thus the military ceded an opus of extraordinary architectural achievements to local communities, privatization funds and public institutions. During the transitional period and rejection of the heritage of the socialist society, these exceptional works were devastated. The same thing happened to Vitić's military culture centres, also to military hotels, summer resorts and administration buildings by other architects.

The former Children's Maritime Health Resort with its destroyed inventory, scattered beds, and a devastated glass shell was left to deteriorate and it is waiting to be demolished. Devastated pieces of furniture from terraces, the beach equipment and canoes speak of the time of luxury which belonged to the youngest and the sick.

Carried by the famous Makarska bora, released feathers from children's pillows travel today across circular ramps and corridors, while the building of the former children's health resort is waiting for its uncertain destiny testifying of a time when social sensibility and architectural ambition represented self-explanatory synonyms.

We wish to thank Nikola Radeljković for valuable information about the facility, Mara Bošković-Marasović for getting us acquainted with the work of Rikard Marasović, Vinko Peračić for his effort to find the documents, the Building Department of the Ministry of Defence of the Republic of Croatia in Lora.

Vojno i medicinsko osoblje Dječjeg lječilišta u Krvavici, privatna arhiva V. Meštrović, 1967.

Military and medical staff of the Children's Health Resort in Krvavica, private archives of V. Meštrović, 1967

VOJNO DJEČJE LJEČILIŠTE I ODMARALIŠTE U KRVAVICI – KULTURA SJEĆANJA I ZABORAVA

Antonia Vodanović
Udruga Kačić /
Kačić Association

THE CHILDREN'S HEALTH AND VACATION RESORT OF THE YUGOSLAV PEOPLE'S ARMY IN KRVAVICA – A CULTURE OF REMEMBRANCE AND OBLIVION

Sažetak:

Cilj ovoga rada je na temelju arhivskih podataka te razgovora s bivšim zaposlenicima, korisnicima i mještanima (oralna historija), dati prikaz povijesne slojevitosti lječilišta te "demistificirati" njegovu funkcionalnu i prostornu uporabu temeljem novih saznanja. Lokalna kolektivna memorija pamti povijest ove zgrade i možda najautentičnije svjedoči njenim razvojnim fazama te promjenama utilitarnih funkcija. Zbog diskontinuiteta transfera podataka, nedostatka pisane riječi i istraživanja te (re)valoriziranja prošlosti koja pridonose očuvanju sjećanja mnoge od tih informacija nikad nisu postale dijelom šire kolektivne memorije. Stoga, unatoč iznimnoj arhitektonskoj i društvenoj vrijednosti objekta, posljednjih 50-ak godina svjedočimo gubitku pamćenja u kontinuumu kolektivne memorije, brisanju sjećanja i kolektivnoj amneziji. S obzirom na to da nije provedeno sustavno istraživanje već su obrađeni podaci prikupljeni do tiska ove publikacije, rad treba shvatiti kao prethodno priopćenje koje će usmjeriti istraživanja u daljnjim smjerovima. Cilj rada je otvoriti i potaknuti nova istraživačka pitanja te rasvijetliti nedovoljno poznatu povijest zgrade u razdoblju od 1965. – 1991.

Unatoč tome što Vojno dječje lječilište u Krvavici, danas slovi kao "kanonsko djelo hrvatske moderne arhitekture", ono je bilo nepoznato stručnoj i široj javnosti, sve do objave arhitektonske analize Mirande Veljačić u časopisu Oris.[1] Sam objekt i njegova povijest i dalje su enigmatični, kao i povijest njegova projektanta Rikarda Marasovića, koji unatoč iznimnom arhitektonskom talentu i osjećaju za vizualne umjetnosti, biva gotovo sasvim zaboravljen. Zanimljivo je da unatoč tome što je za života obnašao istaknute društvene funkcije poput gradskog zastupnika, profesora na Arhitektonskom fakultetu u Zagrebu i direktora Republičkog zavoda za zaštitu spomenika kulture Hrvatske, njegov rad i kvalitetni arhitektonski projekti, gotovo da uopće nisu publicirani u ondašnjim časopisima za arhitekturu i urbanizam. Možda je tome "kumovao" i Marasovićev pomalo težak i "konfliktan" karakter te određena sklonost introvertiranosti. Njegov suvremenik, arhitekt Igor Skopin, za Rikarda Marasovića kaže da je bio "lucidan, beskompromisan, protivnik dogme i oportunizma" koji "nije mogao preskočiti sve prepreke koje su se postavljale od idejnog projekta do realizacije zamisli" te da mu je za to "trebao drukčiji karakter, takav koji ne bi provocirao

1 VELJAČIĆ 2008.

Abstract:

The purpose of this paper is to provide an overview of the historical complexity of the health resort and "demystify" its functional and spatial purpose, based on new information obtained from archival data and interviews with former employees, patients, and local inhabitants (oral history). The history of the building is etched into the collective memory of the local population, which may be the most credible witness of its developmental phases and changes in function. Due to the discontinuity of data transfer and the scarcity of written sources, research and (re)evaluations of the past, all of which contribute to solidifying recollections, much of this information never became a part of the broader collective memory. Consequently, for the past 50 years, we have witnessed gaps in its continuum, the erasure of recollections, and collective amnesia, regardless of the exceptional architectural and social value of the structure. Considering that this paper is based on data collected up to the printing of this publication, rather than on systematic research, it should be considered as no more than a preliminary report intended to direct further inquiry. The purpose of the paper is to open up and encourage new research subjects and shed light on the largely unknown history of the building in the period from 1965 to 1991.

Despite the fact that the Children's Health Resort of the Yugoslav People's Army in Krvavica is nowadays hailed as "part of the canon of Croatian modern architecture", it was unknown to the experts and the general public until the publication of an architectural analysis by Miranda Veljačić in the *Oris* magazine.[1] The history of the structure remains enigmatic, just like that of its architect, Rikard Marasović, who is all but completely forgotten despite his exceptional architectural talent and flair for the visual arts. Interestingly, although Marasović held some important public offices during his lifetime, such as city councillor, professor at the Faculty of Architecture in Zagreb and director of the Institute for the Conservation of Cultural Heritage of the Republic of Croatia, his work and outstanding architectural projects were almost never published in contemporary architectural and urban-planning journals. This might have had something to do with his somewhat difficult and "conflict-prone" character, combined with a disposition towards introversion. Rikard Marasović's contemporary, architect Igor Skopin, describes him as "lucid, uncompromising, adverse to dogma and opportunism", as well as "unable to surmount all the obstacles on the path from

1 VELJAČIĆ 2008

Dječje lječilište u Krvavici, foto: Antonia Vodanović

Children's Health Resort in Krvavica, photo by: Antonia Vodanović

oporbu i neshvaćanje".[2] Joža Ladović pak navodi da su ga oni koji su ga površno poznavali smatrali "pomalo čudnim egocentrikom", no da se iza te maske skrivao "osjetljivi sanjar i dobrovoljni samotnjak" te da u "njegovu načinu ophođenja s ljudima koji su ga okruživali leže i glavni uzroci sporova u koje je upadao, katkad i bez pravih razloga".[3]

Još kao student arhitekture pokazivao je afinitet prema projektiranju zdravstvenih ustanova te za vrijeme studija počinje raditi u atelijeru arhitekta Ernesta Weissmanna, projektanta nekolicine bolnica, sanatorija i klinika.[4] Interes prema zgradama zdravstvene skrbi nastavlja razvijati radeći u atelijeru arhitekta Stanka Kliske, gdje prije početka Drugog svjetskog rata "afirmira svoj talent u timovima koji su radili na natječajnim projektima za zgrade Bujatričke i Kirurgijske klinike u Beogradu".[5] Marasovićev mentor, Stanko Kliska, značajno je doprinio unapređenju zdravstvene kulture Jugoslavije nakon Drugog svjetskog

2 SKOPIN 1987, 5.

3 LADOVIĆ 1987, 199-200.

4 SKOPIN 1987, 5. E. Weissmann je sudjelovao na natječajima za Židovsku bolnicu u Zagrebu (1930., 3 nagrada), Sanatorij za plućnu tuberkulozu na Šupljoj steni kraj Avale (1931.) te za Zakladnu i kliničku bolnicu na Šalati u Zagrebu (1931., 1. nagrada). Projektirao je Sanatorij za tuberkulozu kosti i zglobova u Kraljevici (1928. – 1929.). Više o autoru: BJAŽIĆ KLARIN 2015.

5 SKOPIN 1987, 5.

preliminary design to concept realisation", as this required "a different character, one that would not provoke opposition and misunderstanding".[2] According to another contemporary of Marasović's, Joža Ladović, those who did not know him well considered him "an odd egocentric" – a mask that was hiding, he claims, a "sensitive dreamer and voluntary hermit", whose "conduct with regard to the people around him was the main cause of the disputes he got involved in, sometimes unnecessarily".[3]

Even as a student of architecture, he exhibited an affinity for designing healthcare institutions and, while still at university, began working in the studio of architect Ernest Weissmann, who had designed several hospitals, sanatoriums and clinics.[4] Marasović continued to develop his interest in healthcare facilities in the studio of architect Stanko Kliska, where he worked before World War II, "affirming his talent in teams that worked on competition-winning designs of the Veterinary Clinic and Surgery Clinic in Belgrade".[5] Marasović's mentor, Stanko Kliska, significantly contributed to the improvement of healthcare in Yugoslavia after World War II. Kliska specialised in healthcare architecture, by developing new models and typologies, designing numerous healthcare facilities all over Yugoslavia and writing books and textbooks on hospitals, healthcare clinics, community health centres and the issues related to designing healthcare institutions.[6] Considering that Rikard Marasović participated in tenders for several

2 SKOPIN 1987, p. 5
3 LADOVIĆ 1987, pp. 199 – 200.
4 SKOPIN 1987, p. 5. E. Weismann participated in competitions for the design of the Jewish Hospital in Zagreb (1930, 3rd prize), the Sanatorium for Pulmonary Tuberculosis in Šuplja stena on the Avala mountain (1931) and the Foundation and Clinical Hospital in the Šalata district of Zagreb (1931, 1st prize). He designed the Sanatorium for Bone and Joint Tuberculosis in Kraljevica (1928 – 1929). For more information on the architect, see: BJAŽIĆ KLARIN 2015.
5 SKOPIN 1987, p. 5.
6 After World War II, he started working in the Ministry of Health of the Federative People's Republic of Yugoslavia in Belgrade, and in 1947, he was employed by the Jugoprojekt federal design institute, where he founded a studio for the design of healthcare facilities. He designed the Foundation Hospital in Kišpatićeva Street in Zagreb (1934 – 1941, with F. Gabrić and I. Juranović), the banovina hospitals in Požega (1930 – 1936, today the County General Hospital), Sisak (1931 – 1935, today the "Dr. Ivo Pedišić" General Hospital) and Glina (1931 – 1935), as well as in Sušak (1931 – 1934, with E. Steinmann, today part of the Clinical Hospital Center Rijeka) and the general hospital in Bitolje (1961, with Radivoje Gibarac). He designed the building of the Institute of the School of Medicine (1946 – 1947) and clinical hospital in Skoplje (1948), the Sanatorium of the Presidium of the Government in Banjica (1947 – 1949, repurposed into a hospital for child paralysis in 1955), the gynaecology clinic in Belgrade (1949 – 1957), the hospital for children with bone tubercu-

rata. Naime, Kliska se specijalizirao za zdravstvenu arhitekturu, promišljajući nove modele i tipologije, projektirajući brojne objekte zdravstvene skrbi diljem Jugoslavije te pišući knjige i udžbenike o bolnicama, zdravstvenim stanicama, domovima zdravlja, kao i o problematici projektiranja zdravstvenih ustanova.[6] S obzirom na to da je Rikard Marasović, izuzev Dječjeg lječilišta u Krvavici, projektirao i sudjelovao u natječajima za još nekoliko objekata zdravstvene namjene, iste bi u budućnosti trebalo znanstveno valorizirati te kontekstualizirati unutar poslijeratne jugoslavenske zdravstvene arhitekture, pa i mogućih utjecaja njegovih mentora E. Weissmanna i S. Kliske.[7]

PRVA FAZA (1965. – 1973.): LJEČILIŠTE ZA DJECU VOJNIH OSIGURANIKA JNA

Vojno dječje lječilište u Krvavici, arhitekta Rikarda Marasovića, sagrađeno je od 1962. – 1965. godine za potrebe liječenja i rehabilitaciju djece s respiratornim bolestima vojnih osiguranika JNA te je svečano otvoreno na Međunarodni praznik rada, 1. svibnja 1965. godine. Za izgradnju objekta vojska je angažirala građevno poduzeće "Tehnogradnja" iz Splita, koje je ranije izgradilo Školsku polikliniku u splitskoj gradskoj četvrti Lovret, kao i bolnički kompleks na Firulama u Splitu, djelo arhitektice Zoje Dumengjić.[8]

Za izgradnju lječilišta vojska je izabrala mjesto Krvavicu, smješteno ispod obronaka Biokova, s idealnom kombinacijom morskog i planinskog zraka, pogodno za liječenje respiratornih bolesti. S obzirom na nepostojanje potrebne javne

6 Po završetku Drugog svjetskog rata započinje službu u Ministarstvu zdravlja FNRJ u Beogradu, a od 1947. radi u saveznom projektnom zavodu Jugoprojekt, gdje osnova biro za projektiranje zdravstvenih objekata. Projektirao je Zakladnu bolnicu u Kišpatićevoj ul. u Zagrebu (1934. – 1941., s F. Gabrićem i I. Juranovićem), banovinske bolnice u Požegi (1930. – 1936., danas Opća županijska bolnica), Sisku (1931. – 1935., danas Opća bolnica "Dr. Ivo Pedišić") i Glini (1931. – 1935.) te u Sušaku (1931. – 1934., s E. Steinmannom, danas u sastavu KBC Rijeka), opću bolnicu u Bitolju (1961., s Radivojem Gibarcem). Realizirao je zgradu Instituta Medicinskoga fakulteta (1946. – 1947.) i kliničku bolnicu u Skoplju (1948.), Sanatorij Predsjedništva vlade na Banjici (1947. – 49., 1955. adaptiran u bolnicu za dječju paralizu) i ginekološku kliniku (1949. – 1957.) u Beogradu, bolnicu za dječju tuberkulozu kostiju u Kalištima na Ohridskom jezeru (1953. – 1955.) te opće bolnice u Zenici (1954. – 1959.) i Tuzli (1956. – 1962.). Sudjelovao je u natječaju za Željezničarsku bolnicu na zagrebačkom Jordanovcu (1938, 1. nagrada): FRANIĆ 2009, 384-385.

7 Izuzev Vojnog dječjeg lječilišta za respiratorne bolesti u Krvavici, Marasović je radio natječajni projekt za Vojno-medicinsku akademiju u Beogradu te projekte za bolnicu u Švicarskoj i kliniku u Beču: SKOPIN 1987, 5.

8 ANONIM 1974, 21.

Dječje lječilište u Krvavici, ljubaznošću Tee Tomkić

Children's Health Resort in Krvavica, courtesy of Tea Tomkić

other healthcare facilities in addition to the Children's Health Resort in Krvavica, and even designed some of them, these should also be scientifically evaluated and contextualised within the Yugoslav post-war healthcare architecture and the potential influence of his mentors, E. Weissmann and S. Kliska.[7]

FIRST PHASE (1965 – 1973): HEALTH RESORT FOR THE CHILDREN OF PERSONS INSURED WITH THE YUGOSLAV PEOPLE'S ARMY

Designed by Rikard Marasović, the Children's Health Resort of the Yugoslav People's Army in Krvavica was built between 1962 and 1965, for the purpose of treating and rehabilitating respiratory patients who were children of persons insured with the Yugoslav People's Army. The resort opening ceremony was held on International Labour Day, 1st May 1965. The contractor hired by the Army to build the facility was the *Tehnogradnja* construction firm from Split, which had previously built the School Polyclinic in the Split district of Lovret and

losis in Kališta on Ohrid Lake (1953 – 1955) and the general hospitals in Zenica (1954 – 1959) and Tuzla (1956 – 1962). He participated in the competition for the design of the Railway Workers' Hospital in the Jordanovac district of Zagreb (1938, 1st prize): FRANIĆ 2009, pp. 384 – 385.

7 Apart from the Army Health Resort for Children with Respiratory Diseases in Krvavica, Marasović also participated in the competition for the design of the Army Medical Academy in Belgrade and prepared designs for a hospital in Switzerland and a clinic in Vienna: SKOPIN 1987, p. 5.

infrastrukture, prije izgradnje lječilišta, izgrađen je put do gradilišta, zatim napravljena regulacija obližnjeg potoka te sagrađena lučica i mul gdje se brodovima donosio materijal za izgradnju. Sama zgrada, smještena uz morsku obalu i plažu, pažljivo je i skladno interpolirana u mediteranski krajobraz s borovom šumom. Karakterizira je lebdeći kružni volumen na stupovima konusnog presjeka, iznad kojih se nalaze smještajne jedinice za djecu i njegovateljice "organizirane u jedinicama od po 12 kreveta u dvije odvojene prostorije između kojih se nalazi soba dežurnog osoblja, kupaonice i predsoblja".[9] Sjećanja bivših zaposlenika i pacijenata ukazuju da su sobe dežurnih njegovateljica izvorno bile staklenim stijenkama odvojene od dječjih soba, a prema iskazima kazivača, zazidane su 1973. godine, kada je objekt transformiran iz lječilišta u vojno odmaralište:

> *Sve su bila stakla, kad se uđe u srednju sobu. Kad se uđe na vrata. To je bila soba njegovateljice. S jedne strane su bila djeca, s druge strane djeca i naprijed su bili sanitarni čvorovi. Znači, ona je iz svoje sobe vidila i jednu i drugu sobu, jer je bilo sve od stakla. A i sada ako odete vidit, pa ćete vidit na zidu ovako pukotine velike... To se zagradilo '73. godine... Ali, kažem, bez nekih ulaganja, to je bilo najjeftinije što se moglo napravit.*[10]

Bivša pacijentica J. M., sjeća se zastora u sobama koje su njegovateljice mogle navući preko staklenih stijenki:

> *Bilo nas je šest na jednoj strani. U sredini je bila bolničarka* [medicinska sestra]. *I sa druge strane šest. Onda smo se po noći ratovali s cipelama. Gađali se... Bili su zastori. Nije bilo vrata, nego zastor, pa ta soba di je spavala sestra, pa druga zastorom odijeljena. Kad bi sestra zaspala onda smo se cipelama gađali* [smijeh].

Prizemni volumen "L" oblika je pak zamišljen kao prostor koji "objedinjuje društvene prostore, kantinu, sobe za dnevni boravak, igraonice i TV salu".[11] Istočna terasa u prizemlju zgrade te terasa na katu gdje su bile smještajne jedinice za

9 VELJAČIĆ 2008, 137.

10 Kazivač je Marin Andrijašević, bivši zaposlenik Dječjeg lječilišta u Krvavici. Ostakljenih soba sjeća se i kazivačica Vinka Meštrović, bivša zaposlenica lječilišta koja je od 1965. – 1973. godine radila u tzv. opštoj kancelariji ustanove, ona kaže: "Di je bila sestra ima otvor da vidi jednu sobu, da vidi drugu sobu. Staklo da ona može vidit... unda su oni (1973., op.a.) zatvarali ta stakla. Tako da su oni od toga pravili sobe. Tako da su se tri prostorije dobivale."

11 VELJAČIĆ 2008, 134.

the hospital complex in the city's Firule district, the latter having been designed by architect Zoja Dumengjić.[8]

As the site of the health resort, the Army had chosen Krvavica, situated beneath the slopes of Biokovo, as the area was deemed to have the ideal combination of marine and mountain air, favourable for the treatment of respiratory illnesses. Considering that Krvavica lacked the public infrastructure necessary for the construction of a health resort, the preparations therefor included building a road to the construction site, regulating the flow of a nearby stream and building a small harbour and quay, to be used for unloading the construction materials transported by ships. The building itself, positioned by the sea and flanked by a beach, was carefully and harmoniously interpolated into the Mediterranean landscape, which included a pine forest. The building is characterised by pillars of conical intersection carrying a hovering circular volume, as a base for the rooms for children and their nurses, which were "organized in 12-bed units in two separate rooms with a room for the staff on duty, lavatories and a fore-room in between".[9] According to the recollections of the former employees and patients, the rooms of the nurses on duty were originally separated from the children's bedrooms by glass walls, which were, according to our informants, bricked up in 1973, when the facility was converted into a summer resort for military personnel:

> *The middle room was all in glass, you could see it when you walked through the door. That was the nurse's room. There was the children's room on one side of it, another children's room on the other, and bathrooms to the front. So, since everything was in glass, she could see both of the children's rooms from her own. Even now, if you go see it, you can see these big cracks on the walls... It was bricked up in '73... But, mind you, it wasn't a big investment, it was the cheapest they could do.*[10]

J. M., a former patient, remembers the curtains in the rooms, which the nurses could cover the glass walls with:

8 Anonymous author, 1974, p. 21.

9 VELJAČIĆ 2008, p. 137.

10 The informant is Marin Andrijašević, a former employee of the Children's Health Resort in Krvavica. Another informant, Vinka Meštrović, who worked in the so-called "general administrative office" of the institution from 1965 – 1973, also remembers the rooms in glass: "The room of the nurse had windows looking into both of the children's rooms. They were made of glass, so she could look through... Then they bricked up these windows [author's note: in 1973], to get more rooms. They would get three separate rooms this way."

Zaposlenice Dječjeg lječilišta u Krvavici s karanfilima, privatna arhiva V. Meštrović, 1967.

Employees of the Children's Health Resort in Krvavica with carnations, private archives of V. Meštrović, 1967

djecu, služili su kao prostori za boravak na otvorenom i igru djece, uz izvanredne vizure koje se pružaju prema planinskom masivu Biokova. Sa sjeverne strane centralnog objekta nalazili su se servisni prostori povezani mostom s glavnom zgradom, a nedaleko od njih, četverokatna stambena zgrada za smještaj medicinskog osoblja. Sam interijer centralne zgrade bio je skromno opremljen jednostavnim funkcionalnim namještajem i inventarom, mada nalazimo i neke dizajnerske klasike, poput stolica iz serije *Lupina*, Nike Kralja, pionira i centralne ličnosti slovenskog poslijeratnog industrijskog dizajna, koje danas leže odbačene unutar devastiranog objekta.

Sam objekt je za vrijeme funkcioniranja lječilišta bio iznimno dobro održavan, sudeći prema iskazima kazivača. M. Andrijašević se rado prisjeća anegdote prilikom dolaska generala Janka Bobetka u kontrolu:

> *To je bio pojam čistoće i urednosti. To nigdi nisi ti mogao nać malo prašine. Bilo je čistačica kolko oćeš, čistilo se, uređivalo svaki dan. Higijena na najvišem nivou. A ako bi netko dolazio u posjete, onda je to bilo još žešće. Ispričat ću van jedan slučaj. Ovaj, dolazio je general Bobetko. On je još bio u bivšoj vojsci, jel. Bio je onaj komandant za pozadinu, za snabdijevanje, gori. I dolazi on, a glasio je kao strog… I, ovaj, jednog dana jedan poručnik koji je bio intedant, kaže: "dolazi sutra Bobetko u kontrolu"…* [Čistačicu, op. a.] *su ostavili popodne, zapravo rekli su joj da dođe popodne "pa ćeš ti ovo sve oprat". I sad ona, pere one zidove, a sve majolika gore do vrha. Bile su one, 15 puta*

> *There were six of us on one side. The nurse was in the middle. Then there were six more of us on the other side. At night, we would throw shoes at each other... There were curtains. There were no doors, but a curtain instead, behind it was the room where the nurse slept, which was separated by another curtain from the other room. When the nurse fell asleep, we would throw shoes at each other* [laughter].

The ground floor volume with an L-shape layout was designed as a space which "unites social premises, a canteen, living rooms, playrooms and a TV room".[11] The eastern terrace on the ground floor and the terrace on the first floor, which contained the accommodation units for children, functioned as areas for outdoor activities and play, also providing an amazing view of the Biokovo massif. To the north of the central structure, there were service facilities connected to it by a bridge. A four-storey residential building was erected nearby for the accommodation of medical personnel. The interior of the central building was discreetly fitted with simple, practical furniture and appliances, although some designer classics, such as chairs from the *Lupina* line by Niko Kralj, a pioneer and central figure of Slovenian post-war industrial design, still lie discarded inside the dilapidated structure.

While the health resort was in operation, the building itself was maintained exceptionally well, according to the informants. M. Andrijašević fondly remembers an anecdote related to the inspection visit of General Janko Bobetko:

> *It was a prime example of cleanliness and tidiness. You couldn't find a speck of dust anywhere. There were cleaning ladies all around, who cleaned and tidied up every day. Hygiene was at the highest level. And, if visitors were expected, the place would be cleaned even more thoroughly. Let me tell you about one such time. General Bobetko was coming to visit. He was still in the army of the former state then. He was the logistics commander. So, he was coming to visit, and he had a reputation for being strict... And so, one day, this lieutenant, who was the manager, told us: "Bobetko is coming for an inspection visit tomorrow"...* [The cleaning lady] *was left to work in the afternoon – actually, she had been told to come in the afternoon, "to clean everything up". So, she was washing the walls, which were tiled with majolica up*

11 VELJAČIĆ 2008, p. 134.

Proslava Dana Jugoslavenske narodne armije u Dječjem lječilištu u Krvavici, privatna arhiva V. Meštrović, 1967.

Yugoslav People's Army Day celebration at the Children's Health Resort in Krvavica, private archives of V. Meštrović, 1967.

Proslava Dana Jugoslavenske narodne armije u Dječjem lječilištu u Krvavici, privatna arhiva M. Ivanković, 1967.

Yugoslav People's Army Day celebration at the Children's Health Resort in Krvavica, private archives of M. Ivanković, 1967

Proslava Dana Jugoslavenske narodne armije u Dječjem lječilištu u Krvavici, privatna arhiva V. Meštrović, 1967.

Yugoslav People's Army Day celebration at the Children's Health Resort in Krvavica, private archives of V. Meštrović, 1967

> *15 keramičke pločice. Pere ona, uto dođe jedan čovjek na vrata i kaže: "eeej, što vi to radite?". "A đava ih odnio, rekli su mi da ovo očistin, da će sutra doć neki general, đava bi ga zna kako se zove, čini mi se Bobetko". To je upravo bio Bobetko. On puka od smija. Tako da je bilo cirkusa u tome svemu.*

Prema iskazima bivših zaposlenika, lječilište je u početku djelovalo pod VMA (Vojnomedicinskom akademijom Beograd), a kasnije je prešlo u sastav Vojne bolnice Split. Njegov rad financirao je SSNO (Savezni sekretarijat za narodnu obranu) stoga je pravno-administrativna služba lječilišta u SSNO slala financijske i druge izvještaje (brojčano stanje, utrošak materijala...) o radu lječilišta. Osoblje se sastojalo od upravitelja i njegova pomoćnika, koji je u pravilu uvijek bio medicinski tehničar, zatim jednog doktora i desetak medicinskih sestara, koji su dolazili na otprilike mjesec dana s grupama djece, ili po službenoj dužnosti iz Vojne bolnice Split i/ili VMA. Tehničko i pomoćno osoblje poput čistačica, domaćica, skladištara, kuhara, domara, tajništva itd., kao i jedan dio medicinskog osoblja, činilo je lokalno stanovništva iz Krvavice i okolnih mjesta Makarskog primorja i Zabiokovlja.[12]

O funkcioniranju i radu lječilišta u to vrijeme, bivša zaposlenica V. Meštrović kaže:

> *Tu su dolazili ljudi iz četiri armijske oblasti. Bila je Bosna, Srbija, Crna Gora i Slovenija. Ali bi u pratnji te djece dolazilo uvijek dvoje* [članova medicinskog osoblja, op.a.]. *Ali liječnici su se mijenjali, a najviše ih je bilo iz Splita... Pošto se tu znalo koliko svaka armijska oblast ima svojih soba, koliko ima kreveta, onda su to četiri armijske oblasti podijelile.*

12 Bivša zaposlenica lječilišta V. Meštrović, po sjećanju spominje sljedeće zaposlenike lječilišta: Mladen Kukulić (financijer), Smilja Dotur (daktilografkinja), Zorka Jovović (obračun hrane), Ante Krnić (intedant), Dragan Dorović (zamjenik intedanta, kapetan), Dragan Stojković (viši medicinski tehničar, kapetan), Zora Golović (upraviteljica), Šime Tomulić (upravitelj, viši medicinski tehničar), Cvitica Stanoje (upravitelj), doktor Marković iz Beograda (pedijatar), Radomir Milovanović (pedijatar), Rajko Lumović (pedijatar), Osman Korjanić (pedijatar), doktor Žuvić (pedijatar), Jelena Gačić (pedijatrica), Mila Čović (medicinska sestra), Vera Letica (medicinska sestra), Nada Filipeti (medicinska sestra), Neda Šimić (medicinska sestra), Sloboda (Šimić) Beroš (medicinska sestra), Jovica Drobnjak (podoficir), Jovanka Drobnjak (kuhinja), Ante Granić (šef kuhinje), Milena Vladić (kuhinja), Mira Matijašević (kuhinja), Marin Andrijašević (kuhinja), Ivona Beroš (kuhinja), Vinka Beroš (kuhinja), Romano Beroš, Karmela Ursić (spremačica), Anka Drviš (domaćica), Anica Krajnović, Albert Beroš (skladištar), Maksim Granić (kotlovnica), Ivica Babić (kotlovnica), Emil Tomašević (kotlovnica).

to the ceiling, with those 15-by-15 ceramic tiles. As she was washing, a man walked in and said: "Hey there, what are you doing?". She replied: „Ah, the devil take 'em, they told me to clean all of this up because a general is coming tomorrow, devil knows what his name is, I think it's Bobetko", unaware that she was talking to Bobetko himself. He burst out laughing. So, there was some fun to be had in all of that.

According to its former employees, the health resort was first run by the Belgrade Military Medical Academy (MMA) and later became part of the Split Military Hospital. Since the operation of the health resort was financed by the Federal Secretariat for the People's Defence (FSPD), the resort's legal and administrative department submitted financial and other reports (on the statistics, material usage...) concerning the operation of the health resort. The personnel consisted of the manager and his assistant, who was usually a medical technician, a doctor, and about ten nurses, who would stay for a month with groups of children, or were posted by the Split Military Hospital or the MMA. The technical and administrative personnel, such as cleaning ladies, housekeepers, warehouse workers, cooks, janitors, administrators etc., as well as some of the medical personnel, were inhabitants of Krvavica and other villages and towns of the Makarska Riviera and Biokovo Hinterland.[12]

V. Meštrović, a former employee of the health resort, explained its functioning and operation in this period:

The people who came here were from four army regions. They came from Bosnia, Serbia, Montenegro and Slovenia. But the children were

12 V. Meštrović, a former employee of the health resort, remembers the following as her colleagues: Mladen Kukulić (financial officer), Smilja Dotur (stenographer), Zorka Jovović (food expenses administrator), Ante Krnić (commissary), Dragan Đorović (deputy commissary, captain), Dragan Stojković (senior medical technician, captain), Zora Golović (manager), Šime Tomulić (manager, senior medical technician), Cvitica Stanoje (manager), Doctor Marković from Belgrade (paediatrician), Radomir Milovanović (paediatrician), Rajko Lumović (paediatrician), Osman Korjanić (paediatrician), Doctor Žuvić (paediatrician), Jelena Gačić (paediatrician), Mila Čović (nurse), Vera Letica (nurse), Nada Filipeti (nurse), Neda Šimić (nurse), Sloboda (Šimić) Beroš (nurse), Jovica Drobnjak (non-commissioned officer), Jovanka Drobnjak (cook), Ante Granić (chef), Milena Vladić (cook), Mira Matijašević (cook), Marin Andrijašević (cook), Ivona Beroš (cook), Vinka Beroš (cook), Romano Beroš, Karmela Ursić (cleaning lady), Anka Drviš (housekeeper), Anica Krajnović, Albert Beroš (warehouse worker), Maksim Granić (boiler room worker), Ivica Babić (boiler room worker), Emil Tomašević (boiler room worker).

Medicinsko osoblje Dječjeg lječilišta u Krvavici, privatna arhiva V. Meštrović, 1967.

Medical staff of the Children's Health Resort in Krvavica, private archives of V. Meštrović, 1967

I to je dolazilo svaki mjesec jer su se mijenjali. Tako da bi dolazili š njima nekada i doktori. I on bi osta mjesec dana. Ili dvi medicinske sestre. One bi ostale isto mjesec dana. Ali su upadale i ove naše sestre: Nada Filipeti, Vera Letica...[13]

Svaka medicinska sestra brinula je o svojoj grupi te je bila zadužena za zdravstvenu skrb djece, čuvanje i animaciju. Bivša pacijentica J. M. koja se u Vojnom dječjem lječilištu u Krvavici liječila 60-ih od bronhitisa, navodi da su djeca dolazila u grupama na tri tjedna, a da bi ih na liječenje uputio njihov pedijatar. Uobičajeni dan u lječilištu opisuje na sljedeći način: gimnastika i vježbanje u 7 ujutro, slijedio bi doručak, nakon njega odlazak na kupanje, zatim ručak, nakon ručka obavezno spavanje, ponovo kupanje te šetnja Krvavicom, a navečer večera i druženje djece uz društvene igre.

S obzirom na to da 60-ih godina prošlog stoljeća nije bilo komunikacijskih kanala kakve danas poznajemo, lječilište je nabavljalo razglednice koje su medicinske sestre davale djeci da se jave svojim roditeljima. Svako dijete je po dolasku u

13 Prema povjesničaru Davoru Marijanu JNA je od 1968. – 1988. imala sljedeći ustroj i teritorijalnu organizaciju: "Teritorij socijalističkih republika Bosne i Hercegovine, Slovenije i Makedonije obuhvaćala je jedna armija, odnosno samostalni korpus (Crna Gora) dok su na teritoriju Srbije bile dvije armije, a u Hrvatskoj jedna armija i vojnopomorska oblast.": MARIJAN 2003: 12. Prema tome, u navedene četiri armijske oblasti bile su uključene sve jugoslavenske republike, stoga su i djeca koja su dolazila u lječilište bila s područja cijele Jugoslavije.

always accompanied by two [members of the medical personnel]. *The doctors changed, most of them were from Split... Since each army region had a certain number of rooms and beds assigned to it, the place was divided between the four army regions. And these groups would come every month, since they alternated. Sometimes, the doctors would come with them. They would stay for a month. Or there would be two nurses. They would also stay for a month. But, local nurses also worked there: Nada Filipeti, Vera Letica...*[13]

Each nurse was responsible for the healthcare, supervision and entertainment of the children in the group she accompanied. Former patient J. M., who was treated at the Children's Health Resort of the Yugoslav People's Army in Krvavica for bronchitis in the 1960s, told us that the children would come in groups for a three-week stay in the institution, following a referral from their paediatricians. She described a normal day at the health resort: it would start at 7 a.m. with gymnastics and exercise, which were followed by breakfast. After that, the children would go to the beach. After lunch, they had to take a nap, then they went to the beach again and for a walk around Krvavica. In the evenings, they had dinner and played party games.

Considering that the communication channels we have today did not exist in the 1960s, the health resort would purchase postcards which the nurses would then distribute among the children, so that they could write to their parents. On their arrival to the health resort, every child would get a postcard with a motif of the institution, which the nurse would later collect and send to their parents. If the children were too young to know how to write, the nurses would help them or write the postcards instead of them. One such series of postcards, with aerial photographs of the Children's Health Resort of the Yugoslav people's Army in Krvavica, was made in 1966 by the *Foto Daskal* photography studio from Makarska. These postcards contain a lot of interesting writing, such as children asking for more money from their parents or describing their fascination with the building they're staying in. One example is on this postcard from 1966:

13 According to historian Davor Marijan, from 1968 – 1988, the structure and territorial organisation of the Yugoslav People's Army were as follows: "The territories of the socialist republics of Bosnia and Herzegovina, Slovenia and Macedonia were covered by a single army, Crna Gora fell under the authority of a separate corps, Serbia had two armies on its territory, while Croatia had one army and a naval region.": MARIJAN 2003: 12. Therefore, considering that the four army regions covered all of the Yugoslav republics, the children who stayed at the health resort came from all over Yugoslavia.

Medicinska sestra s pacijentima Dječjeg lječilišta u Krvavici, privatna arhiva J. Mihajlović, oko 1968.

Nurse with patients of the Children's Health Resort in Krvavica, private archives of J. Mihajlović, approx. 1968

Medicinska sestra s pacijentima Dječjeg lječilišta u Krvavici, privatna arhiva Velimira Marinkovića, oko 1968.

Nurse with patients of the Children's Health Resort in Krvavica, private archives of Velimir Marinković, approx. 1968

Medicinska sestra s pacijentima na kupanju ispred Dječjeg lječilišta u Krvavici, privatna arhiva J. Mihajlović, oko 1970.

Nurse with patients at the beach in front of the Children's Health Resort in Krvavica, private archives of J. Mihajlović, approx. 1970

Medicinska sestra s pacijentima na kupanju ispred Dječjeg lječilišta u Krvavici, privatna arhiva J. Mihajlović, oko 1970.

Nurse with patients at the beach in front of the Children's Health Resort in Krvavica, private archives of J. Mihajlović, approx. 1970 lječilište dobilo razglednicu s motivom ustanove, a zatim bi njegovateljice sakupile ispisane razglednice i poslale ih roditeljima. Mlađoj djeci koja nisu znala pisati, medicinske sestre su pomagale, ili pisale umjesto njih. Primjerice, seriju takvih razglednica sa zračnim fotografijama Vojnog dječjeg lječilišta u Krvavici izradio je 1966. godine foto studio "Foto Daskal" iz Makarske. Na poleđinama poslanih razglednica nalazimo brojne zanimljive zapise, poput onih u kojima djeca primjerice traže roditelje da im pošalju još novaca, ili koji pak opisuju fasciniranost zgradom u kojoj se nalaze, poput ove iz 1966.:

> *Dragi tata i mama!*
> *Lijepo sam putovala i kad smo stigli zadivio me izgled te zgrade i okoline.*
> *Kasnije ću vam pisati pojedinosti o mom boravku, ali to vam mogu reći jednom riječju 'Fantastično'.*
> *Imamo najbolju tetu u čitavom odmaralištu.*
> *Dorica*[14]

Pomoću ovakvih arhivskih tragova doznajemo između ostalog kako su djeca percipirala zgradu i boravak u njoj. Prve dječje impresije kružnim lebdećim volumenom lječilišta sjeća se bivša pacijentica J. M. koja je tamo boravila odmah nakon otvorenja:

> *Meni je to bilo prelijepo, zato što je to kad smo dolazili odozgo s autobusom, kao brod je bilo. To je nama djeci bilo prelijepo nešto.*

Izuzev razglednica s motivom Vojnog dječjeg lječilišta u Krvavici, ponekad bi se angažirao fotograf koji bi došao u lječilište fotografirati djecu da imaju fotografije za uspomenu. Bivša zaposlenica V. Meštrović sjeća se da je za te potrebe redovito angažirala fotografa Antu Bezinovića:

> *On je bio fotograf. Tako da bi on doša slikat. Ja bi njega zvala tako da može zaradit jer je svako dite platilo svoju sliku... Ante je bio zahvalan. To mu je bio jedan lijepi izvor prihoda.*

Zasebnu temu vezanu uz prvu fazu djelovanja ovog kompleksa predstavlja pitanje koliko je zgrada bila dostupna za ostale građane s obzirom na to da je njome upravljala vojska. Ranijim istraživanjima uspostavljen je narativ da je "vojska strogo kontrolirala lječilište te je ono bilo nedostupno za mještane i turiste

14 Razglednica se nalazi u privatnoj arhivi Dina Beroša iz Krvavice te mu ovom prilikom zahvaljujem na ustupanju iste za potrebe istraživanja.

Razglednica Dječjeg lječilišta u Krvavici, foto studio "Daskal", privatna arhiva D. Beroša, 1966.

Postcard from the Children's Health Resort in Krvavica, Daskal Photo Studio, private archives of D. Beroš, 1966

Dear Mom and Dad,
The trip went well and when we arrived, I was impressed by the building and its surroundings.
I will write to you again later with more details on my stay, but I can sum it all up in one word: "fantastic".
We have the best nurse in the entire resort. Dorica[14]

Archival evidence such as this allows us to glean into the children's perception of the building and their stay in it. Former patient J. M., who stayed at the health resort just after its opening, reminisced about her first childhood impressions of the building's hovering circular volume:

I thought it was wonderful because, when we noticed it as we were riding up the hill in a bus, it looked like a ship. Us children thought it was fascinating.

In addition to printing postcards with the motif of the Children's Health Resort of the Yugoslav People's Army in Krvavica, the institution would sometimes hire a photographer to come over and take photos of the children, which they could

14 The postcard was retrieved from the private archives of Dino Beroš from Krvavica, whom I hereby thank for making it available for research purposes.

Vojno i medicinsko osoblje Dječjeg lječilišta u Krvavici, privatna arhiva V. Meštrović, 1967.

Military and medical staff of the Children's Health Resort in Krvavica, private archives of V. Meštrović, 1967

Krvavice."[15] Ovaj narativ preuzeli su mnogi portali i mediji čime je postao dijelom javnog diskursa, no postavlja se pitanje da li je objekt zaista bio tako strogo čuvan? Razgovori s mještanima Krvavice te bivšim osobljem lječilišta ukazuju da je vojska stalno bila prisutna u Krvavici, ali da je lječilište unatoč tome bilo dostupno mještanima i turistima. Na pitanje o točnosti navoda o strogoj čuvanosti i nedostupnosti objekta, bivši zaposlenik Marin Andrijašević odgovara:

> *To nije istina. U Krvavici svi gosti, pa bili Nijemci, bili Talijani, bilo tko bio da bio, svi su se išli dole kupat. Ali onda bi i ti vojnici koji su bili na straži, pomogli bi... Rampa je bila, nikad nikome nije bilo zabranjeno ić. Ljudi su išli doli. Čak bi ljudi nosili one male čamce, one gumene i to, pa bi im vojska pomogla nositi sve... vojnici su bili uslužni, je li. Na koncu konca, s vojskom smo uvik razgovarali da triba bit drugčiji nego je vojnik, da je on tu doša, da su tu gosti, da je to sezona, da treba bit malo kulturan...*

Isto je potvrdila i bivša zaposlenica Vinka Meštrović, odgovorivši na pitanje da li su se djeca iz Krvavice kupala kod lječilišta s drugom djecom:

> *Dolazila su doli iz Krvavice dica. Kako nisu. Dolazila su doli. Nije to bilo tako zabranjeno. Je bila rampa i gori je bio vojnik. Ali nije to bilo da bi*

15 VELJAČIĆ 2008, 139.

Zaposlenici Dječjeg lječilišta u Krvavici ispred objekta, privatna arhiva V. Meštrović, 1967.

Employees of the Children's Health Resort in Krvavica in front of the building, private archives of V. Meštrović, 1967

then take home with them as souvenirs. Former employee V. Meštrović usually hired photographer Ante Bezinović for these purposes:

> *He was a photographer. So he would come take the pictures. I would ask him to do that so that he could make some money, because every child would pay for their own photo... Ante was grateful. It was a nice source of income for him.*

Another issue related to the first phase of the operation of the complex was that of its accessibility to civilians who were not the resort's guests or employees, considering that the facility was run by the Army. According to the narrative established by previous research, "for a long time the health resort was strictly controlled by the military and inaccessible to villagers and tourists of Krvavica."[15]

The narrative was adopted by many web portals and media, through which it entered the public discourse, but the question of whether the facility was really that closely guarded remains open. Interviews with Krvavica locals indicate that, notwithstanding the constant presence of the army in Krvavica, the health resort was accessible to the locals and tourists. Former employee of the health resort Marin Andrijašević commented on the alleged close guarding and inaccessibility of the facility:

15 VELJAČIĆ 2008, p. 139.

> *on sad njega vratio "ti ne mereš", nego ipak radi predostrožnosti da neko nešto ne napravi. Ja nisan nikad čula nekoga, da su oni vratili nekoga da se on ne može otić okupat. Ja se bar toga ne sjećam.*

Sugovornici su ukazali i na to da je dežurni liječnik u Vojnom dječjem lječilištu bio dostupan i na raspolaganju lokalnom stanovništvu kao i turistima, kad god se za tim pokazala potreba, što dodatno potvrđuje da lječilište nije bilo sasvim strogo zatvoreno i nepristupačno za građane.

DRUGA FAZA (1973. - 1991.): VOJNO ODMARALIŠTE ZA PRIPADNIKE JNA I NJIHOVE OBITELJI

Godine 1973. dolazi do velike transformacije i promjene utilitarne funkcije objekta. Naime, vojska je te godine ukinula rad Dječjeg lječilišta u Krvavici te objekt prenamijenila u vojno odmaralište, kao ljetovalište za vojne osiguranike JNA i njihove obitelji. Objekt tada iz primarne zdravstvene funkcije prelazi u komercijalnu turističku namjenu te ulazi pod sastav Vojnog odmarališta Baško Polje, otvorenog 1966. godine, u tzv. Direkciju za snabdijevanje i odmor aktivnih vojnih lica. Zbog promjene namjene i ustroja, raspušteno je medicinsko osoblje, većina ostalih radnika prebačena je u Vojno odmaralište Baško Polje, a u Krvavici su zadržani oni radnici potrebni za održavanje zgrade i njeno funkcioniranje u turističke svrhe. Objekt koji je ranije radio dvanaest mjeseci u godinu, tada prelazi na sezonski rad:

> ...[lječilište, op. a.] *radilo je u načelu čitavu godinu. Može bit da bi se zatvorilo 15 dana. Ali radilo je, radilo bi stalno. A kad je išlo u sastavu odmarališta Baškoga Polja, onda je radilo sezonski jer nije imalo uvjete za radit stalno. A nije bilo ni interesa. Baško Polje je veliko. Baško Polje ima preko tisuću kreveta, tako da nema potrebe... Znači, ljudi su tu dolazili koji su radili u vojsci, dolazili na godišnji odmor, oni i familije, i tako. I Krvavica je ušla u taj sustav, premda nije ona opremljena da bi mogla služit kao neki hotelski smještaj...*[16]

U svibnju 1973. godine, Vojno-ugostiteljska ustanova Baško Polje naručila je od Urbanističkog instituta SR Hrvatske urbanistički plan naselja Krvavica - Bratuš i provedbeni urbanistički plan Krvavice čiji su autori Višnja Jelić i Ivo Domijan, konzultant Damir Šalat, voditelj grupe Matija Salaj, a direktor Neven Kovačević.[17] Novi urbanistički planovi temeljeni su na postavkama Projekta Južni

16 Kazivač: M. Andrijašević.

17 Najljubaznije zahvaljujem arhitekticama Nini Kovačević i Mladenki Lalić

It is not true. All of the tourists in Krvavica, whether Germans, Italians, or any other, would go to the beach down there. And the soldiers on watch would help… There was a ramp, but no one was ever denied access to the beach. People went down to it. They would even carry those small rubber boats, and the soldiers would help them carry it all… they were kind, the soldiers were. After all, we would always tell the soldiers to behave a bit differently than they normally did because they had come here, where there were guests and the tourist season was under way, we would tell them to be on their best behaviour...

This was confirmed by former employee Vinka Meštrović, when she was asked whether the children from Krvavica would go to the beach near the resort with the other children from the village:

Children from Krvavica came to the beach. Of course they did. It wasn't that prohibited. Yes, there was a ramp and a soldier on guard. But he wasn't there to tell folks they couldn't pass; he was sent there for security purposes, to guard against incidents. I have never heard about anyone being sent back because they were not allowed to go to the beach. At least I don't remember that it had ever happened.

The informants also pointed out that the attending physician at the Children's Health Resort of the Yugoslav People's Army was also available to the locals and the tourists, whenever necessary, which further confirms that the health resort was not a strictly closed-type one, or inaccessible to the public.

SECOND PHASE (1973 – 1991): VACATION RESORT FOR THE PERSONNEL OF THE YUGOSLAV PEOPLE'S ARMY AND THEIR FAMILIES

In 1973, the facility underwent extensive changes and repurposing. The Army suspended the operation of the Children's Health Resort in Krvavica and converted it into a summer vacation resort for persons insured with the Yugoslav People's Army and their families. The facility's primary function was thus changed from healthcare to a commercial and tourism-centred one, as it became a branch of the Baško Polje Army Vacation Resort, which opened in 1966 and was managed by the Directorate for the Supply and Recreation of Active Service Personnel. Due to the functional and organizational changes, the medical personnel of the facility was laid off and most of the remaining workers were transferred to the Baško

Urbanistički plan Krvavica – Bratuš, Urbanistički institut SR Hrvatske, 1973.

Krvavica – Bratuš Urban Development Plan, Urban Planning Institute of the Socialist Republic of Croatia, 1973

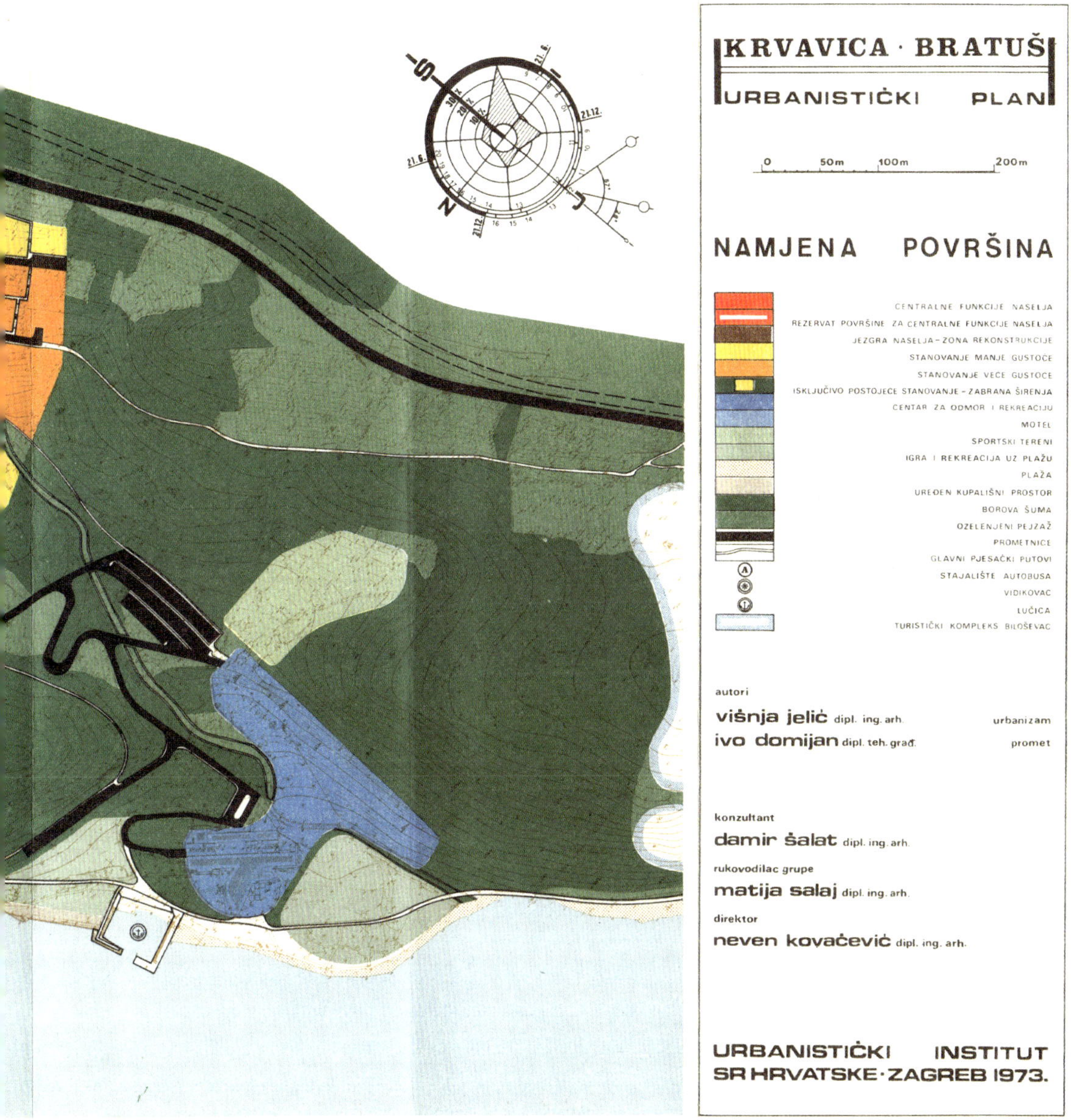
KRVAVICA · BRATUŠ
URBANISTIČKI PLAN
0 50m 100m 200m
NAMJENA POVRŠINA
CENTRALNE FUNKCIJE NASELJA
REZERVAT POVRŠINE ZA CENTRALNE FUNKCIJE NASELJA
JEZGRA NASELJA – ZONA REKONSTRUKCIJE
STANOVANJE MANJE GUSTOĆE
STANOVANJE VEĆE GUSTOĆE
ISKLJUČIVO POSTOJEĆE STANOVANJE – ZABRANA ŠIRENJA
CENTAR ZA ODMOR I REKREACIJU
MOTEL
SPORTSKI TERENI
IGRA I REKREACIJA UZ PLAŽU
PLAŽA
UREĐEN KUPALIŠNI PROSTOR
BOROVA ŠUMA
OZELENJENI PEJZAŽ
PROMETNICE
GLAVNI PJEŠAČKI PUTOVI
STAJALIŠTE AUTOBUSA
VIDIKOVAC
LUČICA
TURISTIČKI KOMPLEKS BILOŠEVAC
autori
višnja jelić dipl. ing. arh. urbanizam
ivo domijan dipl. teh. građ. promet
konzultant
damir šalat dipl. ing. arh.
rukovodilac grupe
matija salaj dipl. ing. arh.
direktor
neven kovačević dipl. ing. arh.
URBANISTIČKI INSTITUT
SR HRVATSKE · ZAGREB 1973.

Provedbeni urbanistički plan Krvavice, Urbanistički institut SR Hrvatske, 1973.

Final Urban Development Plan for Krvavica, Urban Planning Institute of the Socialist Republic of Croatia, 1973

KRVAVICA

PROVEDBENI URBANISTIČKI PLAN

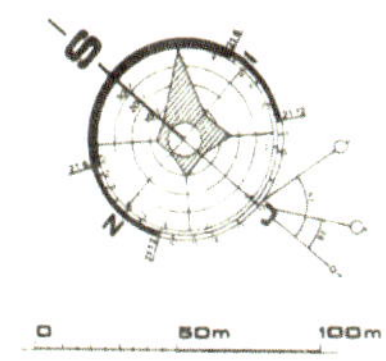

RAZMJEŠTAJ SADRŽAJA

- M — MOTEL
- C — CENTAR ZA ODMOR I REKREACIJU JNA
- S. — STANOVANJE
- J — JAVNE FUNKCIJE
- S — SPORT
- R — REKREACIJA
- V — VIDIKOVAC

1. ULAZ I RECEPCIJA
2. GOSPODARSTVO
3. SMJEŠTAJ
4. UGOSTITELJSTVO · ZABAVA
5. MANJI UGOSTITELJSKI SADRŽAJ
6. TRGOVINA · OPSKRBA
7. PLAŽNI OBJEKT
8. IZNAJMLJVANJE OPREME I REKVIZITA
9. KABINE · SANITARIJE · TUŠEVI
10. STOLNI TENIS
11. BADMINGTON
12. IGRA LOPTOM
13. MINIGOLF
14. TIKTAK · GOLF
15. TENIS
16. KOŠARKA
17. ODBOJKA
18. RUKOMET
19. MALA LJETNA POZORNICA
20. BAZEN
21. LUČICA
22. IGRE I SPORT NA VODI
23. IGRALIŠTE ZA DJECU
24. PARKING
25. AUTOBUSNO STAJALIŠTE

autori

VIŠNJA JELIĆ dipl. ing. arh. — urbanizam

IVO DOMIJAN dipl. teh. građ. — promet

konzultant

DAMIR ŠALAT dipl. ing. arh.

rukovodilac grupe

MATIJA SALAJ dipl. ing. arh.

direktor

NEVEN KOVAČEVIĆ dipl. ing. arh.

URBANISTIČKI INSTITUT

SR HRVATSKE · ZAGREB 1973.

Jadran i Urbanističkog plana priobalnog područja općine Makarska, kojim je na području lječilišta u Krvavici predviđen komercijalni turizam. Prema UP-u i PUP-u iz 1974. godine, vojska je na obalnom području Krvavice, koje obuhvaća Dječje lječilište i strmu padinu u njegovu zaleđu, planirala graditi Centar za odmor i rekreaciju pripadnika JNA, smještajnog kapaciteta za 600 gostiju. Sportsko-rekreacijska aktivnost trebala je igrati "značajnu ulogu u planiranoj koncepciji ponude" zauzimajući prostor "od cca 1,1 ha na terasastom terenu zapuštenih maslinika iznad kompleksa".[18] Manji sportski centar prvenstveno je bio planiran "korištenju od strane vojnih lica pod stručnim nadzorom", dok su rekreativni sadržaji trebali biti "namijenjeni gostima i stanovništvu".[19] Također, "utvrđen je nedostatak smještajnih kapaciteta uz Jadransku magistralu namijenjenih tranzitnim gostima", stoga je za izgradnju motela od 40 ležajeva rezerviran prostor zapadno od naselja.[20] Naime, ovim projektom nastojalo se doprinijeti "formiranju turističke fizionomije područja i bržem razvoju naselja" te "dati nov životni impuls karakterističnoj atmosferi starih jezgri koja postepeno zamire".[21]

Uz navedene objekte, planirana je bila i gradnja pratećih sadržaja: manjeg objekta trgovačko-uslužne namjene u centralnom dijelu naselja, manjeg objekta za opskrbu kruhom i mlijekom te prodaju novina i duhanskih potrepština u novom dijelu naselja, manja tržnica otvorenog tipa, ambulanta, spremište rekvizita i opreme gostiju, mjenjačnica, pošta, služba čuvanja djece, 220 parking i garažnih mjesta, proizvodni i skladišni prostori itd. Na prostoru Centra za odmor i rekreaciju pripadnika JNA, planirani su bili i novi prostori društveno-zabavnog karaktera poput salona za čitanje, pisanje, TV, šah i manje sastanke, zatim polivalentne dvorane koja bi se koristila za sportske aktivnosti, ali i za sastanke, predavanja, priredbe i projekcije, kao i manja ljetna pozornica koja bi se koristila i za kino projekcije na otvorenom itd.[22] U zoni za rekreaciju trebale su se nalaziti polivalentne površine za badminton, igre loptom, prostor za mini golf, stolni tenis, igrališta za djecu te staze za bicikliste i šetače, a u zoni za sportsku aktivnost bila su pak planirana igrališta za tenis, odbojku, košarku, rukomet, i trim staza, dok se postojeća lučica trebala nadopuniti opremom za vaterpolo, plivanje, trke čamcima, a planirana je bila i izgradnja zimskog bazena uz Vojno odmaralište "Krvavice".[23]

iz arhitektonskog ureda Investprojekt u Makarskoj na posudbi kopije navedenog UP-a i PUP-a.

18 UP Krvavica – Bratuš: JELIĆ, DOMIJAN 1974, 17.
19 PUP Krvavica: JELIĆ, DOMIJAN 1974, 6.
20 UP Krvavica – Bratuš: JELIĆ, DOMIJAN 1974, 17.
21 UP Krvavica – Bratuš: JELIĆ, DOMIJAN 1974, 11.
22 PUP Krvavica: JELIĆ, DOMIJAN 1974, 20.
23 PUP Krvavica: JELIĆ, DOMIJAN 1974, 20-21.

Polje Army Vacation Resort. The ones who stayed in Krvavica were tasked with the maintenance of the building and its operation as a tourist resort. The facility also switched from year-round to seasonal operation:

> … [the facility] *was open all year, as a rule. It might close for 15 days. But otherwise, it was open all the time. After it became part of the Baško Polje resort, it stayed open only during the season, because there were no conditions for its constant operation. There was also no interest in it. Baško Polje is a big resort. It has over a thousand beds, so there was no need… People who worked for the army vacationed there with their families. The Krvavica facility became a part of this system, even though it was not equipped to provide hotel-type accommodation…*[16]

In May 1973, the Baško Polje Army Hospitality Corporation commissioned the Urban Development Institute of the Socialist Republic of Croatia to prepare an Urban Development Plan of the Krvavica – Bratuš village and a Final Urban Development Plan of Krvavica. Its authors were Višnja Jelić and Ivo Domijan, the consultant was Damir Šalat, the head of the team was Matija Salaj and the director was Neven Kovačević.[17] The new Urban Development Plans were based on the South Adriatic Project and the Urban Development Plan of the Makarska Municipality Coastal Area, according to which the area of the Krvavica health resort was intended for commercial tourism. According to the 1974 Urban Development Plan and Final Urban Development Plan, in the coastal area of Krvavica, which included the Children's Health Resort and a steep hill in the hinterland, the Army was to build a Vacation and Recreation Centre for Members of the Yugoslav People's Army, with an accommodation capacity of 600 beds. A "significant share of the planned conception of the offer" was designated for sports and recreation activities, which were to be conducted on an area of "approximately 1.1 ha, on a terrace terrain containing some untended olive groves above the complex".[18] The small sports centre was primarily meant for "use by army personnel under expert supervision", while the recreational facilities were "designated for tourists and locals".[19] In addition, "due to the lack of accommodation capacities for transit tourists along the Adriatic Highway",

16 Informant: M. Andrijašević.

17 Sincerest thanks to Nina Kovačević and Mladenka Lalić from the Investprojekt architectural studio in Makarska for lending me a copy of the mentioned Urban Development Plan and Final Urban Development Plan.

18 åKrvavica – Bratuš Urban Development Plan: JELIĆ, DOMIJAN 1974, p. 17.

19 Krvavica Final Urban Development Plan: JELIĆ, DOMIJAN 1974, p.6.

Sukladno navedenom urbanističkom planu naselja Krvavica, u rujnu 1974. raspisan je pozivni natječaj za Idejno arhitektonsko rješenje Centra za odmor i rekreaciju pripadnika JNA s rokom predaje natječajnih radova do sredine siječnja 1975. godine. Prvu nagradu osvojio je cijenjeni arhitekt Lovro Perković sa svojim suradnicima iz splitskog građevinskog poduzeća Lavčević.[24] U svibnju 1975., novine Slobodna Dalmacija, donose vijest da u Lavčeviću "već razrađuju izvedbeni projekti za taj značajni objekt čiji je investitor vojno-ugostiteljska ustanova Baško Polje" te da će se s izgradnjom započeti koncem 1975. ili početkom 1976. godine.[25] Iz zasad nepoznatog razloga do izgradnje ipak nije došlo, a interijer Dječjeg lječilišta u Krvavici, tih je godina tek neznatno adaptiran u turističke svrhe, međutim bez znatnijih ulaganja. S prenamjenom Dječjeg lječilišta u Vojno odmaralište otvoren je put intenzivnijoj turistifikaciji ovog naselja. Vezano za nerealizirane planove vojske u Krvavici M. Andrijašević kaže:

> *Za Krvavicu se govorilo da bi trebalo nešto više radit. Uglavnom uvik je bilo ono: "radit ćemo", kao, "radit ćemo gore hotel", "pa će to ostat doli za neku centralnu zgradu". E, ali...to da je bio jedan direktor koji je to gurao, Duško Vojnović, jedan pukovnik,[26] on je bio za to. A kasnije kad je on otišao, drugi više to nisu potencirali, tako da se ništa nije ni dogodilo.*

Financijska samo(održivost) vojnih i radničkih odmarališta na Makarskoj rivijeri u socijalističkoj Jugoslaviji, bila je teško ostvariva jer su objekti svoju primarnu funkciju ispunjavali samo u ljetnoj sezoni, stoga je ekonomsko rješenje pronađeno "u uključivanju i tih kapaciteta u komercijalni turizam".[27] Povjesničar umjetnosti i društveni teoretičar Matko Meštrović, navodi da su odmarališta na Makarskoj rivijeri, u srpnju i kolovozu koristili članovi po minimalnoj cijeni, a ostatak godine ostali gosti, i to po tržišnoj cijeni, kojima su se ovakvi smještajni kapaciteti reklamirali kao hoteli B kategorije.[28] Na taj način su vojska i poduzeća ostvarivali profit kojim su odmarališta bila "oslobođena potrebe da budu subvencionirana".[29] Po ovom principu poslovalo je i Vojno odmaralište Baško Polje,[30] kao i ono u Krvavici.

24 P., 29. 5. 1975., 6.
25 P., 29. 5. 1975., 6.
26 Pukovnik Dušan Vojnović bio je direktor Vojno ugostiteljske ustanove za odmor i rekreaciju Baško Polje u vrijeme provođenja Natječaja za izgradnju Centra za odmor i rekreaciju JNA – Krvavice, kao i član ocjenjivačkog suda natječaja.
27 MEŠTROVIĆ 1967, 30.
28 MEŠTROVIĆ 1967, 30.
29 MEŠTROVIĆ 1967, 30.
30 MEŠTROVIĆ 1967, 30.

the area west of the village was designated for the construction of a motel with 40 beds.[20] The aim of the project was to contribute to the "creation of a tourism infrastructure in the area and accelerate the development of the village", as well as "give new life to the characteristic ambience of its historical centre, which is slowly decaying".[21]

The plan also included the addition of various amenities, such as a small commercial and service facility in the village centre, a small shop with grocery staples, newspapers and tobacco products in the new part of the village, a small open-air market, the infirmary, a sports and tourist equipment depot, a bureau de change, a post office, a childcare service, 220 parking and garage spots, production units and warehouses etc. The Vacation and Recreation Centre for Members of the Yugoslav People's Army was also to contain newly-built social and entertainment spaces, such as a reading, writing, TV, chess and meeting room, a multi-purpose hall for sports, conferences, lectures, performances and screenings, as well as a small open-air stage, which would also be used as an open-air cinema etc.[22] The recreation zone was to contain multi-purpose areas for badminton and ball games, a mini-golf court and tables for table tennis, children's playgrounds and bicycle and walking paths, while the sports zone was to contain tennis, volleyball, basketball and handball courts and a jogging track. Water polo, swimming and boat racing facilities were to be added to the existing small harbour. Finally, an indoor pool was to be built adjacent to the "Krvavica" Army Vacation Resort.[23]

In accordance with the mentioned Urban Development Plan for Krvavica, in September 1974, a limited submission was announced for the conceptual design of the Vacation and Recreation Centre of the Yugoslav People's Army, with the deadline for applications set for mid-January 1975. The first award went to the famous architect Lovro Perković and his associates at the Split construction company *Lavčević*.[24] In May 1975, the *Slobodna Dalmacija* newspaper reported that Lavčević was "already preparing a detailed design for this valuable structure, whose investor is the Baško Polje army hospitality corporation", and that construction was scheduled to begin in late 1975 or early 1976.[25] However, for reasons hitherto unknown, construction had never begun, and the interior of the Children's Health Resort in Krvavica was only minimally altered for tourism

20 Krvavica – Bratuš Urban Development Plan: JELIĆ, DOMIJAN 1974, p. 17.
21 Krvavica – Bratuš Urban Development Plan: JELIĆ, DOMIJAN 1974, p. 11.
22 Krvavica Final Urban Development Plan: JELIĆ, DOMIJAN 1974, p. 20.
23 Krvavica Final Urban Development Plan: JELIĆ, DOMIJAN 1974, pp. 20 – 21.
24 P., 29 May 1975, p. 6.
25 P., 29 May 1975, p. 6.

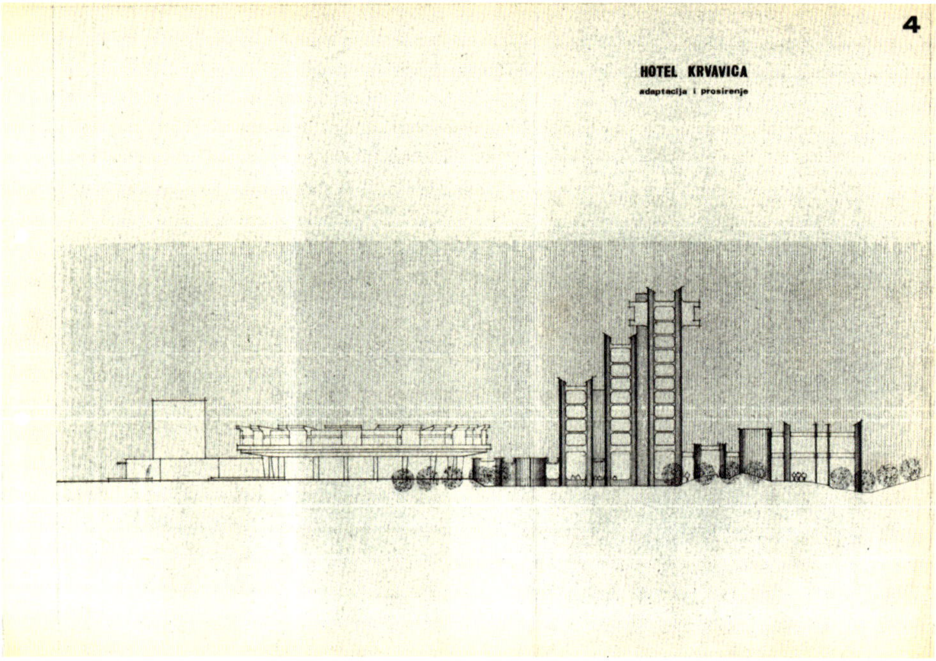

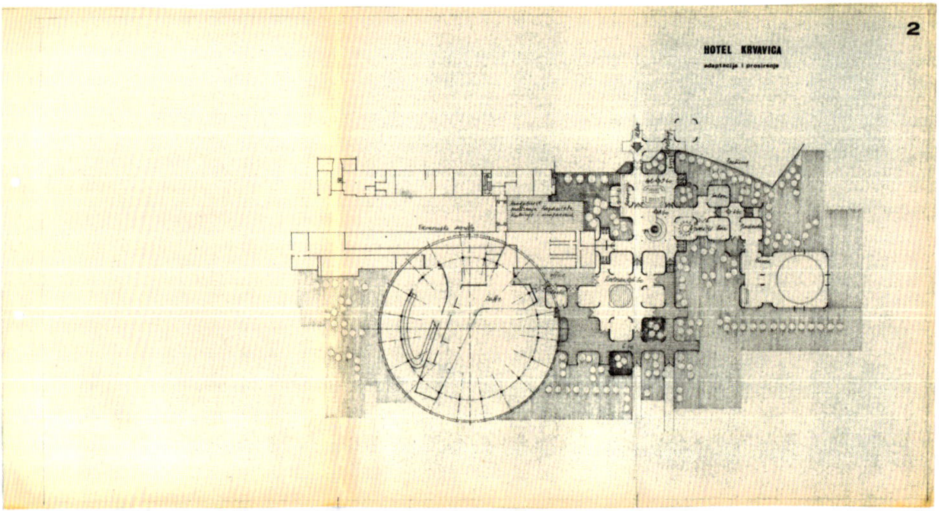

Jedan od natječajnih radova za proširenje i adaptaciju Vojnog dječjeg lječilišta u Krvavici u Vojno odmaralište (arhivski materijali ustupljeni ljubaznošću Tee Noite (ex Tomkić).

One of the tender submissions for the expansion and conversion of the Military Children's Health Resort in Krvavica into a vacation resort (archival materials, courtesy of Tea Noite (formerly Tomkić).

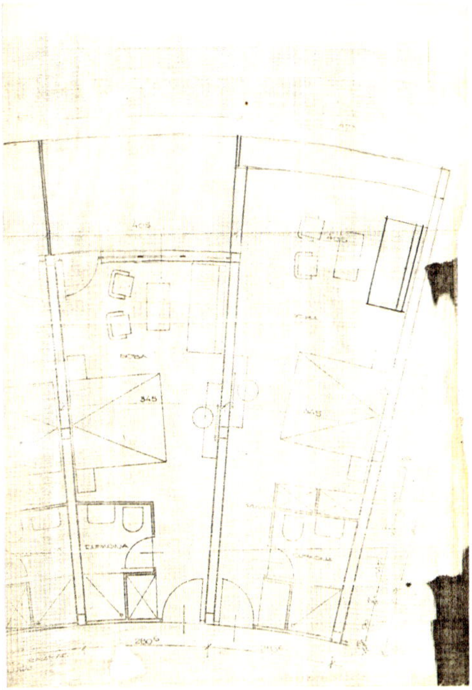

Natječajni rad za proširenje i adaptaciju Vojnog lječilišta u Krvavici u vojno odmaralište Tlocrt adaptacije soba (arhivski materijali ustupljeni ljubaznošću arhitektice Tee Noite (ex Tomkić)).

Tender work for the expansion and adaptation of the Military Health Resort in Krvavica into a Military Resort (archival materials, courtesy of Tea Noite (ex Tomkić)).

purposes, with no major investments having been made. The transformation of the Children's Health Resort into the Army Vacation Resort paved the way for an intensive touristification of the village. M. Andrijašević commented on the Army's unrealised plans for Krvavica:

It was said that Krvavica needed more development. It was always: "it will get done", as in: "we'll build a hotel up there", "the building down here will remain as the main building". There was one director who had pushed for this, Duško Vojnović, a colonel,[26] *he was interested in it. But, after he left, no one else took up the issue again, so nothing happened.*

The financial (self-)sustainability of army and workers' vacation resorts on the Makarska Riviera was hard to achieve because these facilities served their primary function only during the summer tourist season. The economic solution to

26 Colonel Dušan Vojnović was the director of the Baško Polje Army Hospitality Corporation for Leisure and Recreation at the time the Submission for the Yugoslav People's Army's Leisure and Recreation Centre – Krvavica was open, and he also served as member of the award committee for the submission.

O tome koje su sve grupacije izuzev vojnih osiguranika JNA i njihovih obitelji, ljetovale u Vojnom odmaralištu "Krvavice" tijekom 70-ih i 80-ih godina, M. Andrijašević odgovara:

> *Dolazile su ekskurzije, djeca, dolazili su invalidi... s kim bi se sklopio ugovor, tko bi tražio. Nije bilo zatvorenog tipa... ni Baško Polje nije* [bilo] *zatvorenog tipa. Ti ljeti nisi moga doć* u Baško Polje jer je rezervirano. Ali si zimi *mogo doć, spavat kolko oćeš... a invalidi, invalidno osoblje, invalidni ljudi koji su dolazili. Oni su bili još do prije rata. I onda bi u organizacijama, radnin organizacijama - u Savezu slijepih i gluhih šta-ja-znan, invalida ovih, onih - znali bi doć doli i ostat ono deset dana, petnaest dana, zavisi koja grupa...*

Osobe s invaliditetom su u Vojno odmaralište "Krvavice" dolazile isključivo u pred i post sezoni. Iako objekt prema trenutačno poznatim arhivskim podacima izvorno nije bio sagrađen za invalide, on je savršeno dobro prilagođen za njihovo kretanje jer je komunikacijska veza između prizemlja i kata riješena putem rampe koja im omogućava nesmetano i lako kretanje unutar objekta. Također, ni u drugim javnim prostorima zgrade, namijenjenim korisnicima, nema stubišta koje bi otežavalo kretanje.[31] Članak objavljen u Slobodnoj Dalmaciji 1976. godine, donosi vijest o osamdesetak invalida distrofičara slabijeg imovnog stanja, iz Hrvatske, Srbije te Bosne i Hercegovine, koji su u vojno odmaralište došli u rujnu preko svojih republičkih udruženja.[32] Zanimljivo je vidjeti i da isti nisu provodili dane u Krvavici samo uz odmor, već i uz šahovske turnire te organizirana predavanja poput onog dr. sc. "Ruže Sabol iz Zagreba o mogućnostima rehabilitacije"

31 U telefonskom razgovoru 11. 10. 2021. kazivač T. Č. iz Zadvarja iznio je informacije da je od građevinskog radnika zaposlenog na izgradnji lječilišta, čuo kako je objekt izvorno zamišljen kao rehabilitacijski centar za vojne invalide JNA te da se zbog navodne pobune mještana Krvavice odustalo od te namjene, pa je objekt prenamijenjen u dječje lječilište. Navodnu istinitost ove tvrdnje potkrijepio je spomenutom rampom za koju kaže da širinom odgovara kretanju invalidskih kolica, zatim parapetima u zgradi visinom prilagođenim osobama u invalidskim kolicima, te srodnim arhitektonskim detaljima i značajkama prostora. Treba reći da u ovom trenutku nema konkretnih dokaza da je objekt izvorno zamišljen kao rehabilitacijski centar za invalide. Na sačuvanim arhitektonskim nacrtima Rikarda Marasovića iz 1961. godine, koje je pronašla i publicirala arhitektica Miranda Veljačić, objekt je naveden kao dječje ljetovalište i lječilište, a spomenute arhitektonsko-prostorne karakteristike odgovaraju također dječjoj dobi. Nije međutim isključeno da se možda u startu predvidjelo da će objekt u određenom periodu godine koristiti i drugi korisnici, pa se projektnom zadatku pristupilo na način da prostor bude multifunkcionalan. U svakom slučaju potrebna su dodatna istraživanja koja će potvrditi ili opovrgnuti ove teze.

32 Š. 15. 9. 1976, 3.

this was to be the "inclusion of these capacities in commercial tourism".[27] Matko Meštrović, art historian and social theorist, noted that the intended users of the resorts on the Makarska Riviera were charged a minimum price for their stay in July and August, while, for the rest of the year, these accommodation facilities were open to other tourists at market prices and advertised as B category hotels.[28] This allowed the army and the companies to make profit, which "freed" the resorts "from the need for subsidies"[29]. This business model was employed both by the Baško Polje[30] and the Krvavica Army Vacation Resorts.

M. Andrijašević mentioned various other groups of visitors who spent their summers at the "Krvavica" Army Vacation Resort in the 1970s and 1980s, in addition to the personnel of the Yugoslav People's Army and their families:

> *Children would come for excursions, the disabled as well… whoever had a contract with the resort, whoever asked to stay there. It was not a closed-type resort… and neither was Baško Polje. You couldn't stay in Baško Polje in the summer because it was booked up. But in the winter, you could stay there for as long as you liked… the disabled, disabled officials, disabled people were also guests there. They were regular guests there until the war. And then there were the organisations, labour organisations – the Blind and Deaf Association, all kinds of disabled people – they would stay there for ten, fifteen days, depending on the group…*

Disabled guests would stay at the "Krvavica" Army Vacation Resort only before and after the tourist season. Although the available archival data indicate that the structure had not originally been built with disabled guests in mind, it was perfectly adapted to their movement because of a ramp, which enabled communication between the ground and the first floor and easy, unobstructed movement within the structure. Likewise, no other public spaces in the building, intended for its users, contained staircases, which would have made movement difficult.[31] A 1976 article in *Slobodna Dalmacija* reported on a group of

27 MEŠTROVIĆ 1967, 30.
28 MEŠTROVIĆ 1967, 30.
29 MEŠTROVIĆ 1967, 30.
30 MEŠTROVIĆ 1967, 30.
31 In a phone interview conducted on 11 October 2021, the informant T. Č. from Zadvarje stated that he had heard, from a construction worker employed on building the health resort, that the structure had been originally designed as a rehabilitation centre for disabled Yugoslav People's Army veterans. Following objections from the inhabitants of Krvavica to

Distrofičari u Krvavicama

Preko svojih republičkih udruženja na ljetovanju se nalazi osamdesetak invalida distrofičara iz Hrvatske, Srbije i Bosne i Hercegovine

U vojnom odmaralištu Krvavice kod Makarske ovih dana boravi osamdesetak invalida distrofičara iz Hrvatske, Srbije i Bosne i Hercegovine.

Posredstvom svojih republičkih udruženja i saveznog udruženja distrofičara na more su sa svojim pratiocima prvenstveno stigli članovi slabijeg materijalnog položaja, oni koji možda nikad ne bi smogli dovoljno sredstava da pođu na odmor. Boravak u Krvavicama nije međutim puko odmaranje, ispunjen je i predavanjima kao što je bilo ono dr Ruže Sabol iz Zagreba o mogućnostima rehabilitacije ili Vlade Ristića iz Zajednice mirovinskog osiguranja SR Srbije o zakonskom reguliranju prava ovih invalida. Distrofičari upravo završavaju i šahovski turnir kao pripremu za jača takmičenja.

Među distrofičarima koji se ovih dana nalaze u Krvavicama je i poznati slikar naivac Stjepan Janžek-Štef, pa su distrofičari iskoristili priliku da predaju nogometašu „Hajduka" Peruzoviću njegov portret na staklu što ga je u svojoj poznatoj maniri izradio Štef.

Narednih dana doći će do smjene u Krvavicama, stići će nova grupa distrofičara, ovog puta iz Vojvodine, Kosova i Crne Gore.

Na slici: odmor u prijatnom ambijentu odmarališta u Krvavicama. S. Š.

Novinski članak iz Slobodne Dalmacije, 1976.

Slobodna Dalmacija article, 1976

te "Vlade Ristića iz Zajednice mirovinskog osiguranja SR Srbije o zakonskom reguliranju prava ovih invalida".[33] Među navedenom grupom distrofičara, našao se i slikar naive Stjepan Janžek-Štef iz Gornjeg Jesenja pored Krapine, koji je boravak u Vojnom odmaralištu "Krvavice" iskoristio za slikanje novih radova, ali i da nogometašu Hajduka, Luki Peruzoviću, u Splitu uruči njegov portret na staklu.[34]

Izuzev invalida, u Vojnom odmaralištu "Krvavice" ljetovali su i radnici tvornice vojnog eksploziva iz Viteza, tzv. Poduzeća kemijske industrije "Slobodan Princip Seljo", jednog od najvećih europskih proizvodnih kompleksa te vrste:

> *To su 30 prikolica samo na onome dijelu prema Makarskoj. To su bile prikolice Slobodana Principa Selje iz Viteza. To je tvornica eksploziva i dinamita – šta ja znam šta je sve. Uglavnom, eksplozivnih sredstava koja je radila za vojsku, je li, pored ostalog. Radila je ona i ovaj industrij-*

33 Š. 15. 9. 1976, 3.
34 Š. 15. 9. 1976, 3; Š. 22. 9. 1976, 7.

eighty financially disadvantaged guests suffering from dystrophy, whose stay at the army vacation resort had been organised by the associations in their home republics.[32] Interestingly, they spent their days in Krvavica not only resting, but also playing chess tournaments and attending guest lectures, such as those by "Ruža Sabol, PhD, from Zagreb, on rehabilitation possibilities", and "Vlado Ristić from the Pension Insurance Association of the Socialist Republic of Serbia, on the legislative regulation of the rights of persons with the relevant type of disability".[33] This particular group of dystrophic guests also included the Naïve painter Stjepan Janžek-Štef from Gornje Jesenje near Krapina, who created new works during his stay at the "Krvavica" Army Vacation Resort, as well as presented Luka Peruzović, a *Hajduk* Football Club player, with a glass-painted portrait of him.[34]

Apart from the disabled, the users of the "Krvavica" Army Vacation Resort also included the workers of a military explosives factory, the "Slobodan Princip Seljo" Chemical Industry Company, one of the biggest European production complexes of its kind:

> *There were 30 trailers in that part towards Makarska alone. Those were the trailers of Slobodan Princip Seljo from Vitez. It was an explosives and dynamite factory, I don't know what else they made. They made explosives and worked for the army, among other things. They also made industrial explosives, but they worked for the army, too. So, its workers vacationed in those trailers, and they were their trailers, over on that side.*[35]

the structure being used for that purpose, it had later been repurposed into a children's health resort. In support of the alleged accuracy of this statement, he had referred to the mentioned ramp, claiming that its width was adequate for a wheelchair to pass through, as well as to the building's parapets, whose height was adapted to persons in wheelchairs, and to related architectural details and spatial characteristics. However, at present, there is no solid evidence that the structure was originally envisioned as a rehabilitation centre for disabled persons. In the preserved architectural drawings of Rikard Marasović from 1961, discovered and published by architect Miranda Veljačić, the stated purpose of the structure was that of a children's vacation and health resort. Indeed, the mentioned architectural characteristics are also suited for child users. Nevertheless, since the use of the structure by other groups at certain times of the year could have been taken into account from the start, multifunctionality might have factored into the design specifications. In any case, additional research is necessary to either confirm or refute these statements.

32 Š. 15 September 1976, p. 3.

33 Š. 15 September 1976, p. 3.

34 Š. 15 September 1976, p. 3; Š. 22 September 1976, p. 7.

35 Informant: M. Andrijašević.

ski eksploziv, ali je i radila i za vojsku. E, ti radnici su dolazili na odmor u te prikolice, i to su bile njihove prikolice, s one strane.[35]

Radnici tvornice vojnog eksploziva nisu dakle boravili u zgradi nekadašnjeg lječilišta, već u prikolicama na jugoistočnom dijelu borove šume, uz sami objekt. Pripadala im je i longitudinalna prizemna zgrada, također smještena jugoistočno od odmarališta te položena u smjeru sjeveroistok-jugozapad. Tu su se za radnike tvornice nalazile zajedničke prostorije poput kuhinje, praonice, zatim dovod struje, vode itd. Uokolo ove pomoćne zgrade, i danas se vide betonski ostaci temelja na kojima su stajale prikolice. Poduzeće kemijske industrije "Slobodan Princip Seljo" je od Vojno-ugostiteljske ustanove Baško Polje, u čijoj nadležnosti je bilo i Vojno odmaralište "Krvavice", dobilo odobrenje da mogu podići spomenutu zgradu i potrebnu infrastrukturu za postav prikolica, no objekti su bili u vlasništvu vojnog odmarališta, te su radnici tvornice plaćali boravak po cijenama kao i drugi turisti koji su tu dolazili ljetovati.

Sjeverozapadno od odmarališta, nalazile su se prikolice radnika policijske stanice iz Vojvodine koji su također dolazili ljetovati unutar Vojnog odmarališta "Krvavice":

Tamo di je sad lučica, tamo je bilo jedno 5 – 6 prikolica. To su bile od neke policijske stanice iz Vojvodine, kako se zove, sjetit ću se, ne znan. Uglavnom, tu su oni dolazili.[36]

Možemo primijetiti da je kvalitetni prostor s borovom šumom oko zgrade Vojnog odmarališta "Krvavice", vojska tijekom 70-ih i 80-ih godina vrlo intenzivno koristila i iznajmljivala u turističke svrhe. Također, prilikom prenamjene zdravstvenog kompleksa u turistički, stambena zgrada u kojoj je ranije za vrijeme Dječjeg lječilišta stanovalo medicinsko osoblje, prenamijenjena je u turistički smještaj za iznajmljivanje. Ovime je zasigurno nadomješten manjak smještajnih kapaciteta u centralnoj zgradi odmarališta, budući da u međuvremenu nisu ostvareni ambiciozni planovi izgradnje Centra za odmor i rekreaciju pripadnika JNA koji su trebali znatno povećati smještajne kapacitete vojnog odmarališta.

Što se tiče korištenja smještajnih kapaciteta centralne zgrade, kazivač S. Živkov, navodi da je objekt tijekom 70-ih godina bio na dispoziciji civilima te da je plivački klub Dinamo iz Pančeva redovito organizirao u Krvavici ljetne

35 Kazivač: M. Andrijašević.
36 Kazivač: M. Andrijašević.

Evidently, the workers of the military explosives factory did not stay in the building of the former health resort, but in trailers in the south-east end of the pine forest, next to the facility itself. They also used a longitudinal single-storey building, also located to the south-east of the resort, with a northeastern-southwestern orientation. It contained the factory workers' common rooms, such as the kitchen, the laundry room, service rooms with electrical and water installations etc. The concrete remains of the foundations supporting the trailers still surround this auxiliary building. The Baško Polje Army Hospitality Corporation, which also managed the "Krvavica" Army Vacation Resort, had permitted the "Slobodan Princip Seljo" Chemical Industry Company to erect the mentioned building and the necessary infrastructure for a trailer camp, but the structures themselves were owned by the army vacation resort and the factory workers paid for their stay at the same prices as those set for other tourists.

North-west of the resort, there were also the trailers of the personnel of a Vojvodina police station, who spent their summers in the area of the "Krvavica" Army Vacation Resort:

> *There were some 5 – 6 trailers where you have the small harbour now. They belonged to a police station from Vojvodina, I don't know what it was called, but I will remember. That was where they used to stay.*[36]

Clearly, in the 1970s and 1980s, the army benefited greatly from the intensive use and renting, for tourism purposes, of the attractive pine forest area surrounding the "Krvavica" Army Vacation Resort. In addition, when the healthcare complex was repurposed for tourism, the residential building used as the living quarters of the medical personnel of the Children's Health Resort was converted into tourist accommodation units for renting. It was a way of expanding the accommodation capacity of the central building of the resort, considering that the other solution to the problem of its insufficiency, i.e. the ambitious plans to build the Vacation and Recreation Centre of the Yugoslav People's Army, had fallen through.

Concerning the actual use of the accommodation capacity of the central building, informant S. Živkov states that, in the 1970s, the building was available for use by civilians; for example, since Krvavica was a regular venue for the summer training sessions of the *Dinamo* swimming club from Pančevo, its members and their coaches were accommodated in the building. Outside of the tourist

36 Informant: M. Andrijašević.

pripreme sportaša, koji su s trenerima boravili u objektu. Također, u zgradi Vojnog odmarališta "Krvavice", izvan turističke sezone su organizirano dolazile i grupe osnovnoškolaca s učiteljima koji bi održavali nastavu u prirodi, o čemu izvještava Slobodna Dalmacija 21. svibnja 1990.[37] Ista tiskovina, u lipnju 1990. izvještava da "sjenu na sezonu" vojnih odmarališta u Dalmaciji "bacaju otkazi domaćih turista koji odustaju iz političko-sigurnosnih razloga, zbog visokih cijena i Svjetskog nogometnog prvenstva" navodeći da se posebno "očekuje smanjen broj gostiju iz Srbije".[38]

Izbijanjem Domovinskog rata, Vojno odmaralište "Krvavice" prestaje s radom, a tijekom ratnih 90-ih godina ponovo mijenja funkciju te se u to vrijeme koristi za razne aktivnosti: mobilizaciju vojnika, obuku specijalnih vojnih jedinica te smještaj izbjeglica, prognanika i ranjenika.

Kazivaču M. Z., koji je tada bio dijete, ta sjećanja su se urezala u pamćenje:

> *Kroz ratno razdoblje objekt je bio u punoj funkciji i primao je vojnike ranjene na ratištu i ranjene civile iz svih zaraćenih područja RH i BiH. To su doista bili šokantni prizori za nas domaću djecu, gledati drugu djecu bez udova, sa šipkama u nogama, opekotinama... Organizirala se i pučka kuhinja i mi djeca smo tu stekli puno poznanstava i prijateljstava koja traju i do danas. Sjećam se da su nakon odlaska izbjeglica i ranjenika iz hotela 1994., tamo stigli pripadnici raznih specijalnih postrojbi HV-a i HVO-a, koji su tu imali obuku, na onoj glavnoj središnjoj terasi bi postavljali strunjače i uvježbavali stvari što inače takve postrojbe rade. Nama djeci to je bilo jako zanimljivo pa bi satima sjedili kraj njih i promatrali. Nekad bi nas pustili u salu gdje je bila televizija da možemo gledat s njima.*

Odlaskom vojske i predajom objekta u ruke Cluba Adriatic, dolazi do postepene devastacije, uništavanja I pljačke objekta, koji su doveli do današnjeg lošeg stanja u kojem se čitav arhitektonski kompleks nalazi i čija je budućnost neizvjesna.

37 D. 21. 5. 1990, 8.
38 SOLEŠA 29. 6. 1990, 18.

season, the central building of the "Krvavica" Army Vacation Resort also accommodated primary-school students, who would come in organised groups with their teachers for outdoor classes, as reported by *Slobodna Dalmacija* on 21 May 1990.[37] In June 1990, the same newspaper reported that "a shadow over the season" in the army vacation resorts in Dalmatia was "cast by the cancellations by domestic tourists, motivated by political and safety reasons, high prices and the World Football Championship", pointing out "expectations of a decreased number of tourists from Serbia".[38] After the outbreak of the Croatian War of Independence, the "Krvavica" Army Vacation Resort was closed, only to be converted again during the war-torn 1990s, for various uses: recruiting, special military unit training and accommodation of refugees, displaced persons and the wounded.

Informant M. Z., who was a child at the time, recounted his indelible memories of the period:

> *Throughout the war, the facility was fully operational and accepted soldiers wounded in the battlefield, as well as wounded civilians from all war-affected areas of the Republic of Croatia and Bosnia and Herzegovina. We local kids were truly shocked by the sight of other children who were missing limbs, had rods in their legs, burns... A soup kitchen was also set up, and us kids made a lot of new acquaintances and friendships, which have continued to this day. I also remember that, after the refugees and the wounded left the hotel in 1994, it accommodated various special units of the Croatian Army and the Croatian Defence Council, who used it for training; they would set up mats on the main central terrace and do their training, the kind that these units usually do. Us kids found it really interesting, so we would sit next to them and watch them for hours. Sometimes they would let us come into the TV room and watch TV with them.*

After the army left and the facility was handed over to Club Adriatic, its gradual devastation, destruction and looting ensued, leading to the current dilapidated state of the entire architectural complex, whose future is uncertain.

37 D. 21 May 1990, p. 8.
38 SOLEŠA 29 June 1990, p. 18.

ZAKLJUČAK

Kompleks Vojnog dječjeg lječilišta u Krvavici ponajbolji je primjer moderne arhitekture druge polovine 20. stoljeća, koji svojom kvalitetom i značajem nadilazi granice lokalnog i nacionalnog konteksta. Iako je ovaj arhitektonski kompleks prvotne zdravstvene namjene, javnosti dobro poznat te arhitektonski valoriziran, njegova povijest nam je velikim dijelom bila nepoznata zbog slabe historiografske istraženosti. Interdisciplinarno istraživanje koje je najvećim dijelom objedinilo kulturno-povijesni, povijesno-arhitektonski i etnografski pristup, provodilo se u ljeto 2020. godine, u sklopu participativnog projekta Udruge Kačić naziva "*Arhiviranje Dječjeg lječilišta u Krvavici i Dječjeg sela kod Promajne*", kojeg sam osmislila i pokrenula u suradnji s povjesničarem i arheologom Ivanom Huljevom, čija su istraživanja objekta također publicirana u ovoj knjizi. Intervjuiranjem bivših zaposlenika, pacijenata, korisnika objekta i mještana, bilježenjem njihovih sjećanja te prikupljanjem relevantnih arhivskih podataka, nastojala sam rasvijetliti brojne nepoznanice vezane uz povijest zgrade. U sklopu istraživanja prikupljene su i digitalizirane javnosti sasvim nepoznate fotografije iz privatnih arhiva koje daju uvid u društvenu povijest te otkrivaju ljudsku priču u pozadini ove impozantne zgrade.

Kroz razgovore s brojnim informantima obrađena je i tema prenamjene arhitektonskog kompleksa, koji 1973. godine prelazi iz primarne zdravstvene funkcije u turističko-ugostiteljsku namjenu. S prenamjenom Dječjeg lječilišta u Vojno odmaralište "Krvavice" započela je još za vrijeme Socijalističke Federativne Republike Jugoslavije turistifikacija i komercijalizacija zgrade, koja je i dan danas predviđena za ovu lokaciju važećim urbanističkim planom naselja Krvavice, unatoč inicijativama brojnih aktera i udruga da se ovako vrijedna zgrada stavi u javnu domenu od koje bi korist imala šira zajednica.

Neposrednim uključivanjem lokalne zajednice te suradnjom sa srodnim udrugama, inicijativama i pojedincima okupljenim oko zaštite Vojnog dječjeg lječilišta u Krvavici, razvila se inkluzivna suradnička platforma. Mnogi od njih su neposredno ili posredno dali doprinos, informacije i materijale potrebne za pisanje ovog rada te im se ovom prilikom na tome najljubaznije zahvaljujem, to su prije svega Marija Ivanković, Ana Dana Beroš, Mauro Sirotnjak, Ivan Huljev, Nataša Bodrožić, Dino Beroš, Tea Tomkić, Vinka Meštrović, Marin Andrijašević, Jovanka Mihajlović, Stanislav Živkov, Nina Kovačević, Mladenka Lalić, te brojni drugi građani i pratitelji Udruge Kačić.

CONCLUSION

The complex of the Children's Health and Vacation Resort of the Yugoslav People's Army in Krvavica is a prime example of modern architecture of the second half of the 20th century, one whose quality and significance surpass the limitations of local and national context. Although this architectural complex with a primarily healthcare-oriented purpose is well-known to the public and valued by architects, its history was largely unknown due to insufficient historiographic research. An interdisciplinary study, which mostly combined approaches based on cultural history, architectural history and ethnography, was conducted in the summer of 2020, as part of the participative project realised by the Kačić Association under the title *"Archiving the Children's Health Resort in Krvavica and the Children's Village near Promajna"*. I designed and launched the project in cooperation with historian and archaeologist Ivan Huljev, whose research on the facility is also included in this book. By interviewing the former employees, patients and users of the facility, as well as the locals, recording their memories, and gathering relevant archival data, I tried to shed light on the many mysteries surrounding the history of the building. The study also included the collection and digitization of photographs from private archives, heretofore unavailable to the public, which provided insights into the social history and uncovered the personal background stories linked to this imposing building.

The interviews with numerous informants were also focussed on the repurposing of the architectural complex, i.e. its conversion from a healthcare facility into a hospitality one in 1973. Even in the era of the Socialist Federal Republic of Yugoslavia, the conversion of the Children's Health Resort into the "Krvavica" Army Vacation Resort signalled the beginning of the building's touristification and commercialisation. Under the applicable Urban Development Plan for Krvavica, the purpose of its location has remained the same, despite the initiatives of numerous individuals and associations for opening up such a valuable building to the public, which would benefit the community at large.

The direct involvement of the local community and cooperation with the associations, initiatives and individuals interested in preserving the Children's Health and Vacation Resort of the Yugoslav People's Army in Krvavica instigated the development of an inclusive collaborative platform. Since many of these persons contributed, directly or indirectly, information and materials crucial to this paper, I take this opportunity to express my sincerest gratitude to Marija Ivanković, Ana Dana Beroš, Mauro Sirotnjak, Ivan Huljev, Nataša Bodrožić, Dino Beroš, Tea Tomkić, Vinka Meštrović, Marin Andrijašević, Jovanka Mihajlović, Stanislav Živkov, Nina Kovačević, Mladenka Lalić, and numerous other citizens and followers of the Kačić Association.

Popis kazivača:

Marin Andrijašević, bivši zaposlenik Dječjeg lječilišta u Krvavici i Vojnog odmarališta "Krvavice", intervju: 12. 8. 2020.

Vinka Meštrović, bivša zaposlenica Dječjeg lječilišta u Krvavici, intervju: 19. 8. 2020.

J. M., bivša pacijentica Dječjeg lječilišta u Krvavici, razgovor: 14. 8. 2020.

M. Z., mještanin Krvavice, pisani odgovor (e-mail): 1. 6. 2020.

Stanislav Živkov, posjetitelj Dječjeg lječilišta u Krvavici, pisani odgovor (e-mail): 20. 7. 2020.

T. Ć., telefonski razgovor: 11. 10. 2021

Literatura i izvori:

Anonim, *Spomenik-svjetionik – simbol "Tehnogradnje"*, Slobodna Dalmacija, Split, 26.10.1974.

Bjažić Klarin, Tamara, *Ernest Weissmann: društveno angažirana arhitektura, 1926. – 1939.*, HAZU, Zagreb, 2015.

D., A., *Turistička predsezona na Makarskoj rivijeri. Baška Voda: boravi 1200 gostiju*, Slobodna Dalmacija, Split, 21. 5. 1990.

Franić, Bojana, *Kliska, Stanko*, Hrvatski biografski leksikon, 7 Kam — Ko, Leksikografski zavod Miroslav Krleža, Zagreb, 2009.

Jelić, Višnja; Domijan, Ivo, *Krvavica – Bratuš: urbanistički plan. Krvavica: provedbeni urbanistički plan*, Urbanistički institut SR Hrvatske, Zagreb, 1974.

Ladović, Joža, *In memoriam. Rikard Marasović (1913. – 1987.)*, Godišnjak zaštite spomenika kulture Hrvatske, br. 13, Zagreb, 1987.

Marijan, Davor, *"Jedinstvo" – Posljednji ustroj JNA*, Polemos: časopis za interdiscipinarna istraživanja rata i mira, vol. 6, Zagreb, 2003.

Meštrović, Matko, *Promišljeno i ustrajno: Turistička izgradnja Makarske rivijere*, Arhitektura urbanizam, br. 45 — 46, god. VIII, Beograd, 1967.

P., S., *Natječaj za idejno arhitektonsko rješenje Centra JNA u Krvavicama. Suradnicima "Lavčevića" prva nagrada*, Slobodna Dalmacija, Split, 29. 5. 1975.

Skopin, Igor, *In memoriam. Rikard Marasović (1913. – 1987.)*, Čovjek i prostor, br. 411, god. XXXIV, Zagreb, 1987.

Soleša, Boro, *More i obrana*, Slobodna Dalmacija, Split, 29. lipnja 1990.

Š., S., *Distrofičari u Krvavicama*, Slobodna Dalmacija, Split, 15. 9. 1976.

Š., S., *Štefova vedra naiva*, Slobodna Dalmacija, Split, 22. 9. 1976.

Veljačić, Miranda, *Perje na buri / Feathers in the Bora*, Oris – časopis za arhitekturu i kulturu življenja, br. 50, Zagreb, 2008.

List of informants:

Marin Andrijašević, former employee of the Children's Health Resort in Krvavica and the "Krvavica" Army Vacation Resort, interviewed on 12 August 2020

Vinka Meštrović, former employee of the Children's Health Resort in Krvavica, interviewed on 19 August 2020

J. M., former patient of the Children's Health Resort in Krvavica, interviewed on 14 August 2020

M. Z., a local of Krvavica, e-mail reply of 1 June 2020

Stanislav Živkov, visitor of the Children's Health Resort in Krvavica, e-mail reply of 20 July 2020

T. Ć., interviewed by phone on 11 October 2021

References and sources:

Anonymous author, *"Spomenik-svjetionik – simbol "Tehnogradnje"*, *Slobodna Dalmacija*, Split, 26 October 1974

Bjažić Klarin, Tamara, *Ernest Weissmann: društveno angažirana arhitektura, 1926. – 1939.*, Croatian Academy of Sciences and Arts, Zagreb, 2015

D. A., "Turistička predsezona na Makarskoj rivijeri. Baška Voda: boravi 1200 gostiju", *Slobodna Dalmacija*, Split, 21 May 1990

Franić, Bojana, "Kliska, Stanko", *Hrvatski biografski leksikon*, 7 Kam – Ko, The Miroslav Krleža Institute of Lexicography, Zagreb, 2009

Jelić, Višnja; Domijan, Ivo, *Krvavica – Bratuš: urbanistički plan. Krvavica: provedbeni urbanistički plan*, Urban Planning Institute of the Socialist Republic of Croatia, Zagreb, 1974

Ladović, Joža, "In memoriam. Rikard Marasović (1913. – 1987.)", *Godišnjak zaštite spomenika kulture Hrvatske*, vol. 13, Zagreb, 1987

Marijan, Davor, "'Unity' – JNA's Last Organizational Framework", *Polemos: Journal on Interdisciplinary Research on War and Peace*, vol. 6, Zagreb, 2003

Meštrović, Matko, "Promišljeno i ustrajno: Turistička izgradnja Makarske rivijere", *Arhitektura urbanizam*, vol. 45 – 46, year VIII, Belgrade, 1967

P. S., "Natječaj za idejno arhitektonsko rješenje Centra JNA u Krvavicama. Suradnicima 'Lavčevića' prva nagrada", *Slobodna Dalmacija*, Split, 29 May 1975

Skopin, Igor, "In memoriam. Rikard Marasović (1913. – 1987.)", *Čovjek i prostor*, vol. 411, year XXXIV, Zagreb, 1987

Soleša, Boro, "More i obrana", *Slobodna Dalmacija*, Split, 29 June 1990

Š. S., "Distrofičari u Krvavicama", *Slobodna Dalmacija*, Split, 15 September 1976

Š. S., "Štefova vedra naiva", *Slobodna Dalmacija*, Split, 22 September 1976

Veljačić, Miranda, *Perje na buri / Feathers in the Bora*, Oris magazine for architecture and culture of living, issue 50, Zagreb, 2008

“Where do I go?”

ARHEOLOGIJA FUTURISTIČKE PROŠLOSTI: VOJNO DJEČJE LJEČILIŠTE I ODMARALIŠTE U KRVAVICI

Ivan Huljev
Udruga Kačić /
Kačić Association

ARCHAEOLOGY OF A FUTURISTIC PAST: MILITARY HEALTHCARE FACILITY FOR CHILDREN AND RESORT IN KRVAVICA

SAŽETAK

Ovaj rad sagledava Dječje lječilište i odmaralište u Krvavici iz arheološke perspektive. Također, on se oslanja na povijesne, antropološke i druge izvore, odnosno teži interdisciplinarnosti, koja je neminovna u ovakvim istraživanjima. Riječ je o primjeni arheoloških metoda i teorija u istraživanju recentne prošlosti, u ovom slučaju napuštenog i devastiranog lječilišnog i odmarališnog kompleksa kasnog modernizma. Iako na prvi dojam arheološki pristup istraživanja nedavne prošlosti može djelovati neuobičajeno, treba reći da arheologija, kao i druge znanstvene discipline ima svoj razvojni put koji uvelike zavisi o društvenim kontekstima i promjenama. U radu će se prikazati preliminarni rezultati dobiveni arheološkom metodom rekognosciranja (arheološkog pregleda terena) lječilišnog kompleksa i njegova okoliša, odnosno istraživat će se kulturni i okolišni (ne-kulturni) formacijski procesi nastanka arheoloških izvora. Osim društvenih, političkih i ekonomskih praksi na prostor djeluju i akteri, kao što su životinje, kukci, biljke, klimatske promjene, elementarne nepogode i drugo. Zbog toga ću u ovom radu prikazati utjecaj većine tih aktera na kompleks Dječjeg lječilišta u Krvavici i njegov okoliš.

UVOD

Mnogi će vjerojatno postaviti pitanje: zašto arheološki pristup modernoj građevini? Arheologija koja je počela kao sakupljačka, odnosno kolekcionarska znanstvena disciplina u 18. stoljeću, kroz svoje se procese nastanka i razvoja do danas znatno transformirala. Nastanak arheologije kao znanosti bio je uvjetovan društvenim procesima (industrijalizacija), odnosno pojavom modernizma u 19. stoljeću i stvaranjem paradigmi i diskursa znanosti. Arheologija se tada institucionalizira te razvija svoje metode i teorije koje gradi preuzimajući i modificirajući metode, teorije i ideje od drugih disciplina poput geologije, povijesti, sociologije, etnologije, antropologije, filozofije, geografije i drugih.

Arheologija suvremene prošlosti nastaje 70-ih godina 20. stoljeća projektima na Sveučilištima u Tucsonu (Arizona, SAD) i Honolulu (Hawai, SAD), pod vodstvima Michaela Schiffera i Richarda Gouldoa. Osim njih bitnu ulogu imao je William Rathje koji je proučavao suvremeno „svježe" smeće i smetlišta (projekt naziva *Garbology* iz kojeg je kasnije nastala istoimena poddisciplina) u SAD-u.[1] Rathje je svojim projektima proučavanja svježeg smeća i intervjuiranjem korisnika pokazao nekonzistentnost između narativnog, odnosno formalnog ljudskog ponašanja, i

1 BUCHLI, LUCAS 2001, 3, 5.

SUMMARY

This paper offers a uniquely archaeological perspective on the Children's Healthcare Facility and Resort in Krvavica. The research draws on various sources such as historic, anthropological, etc. The interdisciplinary nature is unavoidable in a research program such as the one presented in this paper. Specifically, archaeological methods and theory are applied in research of the contemporary past, in this case, the abandoned and derelict healthcare and resort complex from the period of late modernity. Although at first glance archaeological research of the contemporary past may seem unusual, it should be noted that archaeology, along with other disciplines, displays a developmental trajectory that is largely contingent upon social contexts and change. Preliminary results of an archaeological survey will be presented in this paper. The survey was conducted on the grounds of the healthcare complex and its surroundings. Specifically, the role of various cultural and environmental (non-cultural) formation processes will be discussed in the context of the constitution of the archaeological record. Other than social, political, and economic practices, space is impacted by other actors such as animals, insects, plants, climate change, weather, etc. Therefore, I will attempt to demonstrate the impact of this multitude of actors on the complex of the Children's Healthcare Facility in Krvavica and its immediate surroundings.

INTRODUCTION

Many will probably wonder what is the point of archaeological research in a modern building. Archaeology began as an antiquarian discipline in the 18th century whose aim was to simply collect and catalog various archaeological finds. The discipline has been tremendously transformed through various processes of constitution and development. The development of archaeology as a scholarly discipline was conditioned by social processes (industrialization), the emergence of modernity and the constitution of paradigms, and the very discourse of scholarship. Archaeology is institutionalized at this point, and develops its methodology and theories, building upon, borrowing, and modifying methods, theories, and ideas from other disciplines such as geology, history, sociology, ethnology, anthropology, philosophy, geography, etc.

Archaeology of the contemporary past emerged in the 1970s through projects conducted at Universities in Tucson (Arizona, USA) and Honolulu (Hawaii, USA), under the direction of Michael Schiffer and Richard Gould. William Rathje also played a significant part in studying contemporary "fresh" refuse and stvarnog ponašanja s druge strane.[2] Osim ovih projekata i navedenog rada spomenuo bih da u zapadnoj arheologiji raste broj znanstvenih radova na ovu temu, pa tako postoji časopis *Journal of Contemporary Archaeology*. Osim toga spomenuti ću još knjigu *After Modernity: Archaeological approaches to the contemporary past* (R. Harrison i J. Schofield) iz 2010., članak *The absent present: archaeologies of the contemporary past* u zborniku radova *Archaeologies of the Contemporary Past* (ur. V. Buchli i G. Lucas) iz 2001., te zbornik radova *Ruin Memories – Materiality, Aesthetics and the Archaeology of the Recent Past* (ur. Bjørnar Olsen and Þóra Pétursdóttir) iz 2014., kao značajnije radove.

Napuštanje građevina događa se najčešće u vremenima kriza,[3] koje su uvjetovane društvenim, ekonomskim i političkim promjenama. Primjerice, danas diljem obale Republike Hrvatske postoje mnoge kasnomodernističke i postmodernističke ruine iz razdoblja Socijalističke Federativne Republike Jugoslavije koje su nekoć bile namijenjene raznim privrednim djelatnostima od zdravstva, turizma, industrije, i slično. Uzroci tome su mnogobrojni, ali najčešći razlozi su neriješeni vlasnički odnosi među bivšim republikama te loše (netransparentne) privatizacije koje nisu dovodile do obnova. Ovakvi prostori, odnosno napuštene građevine, zapravo nisu „mrtve“, odnosno bez aktivnosti u njima kako se to na prvi pogled možda čini. Iako formalne institucije više ne pokazuju interes za ove građevine, u njima se događaju nove aktivnosti koje preoblikuju prostor pod različitim utjecajima ljudi, životinja, biljaka, te vremenskih prilika (vjetar, kiša, hladnoća itd.). Time oni postaju ruine sa svojim „više izmiješanim i skupljenim povijestima“.[4]

Kako je već rečeno, kompleks Dječjeg lječilišta u Krvavici projektirao je arhitekt Rikard Marasović 1961. godine. Gradnju kompleksa s 200 kreveta izvelo je građevinsko poduzeće Tehnogradnja iz Splita od 1963. do 1965. godine. [5] Objekt je 1973. godine prenamijenjen u vojno odmaralište, zatim 1991. prelazi u Ministarstvo obrane novoosnovane Republike Hrvatske, i tada u ratnim vremenima služi za mobilizaciju vojske, smještaj izbjeglica i prognanika. Novoosnovani Club Adriatic 2002. godine preuzima upravljanje nad vojnim odmaralištima, pa tako i nad objektom u Krvavici.[6] U to vrijeme kreće proces napuštanja i propadanje zdravstvenog i odmarališnog arhitektonskog kompleksa.

2 BUCHLI, LUCAS 2001, 5-6.
3 Primjerice nakon svjetske ekonomske krize 2008. godine mnoge građevine nisu dovršene, a neke su napuštene.
4 OLSEN, PÉTURSDÓTTIR 2014, 58.
5 ANONIM 1974, 21.
6 Za informacije zahvaljujem Antoniji Vodanović koja je radila intervjue i izložila ih u članku, u ovoj knjizi.

landfills in the USA (the project was named "Garbology" which subsequently lend its name to the emerging sub-discipline).[1] Through his research which included studying fresh refuse and interviews with the producers of that refuse, Rathje demonstrated an inconsistency between stated and actual behavior.[2] These projects and publications were just the beginning and I would like to note that the interest in this subject is very much on the rise in western archaeology. Hence, a journal by the name "*Journal of Contemporary Archaeology"* was founded specifically to address these topics. Also, I would mention several seminal publications such as the book *After Modernity: Archaeological approaches to the contemporary past* (R. Harrison and J. Schofield) from 2010, a paper *The absent present: archaeologies of the contemporary past"* in a reader „*Archaeologies of the Contemporary Past"* (eds. V. Buchli and G. Lucas) from 2001., and a reader „*Ruin Memories - Materiality, Aesthetics and the Archaeology of the Recent Past*" (eds. Bjørnar Olsen and Þóra Pétursdóttir) from 2014.

Buildings are commonly abandoned at times of crisis,[3] which are contingent upon social, economic, and political changes. Many late modernist and post-modernist buildings from the period of the Socialist Federal Republic of Yugoslavia are nowadays mere ruins. This process is evident throughout the coastal area of the Republic of Croatia. These buildings had various functions such as healthcare, tourism, industry, etc. The reasons for such a state of affairs are numerous, but primarily the culprits are unresolved property ownership among the former Republics and unfortunate (non-transparent) privatization schemes. These issues severely hindered any restoration attempts (provided that there were any). It may seem at first glance that these built spaces are in fact "dead" where all activities have simply ceased to take place. However, even though formal institutions no longer take an interest in the lives of these buildings, various new activities do take place in them, affected by humans, animals, plants, and the weather (wind, rain, cold, etc). Thus, the buildings are rendered ruins "to an ever more mixed and gathering past".[4]

The complex of the Children's Healthcare Facility in Krvavica was designed by architect Rikard Marasović in 1961. The construction of the complex with 200 beds was executed by the construction company Tehnogradnja from Split[5] in the period between 1963 and 1965. The building was repurposed as a military

1 BUCHLI and LUCAS, 2001, 3, 5.
2 BUCHLI and LUCAS, 2001, 5-6.
3 For example, many buildings were left unfinished or abandoned after the world economic crisis in 2008
4 OLSEN and PÉTURSDÓTTIR, 2014., 58.
5 ANONIM, 1974, 21.

Fotografija kompleksa iz zraka sa stare razglednice poslane 1966 godine, autor: „Daskal Makarska", iz privatne kolekcije autora teksta

An aerial photo of the complex from an old postcard posted in 1966, author: "Daskal Makarska", from a private author's collection

DJEČJE LJEČILIŠTE U KRVAVICI U ARHEOLOŠKOM I SISTEMSKOM KONTEKSTU

Arheologija je znanost čiji je glavni predmet proučavanja materijalna kultura. Stoga, ne treba čuditi da je problematika konstituiranja arheoloških izvora toliko važan problem za arheologiju kao znanost. Upravo je konstituiranje arheoloških izvora jedan od glavnih problema kojima se bavi bihevioralna arheologija. Glavne postavke bihevioralne arheologije uključuju proučavanje formacijskih procesa koji se nastoje formulirati kao mehanizmi ili zakonitosti. U kontekstu ovog rada, najvažniji su kulturni i ne-kulturni mehanizmi ili zakonitosti formacije i transformacije arheoloških izvora.[7] Ostaci materijalne kulture (artefakti i ekofakti)[8] tijekom vremena prolaze razne procese transformacije koji su različiti od lokaliteta do lokaliteta. Ti procesi mogu biti drugačiji i na svakom pojedinom lokalitetu.[9] M. B. Schiffer razlikuje sistemski i arheološki kontekst artefakata. Sistemski bi se odnosio na to kada su artefakti u „opticaju", ili točnije: „kad

7 HEILEN, SCHIFFER, REID 2008, 601.

8 Artefakti / izrađevine (*artefact*): „u najširem smislu, bilo koji predmet (pokretan ili nepokretan) izrađen ili izmijenjen ljudskom rukom, od kamenog oruđa do nebodera ili svemirskog broda" dok su ekofakti (*ecofacts*) za razliku od izrađevina, arheološka građa koja svjedoči o prirodnom okolišu i prehrambenim navikama ljudi: životinjske kosti, ljušture mekušaca, pougljeni ostaci drva, koštice i sjemenke, oklopi kukaca, polen itd." (BARKER 2000, 268–269.)

9 SCHIFFER 1996, 13.

Pogled na stanje kompleksa 2020. godine. Fotografirano s Jadranske magistrale, foto: I. Huljev

A view of the condition of the complex in 2020. The photo was taken from the Adriatic Highway, photo: I. Huljev

resort in 1973 and in 1991 the ownership was transferred to the Defense Ministry of the newly formed Republic of Croatia. Croatia was embroiled in an armed conflict at that point and the building was used as an army mobilization center and for the accommodation of refugees and displaced persons. Newly formed Club Adriatic takes over the management of military resorts in 2002, including the resort in Krvavica.[6] The process of abandonment and decay of healthcare and resort architectural complex commences at this time.

CHILDREN'S HEALTHCARE FACILITY IN KRVAVICA IN AN ARCHAEOLOGICAL AND SYSTEMIC CONTEXT

Archaeology is a discipline whose primary concern is material culture. Therefore, it comes as no surprise that the problematics of the constitution of the archaeological record is a major concern within the discipline. Namely, the constitution of the archaeological record is a central issue for behavioral archaeology. The basic tenets of behavioral archaeology include the study of formation processes where these are formulated as a certain set of laws or mechanisms. For the purposes of

6 The information was provided by Antonia Vodanović who conducted the interviews and presented them in a paper included in this book. I would like to extend my gratitude to her for making this information available to me.

oni participiraju u bihevioralnom sistemu.“[10] S druge strane, arheološki kontekst odnosi se na situaciju gdje su „artefakti u interakciji samo s prirodnim okruženjem.“[11] Nadalje, kako M. B. Schiffer navodi artefakti mogu prelaziti iz jednog konteksta u drugi više puta.[12] Kulturnim i okolišnim (ne-kulturnim) formacijskim procesima nastaju arheološki izvori. Kulturni formacijski procesi uključuju djelovanje ljudi koji transformiraju artefakte nakon inicijalne upotrebe, dok na ne-kulturne formacijske procese transformacije djeluju okolišni utjecaji.[13] Što sve uključuju kulturni i okolišni (ne-kulturni) formacijski procesi sažeto navode M. P. Heilen, M. B. Schiffer i J. J. Reid: „Kulturni formacijski procesi uključuju ponovnu upotrebu, odbacivanje, popravljanje i poremećaj kulturnih slojeva. Primjeri specifičnih kulturnih formacijskih procesa su lateralni, ciklični, sekundarno odlaganje smeća, čišćenje i gaženje. Okolišni formacijski procesi uključuju narušavanje okoliša i procese na površini zemlje, poput propadanja, raspadanja, patiniranja, gljivično truljenje, krioturbacije i vulkanizma.“[14]

TRANSFORMACIJA KRAJOLIKA KROZ VRIJEME

U ovom dijelu osvrnut ću se na transformacijske procese u krajoliku neposrednog i nešto šireg područja kompleksa. Intervencije u prostoru prije izgradnje Dječjeg lječilišta vidljive su u ostacima starog naselja Krvavice, brojnih suhozida, podzida, kamenoloma, prapovijesne gradine[15] te drugih značajki kulturnog krajolika. Izuzev izgradnje kasnomodernističkog arhitektonskog kompleksa, gotovo istovremeno, 1964. godine, završava se i značajni infrastrukturni projekt izgradnje Jadranske magistrale. Ona u Krvavici prolazi preko dijela stare austrougarske ceste, te vodi do Baške Vode na zapadu i Makarske na jugu, što se vidi usporedbom nove trase s onom ucrtanom na austrougarskom katastru iz prve polovine 19. stoljeća. Njenom izgradnjom omogućen je masovni

10 SCHIFFER 1996, 3. U sistemskom kontekstu bili bi artefakti kao što je primjerice stambena zgrada bivšeg medicinskog osoblja Dječjeg lječilišta u Krvavici, u kojoj danas žive bivši pripadnici specijalne policije. U taj kontekst bi ulazili i svi predmeti unutar stambenih jedinica, kao što su primjerice kreveti, televizori, knjige, posude za hranu, i drugo.

11 SCHIFFER 1996, 4. Takav primjer bili bi napušteni dijelovi ostalih zgrada bivšeg Dječjeg lječilišta i vojnog odmarališta, pa tako npr. i odbačeni ostaci umivaonika, ili wc školjki u nekom od nekadašnjih toaleta, ili primjerice predmeti deponirani u nekoj od prostorija kao smeće.

12 SCHIFFER 1996, 4.

13 SCHIFFER 1996, 7.

14 HEILEN, SCHIFFER, REID 2008, 601.

15 TOMASOVIĆ 2004, 21-22.

this paper, the most important laws are c- and n-transforms. These transforms are formulated to systematically posit the mechanisms or laws of how archaeological record is formed and transformed.[7] The remains of material culture (artifacts and ecofacts)[8] pass over time through various processes of transformation which may be very different for each site.[9] M. B. Schiffer has made a distinction between systemic and archaeological contexts. Systemic context refers to the situation when artifacts are in "circulation" or more precisely "*when they are participating in a behavioral system*".[10] Archaeological context, on the other hand, refers to "*artifacts that interact only with the natural environment*"[11] Furthermore, artifacts may continuously pass from one context to another.[12]

Cultural and non-cultural transforms are laws or mechanisms that constitute the archaeological record. Cultural transforms include human action which transforms artifacts following the initial use while environmental factors are instrumental in non-cultural formation processes.[13] M. P. Heilen, M. B. Schiffer, and J. J. Reid have succinctly described which processes figure as cultural and environmental (non-cultural) transforms: " *Cultural formation processes include reuse, discard, reclamation, and cultural disturbance. Examples of specific cultural formation processes are lateral, cycling, secondary refuse disposal, scavenging, and trampling. Enviromental formation processes include deterioration, decay, environmental disturbance processes, and earth surface processes, such as patination, fungal decay, cryoturbation, and volcanism*".[14]

7 HEILEN, SCHIFFER i REID, 2008, 601.

8 Artefacts: "in the broadest sense, any object (movable or immovable) crafted or altered by humans, from stone tools to skyscrapers or space ships" while ecofacts (as opposed to artefacts) include archaeological record that informs on natural environment and human dietary habits: animal bones, mollusc exoskeletons, charred remains of wood, pips and seeds, insect exoskeletons, pollen etc. This entry was added by Stašo Forenbaher (2000.) in the Croatian translation of the text. (BARKER, 2000, 268 – 269.)

9 SCHIFFER 1996, 13.

10 SCHIFFER 1996, 3.
Systemic context may refer to artefacts such as residential building for former medical staff at Children's Healthcare Facility, Krvavica. This building is nowadays occupied by retired members of special police force. Various items within residential units are also part of this context such as beds, TVs, books, dishes etc.

11 SCHIFFER, 1996, 4.
Artefacts in the archaeological context would include parts of other abandoned buildings of children's healthcare facility and military resort, including also discarded sinks and toilets in some of the former restrooms or objects deposited as refuse in some of the rooms.

12 SCHIFFER, 1996, 4.

13 SCHIFFER, 1996, 7.

14 HEILEN, SCHIFFER i REID, 2008, 601.

Kružni lebdeći volumen (crveno), prizemlje volumena L oblika (plavo), servisne zgrade (zeleno), betonsko-kamena lučica kvadratnog oblika (smeđe), zgrada za stanovanje medicinskog osoblja (žuto). Pod brojem 1. položaj prapovijesne gradine, 2. potok, 3. brdo Čurilo, 4. spojna cesta kompleksa s Jadranskom magistralom, 5. Jadranska magistrala, 6. staro naselje Krvavica, preuzeto s https://geoportal.dgu.hr/, modificirao autor

Circular hovering volume (red), the ground floor of L-shaped volume (blue), service buildings (green), rectangular concrete-stone harbor (brown), and residential building for medical staff (yellow). Under number: 1. The position of a prehistoric hillfort, 2. Stream, 3. Čurilo hill, 4. Service road connecting the complex to the Adriatic Highway, 5. Adriatic Highway, 6. Krvavica, the old settlement, source: https://geoportal.dgu.hr/, modified by the author

cestovni promet. Time prolaznici, i posjetitelji, dobivaju nove vizure, te mogućnost dolaska do kompleksa, do kojeg je s magistrale napravljena spojna cesta. Zbog izgradnje kompleksa regulira se i potok uz zdravstveni kompleks. Potok dobiva kameno popločenje i betonske obloge. Gradi se betonsko-kamena lučica kvadratnog oblika. Iskapanjem temelja za objekte zdravstvenog kompleksa dolazi do transformacijskih procesa usitnjavanjem kamenog i zemljanog materijala. Taj materijal je vjerojatno služio za nasipavanje obale, za potrebe izgradnje plaže te parkinga. U vrijeme kada se kompleks transformira u vojno odmaralište, južno od centralne kružne zgrade, nastaje i kamp.[16] Ostaci tog kampa su betonske podloge izrađene u obliku šahovskog polja i na krajevima zakošene da bi se na njih mogle postaviti kamp kućice. Betonske su podloge danas djelomično zarasle niskim raslinjem, dok se neke uz cestu koriste na primjer kao parking. Osim

16 Više o kampu u ovoj knjizi u radu Antonie Vodanović.

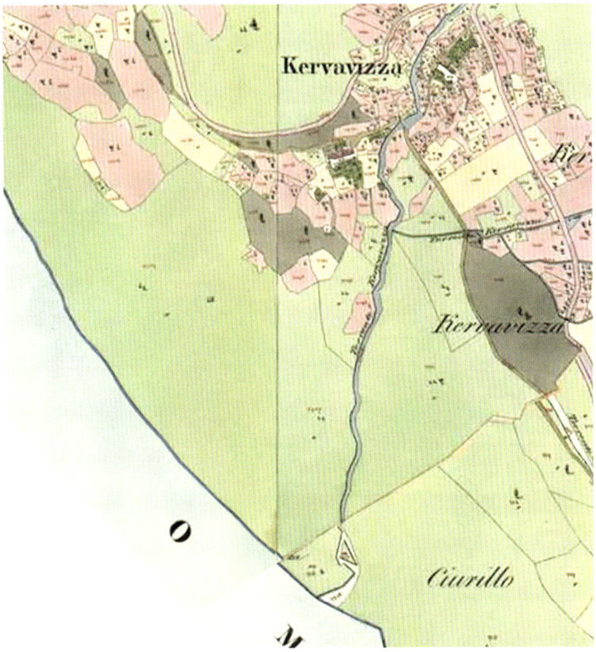

Austrougarski katastar s prikazom prostora Krvavice iz 1856.-60. godine, preuzeto s https://maps.arcanum.com/en/map/cadastral/

Austro-Hungarian cadastral map depicting Krvavica area in 1856-60, source: https://maps.arcanum.com/en/map/cadastral/

LANDSCAPE TRANSFORMATION OVER TIME

In this section, I will discuss landscape transformation in the immediate vicinity of the complex as well as the wider area. Interventions in landscape preceding the building of the Children's Healthcare Facility are evident in the remains of older Krvavica settlement, numerous drystone walls, retaining walls, quarries, and prehistoric hillfort as well as other landscape features.[15] Almost simultaneously with the completion of the construction project of the late modernist architectural complex, an extremely important infrastructural project of the Adriatic Highway was completed in 1964. This road shares a part of the older Austro-Hungarian road track in Krvavica. The road continues to Baška Voda to the west and Makarska to the south. The exact track of the Austro-Hungarian road is well documented on cadastral maps dating from the first half of the 19th century and it is evident that the older track closely follows the newly built Adriatic Highway. The building of new road communication enabled traffic on a mass scale. Furthermore, the road enabled new vistas for travelers and visitors, and a service road built from the Highway to the complex facilitated efficient access to the healthcare facility.

15 TOMASOVIĆ, 2004, 21-22.

Prikaz transformiranja prostora i izgradnje marine od 2003. do 2021. godine, preuzeto s Google Earth Pro

A depiction of area transformation and marina building from 2003 to 2021, source: Google Earth Pro

njih, izgrađene su i betonske kućice prekrivene crvenim salonitnim krovom.[17] Mijenjanje okolnog krajolika nakon izgradnje kompleksa ogleda se i u vidu proširenja naselja Krvavica. Od 2003. godine vidi se na ortofotografijama kako se gradi Marina „Ramova" odnosno lukobran, objekti namijenjeni nautičkom turizmu, spojne ceste i slično. Marina je nastala kao produžetak dijela ranije lučice smještene sjeverozapadno od kompleksa. Zapadno od lebdeće zgrade gradi se Fast Food Bepo koji je u funkciji tijekom ljetnih mjeseci. Događaju se također razni transformacijski procesi južno od kompleksa na zaravni i padinama brda Ćurila gdje je prije 10-ak godina dio krajolika izmijenjen drobljenjem kamena i zemlje u poljoprivredne svrhe. Na toj poziciji ranije je postojala prapovijesna

17 Kućice su van utilitarne funkcije. Na okvire otvora su zakucani ostaci namještaja, a unutar objekata deponirani su razni ostaci istog.

A stream adjacent to the complex was regulated as part of the construction project using stone and concrete blocks. A small rectangular harbor was also built. The materials used were stone and concrete. The excavation of foundations for healthcare complex buildings caused an additional transformation process. A mixture of stone and soil material was produced. The material was grounded to a smaller fraction as a result of this intervention and probably reused as a fill for the embankment, beach, and parking lot. At this point when the complex was transformed into a military resort, a camping site was formed south of the central circular building.[16] The remains of the camping site include concrete substructures arranged in a chess board pattern. These structures were slanted to facilitate the fixing of RVs. These structures are nowadays

16 For more information on the camping site see: VODANOVIĆ in this book

gomila (tumul) uništena u navedenim radovima.[18]

Procesom napuštanja dijelova kompleksa početkom 2000-ih započelo je njihovo pretvaranje u arheološki kontekst.[19] Ipak, zbog aktivnosti koje će biti iznesene u sljedećim poglavljima ovoga rada, pojedini dijelovi i predmeti stalno prelaze iz arheološkog u sistemski kontekst.

RAZLIČITI KULTURNI FORMACIJSKI PROCESI I PRAKSE U DIJELOVIMA KOMPLEKSA

U trenutku kad se dijelovi kompleksa formalno počinju napuštati i uništavati negdje početkom 2000-ih, odnosno kad kružni lebdeći volumen i njegovo prizemlje spojeno s volumenom L oblika polagano postaju ruine, tj. prelaze u arheološki kontekst,[20] dolazi do nastojanja da se onemogući pristup i pogled unutar objekata. To vidimo kroz arheološke izvore koji se ogledaju u ponovnoj upotrebi nekadašnjeg namještaja (dijelovi kreveta, vrata ormarića, itd.) u vidu sekundarne upotrebe.[21] Primjerice, dio staklenih prozorskih otvora ranije je bio razbijen, pa su ih zatvorili oblogama od namještaja. Prije toga, a i za vrijeme kada su neki stakleni otvori već bili razbijeni, bijelom bojom se pristupilo bojanju donjih prozora, i velikih staklenih stijenki oko cijelog prizemlja, vjerojatno da se potencijalnim provalnicima onemogući pogled unutra, ili je to radila vojska u ratnom periodu zbog sličnih razloga. No kao što vidimo, svi ti zahvati nisu imali dugoročnog učinka, jer bez prakse čuvanja i održavanja prostora neminovno je njegovo propadanje i uništavanje.

Najčešća aktivnost koju vidimo kroz arheološke izvore unutar kompleksa, je odnošenje metalnih predmeta ili njihovih dijelova. U arheologiji postoji termin „jama kradljivaca kamena“ (*robber trench*).[22] Na moderne građevine mogli bismo primijeniti termin „jama kradljivaca metala“. Metal, kao nekoć kamen u građevini, ima veliku vrijednost kako u sirovinskom smislu, tako i vrijednosnom,

18 TOMASOVIĆ 2004, 21.

19 SCHIFFER 1996, 89.

20 Iako drugim oblicima uporabe dijelovi tog prostora vraćaju se u sistemski kontekst.

21 SCHIFFER 1996, 30-31.

22 BARKER 2000, 35, 269. P. Barker navodi: „Osim što ruše zidove kako bi ponovo upotrijebili kamen, zidari iz istog razloga iskopavaju temelje srušenih zgrada, pa čak i ako su napravljeni samo od nasipa. Jame koje iza toga ostaju nazivamo jamama kradljivca kamena. One su najčešće ispunjene neupotrebljivom žbukom i kamenim kršjem, te često predstavljaju jedini trag nekadašnje zgrade.“ (BARKER 2000, 35.)

Radna soba u prizemlju ispunjena raznim predmetima, a prozori zatvoreni ostacima namještaja, i bojani bijelom bojom, foto: I. Huljev

Service room on the ground floor filled with various objects, windows are boarded with remains of furniture and painted white, photo: I. Huljev

partially overgrown with shrub vegetation while some, nearer to the road, are used as parking spots. Small concrete houses were also built at the camping site, covered with asbestos cement panels.[17] The transformation of the surrounding landscape is also evident in the extension of the Krvavica settlement. Historic satellite imagery clearly demonstrates that since 2003 various structures were built such as the marina "Ramova" with extended pier, service roads, etc. The marina was in fact an extension of a former smaller harbor positioned to the north-west of the complex. A Fast Food Bepo was built to the west of the hovering building. This fast-food establishment is open only during the summer months. Various transformation processes are also taking place south of the complex. The area at the slopes and plateau of Ćurila hill was altered some ten years ago by grinding stone and soil for agricultural purposes. This location featured a prehistoric stone mound (a tumulus) which is now destroyed in these operations.[18] The abandonment of certain parts of the complex at the beginning of the 2000s signaled the transformation of certain features of the complex into an archaeological context.[19] However, various activities which will be described in the following section affect the objects in a way that they constantly pass from archaeological to systemic context.

17 The houses are no longer in use. The windows are boarded with pieces of furniture and inside various pieces of refuse furniture is deposited.

18 TOMASOVIĆ 2004, 21.

19 SCHIFFER 1996, 89.

Oprema toaleta van svog prvotnog sistemskog konteksta (u lebdećem volumenu), foto: I. Huljev

Toilet fixtures outside their original systemic context (at the hovering volume), photo: I. Huljev

Prostori kuhinje gdje se vidi praksa vađenja cijevi i kabela, zbog sirovinskog prikupljanja metala, foto: I. Huljev

Kitchen space where the practice of pipes and cable extraction is visible. The motive is the collection of scrap metal, photo: I. Huljev

odnosno simboličkom značenju. Na takve tragove nailazimo na gotovo cijelom unutarnjem dijelu kompleksa koji je napušten. Imamo ukope jama nastalih nakon vađenja električnih i drugih kabelskih instalacija, te vodovodnih cijevi, zatim primjerice ukope i zapune od izvađenih kada, tuš kabina, ispunjenih zapunom kršja od cigli, cementa i keramičkih pločica. Osim toga, u gotovo svim toaletima sanitarije (umivaonik, wc školjke) nalaze se van svojih prvotnih sistemskih konteksta. Najveći broj se nalazi unutar nekadašnjih toaleta, ili pak u drugim prostorijama. Uzrok tome je skidanje metalnih cijevi i slavina. Uz to, odneseni su gotovo svi elementi za zagrijavanje prostorija (radijatori i cijevi), a jedini tragovi koji upućuju na to su ostaci nosača i prvotna boja zidova koja je ostala nakon novih bojanja, jer se soboslikarskim radovima nije moglo doprijeti iza radijatora. Sličan slučaj nalazimo i kod maknutih metalnih ventilacijskih cijevi u kuhinji. Također, dio metalnih dovratnika i nadvratnika je skinut, čime su oštećeni zidovi.

DIFFERENT CULTURAL FORMATION PROCESSES AND PRACTICES AT WORK IN VARIOUS PARTS OF THE COMPLEX

At some point during the 2000s, the process of abandonment and destruction of various parts of the complex is well underway. More precisely, the circular hovering volume with its ground floor connected with the L-shaped volume is slowly turning into ruins. In archaeological terms, they pass into the archaeological context.[20] The result of these processes is an effort to deny access and view inside the buildings. This is reflected in the archaeological record where former furniture (parts of beds, cupboard doors, etc.) is now repurposed in a secondary context.[21] For example, some windows were broken earlier and subsequently boarded using furniture as material. But before this, even when some windows were already broken, lower windows were repainted in white as well as large glass surfaces around the entire ground floor. This was probably done in an effort to deny possible burglars a view inside or the military has done the same for similar reasons. However, these efforts obviously failed in their attempts because without care and maintenance, built space is doomed to decay and ruin.

The most commonplace activity reflected in the archaeological record within the complex is the removal of metal objects or parts thereof. Archaeologists use the term "a robber's trench"[22] and this term applies to modern buildings as well. Metal, like stone in a building, is very valuable both in terms of raw material and symbolic significance. Traces of such activities are evident almost in the entire area inside the complex that has been abandoned. The removal of various objects is evident in features such as pit cuts which were the result of extracting electrical and other cables and plumbing. The features also include cuts and fills from extracted bathtubs and shower bases filled with a mixture of grounded brick, concrete and ceramic tiles. Furthermore, almost all bathroom fixtures such as sinks or toilets are found outside of their original systemic contexts. Most of the fixtures are found within former water closets but some were deposited outside these rooms. The bathroom fixtures are treated in this manner because metal pipes and faucets are scavenged for scrap metal. Further

20 However, because parts of built spaces are put to other uses, they pass back into systemic context

21 SCHIFFER 1996, 30-31.

22 BARKER 2000, 35, 269. Not only do masons demolish buildings to reuse the stone, but they dig out the foundations of demolished buildings to reuse them, though they may only be of rubble. The trenches thus left, usually backfilled with unusable mortar and stone debris, are termed robber trenches and are very often the only evidence for former building (BARKER 2000, 35)

Uklonjeni su i dijelovi metalnih ograda, kao i primjerice rasvjetnih stupova na dvorišnoj terasi koji su prepiljeni. Stolicama „Lupina“, prepoznatim kao djelo jugoslavenskog i slovenskog industrijskog dizajnera Nike Kralja,[23] uklonjene su metalne noge.[24] U dokumentarcu *Betonski spavači* (2016.)[25] vide se ove stolice tamne crvene boje deponirane jedna na drugoj,[26] dok se na drugoj *You Tube* snimci vidi da je ovakav tip stolica poslužio za umjetničku instalaciju.[27] Tu se prikazuju i druge umjetničke instalacije koje dijelom upotrebljavaju predmete iz kompleksa i na taj način ona dobivaju nova značenja i namjenu odnosno biografije. Antropolog I. Kopytoff je razvio koncept biografije stvari gdje ukazuje da pojedini predmeti kroz vrijeme doživljavaju različite kulturne transformacije, ovisno o društvenim kontekstima u kojima su se nalazili.[28] Osim ovih spomenutih, nestali su i uništeni, mnogi drugi predmeti o kojima nemam detaljnijih informacija potrebnih za znanstvenu obradu.

OBJEKT NAMIJENJEN ZA DJECU

Da je kružni lebdeći volumen zdravstvenog kompleksa planiran i izgrađen, da bude prilagođen za dječji uzrast detaljnom arhitektonskom analizom prikazuje M. Veljačić.[29] Na ovom mjestu prikazat ću neke od zamijećenih artefakata koji na to također ukazuju. To su primjerice gumene trake na kutovima zidova sale restorana, dnevnog boravka (TV sala) u prizemlju, te sobama koje su služile za zaštitu djece od mogućih ozljeda. Pored toga, posebno dizajnirane kamene klupice u malom mjerilu prilagođene su dječjem uzrastu te postavljene kraj

23 Te su stolice bile dugotrajne i izdržljive: PREDAN, ŠUBIC 2012, 153–154.

24 Također, na tri pravokutne šperploče, deponirane na podu jedna pored druge, uklonjene su metalne šipke i kola, s kojima su činile kolica za prijenos posuđa, hrane itd.

25 Vide se na 12.59 minute: https://www.youtube.com/watch?v=czHx0IHVUGo (pristupio 10. 9. 2020.)

26 Ovakve stolice vjerojatno su, kako im donekle i kontekst pronalaska govori, prvotno korištene u prostorijama administrativno-upravnih, lječilišnih službi i restorana u donjem dijelu kompleksa. Nalazimo ih tamnocrvene i crne boje.

27 *You Tube* snimka „*Abandoned Children's Health Resort in Krvavica, Croatia*“: https://www.youtube.com/watch?v=JVQnYCHl9GM (pristupio 10. 9. 2020). Ta instalacija se vidi i na Instagram stranici *Krvavica art* gdje se na fotografiji vidi da su bile poslagane u krug asocirale na lebdeći kružni volumen samog kompleksa.

28 KOPYTOFF 2000, 378-380.

29 VELJAČIĆ 2008, 134-137. Upućujem na taj rad za više informacija o arhitektonskoj analizi kompleksa.

Rasvjetni stupovi u dvorištu prepiljeni za sirovinu, foto: I. Huljev

Sawed off lamp posts in the courtyard, scrap metal collecting, photo: I. Huljev

Uništena stolica „Lupina" crvene boje, foto: I. Huljev

A ruined, red "Lupina" chair, photo: I. Huljev

fixtures removed include all parts of the heating system (pipes and radiators). The only traces pointing to the existence of these fixtures are mounts and the original paintwork. This was preserved because subsequent paint jobs were unable to reach areas behind the radiators. Metal ventilation pipes in the kitchen were extracted in a similar manner. Parts of metal door frames (heads and jambs) were removed, thus causing damage to the walls. Other fixtures were also removed such as parts of metal railings and lamp posts on the courtyard terrace. The lamp posts were sawed off. Metal chair legs were also removed[23]. These chairs were identified as "Lupina" chairs, a work by Yugoslav and Slove-

23 Also, metal rods and wheels were removed from three plywood boards, deposited side by side. These boards, along with wheels and rods were parts of carts used to transport dishes, food etc.

nekadašnjeg (sjevernog) glavnog ulaza gdje je bio prijem djece,[30] te na prostoru terase ispod lebdećeg kružnog volumena.[31] Postolje klupica je rađeno od bijelog kamena, a sjedeća površina od brečastog. Prilikom istraživanja objekta zamijetio sam da djeca i dalje rado koriste te klupice).

UREĐENJA INTERIJERA, PREDMETI I NJIHOV ŽIVOT

Interijer se do napuštanja dijela kompleksa nije značajnije mijenjao. Veliki dio namještaja iz vremena nastanka lječilišta upotrebljavao se sve do zatvaranja, odnosno i za vrijeme dok je korišteno kao vojno odmaralište. To se primjerice vidi u sobama gdje se još pronalaze ostaci crveno tapeciranih drvenih kauča, niskih drvenih stolica,[32] te četveronožnih stolića u različitim fazama propadanja. Takav namještaj svakako nije bio najprimjereniji za odrasle, bio je namijenjen djeci koja su dolazila s roditeljima. Drveni kreveti pravokutnog uzglavlja i zaglavlja s metalnim nogama na koje nailazimo u raznim kontekstima po prostorijama kompleksa dolaze u objekt 70-ih godina nakon što ono postaje Vojno odmaralište. To nam potvrđuje informant M. A. [33] Izgleda da je to bila jedna od rijetkih promjena u uređenja interijera (namještaja) općenito u to vrijeme. Osim toga imamo ostatke stolica dizajniranih 70-ih i 80-ih godina 20. stoljeća. Sličnog su izgleda, od plastičnog naslona crvene, bijele te narančaste boje s metalnim nogama.[34] Pronađen je samo jedan primjer dobro očuvanog ormara (ugradbenog) bijele boje,[35] ostali su uglavnom u raspadnutom stanju ili prekriveni drugim ostacima predmeta kao što su ulomci žbuke, fragmenti trstike, razbijenog stakla i slično. Zidovi restoranske sale i dnevnog boravka (TV sala) bili su prekriveni do određene visine žutom, do stropa već izblijeđenom svijetlom bež bojom.

30 Da je tu bio prijem djece kaže u intervjuu M. A., bivši zaposlenik lječilišta. On uz to navodi da je kasnije za vrijeme vojnog odmarališta recepcija premještena u hol prizemlja gdje se nalazi rampa (na pruženom uvidu u intervju s kazivačem zahvaljujem Antoniji Vodanović). Montažna drvena kućica s velikim staklenim stijenkama prislonjena na kameni zid činila je novu recepciju. Vidi se na fotografiji u citiranom radu M. Veljačić, a kasnije je uklonjena.

31 Klupe su poredane u tri reda u nizu po sedam komada, u dva reda i jedan po četiri.

32 Sav namještaj imao je svoj inventarni broj.

33 Zahvaljujem A. Vodanović na ustupljenim informacijama iz intervjua. M. A. kaže: „Ništa, namještaj je osta isti. Nešto se promijenilo, neki kreveti - tamo di su bili oni mali. Di su bili oni veliki, to je ostalo." Isti kaže da se skoro ništa nije mijenjalo, osim što se popravljalo ono što bi puklo.

34 Stolice su vjerojatno proizvod Tvornice metalnog namještaja Jadran (Zagreb). Neke od njih vide se na starim razglednicama, smještene na dvorišnoj terasi.

35 Ormar se nalazi u predjelu namijenjenom za ambulantu.

Kamene klupe za djecu u dvorištu, foto: I. Huljev

Stone benches for children in the courtyard, photo: I. Huljev

nian industrial designer Niko Kralj.[24] These chairs are featured in the documentary "Slumbering Concrete" (2016)[25] where they are stacked one on top of the other.[26] Another YouTube video features these chairs where they were used for an art installation.[27] Other installations were presented in this video. They utilize certain objects from the complex. Thus, the objects acquire new meaning

24 PREDAN and ŠUBIC 2012, 153 – 154. "The chairs were sturdy and durable". (PREDAN and ŠUBIC 2012, 154.).

25 Featured at 12:59 minutes: https://www.youtube.com/watch?v=czHx0IHVUGo (accessed 10.9.2020.)

26 These chairs were probably, as suggested by the context in which they were found, originally used in administrative-management space, healthcare service buildings and restaurant in the lower part of the complex. Two variants of chair colors were documented: dark red and black.

27 YouTube video: „Abandoned Children's Health Resort in Krvavica, Croatia": https://www.youtube.com/watch?v=JVQnYCHl9GM (accessed: 10.9.2020). This installation is also featured at Instagram page *Krvavica art* where the photo shows that the chairs were arranged in a circular pattern and invoked hovering circular volume of the complex itself.

Ostaci drvene stolice za djecu i stolić / noćni ormarić u spavaćoj sobi, foto: I. Huljev

The remains of a wooden chair for children and a coffee table / nightstand in a bedroom, photo: I. Huljev

Crveno tapecirani drveni kauč prekriven otpalom žbukom, trstikom, ostacima namještaja itd., smješten u spavaćoj sobi, foto: I. Huljev

A red, upholstered wooden couch covered in mortar, reed, remains of furniture, etc., positioned in a bedroom, photo: I. Huljev

Strop je bijel.[36] Podovi su bili prekriveni plavim pravokutnim tankim pločama od gume i plastike, koje su bile lijepljene za pod. Mnogo njih je odlijepljeno i nalaze se različito razbacani po prostoru. Takvo uređenje poda nalazilo se u sali, hodnicima, predsobljima i spavaćim sobama. Podne pločice u wc-ima, su četvrtaste, dominantno žute boje, s crvenim pločicama koje čine mozaik različitih jednostavnih prikaza. Prostorije kuhinje i slastičarnice na južnom djelu prizemlja imale su fiksne duge radne stolove od koji su sačuvani samo okviri. Servisne prostorije iza kuhinje i slastičarnice sastoje se od prostorija nekadašnje garderobe[37],

36 Vide se i kasnija bojanja do određene visine žute boje.

37 Na to upućuje sačuvani natpis na vratima: GARDEROBA.

and purpose or to put it in other words, biographies. Anthropologist I. Kopytoff developed the concept *Biography of things* where he suggests that objects pass through various cultural transformations through time, depending on the context the objects find themselves in.[28] Apart from the objects mentioned in the text, many more were destroyed or they disappeared. I lack sufficient information necessary for further inferences.

BUILDING INTENDED FOR CHILDREN

Architectural analysis undertaken by M. Veljačić has convincingly demonstrated that the hovering circular volume of the healthcare complex was in fact designed and built to accommodate the needs of children.[29] In this section, I will accentuate some of the artifacts that may support this suggestion. These include rubber bands placed in the corners of the main restaurant hall, the living room (TV hall) on the ground floor, and rooms. The rubber bands were placed in order to protect children from possible injury. Furthermore, stone benches were specifically designed on small scale to accommodate children. These were placed next to the former (northern) main entrance where the children's reception desk was positioned.[30] The terrace below the hovering circular volume also featured such benches.[31] The base of the bench is made out of white stone and the seat was made out of compound stone. I noticed during research that children are still very fond of using these benches to sit on.

28 KOPYTOFF 2000, 378-380.

29 VELJAČIĆ 2008, 134-137. See this paper for more information on the architectural analysis of the complex.

30 The children's reception desk was confirmed for this particular location in an interview with M. A., a former healthcare facility employee. He states that later, when the complex was transformed into a military resort, the reception was moved to ground floor hall where a ramp was placed (I would like to extend my gratitude to Antonija Vodanović for allowing me access to the information from this interview). A ready-made wooden kiosk with large glass surfaces leaning against the stone wall was now the new reception desk. It was still visible in the photo provided by cited paper by M. Veljačić but later it was removed.

31 Here, they are arranged in three rows, seven units a row, in two rows and in a single row, four units a row.

Prostorija magazina, ispunjena ekofaktima, foto: I. Huljev

Storage facility (magazine) filled with ecofacts, photo: I. Huljev

magazina odnosno spremišta[38], toaleta, i drugih.[39] Nadvratnici svih prostorija bili su numerirani radi lakšeg snalaženja u prostornoj organizaciji. Njihovi zidovi kao i uskih hodnika u tom dijelu objekta, te svih toaleta u istraživanim dijelovima kompleksa prekriveni su bijelim pločicama do određene visine, a u nastavku zidovi su bojani bijelom bojom. Podovi su u tim prostorima od jednobojnih crvenih kvadratnih pločica ili u kombinaciji s jednostavnim ukrasima od žutih. U ovim prostorijama i hodnicima djelomice su se sačuvali ostaci kvadratnih cijevi ventilacijskog sustava. Svi ti elementi upućuju na djelatnosti koje su se odvijale u tim prostorima dok je objekt bio u funkciji.

38 Na to upućuje sačuvani natpis na vratima: MAGAZIN.
39 Gotovo sav namještaj iz tih prostorija je odnesen ili oštećen.

INTERIOR DESIGN, OBJECTS, AND THEIR LIVES

The interior was not significantly altered before abandonment. The majority of furniture from the period when the healthcare facility was still in use until it was closed down and that includes the period when the complex was repurposed as a military resort. This is evident in rooms where the remains of red upholstered couches can still be found, low wooden chairs[32], and four-legged coffee tables. The furniture is found in various degrees of decay. Such furniture was not ideal for grownups. Rather, it was intended for children who were accompanied by their parents. Wooden beds with rectangular headboards and metal legs found in various contexts in the complex arrived in the 1970s when the complex was repurposed as a military resort. This is confirmed by respondent M.A.[33] It appears that this was one of the few alterations in the interior design (furniture) at this time. These alterations include the remains of chairs designed in the 1970s and 1980s. The chairs are similar in design with plastic back in red, white or orange and metal legs.[34] A single example of a well-preserved, built-in, white closet was found.[35] The rest have decayed significantly or are covered with remains of other objects such as mortar, reed fragments, broken glass, etc. The walls of the restaurant hall and sitting room (TV hall) were painted yellow, up to a certain height, and the rest of the walls up to the ceiling were painted in light beige, which has already paled. The ceiling was painted white.[36] The floors were covered with blue, rectangular slabs of rubber/plastic which were being glued to the floor. Many of these slabs were unstuck and are found scattered around in various ways. The floors were decorated in this manner in main hall, hallways, ante-rooms and bedrooms. Rectangular floor tiles in toilets were predominantly yellow and in combination with red tiles, constitute a mosaic with various simple depictions. The kitchen and pastry shop in the southern part of the ground floor featured long work tables (only frames were preserved). Service facilities behind the kitchen and pastry shop include a former wardrobe[37], a magazine

32 All of the furniture was inventoried.

33 I would like to extend my gratitude to Antonija Vodanović for the information. M.A. states: "the furniture remained the same. Some was changed, some beds, where the small ones were, where the big ones were, they remained." The respondent also states that almost nothing was changed, except for the repairs on what was broken.

34 Probably produced by Factory for Metal Furniture Jadran (Zagreb). Some of them are visible on old postcards where they are featured on courtyard terrace.

35 The closet is placed in the area intended for the infirmary.

36 The walls were repainted yellow, up to a certain height.

37 A sign WARDROBE clearly points to this.

ARHEOLOŠKI IZVORI RAZLIČITIH DRUŠTVENIH PRAKSI NAKON NAPUŠTANJA OBJEKATA

U servisnim prostorijama kuhinje i slastičarnice (garderoba, spremište, toaleti, i dr.) pronašao sam mnoštvo ekofakata, odnosno ljudskog izmeta po podovima, ponegdje i zidovima. Zbog čega je tome tako, vjerojatno treba tražiti u činjenici da su te prostorije dobro sakrivene od pogleda prolaznika izvana (primjerice prozori i staklene stijenke su pri vrhu stropa), i što taj dio zgrade nije toliko u centru pažnje prolaznika i posjetitelja. Vjerojatno zbog takvih aktivnosti nije bilo prakse izrade grafita u tim dijelovima kompleksa. Takvi ostaci ekofakata rjeđe postoje i u nekim drugim dijelovima unutar kompleksa.

U prostoriji nekadašnjeg dnevnog boravka (TV sale) pronađeni su stakleni ostaci razbijene boce Karlovačke pive. Ulomci se nalaze u kratkom perimetru jedno od drugih što upućuje na „svježu" društvenu aktivnost korištenja prostora kao mjesta zabave, odnosno interakcije ljudi, i ispijanja alkoholnog pića. Osim toga u ovoj prostoriji vidi se praksa čišćenja, dijela prostora. Ne mogu točno znati zbog čega je to napravljeno, ali mogu pretpostaviti da je možda zbog potrebe snimanja spota grupe Parni Valjak u čijem se video spotu vidi kretanje glumaca po tom prostoru.[40] Praksa čišćenja vidljiva je i u nekim drugim dijelovima. Materijalni ostaci poput prezervativa pokazuju nam da su se u ruini upražnjavale i seksualne aktivnosti. U prizemlju nailazimo na tragove koji bi mogli upućivati na privremeno „skvotanje" unutar objekta. U jednoj od prostorija nalaze se dva madraca na podu prostorije, a na jednom od njih i dvije deke. Na podu kraj madraca nalazi se razbacano nekoliko jastuka. Da su madraci postavljeni prije više godina otkriva nam žbuka koja je pala po njima prilikom vađenja kabela iz zidova. U dijelovima objekta dolazi do raznih deponiranja koja upućuju na čišćenja te pretvaranja nekih prostorija u mjesta za odlaganje otpada. Nisu samo ostaci predmeta korištenih za vrijeme rada kompleksa deponirani po različitim dijelovima objekta, nego se i novi artefakti deponiraju po prostorijama pojedinačno ili primjerice u plastičnim vrećama, odnosno grupno. Takvi predmeti najčešće su izmiješani sa stvarima iz kompleksa što ukazuje na to da se predmeti iz različitih perioda mogu pronaći unutar istog depozita. Neke od prostorija u prizemlju koje su, dok je objekt bio u sistemskom kontekstu korištene za administrativno-upravne djelatnosti, pune su deponiranih predmeta iz različitih perioda. To govori da su najmlađi predmeti doneseni kad su izgubili svoju utilitarnu funkciju. Osim ovih nabrojanih praksi, događaju se zanimljive i pozitivne umjetničke intervencije lokalnih umjetnika i aktivista, u vidu skulptura, natpisa,

40 Za informaciju o video spotu zahvaljujem Nataši Bodrožić.

Arheološki izvor skvotanja (prizemlje), foto: I. Huljev

Archaeological record of "squatting" (ground floor), photo: I. Huljev

or storage facility[38], a toilet, etc.[39] The door head jamb featured numbers in order to facilitate better orientation in the complex layout. The walls, narrow hallways, and toilets in this part of the complex featured white ceramic tiles up to a certain height and the remaining parts of the walls were painted white. The floors in these spaces featured single-colored red rectangular ceramic tiles or combined with yellow ceramic tiles in a simple decorative pattern. Rectangular ventilation system pipes were partially preserved in these rooms and hallways. These elements suggest the type of activities that have taken place in these spaces while the complex was still functioning.

THE ARCHAEOLOGICAL RECORD OF VARIOUS PRACTICES FOLLOWING THE ABANDONMENT OF BUILDINGS

I found numerous ecofacts in service facilities such as kitchen, pastry shop, wardrobe, storage facility, etc., namely human feces on floors and occasionally on walls. The reasons for the occurrence of these finds are to be found in the fact that these rooms are well hidden from view (for example, windows and glass surfaces are placed at the ceiling level). Also, this part of the building

38 A sign MAGAZINE clearly points to this.
39 Almost all of the furniture from these facilities is removed or damaged.

Slojevi grafita u hodniku kružnog volumena, foto: I. Huljev

Layers of graffiti in the circular volume hallway, photo: I. Huljev

crteža, umjetničkih instalacija itd. Dio ovih umjetničkih intervencija u procesu pod nazivom „Nestajanje/Disappearing", organiziranih 2020. godine od strane lokalnih umjetnika i aktivista devastiran je ubrzo nakon postavljanja, a ostaci su raspršeno deponirani po različitim prostorijama.[41]

GRAFITI

Grafiti su jedan od najčešćih oblika izraza materijalne kulture kroz umjetničke te društvene prakse u prostoru kompleksa. Najveći broj se nalazi unutar i na vanjskim stranama centralne kružne zgrade, dok ih na napuštenom dijelu nekadašnjeg servisnog objekta spojenog mostom s centralnom zgradom ima samo par na fasadi. Ono što se da zamijetiti je da je broj grafita između travnja 2019. i kolovoza 2020.[42] znatno porastao posebice na nosivim stupovima kružne zgrade, prostorima hodnika te u sobama. Tome je zasigurno pridonijela i popularizacija samog objekta kroz članak Mirande Veljačić, dokumentarca *Betonski spavači*, rad lokalnih umjetnika i aktivista (čije aktivnosti postoje i ranije od navedenih), peticije o obnovi kompleksa pokrenute od strane triju udruga (Slobodne veze, Platforma 9,81, Udruga Kačić), zatim popularizacije kroz medije i drugo. Razne su vrste stilova grafita zastupljene, kao i podloga na

41 Razloge uništavanja dijela radova možemo tražiti u nezadovoljstvu aktera s viđenim, odnosno porukama koje djela poručuju.

42 Datumi se odnose na vrijeme kada je obavljen pregled terena.

Prostorije kuhinje/kantine iscrtane grafitima, foto: I. Huljev

Kitchen/ Cafeteria, painted with graffiti, photo: I. Huljev

draws less attention from people passing by or visiting. This is also probably the reason why the practice of drawing graffiti is absent in these parts of the complex. This type of ecofact is also less present in some other parts of the complex.

The remains of a broken Karlovac™ beer bottle were found in the former living room (TV halls). The shards were found in a relatively small area which suggests a recent social activity of using the place for socializing, namely human interaction and consummation of alcoholic beverages. The exact reason for this activity eludes me, but it is reasonable to assume that the activity is connected with a music video shoot for the band Parni Valjak.[40] The video features the movement of actors in this room. The practice of sweeping is evident in some other areas. Material remains such as condoms suggest that sexual intercourse was performed in the ruined building. The ground floor features remains that may suggest "squatting" in the building. One of the rooms features two matrices placed on the floor and one featured two blankets. Several pillows were scattered on the floor, next to the matrices. The fact that matrices were covered in mortar, a byproduct of cable extraction from the walls, suggests that the matrices were paced here several years ago. Various depositions took place at parts of buildings which suggests sweeping and repurposing certain rooms as refuse deposits. The objects from the period when the complex was still functioning are not exclusively deposited. Rather, new artifacts are deposited in rooms

40 I would like to extend my gratitude to Nataša Bodrožić for the information on the music video.

Grafit sa znakom Ministarstva kulture RH koji se upotrebljava na nepokretnim zaštićenim kulturnim dobrima, foto: I. Huljev

Graffito with a Ministry of Culture and Media, Republic of Croatia sign designating an immovable protected cultural property, photo: I. Huljev

koje su aplicirani, te alata s kojima su izrađeni. Najviše ih je izrađeno sprejevima, ali ima i urezanih u drvo, metal, boju, itd. Njihova značenja i poruke su različite, od društvenih tema do aktivističkih, političkih, pa do dekorativnih uzoraka, te onih koje obilježavaju prostor (ime ili nadimak), pa do ljubavnih poruka i slično. Kronologije nastanka većine grafita odredive su okvirno, osim onih koje imaju ucrtan datum. Pored toga, sad već postoje slojevi grafita koji idu jedan preko drugoga pa je lakše odrediti koji su mlađi, a koji stariji. Skoro svi grafiti nastaju nakon početka 2000-tih, a najveći broj ih nastaje posljednjih 10-ak godina. U ovom radu donosim analizu nekoliko prikaza grafita. U zadnje vrijeme pojavili su se grafiti koji imaju umjetničku vrijednost kao što su oni umjetnice Tee Jurišić („Kvar Illustration"). Zanimljiv grafit nastao između 2019. i 2020. godine na vanjskom zidu kuhinje/slastičarnice „priziva" tu nekadašnju djelatnost ovog prostora, a glasi: „Može jedna krempita" i do njega „rekli su: ne može" referirajući se na stihove poznatog glazbenika Vojka V i njegovu pjesmu „Ne može" (2018.). Prilikom akcije lokalnih umjetnika i aktivista 2020. godine izrađeni su grafiti na više lokacija, sa znakom Ministarstva kulture RH koji se upotrebljava na zaštićenim nepokretnim kulturnim dobrima, a koji nije bio postavljen od strane nadležnih institucija. Nekome se to nije svidjelo pa je velik broj tih grafita prekrižio crnim sprejom što pokazuje da se određenom dijelu grupacija ili pojedinaca ne sviđa ideja o zaštiti i da na tom mjestu vide nešto drugo. U prizemlju na ploči od iverice koja prekriva prozor s pogledom na terasu[43] urezano je dva

43 Ploča od iverice s okruglim rupicama zapravo je dio namještaja koja je vjerojatno pripadala podlozi kreveta.

either as single items or collectively (for example, in plastic bags). Such objects are commonly mixed with objects from the complex which suggests that items from various periods may be found within the same deposition. Some of the rooms on the ground floor, which were used for administrative-management purposes when the complex was in a systemic context, are full of deposited objects from various periods. This suggests that the latest items were brought in when they lost their utilitarian function. Apart from the cited practices thus far, interesting and positive art interventions take place. These are performed by local artists and activists in the form of sculptures, inscriptions, drawings, art installations, etc. Part of these interventions in the making, organized in 2020 by local artists and activists under the heading "Nestajanje/Disappearing" were destroyed soon after their placement. The remains were deposited in a scattered pattern in various rooms.[41]

GRAFFITI

Graffiti are one of the most common artistic and social practices expressed through material culture in the complex area. The majority is found within and on the outer side of the central circular building while the façade of the abandoned part of the former service building (connected via a bridge with a central building) features only a few graffiti. It is evident that the number of graffiti in the period between April 2019 and August 2020 has significantly increased.[42] This particularly refers to support columns of the circular building, hallways, and rooms. Popularization of the complex certainly contributed to this practice, including a paper by Miranda Veljačić, a documentary *Slumbering Concrete*, the work of local artists and activists (who worked at the complex earlier than the referred period), petitions to restore the complex organized by three NGOs (Loose Associations, Platform 9,81, Kačić NGO), popularization through the media, etc. Various styles of graffiti are represented as well as surfaces on which they were painted and tools which were used in their making. The majority were made using spray cans, but some were incised into wood, metal, paint, etc. Their meaning and messages vary from social to activist and political topics, decorative patterns, simple space markings (a name or a nickname), love statements, etc. The chronology of making the graffiti may be devised only in robust terms except when they feature a stated date. Furthermore, layers of

41 The reasons for destroying part of the works may be found in dissatisfaction with what the people involved saw or with the messages the works conveyed.

42 The dates refer to the period when field survey was conducted.

Grafiti urezani u šperploču namještaja koja je upotrijebljena kao zakrpa na prozoru, foto: I. Huljev

Graffiti incised in a plywood board, used as a window patch, photo: I. Huljev

puta ime grada Imotskog (kraj većeg i vidljivijeg nalazi se znak srca, time autor iskazuje pozitivne osjećaje prema tom gradu), zatim imena država, odnosno Poljske (*Poland)* sa simbolom ☺, zatim znak navijačke skupine Torcide (19Th), zatim inicijali s izrazima osjećaja ljubavi D+L (nije urezan nego ispisan plavim markerom), A+M, te isti simbolički izraz povezanosti, ali s punim osobnim imenima IVA & ANTE. Uz to urezana su razna osobna imena i nadimci LEA, ANA, SARA, FILIP, MARTIN, ENA, JOPE i druga. Također, neki natpisi na istoj ploči naknadno su uništeni struganjem. Razlozi zbog kojih su imena ostrugana nisu u potpunosti jasni. Jedna od mogućnosti je da osobe čija su imena ispisana nisu bila zadovoljna time, ili su neke druge osobe iz nekih drugih razloga to napravile. Kraj jednog od ostruganih imena nalazio se simbol srca. Ako na ovom primjeru napravimo analizu možemo iščitati djelomične kronološke odnose, pa tako preko imena Filip djelomično su urezana osobna imena Sara i Ena, te ime države Poljske. Zbog toga i načina urezivanja ta tri imena dovodim u korelaciju, što govori da su te dvije osobe državljanke Republike Poljske, koje su tu bile na ljetovanju i provele dio svojih aktivnosti u ovom prostoru. Osim toga osobno overlapping graffiti are now formed which makes it easier to determine which are later and which ones are earlier. Almost all graffiti were made in the period since the beginning of the 2000s and the majority was made in approximately last ten years. Some of them will be analyzed in this paper. Lately, some works with evident artistic value appeared such as the one made by artist Tea Jurišić ("Kvar Illustration"). An interesting graffiti made in the period between 2019 and 2020 at the outer kitchen/pastry shop wall "invokes" the former activity performed in this space. The graffiti says "May I have a cream pie" and right next to it "They said: you may not", referring to the verses by famous musician Vojko V and his song "No, you may not" (2018). Graffiti were made at several locations during an action performed by local artists and activists in 2020. One of them features a sign posted by the Ministry of Culture of the Republic of Croatia which denotes a protected immovable cultural property. Obviously, the sign was not posted by appropriate authorities. Someone took this to dislike and a large number of these graffiti were crossed with black spray paint. This demonstrates that certain individuals or groups are not supportive of the idea of protection and envision this place as something different. Chipboard which covers the view of the terrace on the ground floor[43] features an incised name of the town of Imotski and the name is featured twice. (Larger and more visible inscription features a sign of the heart where the author expresses positive emotions toward this town), a state name Poland with a symbol ☺, a symbol of soccer fan group Torcida (19Th), initials with feelings of love expressed D+L (not incised but written with a blue marker), A+M with the same expression of affection, in this case featuring full names IVA & ANTE. Next to these, various names and nicknames were incised including LEA, ANA, SARA, FILIP, MARTIN, ENA, JOPE, etc. Also, some inscriptions on the same chipboard were scraped off. I am unable to account for the reasons why the names were scraped off. The case may be that the persons whose names were featured in this way were not happy with it, or some other persons did the deed for other reasons. One such example featured a sign of the heart. If we use this example to perform a chronological analysis, the names Sara and Ena were partially incised over the name Filip and the state name Poland. These relations and the manner of incising are the reasons why I believe that there is a correlation between them. This would suggest that these two persons are Polish nationals who were on vacation in the area and performed part of their activities in this space. The name Lea is partially incised over the nickname Jope and the number 16.[44] Based on the

43 A chipboard with circular holes is fact a furniture part, probably a bed slat.

44 The nickname Jope is in correlation with names Martin and Ana. All three names are rendered in a slanting pattern one on top of the other followed by the number 16. This suggests that the inscriptions were made by the

ime Lea urezano je djelomično preko nadimka Jope i broja 16.[44] Na temelju iznesenih podataka i drugih informacija mogu iznijeti razmatranja da ovakve grafite izrađuje domaće stanovništvo iz RH, te raznih dijelova svijeta (koji tu dolaze kao turisti) koristeći ovaj prostor za razne društvene prakse kao što su igra, zabava, posjeta, i slično.

UTJECAJ NE-KULTURNIH (OKOLIŠNIH) FORMACIJSKIH PROCESA

Kod ne-kulturnih (okolišnih) formacijskih procesa bitnu ulogu imaju kemijski, biološki, i fizički agenti koji djeluju na proces raspadanja. M. B . Schiffer pravilno navodi da svaki agent (voda, sunce, vjetar, gljivice itd.) može imati više vrsta djelovanja. Međutim, on kao što smo već naveli, iščitava transformacijske procese većinom kroz dva koncepta: sistemski i arheološki kontekst.[45] Tom klasifikacijom Schiffer perpetuira binarnost formacijskih procesa gdje su zakonitosti projicirane na materijalnu realnost. Drugačiji pristup daje teorija mreže aktera (*Actor-Network theory*) koja nam omogućava različit pogled i perspektivu na ljude, stvari i okoliš i njihov međusobni suodnos. Kako navodi Olsen: „ Pristup MTA (ANT) teorije razlikuje se od socijalno-konstruktivističkih i esencijalističkih teorija (njihovih epistemologija i ontologija), po tome što odbacuju *a priori* bilo kakvu prednost koja se daje društvenom (ili kulturno) ili prirodnom (ili materijalno)".[46] Komentirajući MTA (ANT) teoriju u arheologiji Olsen navodi: „Umjesto da se svijet svede na režim dvaju suprotstavljenih ontoloških područja kulture i prirode, ovaj pristup tvrdi da se gotovo sve događa između dviju krajnosti putem posredovanja i prijevoda i heterogenih mreža koje povezuju sve vrste materijala i entiteta. Stvarnost nije esencijalistička, već se nalazi u ispreplitanjima i mješavinama, bešavnim i rizomskim sponama kulture i prirode koje povezuju ljude i ne-ljudske faktore (stvari, životinje, kukci itd.) u bliske odnose. To je demokratski i uključiv režim, u kojem sve može postati akterima (ili akantima-djelovateljima) kroz uključivanje u mrežu i dobivanjem sposobnosti za djelovanjem."[47] Ne-kulturalne (okolišne) formacijske procese koji se događaju na prostoru kompleksa dobrim dijelom uvjetovani su i

44 Nadimak Jope u korelaciji je s osobnim imenima Martin i Ana. Sva tri imena idu ukoso jedna ispod drugih i na kraju broj 16, što nam govori da je to napisala ista osoba, odnosno da su te tri osobe najvjerojatnije u tom trenutku bile zajedno i da su društveno bliske, te da najvjerojatnije u tom trenutku imaju 16 godina.

45 SCHIFFER 1996, 147-149.

46 OLSEN 2010, 139.

47 OLSEN 2010, 138.

Grafit s natpisom „Vratite lječilišta bolesnoj djeci“, foto: I. Huljev

Graffito with an inscription "Give back the healthcare facilities to sick children", photo: I. Huljev

data described in this section and other information, it is reasonable to assume that the graffiti were made by the local population from the Republic of Croatia and people from all over the world (coming here as tourists) who used this space for various social practices such as play, fun, visiting, etc.

THE IMPACT OF NON-CULTURAL (ENVIRONMENTAL) FORMATION PROCESSES

Non-cultural (environmental) formation processes are predicated upon the action of chemical, biological, and physical agents which act upon the process of decay. M.B. Schiffer has accurately argued that each agent (water, sun, wind, fungi, etc.) may have capacities for various actions. As we have stated earlier in the text, he interprets the processes of decay through notions of systemic and archaeological context which include transformation mechanisms or laws such as c- and n-transforms.[45] However, Schiffer's classification in effect reinforces the supposed binary nature of the formation process where the realm of laws is projected on the realm of material reality. A different approach is provided by Actor-Network theory (ANT) which enables a different view and perspective on humans, things, the environment, and their intertwined relationship. As Olsen has put it: *„ANT approaches differ from social-constructivist and essentialist*

same person. The three persons featured in the inscription were probably together at the time, they are socially close and are sixteen years old.

45 SCHIFFER 1996, 147-149.

ponašanjem ljudi, te njihovim hibridnim mrežama relacija s ne-ljudskim faktorima (stvari, životinje, kukci itd.) s kojima se stalno isprepleću.[48] Pa su tako ljudi uništavanjem otvora omogućili nesmetan prodor atmosferilija unutar dijelova kompleksa kao i ulazak životinja i kukaca. Utjecaji vjetrova imaju značajan faktor u raspadanju kompleksa unoseći kišu, snijeg, sol, prašinu, borove iglice i drugo. Oni također pomiču lakše predmete te primjerice utječu dodatno na razbijanje prozorskih stakala, i raspršeno deponiranje njihovih ostataka. Uz pomoć kiše i hladnog vjetra (bura) stvara se led koji djeluje na površine građevine prilikom kojeg dolazi do pucanja. Kiša osim što erodira površine stvara vlagu koja dovodi do nastanka gljivica i bakterija koje uništavaju boje na površinama zidova. One dovode do raspadanja organskih predmeta primjerice drva (okviri prozora i vrata, namještaj, izolacija od trstike itd.).[49] Također voda dovodi do otpadanja žbuke sa stropova. Biljke kao jedan od okolišnih (ne-kulturnih) formacijskih procesa također transformiraju prostor. Pa tako u restoranskoj sali rastu iz poda uništavajući time i mijenjajući prostor. Percepcija kompleksa i sami pogledi iz i prema zgradi drugačiji su nego kako su ih vidjeli ljudi 60-ih i 70-ih godina kada su borovi bili znatno niži.

UMJESTO ZAKLJUČKA

Već spomenuti koncept I. Kopytoffa mogao bi se primijeniti na arhitektonski kompleks u Krvavici koji posjeduje mnoštvo biografija stečenih svojim postojanjem u posljednjih šezdesetak godina od početka gradnje.[50] Neke od biografija počevši od Dječjeg lječilišta vojnih osiguranika (1965.), pa transformirajući se u vojno odmaralište (1973.), zatim promjenom sustava i ratnim strahotama koje slijede dobiva namjenu mobilizacijskog centra (1991.), te kao prihvatilište izbjeglica i prognanika, zatim privremeno, a zapravo stalno prebivalište pripadnika specijalne policije. Naposljetku veliki dio kompleksa dobiva biografiju napuštenog prostora (više od deset godina), dok se samo na simboličkoj razini još naziva dječjim lječilištem i vojnim odmaralištem. Tu zadnju definiciju „napušten“ bih prepravio u mjesto za alternativne prakse. One mu daju mnogo više biografija od samog pojma napušteno. Kako sam kroz ovo preliminarno istraživanje prikazao to je mjesto aktivnosti i praksi raspadanja, propadanja, krađe/odnošenja predmeta, te deponiranja novih koji gube utilitarno značenje

48 OLSEN 2010, 138-139.

49 Kao i sunce koje zagrijavanjem dovodi do pucanja, iskrivljavanja drva i slično. Sunce djeluje i na druge vrste organskih i drugih površina (betonske, kamene, metalne i drugo)

50 KOPYTOFF 2000, 378-380.

thinking (and their epistemologies and ontologies) by rejecting any a priori precedence given either to the social (or cultural) or to the natural (or material)“[46]. Commenting on ANT theory in archaeology, Olsen further claims that: „*Instead of reducing the world to a regime of the two opposed ontological realms of culture and nature, this approach claims that nearly everything happens between the two extremes by way of mediation and translation and by heterogeneous networks linking all kinds of materials and entities. Reality is not to be found in essences, but rather in imbroglios and mixtures, the seamless and rhizome-like fabrics of culture and nature that link humans and nonhumans in intimate relationships. It is a democratic and inclusive regime, in which everything can become actors (or actants) by being included in a network and assigned properties to act.*“[47] The impact of non-cultural (environmental) formation processes is largely contingent upon human behavior and the hybrid relational networks including both human and non-human actors and actants (humans, things, animals, insects, etc.). These actors and actants display highly complex networks of intertwined relations.[48] Hence, by dismantling doors and windows, humans have enabled action of the elements as well as unobstructed access to animals and insects within the complex. The winds were a significant factor in the process of complex decay, bringing in the rain, snow, salt, dust, pine needles, etc. Ice is formed by rain and cold, north-eastern wind (bura). It has a significant impact on wall surfaces that crack under pressure. The rain erodes wall surfaces and also enables the deposition of moisture in the walls. This is in turn a fertile ground for fungi and bacteria growth which damage paint on the walls. They cause the decay of organic materials such as wood (door frames, window frames, furniture, reed isolation, etc.).[49] Furthermore, water causes the mortar to fall off of walls and ceilings. Plants, as one of the environmental (non-cultural) formation processes, also transform space. Thus, plants grow out of the floor in the restaurant hall and consequently damage and alter the space. The perception of the complex, as well as vistas to and from the complex, are significantly different than they were back in the 1960s and 1970s when the height of pines was much lower.

46 OLSEN 2010, 139.

47 OLSEN 2010, 138.

48 OLSEN 2010, 138-139.

49 This includes sun which heats the wood up to a breaking point or distortion. The sun impacts other kind of material, organic or otherwise (concrete, stone, metal etc.).

i namjenu, ali s druge strane to je također mjesto društvenih praksi zabave, igri, umjetničkih kreativnosti, evociranja uspomena itd. Bilo je mnogo pokušaja i apela da se ovo mjesto obnovi i dobije nove i bolje biografije. Navesti ću samo pokušaj i prijedlog Zaklade Kultura nova da se zgrada prenamijeni u neki tip kulturnog centra gdje će dolaziti umjetnici iz cijelog svijeta. Zatim druga, već spomenuta inicijativa triju udruga, da se objektu vrati prvotna namjena kao lječilišta djece ili starijih osoba, te razne druge inicijative koje nažalost zasad nisu značajnije urodile plodom. Posljednja velika akcija dogodila se nakon što sam proveo istraživanja 2021. godine, a radi se o projektu „Liječenje lječilišta Krvavica“ kao dijela programa „Gradovi-bolnice“ realiziranog u suradnji udruga f.act (Graz), Intermundia (Zagreb) i mART (Makarska) u okviru čega je došlo do velikog čišćenja prostora, druženja, izložbi i drugih aktivnosti.[51] Mogu zaključiti da lagano umjetničke kreacije i kreativnosti osvajaju prostor kompleksa što je prikazano i ovim radom. Mjesto je ovo koje nakon ovog Covid-19 „nevremena“ zaslužuje svoju svjetliju alternativnu i progresivnu „futurističku“ budućnost na dobrobit lokalnih ljudi i cijelog društva.[52]

51 https://dalmatinskiportal.hr/energija-i-ekologija/fotogalerija-ocisce-na-nekadasnja-vojna-bolnica-u-krvavici/114527 (pristupio 27. 12. 2021.)

52 Na kraju bih se zahvalio kolegama Marku Barišiću i Igoru Kulenoviću na savjetima i sugestijama pri pisanju ovog rada.

INSTEAD OF CONCLUSION

The aforementioned concept of object biography by I. Kopytoff can be applied to the architectural complex at Krvavica which features numerous biographies acquired throughout its existence in the last 60 years since its construction began.[50] Some of the biographies include Children's Healthcare facility for military insurance policyholders (1973), a military mobilization center in the context of war and political system transformation (1991), a housing facility for refugees and displaced persons, and nominally temporary but actually permanent residence facility for members of the special police force. Finally, a large part of the complex acquires a biography of abandoned built space (for over ten years), while the designation of children's healthcare facility and military resort is merely nominal. The latter definition "abandoned" should be reimagined as a place of alternative practice. It provides far more biographies than the designation "abandoned" ever can. As I demonstrated through this preliminary research, the complex is a place of activities and practices of decay, dismantling, theft / the removal of objects, and deposition of new objects devoid of their utilitarian meaning and purpose. However, it is also a place for social practices such as fun, games, artistic creativity, invocation of memories, etc. There were many attempts and appeals to restore the complex so it could acquire novel and better biographies. Here, I will only mention an attempt and an initiative by the Kultura nova foundation. The initiative suggested that the building should be repurposed as a form of culture center where artists from the whole world could gather. Another, aforementioned initiative by three NGOs, suggested that the building should be restored to its original function – a healthcare facility for children and elderly persons. Various other initiatives were suggested, but unfortunately to no avail. However, the latest major action took place after I conducted this research in 2021. The project "Healing of Healthcare Facility Krvavica", executed as part of the "Cities-Hospitals" program (a cooperative effort by three NGOs: f act (Graz), Intermundia (Zagreb), and mART (Makarska), included a grand cleaning of the complex, socializing, exhibitions and other activities.[51] I can only conclude that artistic creations and creativity slowly but surely claim the complex, as this paper demonstrates. This is a place that, after the Covid-19 "non-period", deserves a brighter, alternative, and more progressive "futuristic" future for the benefit of the local population and the whole society.[52]

50 KOPYTOFF, 2000, 378-380.

51 https://dalmatinskiportal.hr/energija-i-ekologija/fotogalerija-ocisce-na-nekadasnja-vojna-bolnica-u-krvavici/114527 (accessed 27.12.2021.)

52 Finally, I would like to extend my gratitude to colleagues Marko Barišić and Igor Kulenović for their advice and suggestions on earlier drafts of this paper.

Literatura:

Buchli, Victor i Lucas, Gavin, *„The absent present: archaeologies of the contemporary past"*, Archaeologies of the Contemporary Past", ur. Victor Buchli i Gavin Lucas, Routledge, London and New York, 2001.

Barbara Predan i Špela Šubic, *„Niko Kralj, nepoznati poznati dizajner"*, Oris br. 73, 2012.

Barker, Philip, *„Techniques of Archaeological Excavation"*, third edition, Routledge Taylor & Francis Group London and New York, 1993.

Barker, Philip, *„Tehnike arheološkog istraživanja"*, Muzej hrvatskih arheoloških spomenika, Split, 2000.

Olsen, S. Bjørnar i Þ, Pétursdóttir, *„Sarnes Internat: Archaeological aesthetics (Photo essay)"* Journal of Contemporary Archaeology 1.1, 2014.

Olsen, S. Bjørnar, *In defense of things: Archaeology and the Ontology of Objects, AltaMira Press*, Lanham, New York, Toronto, Plymouth, 2010.

Michael Brian Schiffer, *Formation Processes of the Archaeological Record*, University of Utah Press, Salt Lake City, 1996.

Michael P. Heilen, Michael Brian Schiffer i J. Jefferson Reid, *„Landscape formation processes", Handbook of landscape archaeology*, ur. Bruno David and Julian Thomas, Routledge, London and New York, 2008.

Marinko Tomasović, *8000 godina života na prostoru Makarske*, Gradski muzej Makarska, Makarska, 2004.

Veljačić Miranda, „Perje na buri", Oris, br. 50, 2008.

Igor Kopytoff, *„The cultural biography of things: Commoditization as Process"*, Interpretive archaeology: a reader, ur Julian Thomas, Leicester University Press, London and New York, 2000.

Anonim, Slobodna Dalmacija, *Spomen – svijetionik – simbol Tehnogradnje*, 26.10. 1974.

Internet izvori:

https://dalmatinskiportal.hr/energija-i-ekologija/fotogalerija-ociscena-nekadasnja-vojna-bolnica-u-krvavici/114527 (pristupio 27. 12. 2021.)

https://www.youtube.com/watch?v=czHx0IH-VUGo (pristupio 10. 9. 2020.)

https://www.youtube.com/watch?v=JV-QnYCHl9GM (pristupio 10. 9. 2020.)

https://www.instagram.com/accounts/login/?next=/krvavica_art/ (pristupio 10. 9. 2020.)

References:

Buchli, Victor i Lucas, Gavin, „*The absent present: archaeologies of the contemporary past*", Archaeologies of the Contemporary Past", ed. Victor Buchli i Gavin Lucas, Routledge, London and New York, 2001.

Barbara Predan i Špela Šubic, „*Niko Kralj, Unknown Famous Designer*", Oris no. 73, 2012.

Barker, Philip, „*Techniques of Archaeological Excavation*", third edition, Routledge Taylor & Francis Group London and New York, 1993.

Barker, Philip, „*Tehnike arheološkog istraživanja*", Muzej hrvatskih arheoloških spomenika, Split, 2000.

Olsen, S. Bjørnar i Þ, Pétursdóttir, „*Sarnes Internat: Archaeological aesthetics (Photo essay)*", Journal of Contemporary Archaeology 1.1 (2014).

Olsen, S. Bjørnar, „*In defense of things: Archaeology and the Ontology of Objects*", AltaMira Press, Lanham, New York, Toronto, Plymouth, 2010.

Michael Brian Schiffer, „*Formation Processes of the Archaeological Record*", University of Utah Press, Salt Lake City, 1996.

Michael P. Heilen, Michael Brian Schiffer i J. Jefferson Reid, „*Landscape formation processes", Handbook of landscape archaeology*, ed. Bruno David and Julian Thomas, Routledge, London and New York, 2008.

Marinko Tomasović, „*8000 godina života na prostoru Makarske*, Gradski muzej Makarska, Makarska, 2004.

Veljačić Miranda, „*Feathers in the Bora*", Oris, no. 50, 2008.

Igor Kopytoff, „*The cultural biography of things: Commoditization as Process*", Interpretive archaeology: a reader, ur Julian Thomas, Leicester University Press, London and New York, 2000.

Anonim, Slobodna Dalmacija, „*Spomen – svijetionik – simbol Tehnogradnje*", 26.10. 1974.

Internet sources:

https://dalmatinskiportal.hr/energija-i-ekologija/fotogalerija-ociscena-nekadasnja-vojna-bolnica-u-krvavici/114527 (accessed 27.12.2021.)

https://www.youtube.com/watch?v=czHx0IHVUGo (accessed 10.9.2020.)

https://www.youtube.com/watch?v=JVQnYCHl9GM (accessed 10.9.2020.)

https://www.instagram.com/accounts/login/?next=/krvavica_art/ (accessed 10.9.2020.)

Razglednica iz privatne
kolekcije Ivana Huljeva, 1975.

Postcard from the private
collection of Ivan Huljev, 1975

TAJANSTVENI OBJEKT SKRIVA STANARE

Josipa Balajić

THE MYSTERIOUS OBJECT AND ITS TENANTS

Emitiranjem serije *Betonski spavači* i epizode *Tajanstveni objekt u borovoj šumi*, napušteno lječilište dobiva sve veću pozornost. Upravo taj trenutak, kada nešto otprije „nepoznato“ počinje privlačiti pažnju i postaje prisutno u literaturi i medijima, čini se iznimno zanimljivim. Objekt je skriven u šumi sve dok mu se ne priđe sasvim blizu i skoro je nevidljiv s Jadranske magistrale. Iako u razdoblju Jugoslavije poprilično prisutan i poznat, o čemu svjedoče i pronađene razglednice iz tog vremena, zatvaranjem i gubitkom funkcije, pao je u zaborav. Uz to, osnovne podatke i povijest objekta bilo je gotovo nemoguće pronaći. Zbog toga, iako lokalnom stanovništvu dobro poznat, objekt se, na neki način, zaista može nazvati tajanstvenim. Tajanstvenom se čini i stambena zgrada, dio kompleksa lječilišta, usamljena na samom „rubu“ mjesta i izolirana u priči o „tajanstvenom objektu“, u kojem se spominje tek u nekoliko crtica i bez glasa stanara. Koji su razlozi tomu teško je pretpostaviti. Možda zbog toga što je stambena zgrada očuvana i u funkciji, ili pak zbog toga što u arhitektonskom smislu nije tipološki inovativna, i samim tim je manje fascinantna istraživačima od centralnog kružnog objekta. Uostalom, pozornost je sve do nedavno bila više usmjerena na materijalne aspekte arhitekture, nego na priče lokalnih stanovnika, korisnika, bivših zaposlenika... Kako god bilo, njena budućnost jednako je neizvjesna. Ovo je kratka priča o njenoj prošlosti i potencijalnoj budućnosti iz vizure (nas) prvih susjeda, odnosno stanara.

Moja obitelj u zgradu doseljava u svibnju 1992. U to vrijeme, objekt je pod upravom Ministarstva unutarnjih poslova, a moj otac kao policajac, koji ne posjeduje vlastiti stan, dobiva jedan u zgradi na korištenje. Na ovaj način useljava još sedam obitelji, redom sve obitelji pripadnika policijskih snaga. Te iste godine, moja majka radi u hotelu[1] koji je još u funkciji i služi za obuku vojne policije, a kasnije se počinje koristiti kao smještaj izbjeglicama i ranjenicima iz Bosne i Hercegovine. Zgrada, prvotno namijenjena osoblju koje radi u centralnom objektu te odlazi nakon njegova zatvaranja, ima ukupno osam stanova. Tri stana su dvosobna i veličine 59 m^2, tri su jednosobna veličine 43 m^2, a na zadnjem četvrtom katu dva su jednosobna stana od 51 m^2. Svi stanovi, uključujući i naš, bili su derutnom stanju te ih je, prije svega, bilo potrebno adaptirati i urediti, što je financirano vlastitim sredstvima. Ispočetka živimo na posljednjem, četvrtom katu, ali kasnije kad stan postaje premalen za peteročlanu obitelj, selimo u veći, dvosoban stan, dva kata niže, i u njemu ostajemo do danas. Devedesetih i ranih 2000-tih godina, život u zgradi podsjeća na malu zajednicu. Svih osam stanova

1 Mještani Krvavice i okolice bivše Dječje lječilište kolokvijalno nazivaju Hotelom, vjerojatno stoga što je zgrada više puta mijenjala namjenu, od lječilišta do vojnog odmarališta, koje se u jednom trenutku uključuje i u komercijalni turizam (vidjeti tekst A. Vodanović)

The broadcasting of the series "Slumbering Concrete" and its episode "Mysterious Object in the Pine Forest" has brought increasing attention to the deserted health resort. That moment, when something previously "unknown" starts to attract attention and gains presence in literature and the media, is particularly interesting to me. The object is hidden in the pine forest and invisible unless you come very close to it, as well as practically unnoticeable from the Adriatic Highway. Although it was rather active and well-known in the Yugoslav period, as attested by the discovered postcards dating back to those times, after it was closed down and lost its function, it fell into oblivion. It was also practically impossible to retrieve even basic information about the object and its history. For all these reasons, it can, in fact, be considered a "mysterious object", even though the locals are quite familiar with it. The mystery engulfs even the residential building, a part of the health resort complex, which stands alone at the very edge of the village and remains isolated even as an element of the story of the mysterious object, as it is mentioned only in a few sentences, none of them said by the tenants. The reasons for this are difficult to fathom. Perhaps they have to do with the fact that the residential building has been preserved and used, or that it is not typologically innovative in the architectural sense, which makes it less "fascinating" to researchers than the central circular structure. Until recently, the focus was on the material aspects of the architecture, rather than on the stories of the locals, the beneficiaries, the former employees... Whatever the case may be, its future remains uncertain. This is a short story of the "mysterious object's" past and potential future, through the lens of (us) its closest neighbours, the tenants.

My family moved into the residential building in May 1992. At the time, considering that the building was managed by the Ministry of the Interior and my father was a police officer who did not own an apartment, he was granted the right to use one in the building. Seven other families moved into it on this basis, all of them families of police officers. That same year, my mother worked at the hotel[1], which was still in operation at the time and used for military police training, whereas afterwards, it served as an accommodation facility for refugees and the wounded from Bosnia and Herzegovina. The building, originally designed for the personnel that worked in the central structure and left after its closing, has eight apartments. Three apartments are two-bedroom with a floor area of 59 m^2 each, three apartments are one-bedroom with a floor area of 43 m^2

1 To the locals of Krvavica and its surrounding area, the former Children's Health Resort is colloquially known as "the Hotel", probably because the building was repurposed many times over, from a health resort to a military vacation resort, even opening up to commercial tourism at one point (see text by A. Vodanović).

naseljeno je i puni su djece, što je u potpunoj suprotnosti s trenutnim stanjem i jedva naseljena četiri stana. Dok je većina nekadašnjih sustanara preselila u Makarsku, moja obitelj je ostala i živi ovdje već trideset i jednu godinu. Privremeno rješenje postalo je trajno, kako to često biva, no danas im je i teško otići. Na život ovdje su se navikli i vežu ih lijepe uspomene. Ipak, život ovdje ne treba idealizirati jer, kao i sve, ima svojih mana koliko i prednosti, a ovdje bih napomenula i kako stanari zgrade redovito podmiruju svoje obveze. Općenito, zgrada je u dobrom stanju, osim krova koji prokišnjava i zahtijeva temeljitu obnovu. Razmišljam kako ju možda spašava činjenica što je cijelo ovo vrijeme naseljena i što se netko brine o njoj.

Negdje pred korona krizu, moja obitelj dobiva pravo na rješavanje stambenog pitanja od strane Ministarstva branitelja na osnovi statusa branitelja koji je otac stekao. No, u pandemiji rješavanje pitanja zastaje sve do danas. Odgovora na pitanje stanara – otkup ovog ili ponuda nekog drugog stana – još nema, a vjerojatno će ga donijeti tek prodaja hotela. Koja opcija je sretnija teško je reći, no činjenica je da se radi o atraktivnoj lokaciji i položaju zgrade koju bi budući investitori, naravno ovisno o planovima, sigurno poželjeli iskoristiti.[2] Isto tako, zanimljivo je pitanje je li prihvatljivo razdvajati ova dva objekta ili u budućnosti moraju biti u istoj funkciji? Iako pripadaju jednoj cjelini, svaki može biti samostalan objekt za sebe, to bi na određen način unijelo dinamiku u svakodnevicu mjesta. No, gotovo je nemoguće predvidjeti kako će se ovo pitanje riješiti sve dok objekt ne dobije iščekivanu novu namjenu.

2 Također, postoji niz primjera slično napuštenih objekata poput Pogona u Zagrebu, Doma mladih u Splitu ili Lazareta u Dubrovniku koji su kroz civilno-javno partnerstvo i sudioničko upravljanje vraćeni u funkciju. Drugim riječima, prodaja ne mora biti jedino rješenje. Lokalne udruge i organizacije, jedinice lokalne samouprave Makarske rivijere te država, mogu iskoristiti potencijal objekta.

each, while the top, fourth floor has two one-bedroom apartments with a floor area of 51 m^2 each. All the apartments, including our own, had been dilapidated and had to be remodelled and refurbished, which the tenants had paid for themselves. First, we lived on the top, fourth floor, but later, when the apartment became too small for a family of five, we moved into a bigger, two-bedroom apartment two floors down, where we have been living ever since. In the 1990s and early 2000s, living in the building felt like being part of a small community. All eight apartments were inhabited and full of children, which is in stark contrast with its current state and barely inhabited four apartments. While most former tenants moved to Makarska, my family stayed, and has been living here for thirty-one years. As is often the case, what had been a temporary solution became a permanent one, and nowadays, they would find it difficult to leave. They have gotten used to living here and many good memories tie them to this place. However, life in it should not be idealised, as comes with both advantages and disadvantages, just like living in any other place. I would also like to note that the building's tenants regularly fulfil their obligations. The building is generally in good condition, except for the roof, which leaks and requires thorough repair. In my opinion, what might have saved the building is the fact that it has been inhabited this whole time and that somebody has been "taking care" of it.

At a certain point before the corona crisis, my family obtained the right to an apartment by the Ministry of the Veterans, based on the veteran status which my father had been granted. However, with the onset of the pandemic, the matter was left unresolved, and remains so to this day. The tenants' question whether they will be allowed to purchase the apartment they live in or be offered another apartment remains unanswered, and will probably stay that way until the hotel is sold. It is hard to say which option is better, but the fact is that the location and position of the building are attractive, and definitely something that the future investors would want to benefit from, depending on their plans, naturally.[2] Another interesting question

2 There are numerous examples of similar abandoned structures, such as

Lječilište je čuvano sve do kraja devedesetih, a devastacija započinje početkom 2000-tih godina. Isprva se odvija noću ali, kako objekt tada više nije štićen i postaje jasno kako se nitko o njemu ne brine, ljudi počinju dolaziti i po danu bez obzira na stanare susjedne zgrade. Počinje se odnositi namještaj i sve što nekome može poslužiti, čupa se željezo, žice, razbijaju prozori. Na kraju od objekta ostaje samo „kostur".

Tijekom mog djetinjstva, kroz rane 2000-te godine, objekt je već uništen i prazan, razbijenih prozora te iščupanih ograda i kao drugačijeg ga se ne sjećam. Ipak, nama djeci je objekt uvijek bio zanimljiv – golemi i isprepleteni prostori za igru i istraživanje. Posebice ljeti kada je vanjska terasa hotela bila često mjesto okupljanja i druženja, dok mi je objekt noću izazivao strah i nelagodu.[3] Usudila bih se reći da je danas slično, velebno i napušteno mjesto nakon svih ovih godina, privlači mnogu djecu svojom zagonetnošću i kao da ispunjava svoju prvotnu funkciju. Ipak, kako generacije odrastaju, pogled na devastiran objekt se mijenja i postaje kritičan, željan promjene i nove vizije zanemarenog objekta.

Zbog toga, recentniji interes domaće i međunarodne publike je zasigurno koristan u usmjeravaju pažnje i poticanju razgovora o prošlosti i budućnosti zgrade. Kao stanarima i susjedima takav iznenadni interes je, rekla bih, bio neočekivan, posebice jer je dio naše svakodnevice čitav život i pratimo kako se od nepoznatog i zaboravljenog objekta, u posljednjih nekoliko godina, (zasluženo) prepoznaje kao izvanredan primjer socijalističke arhitekture. Neupitno je kako se radi o jedinstvenoj arhitekturi na ovim prostorima zbog čega je njegova zanemarenost tim više iznenađujuća i apsurdnija. Postavlja se pitanje koliko smo svjesni svog okruženja i njegove vrijednosti te koliko ga sami možemo prepoznati. Inicijative lokalnog stanovništva organiziraju, posebice kroz posljednjih

3 Primjerice, i sama sam u djetinjstvu nerado noću prolazila kraj hotela. Sjećam se kako bih se često skrivala u autu dok smo se okretali u stražnjem prilazu, a u mraku bila uvjerena kako netko promatra s prozora.

is whether it is acceptable to separate these two structures or whether they should have the same function in the future. Although they do comprise a whole, each of them can have a separate function, which would breathe new life into the town's day-to-day activities. However, it is almost impossible to foresee the solution of this matter until the complex is finally repurposed.

The health resort was guarded until the end of the 1990s, and its devastation began in the 2000s. At first, it took place at night, but later, when it became clear that the structure was no longer guarded and that nobody was taking care of it, people started coming into it by day as well, paying no heed to the tenants of the adjacent building. Furniture and anything of any use was taken, iron elements and wires were pulled out, windows were broken. At the end, the structure was reduced to a graffitied "skeleton".

In my childhood years, the early 2000s, the structure had already been destroyed and lay empty, with broken windows and torn-out fences, and I don't remember it in any other state. Still, to us kids, it was always interesting, its huge and intersecting spaces beckoning us to play and explore. In the summer, the hotel terrace was often a place for gathering and socialising, while at night, the structure evoked fear and discomfort in me.[3] I would dare say that it's no different these days, as the air of mystery surrounding this magnificent and deserted place still attracts many children, almost as if the structure still serves its original purpose. Never-

Pogon in Zagreb, the Youth Centre in Split and the Lazarettos in Dubrovnik, whose function has been restored through civil and public partnerships and participatory management. In other words, sale does not have to be the only solution, and local associations and organisations, the local government units of the Makarska Riviera and the state can all benefit from the structure's potential.

3 For example, as a child, I didn't like passing by the hotel at night. I remember often hiding in my seat as our car turned in the back driveway and being convinced somebody was watching me from the hotel windows in the dark.

nekoliko godina, različite događaje aktivističkog i kulturnog karaktera te pokazuju entuzijazam okupljenih te želju i spremnost za promjenom. Njima se objekt iznova stavlja u fokus, podsjeća na ogroman potencijal koji ovaj prostor posjeduje i potrebu za djelovanjem te ponovnim stavljanjem u funkciju. Samo ako je domaće stanovništvo spremno čuvati i zahtijevati promjene, isto možemo očekivati i od drugih. Ipak, nikakve promjene nisu moguće bez kvalitetnog angažmana i podrške vlasti, kako lokalne tako i nacionalne. O odnosu vlasti (i zajednice) govori samo stanje objekta, no one imaju moć takvo stanje promijeniti dok priča o lječilištu polako postaje prevelika da bi je se ignoriralo. Ovdje je ključna suradnja s lokalnim stanovništvom i strukom, osluškivanje njihovih potreba i interesa u pronalasku rješenja. Zasigurno postoje različita mišljenja i željena rješenja, ali lokalno stanovništvo je to koje ostaje i nastavlja živjeti uz objekt. U konačnici, želje i interesi potencijalnih investitora i političara ne smiju biti na štetu potreba zajednice.

Ukratko, prostor ima potencijala pretvoriti se u mnogo toga – lječilište, odmaralište, hotel, kulturni centar, možda kombinacija navedenog itd. Zapravo bilo što bolje je od trenutnog i može, svaki na svoj način, doprinijeti razvoju i dobrobiti Krvavice. Istaknula bih kako ovom području uvelike nedostaje adekvatan theless, as generations of children grow up, their view of the devastated structure becomes informed with criticism and a desire for change and for a new vision for this neglected object.

With this in view, the recent interest of the domestic and foreign public is certainly useful when it comes to directing focus and fostering discussions about the building's past and future. To us, as tenants and neighbours, this sudden surge of interest was unexpected, especially since the structure is part of our daily lives and, over the past several years, we have been witnessing its transformation from an unknown and forgotten object to a (deservedly) credited extraordinary example of Socialist architecture. The building's neglected state is even more baffling and absurd considering that, as a work of architecture, it is undoubtedly unique in this corner of the world. It makes one wonder how aware we really are of our surroundings and their value, and how capable we are of recognising it. Over the past several years, the locals' initiatives have organised a number of activist and cultural events, which have demonstrated the enthusiasm of their participants, as well as the desire and will to make a change. Such events have put the structure back into focus and reminded us of its vast potential, as well as of the need to act and to put it back into operation. Only if we, the locals, are ready to foster and demand changes, can we expect the same of others. However, no changes are possible without a committed involvement and support on the part of the authorities, both local and national. Although the very state of the structure reveals the relationship of the authorities (and the community) towards it, they do have the power to change this state, as the story of the health resort is slowly becoming too big to ignore. The key element in this regard is cooperation with the locals and the professionals, paying attention to their needs and interests when looking for a solution. While the opinions and desired solutions certainly differ, the locals are the ones who stay, and continue living next to the structure. Ultimately, the wishes and interests of potential investors and politicians must not run counter to the needs of the community.

prostor za kulturu i njen razvoj, a dok roditelji i ja razgovaramo, u našoj mašti rađa se ideja o ustanovi koju čine raznoliki kulturni i komercijalni sadržaji. Ovako monumentalan i otvoren prostor doista može odgovoriti na mnogobrojne potrebe zajednice i u isto vrijeme prigrliti različite sadržaje – od kulturnih, ugostiteljskih, rekreacijskih do turističkih i komercijalnih kroz cijelu godinu i tako svakome ponuditi nešto i ispuniti svoju svrhu.

Stvari se ne mijenjaju preko noći, posebno kada se radi o ovako složenom pitanju, a stanari na promjenu čekaju nekoliko desetljeća. Do tada, u prvom redu do, uživaju u pogledu na more i susjedni „tajanstveni objekt u šumi“.

Sve fotografije / All photos:
Josipa Balajić

Finally, this space has the potential for transforming into a number of things – a health or vacation resort, a hotel, a cultural centre, or maybe a combination of all of these, etc. Actually, each of these solutions is better than the current one and can, in its own manner, contribute to the development and prosperity of Krvavica. I would like to point out that this area lacks an adequate space for culture and its development and, through our discussions, my parents and I have dreamed up an idea of an institution that embodies various cultural and commercial functions. A space as monumental and open as the structure in question can certainly accommodate the many needs of the community and, throughout the year, serve many functions, whether cultural, hospitality-related, recreational, tourism-related or commercial, thus offering something for everyone and fulfilling its purpose.

Changes do not happen overnight, especially in such complex cases, but for several decades, the tenants have been waiting for them. Until they happen, they will be enjoying their view of the sea and of the “mysterious object in the forest” in their vicinity.

4

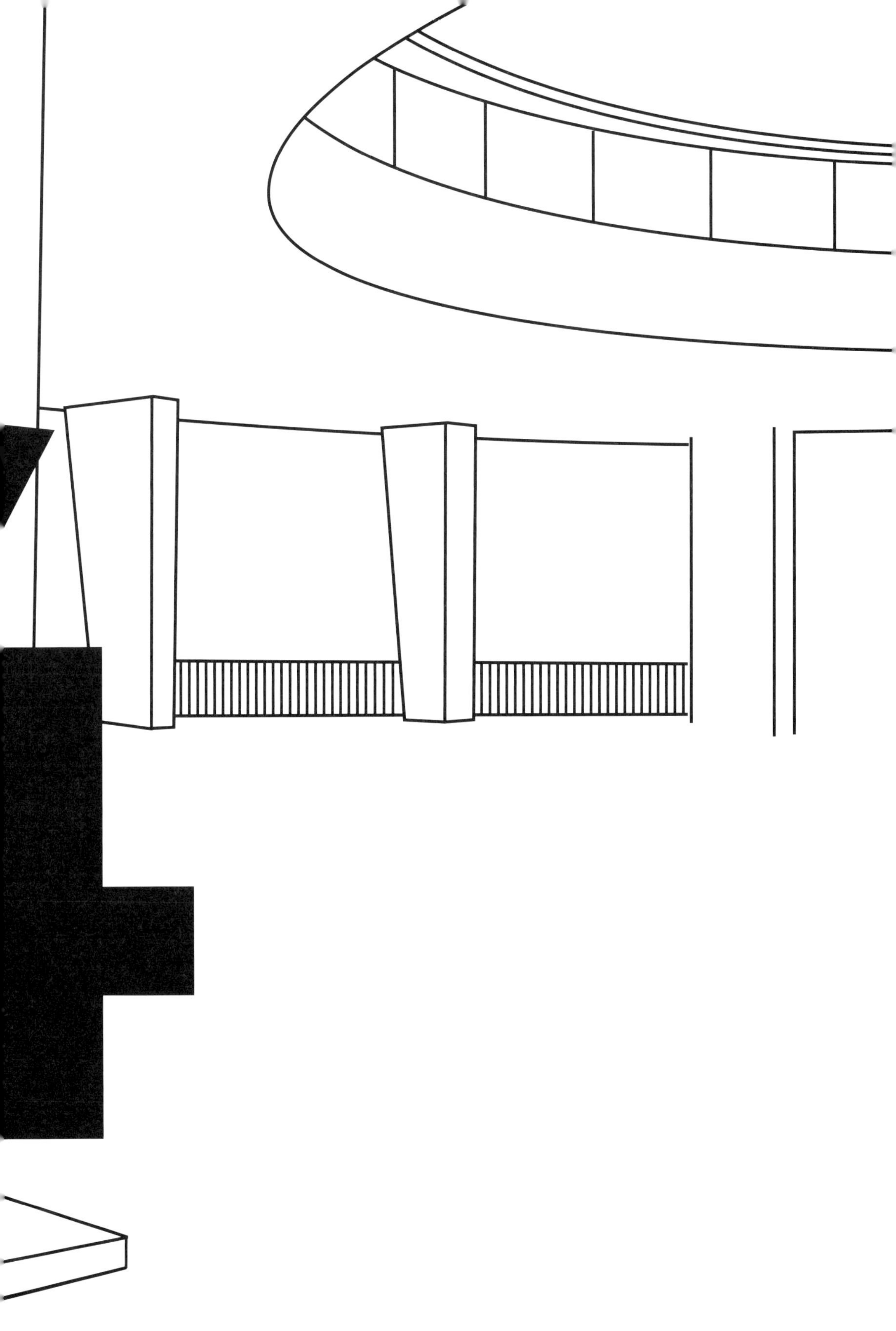

Urbanistički seminar ZAVNOH-a u Šibeniku, 1944.
Osobni arhivski fond Žarka Vinceka,
Hrvatski muzej arhitekture, Hrvatska akademija znanosti i umjetnosti

Urban planning seminar of ZAVNOH in Šibenik, 1944
Personal archive of Žarko Vincek,
Croatian Museum of Architecture,
Croatian Academy of Sciences and Arts

PARALELNI KOLOSIJECI ARHITEKTA RIKARDA RIKE MARASOVIĆA – SKICA ZA BIOGRAFIJU I SMJERNICE ZA DALJNJE ISTRAŽIVANJE[1]

Tamara Bjažić Klarin

THE PARALLEL TRACKS OF ARCHITECT RIKARD RIKO MARASOVIĆ – A DRAFT BIOGRAPHY AND GUIDELINES FOR FURTHER RESEARCH[1]

Poput Dječjeg lječilišta u Krvavici i njegov arhitekt Rikard Riko Marasović (Split, 1913. – Zagreb, 1987.) isključen je iz dosadašnjih nacionalnih pregleda povijesti hrvatske arhitekture 20. stoljeća. Prvu biografsku jedinicu u izdanjima nacionalnog leksikografskog zavoda dobio je tek nedavno, 2021. godine.[2] U oba slučaja riječ je, dakako, o velikom propustu. Naime, Marasović je ogledan primjer arhitekta „novog kova", širokih interesa i polja stručnog rada. Bio je slikar, projektant, publicist, urbanist, edukator, konzervator, ali i strukovno i društveno-politički angažirani stručnjak od povjerenja vlasti – Federalne Narodne Republike Jugoslavije i Narodne Republike Hrvatske. Aktivan je u obnovi ratom razorene zemlje i definiranju uloge struke u novom socijalističkom društvu te afirmaciji Jugoslavije u inozemstvu.

Istovremeno, Marasović je ostvario respektabilan arhitektonski i planerski opus, u mjerilu od obiteljske kuće do gradskih urbanih poteza i regulatornih osnova naselja, koji čini glavninu njegova cjelokupna opusa utemeljenog na razrađenoj metodi urbanističkog planiranja i arhitektonskog projektiranja.[3] Marasović ima veliki radni potencijal i elan, iznimnu „lakoću" projektiranja različitih tipova javnih i stambenih zgrada stečenu kroz stalno sudjelovanje na javnim arhitektonskim i urbanističkim natječajima. Taj potencijal nije, međutim, našao svoje puno ostvarenje kroz realizacije što je ujedno i glavni razlog njegova zanemarivanja. Naime, i danas su izvedene zgrade glavni kriterij vrednovanja prinosa i značaja arhitekata, odnosno urbanistički i društveni rad i dalje često izlaze iz ustaljenog kanona hrvatske povijesti arhitekture koja gaji kult arhitekta projektanta – autora. Polje istraživanja produkcije, organizacije proizvodnje znanja i rada strukovnih udruženja te pojedinih modusa medijacije znanja poput časopisa, arhitektonskih i urbanističkih natječaja te izložbi tek se počinje otvarati. Rad *će* temeljem podataka prikupljenih u knjižnici Građevinskog fakulteta i arhivima Ministarstva kulture i medija RH, i Udruženja

1 Pod ovim nazivom prvi put su predstavljeni rezultati istraživanja koje je provedeno u suradnji s Anom Danom Beroš. Predavanje „Paralelni kolosijeci arhitekta Rikarda Rika Marasovića – skica za biografiju i daljnje istraživanje" održano je u sklopu programa „From Care to Cure and Back" u Galeriji Društva arhitekata Istre / Società architetti dell'Istria u Puli 28. travnja 2023. godine. Program kuratorice Ane Dane Beroš provodio se u sklopu međunarodne platforme LINA (Learning, Interacting and Networking in Architecture). Više na: https://lina.community/.

2 Dva teksta o Rikardu Marasoviću su *in memoriam* objavljeni u stručnim časopisima. Glavnina biografske jedinice u Hrvatskom biografskom leksikonu posvećena je Dječjem lječilištu u Krvavici. (LADOVIĆ 1987, 199; SKOPIN 1987, 5; ARBUTINA 2000, 298; TOMIĆ i RADOVIĆ MAHEČIĆ 2021, 554-555).

3 Obitelj Rikarda Marasovića u Splitu čuva fragmente Marasovićeve projektne dokumentacije koju je tek potrebno istražiti.

Like the Children's Health Resort in Krvavica, its architect, Rikard Riko Marasović (Split, 1913 – Zagreb, 1987) was excluded from the heretofore published national anthologies of Croatian architecture. It was only recently, in 2021, that the National Institute of Lexicography dedicated a biographical entry to him in one of its publications.[2] In both of these instances, the omission is undoubtedly a significant one. Namely, Marasović is a textbook example of a new breed of architect, one with wide-ranging interests and fields of expertise. He was a painter, an architect, a published author, an urban planner, an educator, a conservationist, and an expert who was vocal on many issues pertaining to his profession, the society, and politics. As a person of the highest trust within the political leadership of the state he actively participated in the rebuilding of a war-torn country, in defining the role of his professional peers in the new socialist society, and in establishing Yugoslavia's reputation abroad.

His continued participation in architectural and urban-planning competitions led to the formation of an admirable architectural and urban-planning body of work, which spans from family houses and public buildings to regulation plans of towns. The latter two constitute the majority of his oeuvre, based on a highly elaborated design method.[3] As an architect, Marasović displayed great potential and élan, as well as a unique finesse when it came to designing various types of public buildings. However, the main reason why his potential was overlooked is the small number of constructed buildings. Even today, the constructed buildings are the main criterion of an architect's contribution and significance. Consequently, their urban-planning and social activities are still excluded from the canon of the history of Croatian architecture, which revolves around the idea of an architect as an author. The field of research on the production of knowledge and its organisation, on the work of professional associations, and on certain modes of mediating knowledge, such as journals, architectural and urban-

1 This was the title under which the results of the research conducted in cooperation with Ana Dana Beroš were first presented. The lecture "Parallel tracks of architect Rikard Riko Marasović – a draft biography and guidelines for further research" was given as part of the *From Care to Cure and Back* programme in the Gallery of the Istra Association of Architects in Pula, on 28 April 2023. The programme, curated by Ana Dana Beroš, was carried out as part of the LINA (Learning, Interacting and Networking in Architecture) international platform. More at: https://lina.community/.

2 Two *in memoriam* articles were published on Rikard Marasović in journals. The larger part of Rikard Marasović's biography in the Croatian Biographical Lexicon is dedicated to the Children's Health Resort in Krvavica. (LADOVIĆ 1987, 199; SKOPIN, 1987, 5; ARBUTINA 2000, 298; TOMIĆ and RADOVIĆ MAHEČIĆ 2021, 554-555).

3 Rikard Marasović's family in Split keeps fragments of Marasović's project documentation, which still need to be researched.

Portret arhitekta Rikarda Marasovića. Ljubaznošću obitelji Štambuk Jurašin

Portrait of architect Rikard Marasović. Courtesy of the Štambuk Jurašin family

>

Portreti roditelja arhitekta Rikarda Marasovića. Ljubaznošću obitelji Štambuk Jurašin

Portraits of architect Rikard Marasović's parents, courtesy of the Štambuk Jurašin family

hrvatskih arhitekata, svi u Zagrebu, pokušati trasirati sve „paralelne kolosijeke" Marasovićeva profesionalnog rada koje je potrebno dalje istražiti.

ŠKOLOVANJE I PROFESIONALNI RAD **IZMEĐU DVA SVJETSKA RATA – SPLIT, ZAGREB, PARIZ, BERLIN I NANCY (1932. – 1941.)**

Rikard Marasović rođen je 11. srpnja 1913. godine u Splitu u, kako sam navodi, obitelji „sitnoburžujskog" porijekla.[4] Otac Petar Marasović bio je graditelj i suvlasnik malog građevinskog poduzeća.[5] Marasovići su naime stara splitska obitelj s velikim brojem članova djelatnih u polju arhitektonskog projektiranja i izvođenja građevinskih radova, urbanističkog planiranja i zaštite graditeljske baštine, ali i s afinitetom za likovne umjetnosti.[6] Nastavljajući obiteljsku tra-

4 Preminuo je 25. svibnja 1987. Govor na pogrebu održao je arhitekt Žarko Vincek. (Udruženje hrvatskih arhitekata, Zagreb, Arhiva (dalje UHA), Podaci o preminulim članovima).

5 Preminuo je 1919. od španjolske gripe. Za podatke o ocu zahvaljujem Antoniji Vodanović. (Knjižnica Građevinskog fakulteta Sveučilišta u Zagrebu, Osobnici djelatnika Arhitektonskog fakulteta Sveučilišta u Zagrebu, Rikard Marasović (dalje GF-OAF-RM): Biografija Rika Marasovića; Ministarstvo kulture i medija RH, Zagreb, Arhiva, Dokumentacija zaposlenika, Dosje Rikard Marasović (dalje: MKM-RH-RM): Biografija Rikarda Marasovića do 1950.).

6 Rikard je bio slikar amater. Prvi put izlaže 1931. U Splitu i Dubrovniku 1944. i 1945. predstavio se na prvoj „Izložbi umjetnika partizana". (GF-OAF-RM: Biografija Rikard Marasovića do 1947; PLOČAR 1944; PLOČAR 1945).

planning competitions, and exhibitions, is just beginning to open up. This paper represents an attempt, based on the data gathered from the Faculty of Architecture of the University of Zagreb, the Ministry of Culture and Media of the Republic of Croatia, and the Croatian Architects' Association (CAA), to delineate all the „parallel tracks" of Marasović's professional work which require further research.

EDUCATION AND PROFESSIONAL ACTIVITY IN THE INTERWAR PERIOD – SPLIT, ZAGREB, PARIS, BERLIN AND NANCY (1932-1941)

Rikard Marasović was born on the 11th of July 1913 in Split, to a „petit-bourgeois" family (in his own words).[4] His father, Petar Marasović, was a builder and a co-owner of a small construction company.[5] The Marasović family had lived in Split for generations, with many of its members working in the field of architec-

4 He died on 25 May 1987. His eulogy was given by the architect Žarko Vincek (Croatian Architects' Association, Zagreb, Archives (hereinafter: "CAA"), Records of Deceased Members).

5 He died in 1919 from the Spanish flu. The author wishes to thank Antonia Vodanović for the information on Marasović's father (Faculty of Architecture of the University of Zagreb, Archives, Employee Records, File of Rikard Marasović (hereinafter: "AF-ZG-RM"): Riko Marasović, Biography; Ministry of Culture and Media of the Republic of Croatia, Zagreb, Archives, Employee Records, File of Rikard Marasović (hereinafter: "MKM-RH-RM"): Biography of Rikard Marasović up to 1950).

ARHITEKTI OBI

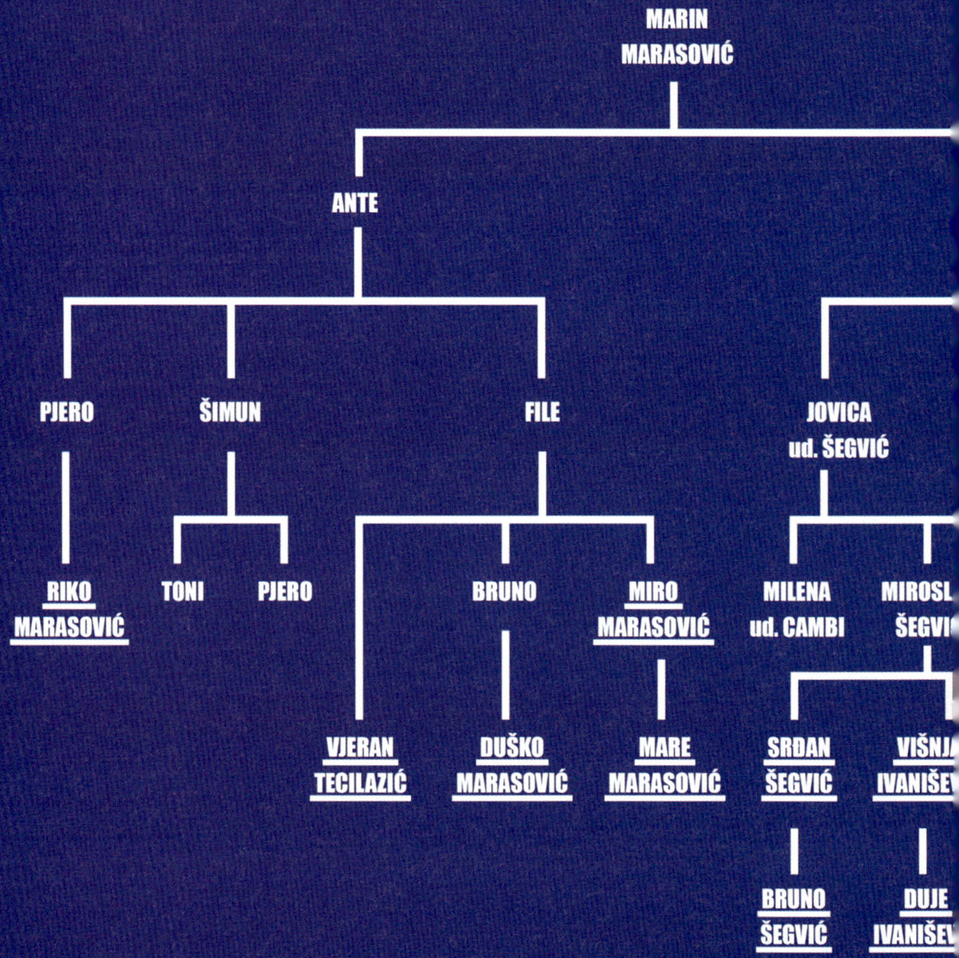

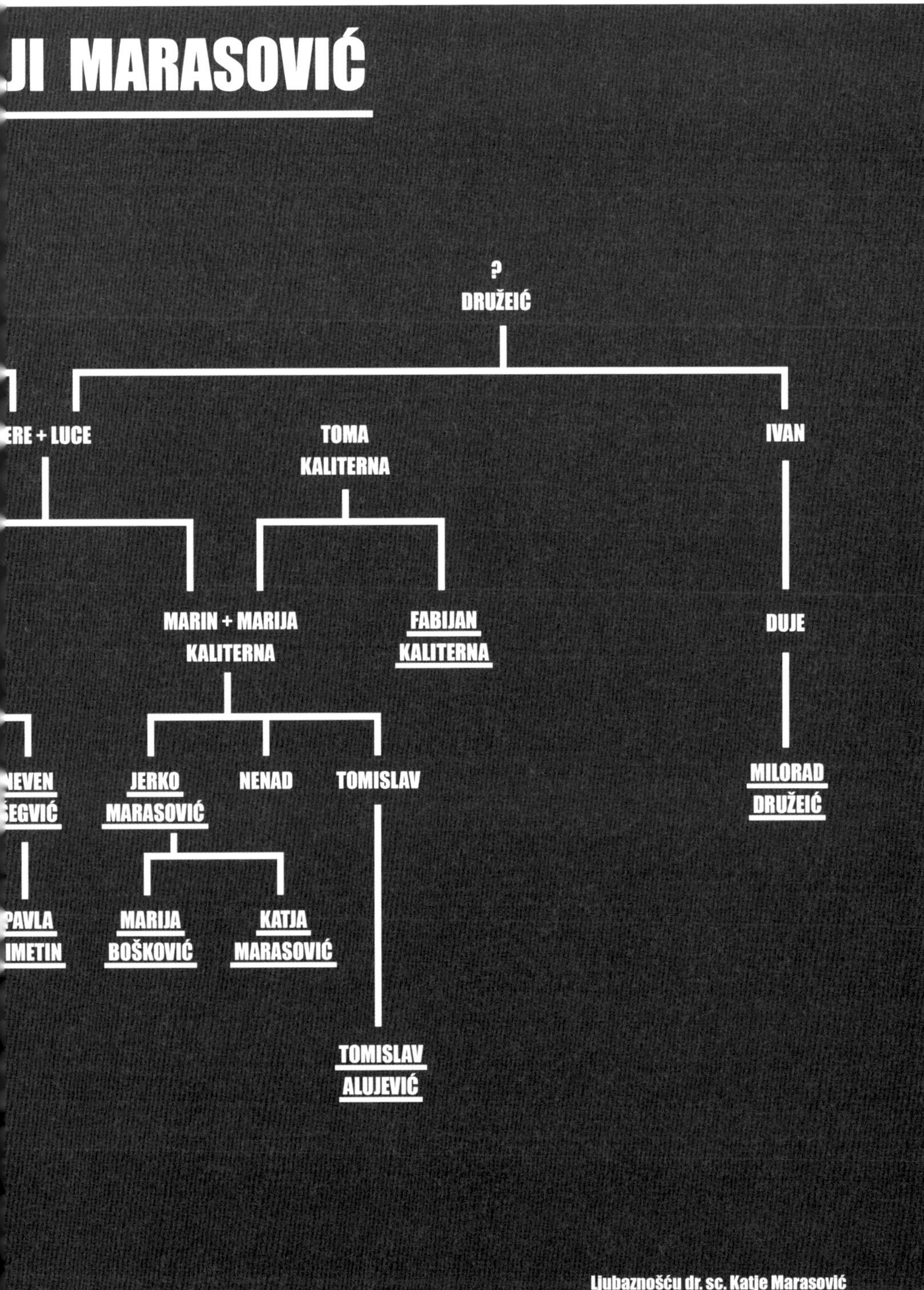

Architects of the Marasović family.
Courtesy of Katja Marasović, PhD

diciju, Rikard je upisao Arhitektonski odjel Tehničkog fakulteta Sveučilišta u Zagrebu 1932., godine ključne za prihvaćanje ideja „novog građenja", arhitekture kao alata društvene mijene, a ne novog arhitektonskog stila – sredstva za ostvarivanje funkcionalnih, ekonomičnih i zdravih prostora za široke narodne mase primjenom suvremenih prostornih koncepata, konstrukcija, tehnologija građenja, materijala i unutrašnje opreme.[7] „Novo građenje" afirmira generacija mladih arhitekata rođenih početkom 20. stoljeća, na trećoj izložbi Udruženja umjetnika Zemlja u jesen 1931. i u njezinom dopunjenom neslužbenom katalogu – knjizi *Problemi savremene arhitekture* u kojoj objavljuju desetke na natječajima plasiranih nerealiziranih projekata. Natječaji koji doživljavaju svoj procvat krajem dvadesetih i tridesetih godina 20. stoljeća, a zatim nakon gospodarske krize od sredine tridesetih, prilika su i za samoedukaciju u projektiranju kompleksnih, višenamjenskih građevina velikog mjerila, ali i za strukovnu i javnu afirmaciju.[8] Aktivnim sudjelovanjem na natječajima nastavila je i Marasovićeva generacija rođena početkom drugoga desetljeća 20. stoljeća, Vladimir Turina, Hinko Gottwald, Milan Grakalić, Hinko Vichra i Ivan Vitić, koja će vrhunac karijere ostvariti 1950-ih i 1960-ih godina. Natječu se s nešto starijim kolegama koji suvereno dominiraju jugoslavenskom arhitektonskom scenom poput dua Hinko Bauer i Marijan Haberle, trija Jovan Korka, Georg Kiverov i Đorđe Krekić, bračnog para Zoja i Selimir Dumengjić, Vladimira Antolića, Jurja Neidhardta i Milovana Kovačevića.

Marasović sudjeluje na natječajima od 1935. godine, samostalno ili s kolegama koautorima, što je u konačnici rezultiralo s više od 25 plasmana.[9] Na natječajima projektira različite vrste javnih objekata – sportske, obrazovne, zdravstvene, uredske i stambeno-poslovne zgrade i zgrade za kulturu planirane u Splitu, Beogradu i Skoplju te Ulcinju gdje se okušao u projektiranju Hotela Co-op, odnosno, Doma Saveza nabavljačkih zadruga državnih službenika, programski bliskog zgradama lječilišta i oporavilišta.[10] U Beogradu je Marasović ostvario prve plasmane na natječajima za zgradu Penzionog fonda činovnika i služitelja Narodne banke sa Slavkom Delfinom (1937., 1/3 *ex aequo* IV. nagrada) i uprave

7 Osnovnu školu završio je u Splitu i Trpnju, a zatim maturirao na Realnoj gimnaziji u Splitu 1932.

8 Više o zagrebačkoj arhitektonskoj sceni 1932. u: BJAŽIĆ KLARIN 2015.

9 SKOPIN 1987, 5.

10 Sudjelovao je na natječaju za Hipotekarnu banku u Skoplju (1937.), Visoku ekonomsko-komercijalnu školu u Zagrebu 1940. (u atelijeru Stanka Kliske) i tipske banovinske pučke škole za Posavinu i Dalmaciju (1940./1941.). Hotel Co-op u Ulcinju realizirali su Hinko Bauer i Marijan Haberle. (MKM-RH-RM: Biografija Rikarda Marasovića do 1950.; ANONIM 15. 8. 1937, 13.; BJAŽIĆ KLARIN 2020; BLAGOJEVIĆ i VUKIČEVIĆ 2013).

tural design, construction works, urban planning, and built heritage protection, while also sharing an affinity for the visual arts.[6] In keeping with family tradition, Rikard enrolled in the Department of Architecture of the Technical Faculty of the University in Zagreb in 1932. This was a crucial year for the acceptance of the ideas of *New Building (Neues Bauen)*, i.e. those of architecture as a tool of social change. Rather than a new architectural style, *New Building* saw itself as a means to build functional, economical, and healthy spaces "for the masses" by applying modern spatial concepts, constructions, building technologies, materials, and interior furnishings.[7] *New Building* was established by a generation of young architects born in the early 1900s, at the third exhibition of the The Association of Artists *Zemlja* in the fall of 1931, and its unofficial catalogue – the book *Problemi savremene arhitekture* ("Problems of Modern Architecture"), where they published dozens of competition entries. The competitions, which flourished during the 1920s and the 1930s (especially in the early and second-half of the1930s, after the economic crisis), were an opportunity for self-education in designing public building complexes on a large scale, as well as for professional and public recognition.[8] Architects of Marasović's generation, such as Vladimir Turina, Hinko Gottwald, Milan Grakalić, Hinko Vichra and Ivan Vitić, who were born in the early 1920s and reached the peak of their careers in the 1950s and 1960s, continued to practice actively in competitions. They competed against older colleagues who dominated the architectural landscape before the Second World War, such as the Hinko Bauer – Marijan Haberle duo, the Jovan Korka, Georg Kiverov and Đorđe Krekić trio, the spouses Zoja and Selimir Dumengjić, Vladimir Antolić, Juraj Neidhardt and Milovan Kovačević.

Marasović had participated in competitions since 1935, both individually and as a co-author, which eventually resulted in more than 25 awarded entries.[9] The entries were submitted for various kinds of public facilities – buildings intended for sports, education, healthcare, business, and cultural purposes in Split, Belgrade, Skopje, and Ulcinj. For the latter, he submitted the design of the *Co-op* Hotel for the Union of Purchasing Co-Operatives of State Officials, similar in terms of its building programme, spatial organisation and construction, to that

6 Rikard's first exhibition was in 1931. In 1944 and 1945, his work was featured at the first Exhibition of Partisan Artists in Split and Dubrovnik (AF-ZG-RM: Biography of Rikard Marasović up to 1947; PLOČAR 1944; PLOČAR 1945).

7 He attended primary school in Split and Trpanj, after which he graduated from the Split Grammar School in 1932.

8 More on Zagreb's architectural circles in 1932 can be found in BJAŽIĆ KLARIN 2015.

9 SKOPIN 1987, 5.

Državnog monopola s Vlastom Klarić (1939., 1/9 *ex aequo* otkup), a okušao se i u projektiranju drugih kapitalnih gradnji poput prvog beogradskog nebodera „Albanija", zgrade Hipotekarne banke trgovačkog fonda (1938.), nove državne opere (1939.) i Željezničarske bolnice (1940.).[11]

U Splitu 1935. godine započinje i s praksom. Radi za afirmirane splitske arhitekte, inženjere građevine i poduzetnike, Fabijana Kaliternu i Feliksa Šperca.[12] Samostalno za privatne investitore realizira vile dr. Belin (1936.) i Pejović (1937.) u Trpnju na Pelješcu. Marasović je aktivan član relativno brojne splitske arhitektonske scene. Sudjeluje na natječajima za Sportsko plivalište „Jadran" i Klasičnu mušku i realnu žensku gimnaziju (1936.) te objavljuje članke i kritičke osvrte u dnevnim novinama *Novo doba* i *Jadranski dnevnik* (1936. - 1940.).[13] Zbog kritike rada žirija javnog arhitektonskog natječaja Marasović je dobio otkaz.[14] Marasović je nemirna duha i želi proširiti horizonte. Prekida studij u Zagrebu i od 1936. do 1939. školuje se u inozemstvu - Berlinu, Parizu i Nancyju, u vrijeme velikih političkih previranja, vlasti nacista u Njemačkoj i Narodne fronte u Francuskoj koja staje u obranu demokracije od rastućeg fašizma.[15] Surađuje s arhitektom Ernestom Weissmannom, Le Corbusierovim suradnikom i aktivnim članom Međunarodnog kongresa moderne arhitekture (CIAM) djelatnim u polju arhitekture zdravstvenih zgrada.[16] Weissmann je početkom tridesetih godina razvio projekt tipske prefabricirane montažne zgrade skeletne konstrukcije za zdravstvene ustanove, primarno bolnice i sanatorije. Takva zgrada je fleksibilna i prilagodljiva različitim lokacijama, građevnim i medicinskim programima.[17]

11 MKM-RH-RM: Biografija Rikarda Marasovića do 1950.; ANONIM 16. 11. 1937, 5; ANONIM 1940, 25-27; BAYLON 1975, 10-13.

12 G. S. 1979; KEČKEMET i PIPLOVIĆ, 2005.

13 U Splitu sudjeluje i na natječaju za Trgovačku akademiju 1937. (MKM-RH-RM: Biografija Rikarda Marasovića do 1950.; TUŠEK 1994, 180-181).

14 Možemo pretpostaviti kako je riječ o natječaju za zgradu gimnazije iz 1936. Feliks Šperac je bio član ocjenjivačkog suda, dok je Marasović bio natjecatelj. (MKM-RH-RM: Biografija Rikarda Marasovića do 1950.; TUŠEK 1994, 161-162, 181).

15 Marasović studira na Tehničkom fakultetu u Zagrebu od 1932. do 1936. i od 1939. do 1942. (MKM-RH-RM: Prijepis diplome Rikarda Marasovića, Arhitektonski odsjek Tehničkog fakulteta Hrvatskog Sveučilišta u Zagrebu, 7. 12. 1942.).

16 Suradnju s Weissmannom navodi Igor Skopin. Marasović dolazi u Zagreb 1932. kada Weissmann s Radnom grupom Zagreb i Zemljašima priprema četvrtu izložbu Zemlje s tematskom dokumentarnom cjelinom „Kuća i život" koja problematizira radničko stanovanje. Od 1933. Weissmann je djelovao u Londonu i Parizu. Možemo pretpostaviti da Marasović tijekom svog višegodišnjeg boravka u inozemstvu surađuje s Weissmannom u Parizu gdje je potonji angažiran u radu CIAM-a i realizaciji paviljona Jugoslavije na Svjetskoj izložbi 1937. prema projektu Josipa Seissela. (SKOPIN 1987, 5).

17 Weissmann razvija tipski projekt kroz studije i natječajne projekte sanatorija i bolnica od 1928. do 1931. Vrhunac razrade tipa su natječaj-

of a health resort.[10] In Belgrade, Marasović's first awarded competitions' entries were the building of the Pension Fund of the Clerks and Servants of the National Bank, co-authored with Slavko Delfin (1937, 1/3 one of the ex aequo 4th prizes), and the headquarters of the State Monopoly, co-authored with Vlasta Klarić (1939, one of the nine ex aequo honorable mentions). He also tried his hand at other major projects, such as the first Belgrade skyscraper *Albanija,* the building of the Trade Fund Mortgage Bank (1938), the new state opera building (1939), and the Railway Hospital (1940).[11]

In 1935, he also started his apprenticeship in Split where he worked for the city's renowned architects, civil engineers and entrepreneurs Fabijan Kaliterna and Feliks Šperac.[12] Working independently for private investors, he designed the *dr. Belin* (1936) and *Pejović* (1937) villas in the settlement of Trpanj on the Pelješac Peninsula. Marasović was an active presence on the Split architectural scene. He participated in the design competitions for the *Jadran* Swimming Pool, the Male Grammar School and Female Real School (1936), in addition to publishing articles and reviews in the daily newspapers *Novo doba* and *Jadranski list* (1936-1940).[13] After expressing criticism for the actions of a public design competition's jury, one of whose members was Šperac, Marasović was ultimately fired.[14] A restless spirit, Marasović wanted to expand his horizons. He left the faculty in Zagreb to study abroad, in Berlin, Paris, and Nancy, from 1936 to 1939.[15] It was a time of great political upheaval – as the Nazis rose to power in Germany, the Popular Front in France stood in the defence of democracy from growing fascism. He collaborated with architect Ernest Weissmann, Le Corbusier's associate, an active member of the International Congresses of Modern Architecture (CIAM),

10 He also participated in competitions for the Mortgage Bank in Skopje (1937), the School of Economics and Commerce in Zagreb in 1940 and the type building for primary schools in Posavina and Dalmatia counties (1940/1941) (MKM-RH-RM: Biography of Rikard Marasović up to 1950; ANONYMOUS AUTHOR 15 August 1937, 13; BJAŽIĆ KLARIN 2020; BLAGOJEVIĆ and VUKIĆEVIĆ 2013).

11 MKM-RH-RM: Biography of Rikard Marasović up to 1950; ANONYMOUS AUTHOR 16 November 1937, 5; ANONYMOUS AUTHOR 1940, 25-27; BAYLON 1975, 10-13.

12 G. S. 1979, 123; KEČKEMET and PIPLOVIĆ 2005.

13 In Split, he also participated in the competition for the design of the Trade Academy in 1937 (MKM-RH-RM: Biography of Rikard Marasović up to 1950; TUŠEK 1994, 180-181).

14 Presumably, the competition was for the design of the grammar and real school building from 1936. Šperac was a member of the jury, while Marasović was one of the competitors (MKM-RH-RM: Biography of Rikard Marasović up to 1950; TUŠEK 1994, 161-162, 181).

15 Marasović studied at the Technical Faculty in Zagreb from 1932 to 1936 and from 1939 to 1942 (MKM-RH-RM: Diploma of Rikard Marasović, University of the Independent State of Croatia in Zagreb, 7 December 1942).

Zakladna bolnica na Rebru, 1942., Stanko Kliska, Ivo Juranović, Franjo Gabrić i Antun Ulrich. (Zbirka razglednica, Obitelj Laslo, Zagreb).

Rebro Foundation Hospital, 1942, Stanko Kliska, Ivo Juranović, Franjo Gabrić and Antun Ulrich. (Postcard collection, Laslo family, Zagreb).

and an expert in healthcare architecture.[16] In the early 1930s, Weissmann designed prefabricated standard building for healthcare institutions, hospitals and sanatoriums, using a skeletal structure. This type of building was flexible and adaptable to different building plots, medical, and building programmes.[17] In Paris in 1937, Weissmann designed type buildings for the Students' Recovery Centre and the Mountain Hotel, inserted into the natural landscape, for the Yugoslavian Ministry of Trade and Industry. The principal amenities of the centre and the hotel, the accommodation units, and the common rooms were allocated to separate buildings connected by a lobby, with a ramp as the principal vertical communication and gathering area. The ramp is an important spatial element with the function of creating the *architectural promenade,* Le Corbusier's concept, one which Rikard Marasović would adopt and repeatedly implement.

Upon returning to Yugoslavia in 1939, Marasović resumed his studies and worked for Ivo Juranović and Stanko Kliska in Zagreb.[18] Under Juranović and Kliska, he worked for two full years on building the first medical centre in Croatia, the Foundation Hospital at Rebro (today the University Hospital Centre Zagreb), with 995 hospital beds.[19] He collaborated on the competition entry for the Surgical and Buiatric Clinic in Belgrade (1940/1941) with Kliska, a leading expert on hospital buildings, with projects realised in Požega, Sušak, Sisak and Glina. Marasović's first independent design for a hospital building was the above-mentioned competition entry for the Belgrade Railway Hospital when Kliska was awarded the first prize.[20] In the early 1940s, Marasović independently designed the constructed villas Peršen (1940) and Čikeš (1941), as well as the

16 The source of the information on the collaboration with Weissmann is Igor Skopin. Marasović came to Zagreb in 1932, when Weissmann was intensively collaborating with the Zagreb Work Group. From 1933, he expanded his activities to London and Paris. It is safe to assume that, during his years abroad, Marasović collaborated with Weissmann in Paris. Weissmann participated in the activities of the CIAM and was in charge of the construction of the Yugoslav Pavillion at the Paris World Fair in 1937, designed by Josip Seissel (SKOPIN 1987, 5).

17 Weissmann developed the type building through studies and competition entries for sanatoriums and hospitals from 1928 to 1931. The pinnacle of the development of the type building were the competition entries for the Jewish Hospital (1930) and the Foundation and Clinical Hospital in Zagreb (1930/1931). For more on Weissmann, see: BJAŽIĆ KLARIN 2015.

18 From February 1st 1939 to March 27th 1941, Marasović worked under Kliska and Juranović "as an architect, designer, and construction manager of a Foundation Hospital section" (MKM-RH-RM: Certificate of the Building Company of Ivo Juranović, March 28th1941).

19 In addition to Juranović and Kliska, the hospital's design is also the work of Antun Ulrich and Franjo Gabrić. For more information on the competition and the construction, see: BJAŽIĆ KLARIN 2020.

20 ANONYMOUS AUTHOR 1940a, 8.

U Parizu 1937. Weissmann projektira za Ministarstvo trgovine i industrije Jugoslavije tipske zgrade Đačkog oporavilišnog doma i Planinskog hotela uklopljene u prirodni okoliš. Glavni sadržaji doma i hotela, smještajne jedinice i društvene prostorije, raspoređeni su u zasebne zgrade povezane zajedničkim predvorjem s rampom kao glavnom vertikalnom komunikacijom i mjestom okupljanja. Rampa je važan prostorni i oblikovni element u funkciji kreiranja „arhitektonske promenade", Le Corbusierova koncepta koji je preuzeo i Rikard Marasović te višestruko koristio.

Po povratku u Jugoslaviju 1939. Marasović nastavlja studij i radi za projektante i izvođače Ivu Juranovića i Stanka Klisku u Zagrebu.[18] Pune dvije godine sudjeluje u realizaciji prvog medicinskog centra u Hrvatskoj s 995 bolesničkih kreveta, Zakladne bolnice na Rebru (danas KBC Zagreb).[19] S Kliskom, koji uživa status vodećeg stručnjaka za bolničke zgrade u Hrvatskoj s realizacijama u Požegi, na Sušaku, Sisku i Glini, surađuje i na natječajnom projektu za Kiruršku i bujatričku kliniku u Beogradu (1940./1941.). Prvi Marasovićev samostalni projekt bolničke zgrade bio je spomenuti natječajni projekt za beogradsku Željezničarsku bolnicu na kojem je prvu nagradu odnio Kliska.[20] Početkom četrdesetih Marasović samostalno projektira realizirane vile Peršen (1940.) i Čikeš (1941.) te stambenu zgradu – Grlić (1940.) čije adrese treba tek utvrditi.[21]

Na natječaju za zgradu Sudske palače i zatvor na Lovretu u Splitu, Marasović s Borisom Devideom 1939. godine osvaja jednu od tri jednakovrijedne druge nagrade. Iako prva nagrada nije bila dodijeljena, natječaj je bio jedan od prvih proboja sve homogenije i vidljivije, nove generacije arhitekata.[22] Plasman je vjerojatno bio povod Marasovićevu prvom studijskom boravku u Italiji gdje

ni projekti za Židovsku (1930.) i Zakladnu i kliničku bolnicu u Zagrebu (1930./1931.). Više o Weissmannu u: BJAŽIĆ KLARIN 2015.

18 Marasović je namješten kod Kliske i Juranovića od 1. veljače 1939. do 27. ožujka 1941. „u svojstvu arhitekta projektanta i ujedno odsječnog rukovodioca na novogradnji Zakladne bolnice". (MKM-RH-RM: Potvrda Građevnog poduzeća Ivo Juranovića, 28. 3. 1941.).

19 Uz Juranovića i Klisku projektanti bolnice bili su i Antun Ulrich i Franjo Gabrić. O natječaju i izgradnji više u: BJAŽIĆ KLARIN 2020.

20 ANONIM 1940a, 8.

21 Projektirao je i vile dr. Hanaman na Korčuli (1938.) i ing. P. Ilića u Splitu (1941.). (MKM-RH-RM: Biografija Rikarda Marasović do 1950.).

22 Natječaj je raspisan 1938. Druge dvije jednakovrijedne nagrade dodijeljene su Vidu Vrbaniću i Vladimiru Turini te Nikoli Despotu i Anđelku Kneziću. Niže plasmane ostvarili su Zoja i Selimir Dumengjić sa Zvonimirom Vrkljanom, Mate Baylon i Emanuel Šamanek, Mladen Kauzlarić i Stjepan Gomboš te Slavko Löwy. (ANONIM 1. 6. 1939, 8; ANONIM 1939, 86; TUŠEK 1994, 164-165, 183-184).

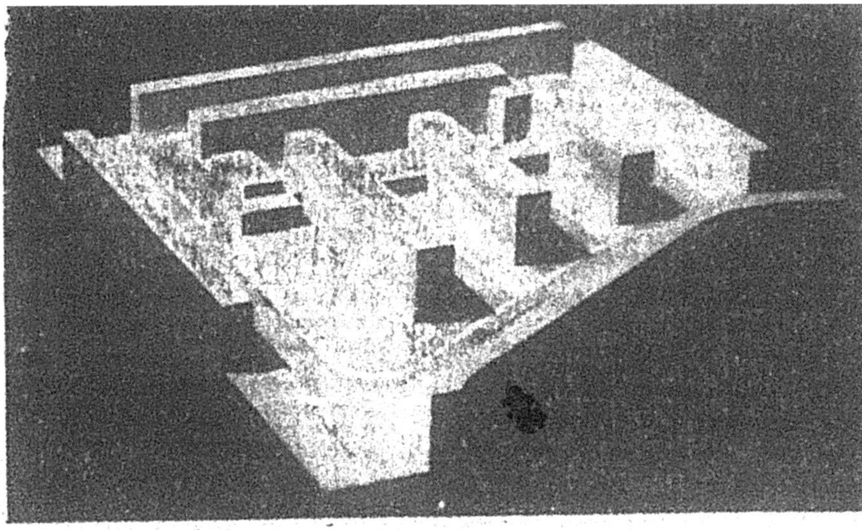

Projekt nove velike sudske palače u Splitu nagradjen sa II A nagradom, rad arhitekta Borisa Devića i Rikarda Marasovića iz Zagreba

Sudska palača i zatvor u Splitu, Boris Devide i Rikard Marasović, 1939.
Izvor: nn, Nacrt za nove sudske palače u Splitu, Novosti, br. 149, 1. 6. 1939., str. 8

Court palace and prison in Split, Boris Devide and Rikard Marasović, 1939.
Source: anonymous author, Draft for new courthouses in Split, Novosti, no. 149, 1 June 1939, p. 8

Grlić residential building (1940), at addresses which are yet to be determined.[21]

In 1939, for the competition entry for the building of the Court Palace and prison in Lovret area in Split, Marasović and Boris Devide were awarded one of the three second ex aequo prizes. Although the first prize was rarely awarded, the competition represented one of the first breakthroughs of the ever more homogenous and visible new generation of architects.[22] The placement was the likely reason behind Marasović's first study visit to Italy, sponsored by the

21 He also designed the villas of dr. Hanaman on Korčula (1938) and ing. P. Ilić in Split (1941). (MKM-RH-RM: Biography of Rikard Marasović up to 1950).

22 The competition had been launched in 1938. The other two ex aequo prizes were awarded to the Vid Vrbanić – Vladimir Turina and Nikola Despot – Anđelko Knezić duos. The lower-ranking competition entries were those of Zoja and Selimir Dumengjić with Zvonimir Vrkljan, Mate Baylon and Emanuel Šamanek, Mladen Kauzlarić and Stjepan Gomboš, and Slavko Löwy, respectively. (ANONYMOUS AUTHOR June 1st 1939, 8; ANONIM 1939, 86; TUŠEK 1994, 164-165, 183-184).

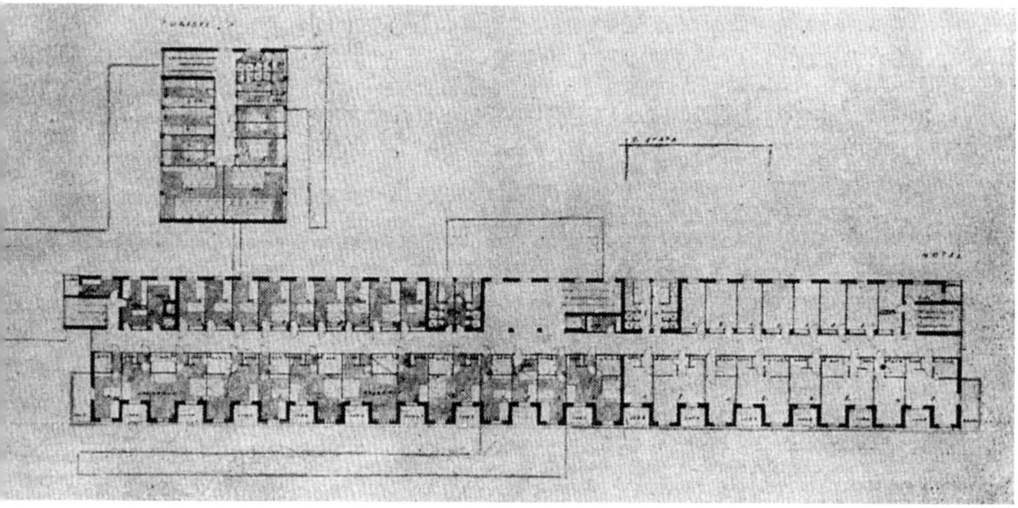

Hotel Savske banovine na Plitvicama, natječajni projekt, 1941., Rikard Marasović i Miro Marasović. (BAHOVEC 1942.)

The Banovina hotel on the Plitvice Lakes, competition project, 1941, Rikard Marasović and Miro Marasović. (BAHOVEC 1942) city authorities.[23] His first competition entry to win first prize was the one for the Banovina hotel on the Plitvice Lakes, which he co-authored with his cousin Miro Marasović.[24] The hotel building is a zig-zag double loaded corridor building with a typical spatial organisation, a corridor centrally placed between two rows of rooms arranged along the facade, and a form that corresponds to the local, pre-existing types of structures, materials, and climate, which is the essence of modern, economic and functional architecture. The results of the competition had been published in the spring of 1941, after the establishment of the puppet Independent State of Croatia (NDH), directly controlled by Nazi Germany and Fascist Italy. As a politically active leftist, Marasović refused to work for the Ustasha authorities and Italian Fascist occupiers. He stopped working on 27th March 1941, the day of the coup in the Kingdom of Yugoslavia, directly motivated by its signing of the Tripartite Pact.[25] Soon afterward, on 8th April 1941, two days before the proclamation of the NDH, he left for Split. He returned to Zagreb for his graduation in December 1942.[26] At twenty-nine years of age, Marasović was already a well-rounded architect who had seen the world and gained admirable experience in designing and constructing public and privately owned buildings.

THE WAR YEARS AND POST-WAR RECONSTRUCTION OF SOCIALIST YUGOSLAVIA (1942-1948)

Immediately after graduation, in December 1942, Marasović joined the People's Liberation Movement (PLM).[27] At first, he worked for the underground resistance movement in Split, ultimately joining the battle lines.[28] He started out as assistant chief of the Engineering Department of the Eighth Dalmatian

23 MKM-RH-RM: Biography of Rikard Marasović up to 1950.

24 The entries of Hinko Gottwald, Božidar Tušek, Frane Cota with Ivan Vitić and Zvonimir Tišina with Vladimir Turina were also awarded. For more information on the competition, see: BAHOVEC 1942, 1-12; IVANUŠ 2021, 77-78.

25 He left Zagreb at the same time as Stanko Kliska, who left it because of his Serbian nationality. The authenticity of Marasović's statement was confirmed by Kruno Vitanović, Ivan Vitić and Stanko Fabris. (MKM-RH-RM: Transcript of the statement by Rikard Marasović on working from 1941 until his departure to join the People's Liberation Army, 18th February 1958).

26 He graduated on the 7th of December 1942 (MKM-RH-RM: Diploma of Rikard Marasović, Department of Architecture of the Technical Faculty of the Croatian University in Zagreb, December 7th 1942).

27 He worked for the PLM from December 15th 1942 (1st January 1943 according to some sources) to April 25th 1944. (MKM-RH-RM: Application by Rikard Marasović for the issuance of an employment record card, July 15th 1958).

28 From April 1944 to May 1945, he took part in the PLA, and from May 1947, in the Yugoslav Army (YA). The description of the tasks of the members of the PLA is provided in: MILIČIĆ 1959, 6. (MKM-RH-RM: Application by Rikard Marasović for the issuance of an employment record card, July 15th 1958).

su ga uputile splitske gradske vlasti.[23] Najviši, prvi plasman osvojio je pak s rođakom Mirom Marasovićem na natječaju za banovinski hotel na Plitvičkim jezerima.[24] Zgrada hotela je *izlomljeni* dvotrakt s uobičajenom prostornom organizacijom, centralno smještenom glavnom komunikacijom – hodnikom, između dva niza duž pročelja smještenih soba, i oblikovanjem koje korespondira s lokalnim, zatečenim tipovima konstrukcija, materijalima i klimatskim uvjetima što je sama suština suvremene, ekonomične i funkcionalne arhitekture. Rezultati natječaja objavljeni su u proljeće 1941. godine nakon uspostave marionetske Nezavisne Države Hrvatske pod izravnim utjecajem nacističke Njemačke i fašističke Italije. Politički osviješten i lijeve ideološke orijentacije, Marasović ne želi raditi za ustaške vlasti u Zagrebu, ni talijanske okupatore u Splitu. S radom je prestao na dan državnog udara u Kraljevini Jugoslaviji, 27. ožujka 1941. godine, izravno iniciranog njezinim pristupanjem Trojnom paktu. Ubrzo, 8. travnja 1941., dva dana prije uspostave NDH, odlazi u Split.[25] U Zagreb se vratio diplomirati u prosincu 1942. godine.[26] S dvadeset i devet godina Marasović je već bio formiran arhitekt koji je vidio svijeta i stekao respektabilno iskustvo u projektiranju i izgradnji javnih i privatnih zgrada.

RATNE GODINE I POSLIJERATNA OBNOVA SOCIJALISTIČKE JUGOSLAVIJE (1942. – 1949.)

Nakon diplome, u istom mjesecu, Marasović se priključio Narodnooslobodilačkom pokretu (NOP).[27] Radi ilegalno u Splitu, a zatim odlazi na ratište.[28] Pomoćnik je načelnika Tehničkog odjela štaba Osmog dalmatinskog korpusa, a potom načelnik Odjela za obnovu Narodnog odbora oblasti Dalmacija u Splitu 1944.

23 MKM-RH-RM: Biografija Rikarda Marasovića do 1950.

24 Zapažene plasmane ostvarili su Hinko Gottwald, Božidar Tušek, Frane Cota i Ivan Vitić te Zvonimir Tišina i Vladimir Turina. Više o natječaju vidi u: BAHOVEC 1942, 1-12; IVANUŠ 2021, 77-78.

25 Zagreb je napustio istovremeno kada i Stanko Kliska. Kliska odlazi zbog srpske nacionalnosti. Vjerodostojnost Marasovićeve izjave potvrdili su Kruno Vitanović, Ivan Vitić i Stanko Fabris. (MKM-RH-RM: Prijepis izjave Rikarda Marasovića o radu od 1941. do odlaska u Narodnooslobodilačku vojsku (NOV), 18. 2. 1958.).

26 Diplomirao je 7. prosinca 1942. (MKM-RH-RM: Prijepis diplome Rikarda Marasovića, Arhitektonski odsjek Tehničkog fakulteta Hrvatskog Sveučilišta u Zagrebu, 7. 12. 1942.).

27 Za NOP je radio od 15. prosinca 1942. (navodi se i datum 1. 1. 1943.) do 25. travnja 1944. (MKM-RH-RM: Prijava Rikarda Marasovića za izdavanje radne knjižice, 15. 7. 1958.).

28 Od travnja 1944. do svibnja 1945. pripadnik je NOV-a, a potom do svibnja 1947. Jugoslavenske armije. Opis zadataka članova NOP-a u Splitu opisao je: MILIČIĆ 1959. (MKM-RH-RM: Prijava Rikarda Marasovića za izdavanje radne knjižice, 15. 7. 1958.).

Direktivni urbanistički plan Gradca kod Makarske, 1944., Boris Katunarić, Rikard Marasović i Budimir Pervan. (KATUNARIĆ, MARASOVIĆ i PERVAN 1957, 8).

Directive Urban Plan of Gradac near Makarska, 1944, Boris Katunarić, Rikard Marasović and Budimir Pervan. (KATUNARIĆ, MARASOVIĆ and PERVAN 1957, 8).

Corps and became the chief of the Department for the Reconstruction of the National Committee of the Region of Dalmatia, in Split in 1944. In the winter of 1944, he participated not only in reconstruction projects, but also in the training of the experts who were to be in charge of it. The training, the Urban-Planning Seminar of the Department of Engineering Works of the State Anti-Fascist Council for the People's Liberation of Croatia took place in Šibenik, headed by architects Josip Seissel and Milovan Kovačević. At the seminar, Marasović worked on the creation of the regulation plan for the Gradac village near Makarska alongside Boris Katunarić and Budimir Pervan.[29] He was also the author of the plan for Divoselo in Lika, a new settlement with administrative, educational, commercial, and cultural facilities. This affirmed the concept of housing with low population density, lots of greenery, and traffic reduced to a minimum.[30] Even before the war, Marasović had gained some knowledge and experience in urban and regional planning. Between 1936 and 1940, he worked on the studies of the regulation plans for Trpanj's elite residential district (1936, built), the western waterfront of Split (1938), the Pelješac peninsula (1939), and the

29 The seminar also resulted in a plan for the reconstruction of Bilice near Šibenik. Its authors were Hinko Bolanča, Drago Boltar, Boris Katunarić, R. Marasović, Mirko Miličić, and Budimir Pervan. (PERVAN 1957, 7-12; VINCEK 1962, 3 and 8).

30 For more information on post-war reconstruction, planning and construction of villages, see: KRANJČEVIĆ 2009, 314-327; KRANJČEVIĆ 2018.

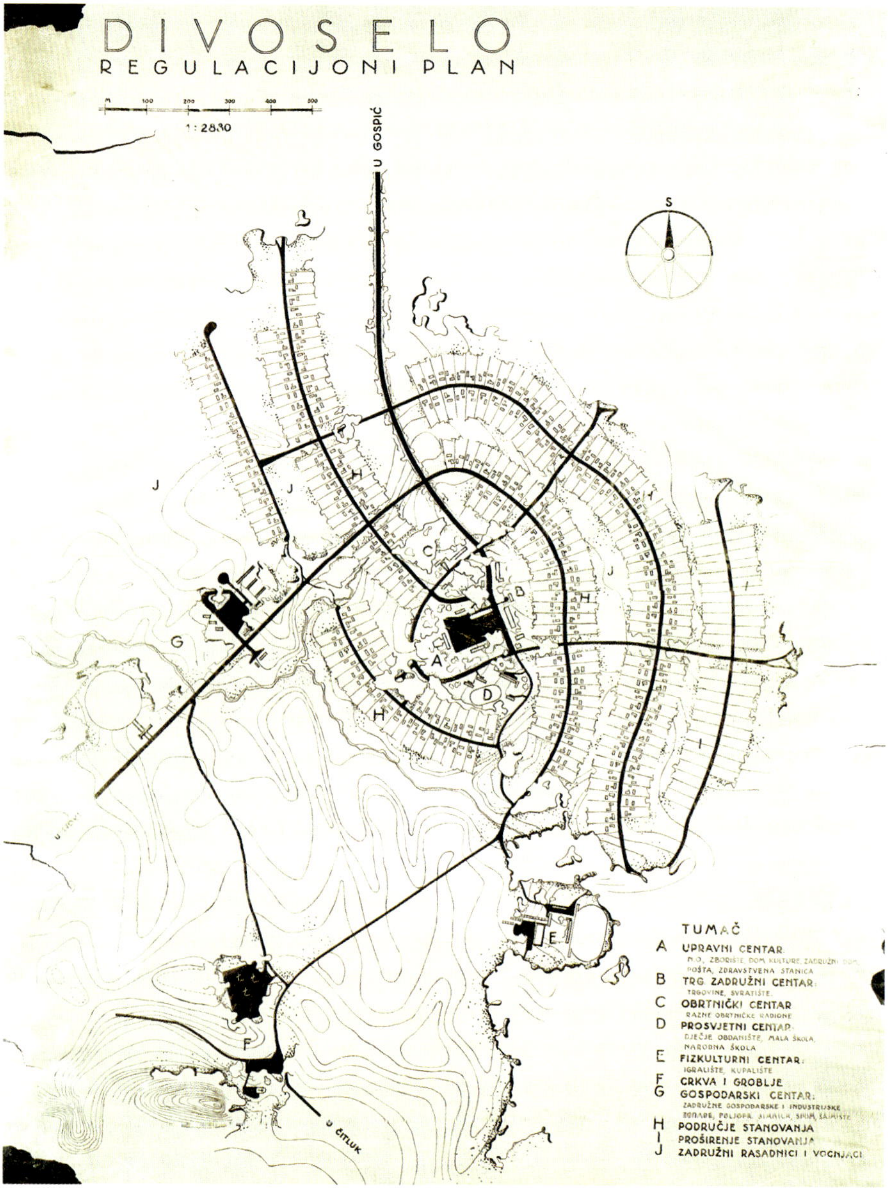

Regulacijski plan za Divoselo.
(KRANJČEVIĆ, 2009.)

Divoselo regulation plan.
(KRANJČEVIĆ, 2009.)

city of Dubrovnik (1940). The studies reveal an interest in planning on various scales, from regulation plans of smaller residential districts and urban areas to those of cities and larger areas.

Marasović was also active in the expert organisations of the new people's local government and maintained a public presence through articles in the *Slobodna Dalmacija* newspaper and radio lectures.[31] He took part in the first, founding conference of the Croatia's Architects' Section of the Cultural Workers' Club for Dalmatia, held in late January 1945. The conference was attended by Hinko Bolanča, Drago Boltar, Boris Katunarić, Josip Kodl, Miro Marasović, Drago Marasović, Marko Markovina, Budimir Pervan, Neven Šegvić and Aljoša Žanko, among others.[32] The attendees "exchanged and enriched the experiences gained through their work and the people's liberation struggle".[33] Together with Šegvić, Marasović was elected to represent the Architects' Section in the presidency of the Cultural Workers' Club.

For all experts, the period after World War II was a dynamic and challenging one, as it offered a unique and rare opportunity for frequent and intensive construction. One of the first assignments in 1945 was the rebuilding of burned-down and destroyed villages in Lika, Slavonia (around Voćin and Bilogora), Dalmatia, Banija (around Glina), Gorski kotar, Kordun, and the north part of the Croatian Adriatic Coast, entrusted to interdisciplinary groups of geodetic engineers, agronomists, and architects and organised by the Department of rural development of the Ministry of Construction.[34] Marasović was the head of the group for the rebuilding of Lika villages of the Ministry of Construction of the People's Republic of Croatia, whose other members were Vladimir Turina, Zvonimir Požgaj, and Saša Šišlov. Groups of architects did fieldwork, "going to burned-down villages to help with the reconstruction".[35]

31 MKM-RH-RM: Biography of Rikard Marasović up to 1950.
32 19 of the 39 invited architects from Zadar, Split and Dubrovnik attended the conference. Milovan Kovačević and Zoltan Selinger attended as representatives of the ZAVNOH Department of Technical Works. Marasović had not attended the first conference of the cultural workers of Dalmatia held on the 18th and 19th of December on Hvar. The conferences' attendees are listed in: ANONYMOUS AUTHOR 1959. a; ANONYMOUS AUTHOR 1963.
33 ANONYMOUS AUTHOR January 28th 1945.
34 VINCEK 1962.
35 In the summer of 1947, the "Braće Kavurića" brigade of architecture students (Ante Lozica, Miroslav Begović, Vladimir Zarahović, Berislav Radimir, Ante Skorpa, Bogojević, Fedor Wenzler, Esad Kapetanović and Nada Babin-Vincek) took part in the rebuilding of 46 houses in the village of Ličko Selo. The students were accompanied by professor Joško Jelovac from the Technical Faculty. (MKM-RH-RM: Biography of Rikard Marasović up to 1950; VINCEK 1962).

godine. Sudjeluje u projektima obnove i osposobljavanju stručnog kadra za njezinu provedbu – Urbanističkom seminaru Odjela za tehničke radove Zemaljskog antifašističkog vijeća narodnog oslobođenja Hrvatske (ZAVNOH) u Šibeniku, u zimu 1944., kojim rukovode arhitekti Josip Seissel i Milovan Kovačević. U sklopu seminara Marasović sudjeluje u izradi direktivnog urbanističkog plana sela Gradac kraj Makarske s Borisom Katunarićem i Budimirom Pervanom.[29] Izrađuje i plan za Divoselo u Lici, novo naselje s upravnim, obrazovnim, trgovačkim i kulturnim sadržajima koje afirmira koncept rahlih naselja bogatih zelenilom i s maksimalno reduciranim prometom, primarno stambenog karaktera.[30] Marasović je već prije rata stekao stanovita znanja i iskustva u urbanističko-arhitektonskom, urbanističkom te regionalnom planiranju. Između 1936. i 1940. godine samostalno je izradio i regulacijske studije za predio Trpnja s vilama (1936., realizirano), zapadnu obalu u Splitu (1938.), poluotok Pelješac (1939.) i grad Dubrovnik (1940.). Studije pokazuju interes za planiranje u različitim mjerilima, od regulacija manjih stambenih predjela i gradskih poteza do reguliranja gradova i većih područja.

Marasović je aktivan i u strukovnim tijelima nove narodne uprave te javno prisutan putem članaka u *Slobodnoj Dalmaciji* i predavanja na radiju.[31] Sudionik je prve, osnivačke konferencije Sekcije arhitekata Kluba kulturnih radnika Hrvatske za Dalmaciju održane krajem siječnja 1945. Konferenciji nazoče Hinko Bolanča, Drago Boltar, Boris Katunarić, Josip Kodl, Drago Marasović, Miro Marasović, Marko Markovina, Budimir Pervan, Neven Šegvić i Aljoša Žanko.[32] Na konferenciji su sudionici „izmjenjivali i nadopunjavali iskustva stečena svojim radom i NO (narodnooslobodilačkom, op. a.) borbom."[33] Marasović je sa Šegvićem izabran za predstavnika Sekcije arhitekata u predsjedništvu Kluba kulturnih radnika.

Za sve stručnjake nakon Drugog svjetskog rata počelo je dinamično i zahtjevno razdoblje u kojem imaju jedinstvenu, rijetku priliku puno i intenzivno graditi. Među prvim zadacima 1945. godine obnova je spaljenih i porušenih sela Like, Slavonije

29 Na seminaru je izrađen i plan za obnovu Bilica kraj Šibenika. Sudjelovali su Hinko Bolanča, Drago Boltar, Boris Katunarić, R. Marasović, Mirko Miličić i Budimir Pervan. (PERVAN 1957, 7-12; VINCEK 1962, 3 i 8).

30 Više o poslijeratnoj obnovi, planiranju i izgradnji sela: KRANJČEVIĆ 2009, 314-327; KRANJČEVIĆ 2018.

31 MKM-RH-RM: Biografija Rikarda Marasovića do 1950.

32 Od 39 pozvanih arhitekata iz Zadra, Splita i Dubrovnika odazvalo se njih 19. Na konferenciji su u ime Odjela za tehničke radove ZAVNOH-a sudjelovali Milovan Kovačević i Zoltan Selinger. Marasović nije sudjelovao na prvoj konferenciji Kluba kulturnih radnika Dalmacije 18. i 19. prosinca 1943. na Hvaru. Za popise sudionika konferencija vidi: ANONIM 1959.a; ANONIM 1963).

33 ANONIM 28. 1. 1945.

Unlike most of his colleagues, Marasović did not continue his architectural career at the State Construction and Design Institute of the People's Republic of Croatia in Zagreb, the central, republican architectural organisation with multiple departments and architectural groups. Until 1947, as a person who enjoyed the highest confidence of the political leadership of Yugoslavia and the Republic of Croatia, he did fieldwork, entrusted with significant political and professional assignments. He worked for the Headquarters of the Air Force of the Yugoslav Army (YA) in Zemun, at the time of its intensive construction (1945/1946), and for the Military Governance of the YA (1945-1947). At his own request, he was sent to Istria as chief of the Construction Department of the People's Committee for Istria, with headquarters in Pazin. In essence, the above-mentioned was an urban planning department for Zone B under the military government.[36] The planning assignments included studies for the regulation of Pazin (1947) and Pula (1945-1947). The general purpose of the urban development plans was to provide the main guidelines for zoning and infrastructure to avoid errors with long-term consequences in the location of major functional zones, primarily the industrial and residential ones. After Pazin, Marasović was sent to Sušak as chief of the Construction Directorate for Istria, Pula, and Rijeka.[37] This part of the history of planning in Istria and Rijeka is yet to be researched. The engagement in Istria was also the likely reason behind Marasović's second study visit to Italy in 1946, at the direction of the Ministry of Construction.[38]

The deficit of architects with experience in designing public facilities spurred Marasović's permanent relocation to Zagreb. There he designed and supervised construction in the State Construction and Design Institute of the People's Republic of Croatia, from May or June 1947 to May 1948, after which he was employed by the Presidium of the Government of the People's Republic of Croatia, from May 1948 to February 1950.[39] Marasović was also involved in the

36 He was appointed chief on the 12th of November 1946. Following the completion of his work in Istria on May 5th 1947, he was readmitted into the service of the Ministry of Construction of the People's Republic of Croatia in Zagreb. In total, Marasović spent 4 years and 5 months in the PLM, the PLA and the YA, having served from January 1st 1943 to May 31st 1947. (AF-ZG-RM: Decision – lecturer Rikard Marasović; MKM-RH-RM: Statement by Rikard Marasović, 18th July 1950; Appointment by the Regional People's Committee (PPC) for Istria, November 12th 1946; Termination of the mandate for the PPC for Istria, May 7th 1947).

37 MKM-RH-RM: Power of attorney of the Ministry of Construction of the People's Republic of Croatia for the performance of the duty of chief of the Construction Directorate for Istria, Pula and Rijeka, September 27th 1947.

38 MKM-RH-RM: Biography of Rikard Marasović up to 1950.

39 He designed type school buildings (1947), the Technical Boarding School

(oko Voćina i Bilogore), Dalmacije, Banije (oko Gline), Gorskog kotara, Korduna i Hrvatskog primorja, u čemu sudjeluju interdisciplinarne grupe geodeta, agronoma i arhitekata u organizaciji Odsjeka za izgradnju sela Ministarstva građevina.[34] Marasović rukovodi grupom za obnovu ličkih sela Ministarstva građevina NR Hrvatske čiji su članovi Zvonimir Požgaj, Vladimir Turina i Saša Šišlov. Grupe arhitekata djeluju na terenu, „odlaze u popaljena sela da pomognu u obnovi."[35]

Marasović nije poput većine kolega nastavio s projektantskim radom u Zemaljskom građevno projektnom zavodu Narodne Republike Hrvatske u Zagrebu, centralnoj, republičkoj projektnoj organizaciji s više odjeljenja i projektantskih grupa. Kao osoba od najvećeg povjerenja političkog vrha Jugoslavije i Hrvatske do 1947. godine djelovao je kao projektant i planer u vojnim strukturama izvršavajući odgovorne političke i strukovne zadatke. Radi za Komandu ratnog vazduhoplovstva Jugoslavenske armije (JA) u Zemunu u vrijeme intenzivne izgradnje njezine infrastrukture (1945./1946.) i Vojnu upravu JA (1945. – 1947.). Na vlastiti zahtjev odlazi u Istru gdje je načelnik Građevnog odjela Oblasnog narodnog odbora za Istru sa sjedištem u Pazinu, ili bolje rečeno urbanističke službe za Zonu B pod vojnom upravom.[36] Među planerskim zadacima su regulacijske studije Pazina (1947.) i Pule (1945. – 1947.). Općenito, zadaća osnova je dati glavne smjernice za zoniranje i infrastrukturu kako bi se pri smještaju pojedinih funkcionalnih zona, u prvom redu industrije i stanovanja, izbjegle greške s dugoročnim posljedicama. Nakon Pazina, Marasović je upućen u Sušak sa zadaćom privremenog preuzimanja dužnosti načelnika Građevinske direkcije za Istru, Pulu i Rijeku.[37] Ovaj segment povijesti planiranja u Istri i Rijeci tek treba rasvijetliti. Angažman u Istri bio je vjerojatno povod i drugom studijskom boravku Marasovića u Italiji 1946. po nalogu Ministarstva građevina.[38]

34 VINCEK 1962.

35 U ljeto 1947. brigada studenata arhitekture „Braće Kavurića" (Nada Babin-Vincek, Miroslav Begović, Bogojević, Esad Kapetanović, Ante Lozica, Berislav Radimir, Ante Škorpa, Fedor Wenzler i Vladimir Zarahović) sudjelovala je u obnovi 46 kuća u Ličkom selu. Sa studentima je bio nastavnik Tehničkog fakulteta Joško Jelovac. (MKM-RH-RM: Biografija Rikarda Marasovića do 1950.; VINCEK 1962).

36 Na mjesto načelnika imenovan je 12. studenoga 1946. Završio je s radom u Istri 5. svibnja 1947. kada je ponovno stavljen na raspolaganje Ministarstvu građevina NR Hrvatske u Zagrebu. U NOP-u, NOV-u i JA Marasović je proveo ukupno 4 godine i 5 mjeseci, od 1. siječnja 1943. do 31. svibnja 1947. (GF-OAF-RM: Rješenje – predavač Rikard Marasović; MKM-RH-RM: Imenovanje Oblasnog narodnog odbora (ONO) za Istru, 12. 11. 1946.; Razrješenje dužnosti ONO za Istru, 7. 5. 1947.

37 MKM-RH-RM: Punomoć Ministarstva građevina NR Hrvatske za vršenje dužnosti načelnika Direkcije za Istru, Pulu i Rijeku, 27. 9. 1947.

38 MKM-RH-RM: Biografija Rikarda Marasovića do 1950.

planning and construction on the Brijuni Islands (1948/1949) and the Plitvice Lakes. The latter began after the adoption of the Act on the Protection of Cultural Heritage and Natural Rarities of Democratic Federal Yugoslavia in 1946. The purpose was to establish the ideal circumstances for the development of tourism, through a minimally invasive infrastructure system and concentrated, pavilion-based construction on a small scale. As for the Plitvice Lakes, the regional development plan was created by Zdenko Strižić, while the various types of accommodation and community facilities—hotels, accommodation pavilions, restaurants, the casino—were designed by leading Croatian architects of the 1950s, i.e. Zoja Dumengjić, Marijan Haberle, Mladen Kauzlarić, Božica and Kazimir Ostrogović, and Ivan Vitić.[40] All of these architects, without any exception, aim to fully integrate with the environment, which was achieved through the use of low, indented volumes, traditional architectural elements such as double-pitched roofs with overhanging eaves, and local materials – stone and wood. However, it would be incorrect to ascribe this use of materials and elements of traditional local architecture to so-called regionalism, when it was, in fact, a true, authentic display of modernism aligned with the demands of the location, the construction programme, and the budget.[41]

Rikard Marasović's designs for hotels in Plitvički Ljeskovac and on Velika poljana fit this approach.[42] What makes the hotel in Ljeskovac unique is the transformation of the rectangular volume of the building into a sequence of "cells", hotel units as basic, spatially legible structural unit.[43] At the time, he also designed and completed a building that embodied this approach, the first major project in Plitvice, the residency of the Presidium of the Government of the People's Republic of Croatia and President Tito, the *Vila Izvor* (1948–1953), in collaboration with Zvonimir Marohnić, who was in charge of the interiors and furnishings.[44] The villa is an exclusive hotel, with an elaborately dimensioned entrance

in Sarajevo (1947), the building of the Ministry of Industry and a variant of the regulation plan of the Pioneers' City in Zagreb (1948) (AF-ZG-RM: Biography of Rikard Marasović up to 1947).

40 For more information on the development of the Plitvice Lakes after World War II, see: IVANUŠ 2021, 90-127.

41 Currently, the building is left to decay, just like the Children's Health Resort in Krvavica.

42 Studies for the hotel on Velika poljana were also prepared by Zoja Dumengjić, Marijan Haberle and Zdenko Strižić, while Marijan Haberle and Zdenko Strižić, with Vojislav Karlavaris, prepared studies for the hotel in Plitvički Ljeskovac. Marasović also participated in the competition for the design of the hotel on Velika poljana in 1953. For more information on the hotel, see: IVANUŠ 2021, 90-127.

43 STRIŽIĆ 1950, 3-24.

44 IVANUŠ 2021, 95-96.

Deficit projektanata s iskustvom u polju arhitekture javnih zgrada povod su Marasovićevu trajnom preseljenju u Zagreb. Tu projektira i nadzire gradnje u Zemaljskom građevnom projektnom zavodu NR Hrvatske, od svibnja ili lipnja 1947. do svibnja 1948. godine, a potom radi za Predsjedništvo vlade NR Hrvatske od svibnja 1948. do veljače 1950. godine.[39] Marasović je zaokupljen planiranjem i izgradnjom Brijuna (1948./1949.) te Plitvičkih jezera. Planiranje i izgradnja uslijedili su po donošenju Zakona o zaštiti spomenika kulture i prirodnih rijetkosti Federativne Jugoslavije 1946. godine. Zadaća je bila stvoriti optimalne uvjete za razvoj turizma što neinvanzivnijim sustavom infrastrukture i koncentriranom paviljonskom izgradnjom malog mjerila. Regionalnu osnovu Plitvičkih jezera izradio je Zdenko Strižić, dok plejada vodećih hrvatskih arhitekata pedesetih godina, Zoja Dumengjić, Marijan Haberle, Mladen Kauzlarić, Božica i Kazimir Ostrogović, Ivan Vitić, projektira različite tipove smještajnih i društvenih objekata – hotele, stambene paviljone, restorane, kasino.[40] Svi se bez iznimke rukovode kriterijem maksimalnog uklapanja u ambijent što se ostvaruje niskim razvedenim volumenima, poštivanjem tradicionalnih arhitektonskih elemenata poput dvostrešnih krovova s prepuštenim strehama te ekonomično koriste dostupne, lokalne materijale – kamen i drvo. Ovu primjenu materijala i elemenata lokalne tradicionalne arhitekture pogrešno bi bilo podvesti pod tzv. regionalizam. Riječ je o iskonskom, nepatvorenom modernizmu ukotvljenom u stvarnost – lokalne resurse, program i budžet.[41]

Rikard Marasović projektira hotele u Plitvičkom Ljeskovcu i na Velikoj poljani koji se uklapaju u ovaj *procede*.[42] Ono što hotel u Ljeskovcu čini različitim je razbijanje linearnih volumena s potezima prozora i balkona uvođenjem „ćelija“, hotelskih jedinica kao osnovne, u prostoru čitljive strukturne jedinice.[43] Na Plitvicama u suradnji sa Zvonimirom Marohnićem, angažiranim na interijeru i opremanju, realizira i prvu kapitalnu gradnju, rezidenciju Predsjedništva vlade NR Hrvatske i predsjednika Tita, Vilu Izvor (1948. – 1953.) koja je materijalizacija

39 Projektira zgrade tipskih škola (1947.), Tehnikum s internatom u Sarajevu (1947.), zgradu Ministarstva industrije i varijantu regulacije Pionirskog grada u Zagrebu (1948.). (GF-OAF-RM: Biografija Rikarda Marasovića do 1947.).

40 Više o izgradnji Plitvičkih jezera nakon Drugog svjetskog rata u: IVANUŠ 2021, 90-127.

41 Zgrada je danas prepuštena propadanju, baš kao i Dječje lječilište u Krvavici.

42 Studije hotela na Velikoj poljani izradili su i Zoja Dumengjić, Marijan Haberle i Zdenko Strižić, a hotela u Plitvičkom Ljeskovcu Marijan Haberle te Zdenko Strižić s Vojislavom Karlavarisom. Marasović sudjeluje i na natječaju za hotel na Velikoj poljani 1953. Više o hotelu u: IVANUŠ 2021, 90-127.

43 STRIŽIĆ 1950, 3-24.

Studije arhitekta ing. Rikarda Marasovića za hotel u Ljeskovcu najviše usklađuje heterogenost zahtjeva; naime pogled na jezero — što znači otvaranje prema sjeveru — i orijentiranje prostorija prema sunčanom sektoru. — Kod rješenja društvenih prostorija provađa se ovo načelo više ili manje radikalno kod svih prijedloga za ovaj hotel. Kod izvedbenog projekta društveni je dio najmanje povezan s južnom stranom, dok je kod ove studije veze s osunčanim južnim terasama osobito istaknuta. Isto načelo provađa projektant i kod stambenog dijela, uvrštavanjem stepeništa za svake dvije stambene jedinice. Tako postizava dvostranu orijentaciju ali samo na katu zgrade prilagođuje se stambeno krilo terenu, a time se razbija i duljina krila, što je kod sitnog mjerila ove sredine od važnosti.

Šteta da sve kvalitete ovoga prijedloga nisu mogle predobiti investitora.

10

Hotel Ljeskovac, arhitekt ing. Rikard Marasović • Hôtel de Ljeskovac par l'architecte ing. Rikard Marasović

Pitanje hotela

Spomenutom zahtjevu odgovara prijedlog arhitekta Rikarda Marasovića (19). Velike zahtjeve koje se je postavilo, projektant nastoji uskladiti s potrebom da se zgrada ne ističe suviše nametljivo. Visoki dio zgrade postavlja okomito prema jezeru, a ispred ovoga dijela stavlja niže društvene prostorije. Na ovaj način vješto razbija velike mase građevine. Projekt se ističe skladnim oblicima i sretnim izborom materijala, pomoću kojih se nastoji prilagoditi sredini. Kod smještaja pokazuje vrlo pozitivnu tendenciju, da se odmakne od onog toliko izloženog mjesta i pomiče se prema sjeveru, gdje se može dublje uvući u šumu. Unatoč mnogih vrlina projekt ne može zadovoljiti, jer je prevelik. Poprečni položaj jednog krila zgrade ne može spriječiti da drugo krilo, koje je usporedo s jezerom, ne bude oko 100 metara dugačko. Ukratko, hotel je više nego dva puta prevelik.

Pod impresijom ovog projekta, koji pokazuje što se zapravo očekuje od izgradnje na Plitvicama, nastao je još jedan prijedlog, zapravo jedna studija (20). Ovom studijom se je htjelo ispitati do koje mjere se mora reducirati program hotela, da na ovom položaju još bude prihvatljiv. Studija u kojoj se predviđalo 50 soba, daje negativan odgovor, naime da program treba reducirati još znatno dalje. Može se reći da je prvi zaključak Komiteta ipak jedino ispravan. Na ovom položaju neka se gradi prizemna zgrada kasina.

19

Prijedlog za hotel na Velikoj Poljani, arh. ing. Rikard Marasović.
Projet pour l'hôtel à Velika Poljana. Architecte: ing. Rikard Marasović.

Hotel Ljeskovac na Plitvicama, idejni projekt, 1950. (STRIŽIĆ 1950, 10).

Hotel Ljeskovac in Plitvice, conceptual design, 1950. (STRIŽIĆ 1950, 10).

Hotel Velika Poljana na Plitvicama, idejni projekt, 1950. (STRIŽIĆ 1950, 18).

Hotel Velika Poljana in Plitvice, conceptual design, 1950. (STRIŽIĆ 1950, 18).

Vila Izvor
secretcroatia.blog

Villa Izvor
secretcroatia.blog

and social areas, such as cinema halls and reading, discussion, and conference rooms. It was commissioned by the Presidium of the Government of the People's Republic of Croatia.[45]

Irrespective of his employment, as of 1947, Marasović continued to participate in competitions for various public buildings, including those of the federal and republican authorities of Socialist Yugoslavia – the building of the Central Committee of the Communist Party of Yugoslavia and the hotel in New Belgrade (1947), the great stadium in Belgrade and the building of the People's Committee in Ljubljana (both projects were co-authored with Aljoša Žanko in 1948), the Army Museum in Belgrade (with Marin Bučić and Miro Marasović, 1949), and the building of the Ministry of Industry in Zagreb (1949).[46] The competitions for the buildings of the new Socialist government had mobilised the entire architectural milieu, all of which felt compelled to participate. Marasović's competition designs of the committee and museum buildings are fundamentally different, which reveals his potential for an open-minded and individualised approach to each design. The first of the two buildings is very traditional in terms of the plan, that is, the spatial organisation and positioning of the entrance, but has a rather interesting cross-section. On the other hand, the composition and the form of the second building could be described as a textbook example of High modernism. The museum is atrium building boasting varied and elaborately dimensioned exhibition halls and communications, as well as an asymmetrically positioned main entrance.[47]

45 Other projects included the Ministry of Industry (1949) and the study for the location of the building of the Presidium of the Government of the People's Republic of Croatia (1950), both in Zagreb, and the reconstruction, interior design and furnishing of the representative buildings of the Presidium of the Government of Macedonia in Skopje (1950) (AF-ZG-RM: Biography of Rikard Marasović up to 1950).

46 He also participated in competitions for the Yugoslavian Pavillion in İzmir, Turkey (1948), the Maritime Technical School in Dubrovnik (1949) and the indoor swimming pool in Rijeka (1950). In Belgrade in 1947, competitions were launched for the Olympic stadium in Banjica and the small stadium. (MKM-RH-RM: Biography of Rikard Marasović up to 1950; ANONYMOUS AUTHOR 1947; ANONYMOUS AUTHOR 1947-1948a; ANONYMOUS AUTHOR 1947-1948b; GRABRIJAN 1948; OSTROGOVIĆ 1950).

47 The available plans are insufficient for a more detailed analysis.

ovog pristupa.[44] Vila pripada tipu ekskluzivnog hotelskog smještaja s bogato dimenzioniranim ulaznim dijelom i društvenim prostorijama poput dvorana za kino projekcije, čitanje, razgovore i sastanke.[45]

Neovisno o zaposlenju Marasović od 1947. nastavlja sudjelovati na natječajima za različite javne zgrade među kojima su i one federalnih i republičkih vlasti socijalističke Jugoslavije – Centralnog komiteta Komunističke partije Jugoslavije i hotela u Novom Beogradu (1947.), velikog stadiona u Beogradu i Narodne skupštine u Ljubljani (oba projekta s Aljošom Žankom, 1948.) te Vojnog muzeja u Beogradu (s Marinom Bučićem i Mirom Marasovićem, 1949.) i Ministarstva industrije u Zagrebu (1949.).[46] Natječaji za zgrade nove socijalističke vlasti mobilizirali su cjelokupnu arhitektonsku scenu koja se osjećala pozvanom i obveznom sudjelovati. Marasovićevi projekti zgrada skupštine i muzeja su bitno različiti što pokazuje njegov potencijal da otvoreno razmišlja i svakome projektu pristupa na individualan način. Prva je vrlo klasična u osnovi – prostornoj organizaciji i pozicioniranju ulaza, ali zanimljiva u presjeku, dok je druga kompozicijom i oblikovanjem gotovo školski primjer visokog modernizma, atrijske zgrade muzeja s raznovrsnim i bogato dimenzioniranim unutrašnjim prostorima i komunikacijama te asimetrično postavljenim glavnim ulazom.[47]

44 IVANUŠ 2021, 95-96.

45 Ostali projekti su Ministarstvo industrije (1949.) i studija lokacije zgrade Predsjedništva vlade NR Hrvatske (1950.), oba u Zagrebu, te adaptacija i oprema reprezentativnih objekata Predsjedništva vlade Makedonije u Skoplju (1950.). (GF-OAF-RM: Biografija Rikarda Marasovića do 1950.).

46 Sudjeluje na natječajima za paviljon Jugoslavije u Smirni, Turska (1948.), Pomorski tehnikum u Dubrovniku (1949.) i zatvoreno plivalište u Rijeci (1950.). U Beogradu su 1947. održani natječaji za olimpijski stadion na Banjici i mali stadion. (MKM-RH-RM: Biografija Rikarda Marasovića do 1950.; ANONIM 1947; ANONIM 1947./1948.a; ANONIM 1947./1948.b; GRABRIJAN 1948; OSTROGOVIĆ 1950).

47 Poznati nacrti nisu dostatni za dublju analizu.

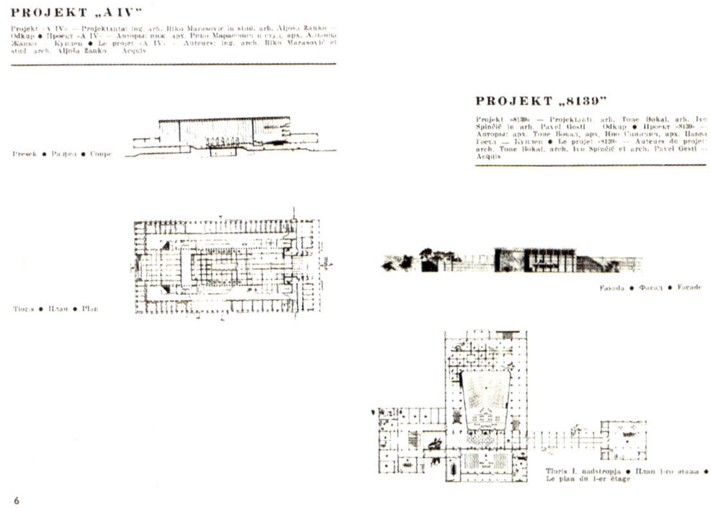

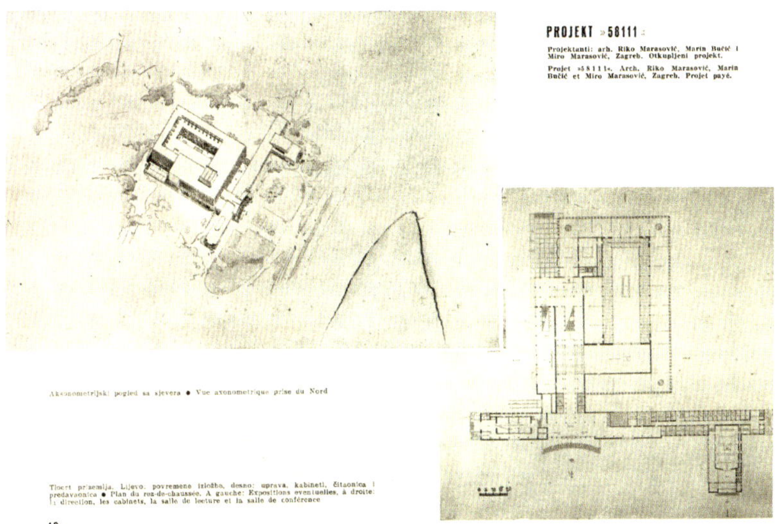

Skupština Narodne Republike Slovenije u Ljubljani, natječajni projekt, 1948, Rikard Marasović i Aljoša Žanko. (GRABRIJAN 1948, 6).

Vojni muzej u Beogradu (UHA / Arhitektura) R. Marasović, M. Bučić i M. Marasović, Muzej, natječajni projekt, motto „58111" Kazimir Ostrogović, Povodom natječaja za vojni muzej u Beogradu, Arhitektura 4, br. 3-4 (1950.), 3-19, 18

Assembly of the People's Republic of Slovenia in Ljubljana, competition project, 1948, Rikard Marasović and Aljoša Žanko. (GRABRIJAN 1948, 6).

Military Museum in Belgrade (UHA / Arhitektura) R. Marasović, M. Bučić and M. Marasović, Museum, competition project, motto "58111" Kazimir Ostrogović, On the occasion of the competition for the military museum in Belgrade, Arhitektura 4, no. 3-4 (1950), 3-19, 18

ARHITEKTONSKI ODSJEK TEHNIČKOG FAKULTETA I PROJEKTANTSKO I STRUKOVNO DJELOVANJE 1950-IH GODINA

Prva polovina pedesetih godina 20. stoljeća propulzivno je razdoblje na zagrebačkoj, ali i republičkoj i federalnoj arhitektonskoj sceni u kojem se bitno redefinira zadaća i uloga struke u društvu u čemu je Rikard Marasović aktivno participirao. Postignuti rezultati prvog petogodišnjeg razdoblja (1945. - 1950.) predstavljeni su 1949. izložbom građevinarstva na Zagrebačkom velesajmu. Izložba je kroz „vanredno impresivan presjek kroz građevnu djelatnost na cijelom području FNR Jugoslavije", pokazala doprinos građevinarstva „izgradnji i razvitku cjelokupnog života i naroda države ne ulazeći u „formalno likovnu stranu našeg graditeljstva."[48] Ostvareno je bilo i tema Prvog savjetovanja arhitekata i urbanista FNRJ u Dubrovniku u studenome 1950. godine u cilju definiranja smjernica za daljnji strukovni rad.[49]

Marasović je u Dubrovniku, s Nevenom Šegvićem i Miloradom Macurom, član Redakcione komisije Savjetovanja. Nakon teškog razdoblja obilježenog velikim žrtvama, arhitekti počinju tražiti svoje mjesto u novom samoupravnom društvu, oslobađanje od diktata normiranog projektiranja i kreativnu slobodu unutar zadanih, skromnih materijalnih prilika. Emancipiraju se od ostalih inženjerskih profesija osnivanjem vlastitog strukovnog udruženja - Društva arhitekata Hrvatske (DAH). Shvaćanje arhitekture je stalno, latentno podvojeno, u procjepu između društvenog poziva arhitekta - planera i „proizvođača" prostora potrebnih za provođenje trajnog procesa modernizacije svih segmenata društva (industrija, stanovanje, obrazovanje, zdravstvo, kultura, sport i rekreacija), ali i kreativnog pojedinca koji arhitekturu vidi i kao manifestaciju svog likovnog senzibiliteta, umjetničkog nerva. Tema repozicioniranja arhitekture u polje kulturne produkcije i sublimiranje njezinog programa u pojam sinteze, objedinjavanja svih likovnih umjetnosti unutar polja arhitekture, predmet je javnih rasprava, manifesta i adresa. Istovremeno 1951. počinje i decentralizacija arhitektonske produkcije koncentrirane u Zemaljskom građevno projektnom zavodu. On se transformira u Arhitektonski projektni zavod (APZ) i Plan, specijaliziran za industrijsku arhitekturu, te četiri prva manja arhitektonska biroa na čelu s glavnim projektantima, ujedno i direktorima - Kazimirom Ostrogovićem, Ivanom Vitićem, Marijanom Haberleom i Mirom Marasovićem.[50]

48 POTOČNJAK 1949, 49.
49 ANONIM 1950, 4-13; POTOČNJAK 1949, 48-50.
50 VENTURINI 1982, 33-35.

THE DEPARTMENT OF ARCHITECTURE OF THE TECHNICAL FACULTY AND ARCHITECTURAL AND PROFESSIONAL ACTIVITIES IN THE 1950S

The first half of the 1950s was a dynamic period for Zagreb's, but also republican and federal architectural circles. This period was marked by public discussions on the essence of the architect's duty and role within a society. Rikard Marasović was its active participant. The results achieved in the first five-year period (1945-1950) were presented at the 1949 exhibition of Ministry of Construction at the Zagreb Fair. Featuring "an extraordinary display of the activity of civil engineering, architecture, urban planning, and construction materials industry on the entire territory of the FNRY", the exhibition showed the contribution of architects and civil engineers "to the building and development of the life and peoples of our country, without touching upon the formal, artistic aspect of its architecture and civil engineering".[48] The results were also analyzed at the first symposium of architects and urban planners of the FNRY held in Dubrovnik, for the purpose of defining the guidelines for future professional activities.[49]

Alongside Neven Šegvić and Milorad Macura, Marasović was a member of the Editorial Board in Dubrovnik. After a difficult period marked by big sacrifices, the architects began seeking their place in the new self-managing society, as well as liberation from the dictates of standardised design and limited creative liberty within the circumstances of material scarcity. They emancipated themselves from the professional association of engineers by founding their own – the Croatian Architects' Association (CAA). The architecture theory and practice was in constant tension between the social responsibility of an architect, as the planner and *producer* of the spaces required for the ongoing massive society modernisation (the industry, housing, education, healthcare, culture, sports, and recreation), and the architect as a creative individual, who also sees architecture as an expression of its own artistic affinity. The repositioning of architecture in the field of cultural production and the sublimation of its programme into a concept of synthesis, the gathering of all visual arts within the field of architecture, is the topic of manifestos, and addresses. Simultaneously, in 1951, architectural production, which had been concentrated in the State Construction and Design Institute, entered into a process of decentralisation. The Institute was transformed into the Architectural Design Institute (ADI), and Plan (specialized in industrial architecture). Also the first four small architectural offices headed by the former heads of Institute's

48 POTOČNJAK 1949, 49.
49 ANONYMOUS AUTHOR 1950, 4-13; POTOČNJAK 1949, 48-50.

Decentralizacija je dio društvenih promjena iniciranih uvođenjem samoupravnog socijalizma, ujedno i njegov dugoročan cilj.

U ovom preslagivanju Rikard Marasović vidi urbanizam kao glavno polje svoga profesionalnog rada. U ljetnom semestru 1949. započinje suradnju s Katedrom za urbanizam Arhitektonskog odsjeka zagrebačkog Tehničkog fakulteta u statusu honorarnog službenika.[51] Na katedri rade Marasovićevi poznanici s urbanističkog seminara ZAVNOH-a u Šibeniku, Josip Seissel i Drago Boltar koji ga je i preporučio za radno mjesto.[52] Od 1950. do 1955. godine Marasović je „predavač prosvjetno-naučne svrhe" za predmete Urbanizam (I-III.), Uređenje i projektiranje naselja (I-III.). Uvaženi stručnjak i poliglot, Marasović je član Komisije za regionalno planiranje Izvršnog vijeća Sabora NR Hrvatske od 1951. i delegat Jugoslavije na međunarodnim, za državu važnim, političkim i strukovnim događanjima.[53] Naime, Marasović predstavlja Jugoslaviju na Drugom kongresu Međunarodnog udruženja arhitekata (UIA) u Rabatu u Maroku 1951. godine. Učlanjenje i sudjelovanje Jugoslavije na kongresu bilo je predmet međunarodnog spora između istočnog i zapadnog bloka, SSSR-a i Poljske s jedne, i SAD-a i Velike Britanije s druge strane. Zbog prijema Jugoslavije, poljski arhitekti dirigirani iz Moskve, otkazali su kongres prvotno planiran u Varšavi.[54]

Poput većine kolega na Tehničkom fakultetu i Marasović sudjeluje na arhitektonskim i urbanističkim natječajima.[55] Pozvan je na urbanističko-arhitektonski natječaj za regulaciju obale u Šibeniku na kojem se okušao u konkurenciji s Boltarom, Ostrogovićem, Vitićem i Božidarom Rašicom (1953.).[56] Sudjeluje i na

51 Na Tehničkom fakultetu je stalno namješten od 1. ožujka 1950. Radi s oko 200 studenata. (GF-OAF-RM: Rješenja Komiteta za naučne ustanove, sveučilišta i visoke škole, 26. 2. 1949. i 24. 2. 1950.)

52 Marasović je bio jedini kandidat. Za prijavu na natječaj trebao je ishoditi suglasnost Predsjedništva vlade NR Hrvatske (GF-OAF-RM: Suglasnost Predsjedništva vlade NR Hrvatske, 23. 6. 1949.; Tehnički fakultet u Zagrebu Josipu Seisselu i Draganu Boltaru, 11. 10. 1949.)

53 Marasović je govorio talijanski, razumio francuski i njemački, a služio se engleskim, češkim i ruskim. (MKM-RH-RM: Rikard Marasović, predavač na paraleli za urbanizam. Biografija do 1950.).

54 O kongresu i na njemu predstavljenoj izložbi arhitekture i urbanizma Jugoslavije Rikard Marasović je održao dva predavanja u Društvu arhitekata Hrvatske. (HANÁČKOVÁ 2019, 450; V. K. 1952, 49).

55 S Boltarom i Seisselom na fakultetu rade 1950-ih zaposlenici djelatni i prije Drugog svjetskog rata, Alfred Albini, Juraj Denzler, Mladen Kauzlarić i Zvonimir Vrkljan, te nakon rata pridošli Drago Galić, Bruno Milić, Andre Mohorovičić, Zdenko Strižić, Neven Šegvić i Vladimir Turina.

56 Marasović je 1955. bio pozvan i na natječaj za idejni urbanistički plan povijesnog dijela Zadra s Urbanističkim zavodom grada Zagreba, Urbanističkim biroom Splita, Projektnim poduzećem Donat iz Zadra, Arhitektonskim biroom Rašica iz Zagreba te Brunom Milićem. Prema Marasovićevu

design teams – Kazimir Ostrogović, Ivan Vitić, Marijan Haberle and Miro Marasović, were founded.[50] Decentralisation was part of the social changes initiated by the introduction of self-management socialism, as well as the latter's long-term goal.

In this reconfiguration, Rikard Marasović saw urban planning as the main field of his professional activity. In the summer semester of 1949, he began collaborating with the Chair of Urbanism of the Department of Architecture of the Zagreb Technical Faculty, as a part-time employee.[51] The chair employed Marasović's acquaintances from the ZAVNOH urban planning seminar in Šibenik, Josip Seissel and Drago Boltar, the latter having, in fact, recommended Marasović for the position.[52] As a "lecturer, educator and researcher", Marasović taught the Urbanism (I-III) and Urban design and planning of housing estate developments (I-III) courses from 1950 to 1955. As a renowned expert and polyglot, Marasović was a member of the Committee for Regional Planning of the Executive Council of the Parliament of the People's Republic of Croatia from 1951, and Yugoslavia's delegate at international political and professional events of significance for the Federation.[53] Namely, Marasović represented Yugoslavia at the Second Congress of the International Union of Architects (UIA) in Rabat, Morocco in 1951. The joining and participation of Yugoslavia at the congress was a matter of international dispute between the Eastern and the Western bloc, i.e. the USSR and Poland on the one side, and the United States and Great Britain on the other. The joining of Yugoslavia had prompted the Polish architects, instructed by the USSR, to cancel the original congress venue, which had been Warsaw.[54]

Like most of his colleagues from the Technical Faculty, Marasović also participated in architectural and urban-planning competitions.[55] He was invited to

50 VENTURINI 1982, 33-35.

51 He gained tenure at the Technical Faculty on the 1st of March 1950 and taught approximately 200 students. AF-ZG-RM: Decisions of the Committee for Scientific Institutions, Universities and Colleges, February 26th 1949 and February 24th 1950).

52 Marasović had been the only candidate. The application for the position required the approval of the Presidium of the Government of the People's Republic of Croatia. (AF-ZG-RM: Approval of the Presidium of the Government of the People's Republic of Croatia, June 23rd 1949; Technical Faculty in Zagreb, issued to Josip Seissel and Dragan Boltar, October 11th 1949).

53 Marasović spoke Italian, understood French and German, and had a knowledge of English, Czech and Russian. (MKM-RH-RM: Rikard Marasović, lecturer at the parallel study of urban planning, Biography up to 1950).

54 Marasović held two lectures at the Croatian Architects' Association on the subject of the Congress of Architecture and Urban Planning in Yugoslavia and its accompanying exhibition (HANÁČKOVÁ 2019, 450; V. K. 1952, 49).

55 The faculty members employed before World War II were Alfred Albini, Juraj Denzler, Mladen Kauzlarić and Zvonimir Vrkljan. Along with Boltar

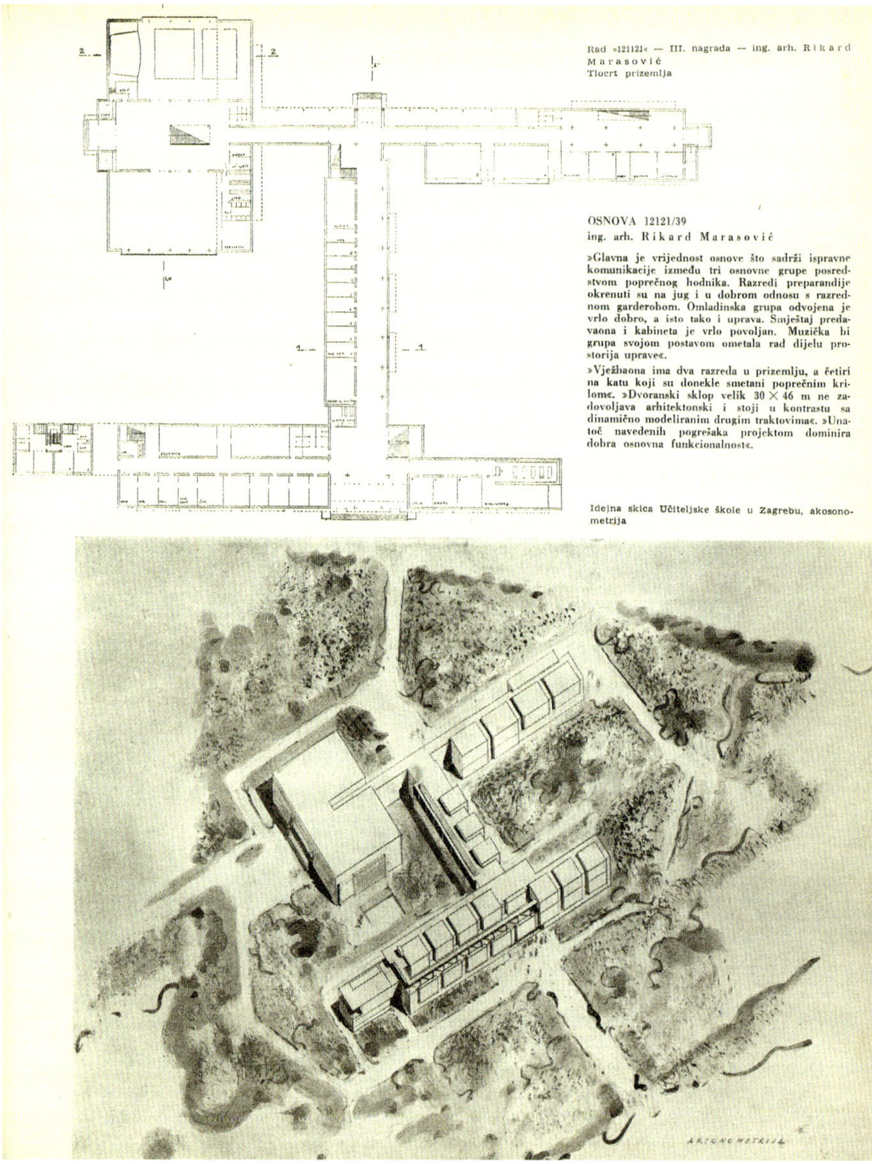

Rad »121121« — III. nagrada — ing. arh. Rikard Marasović
Tlocrt prizemlja

OSNOVA 12121/39
ing. arh. Rikard Marasović

»Glavna je vrijednost osnove što sadrži ispravne komunikacije između tri osnovne grupe posredstvom poprečnog hodnika. Razredi preparandije okrenuti su na jug i u dobrom odnosu s razrednom garderobom. Omladinska grupa odvojena je vrlo dobro, a isto tako i uprava. Smještaj predavaona i kabineta je vrlo povoljan. Muzička bi grupa svojom postavom ometala rad dijelu prostorija uprave«.

»Vježbaona ima dva razreda u prizemlju, a četiri na katu koji su donekle smetani poprečnim krilom«. »Dvoranski sklop velik 30 × 46 m ne zadovoljava arhitektonski i stoji u kontrastu sa dinamično modeliranim drugim traktovima«. »Unatoč navedenih pogrešaka projektom dominira dobra osnovna funkcionalnost«.

Idejna skica Učiteljske škole u Zagrebu, akosonometrija

Učiteljska škola, Zagreb
(UHA / Arhitektura)
Rikard Marasović, natječajni projekt, motto 121121 (n-III/1)
Z., Uz natječaj za učiteljsku školu u Zagrebu, Arhitektura, 4 (1953), 4-11, 5

Teachers' School, Zagreb
(UHA / Arhitektura)
Rikard Marasović, competition project, motto 121121 (n-III/1)
Z., following the competition for a teachers' school in Zagreb, Arhitektura, 4 (1953), 4-11, 5

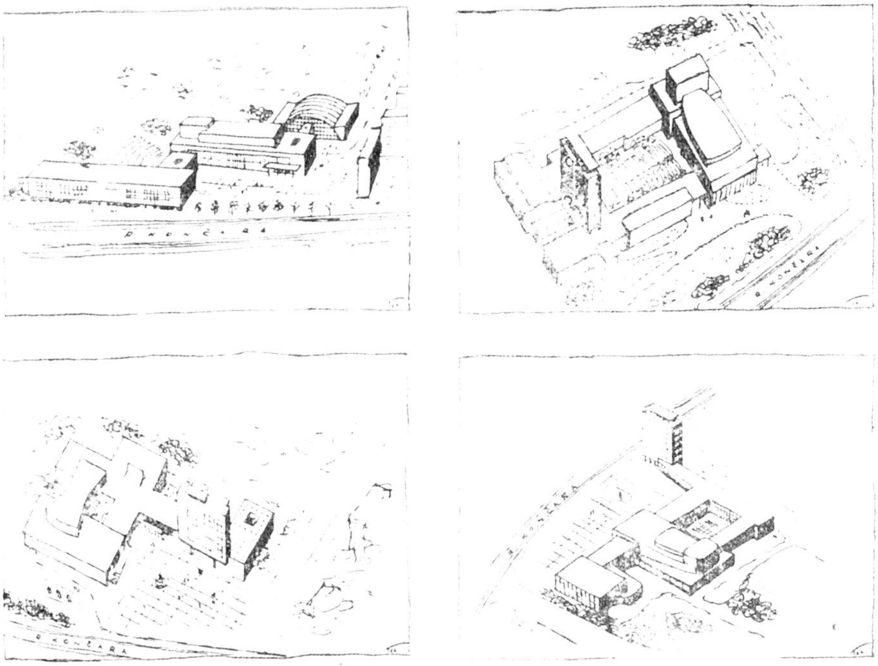

Dom kulture na Trešnjevki
R. Č., Čovjek i prostor,
UHA, 7 (1954.), 3;
Kazimir Ostrogović (gore lijevo),
Riko Marasović (dole lijevo);
Ivo Geršić (gore desno);
Lavoslav Horvat (dole desno)

Cultural Center in Trešnjevka
R. Č., Čovjek i prostor,
UHA, 7 (1954), 3;
Kazimir Ostrogović (top left),
Riko Marasović (bottom left);
Ivo Geršić (top right);
Lavoslav Horvat (bottom right)

participate in an urban planning and architectural competition for the regulation of the seaside in Šibenik, and ended up competing against Boltar, Ostrogović, Vitić, and Božidar Rašica (1953).[56] He also participated in a number of competitions for projects in Zagreb, e.g. for the Teachers' Academy (1952, 3rd prize), the Cultural Center in Trešnjevka (1954), the commercial and residential skyscraper at Ilica 1A (1955), the Workers' University (1956, out-of-competition honorarium)

and Seissel, Drago Galić, Bruno Milić, Andre Mohorovičić, Zdenko Strižić, Neven Šegvić and Vladimir Turina, were employed after the War.

56 In 1955, Marasović was also invited to participate in the competition for the conceptual urban plan for the historical part of Zadar, along with the Urban Planning Institute of the City of Zagreb, the Urban Planning Institute of Split, the Donat Design Company from Zadar, the Rašica Architectural Office from Zagreb and Bruno Milić. The reconstruction of the *Zagreb* hotel in Zadar was carried our according to Marasović's design. Marasović's design was realised through the Arhitekt Construction and Design Cooperative. (ANONYMOUS AUTHOR 1961, 40-48; DENZLER 1953, 4-20; MLIKOTA 2021, 348).

BOLNICA KLINIČKOG TIPA U BEOGRADU

Projektant: arh. *Riko MARASOVIĆ*

1

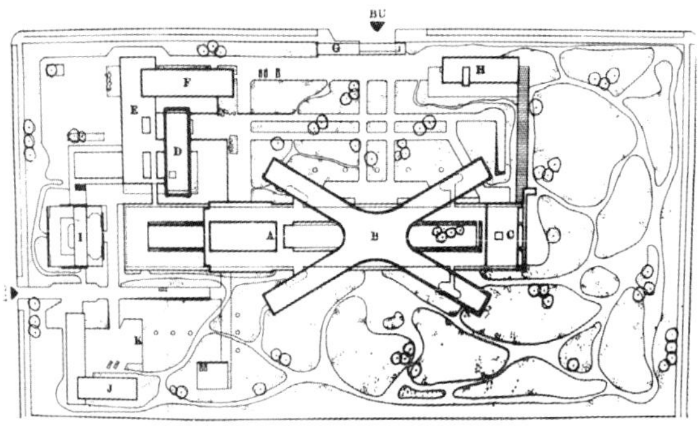

2

1 Perspektiva
2 Situacija kompleksa
3 Osnova VI sprata

1 Perspective
2 Plan de masse
3 Plan du VIème étage

1 View
2 The layout of the site
3 Sixth floor plan

3

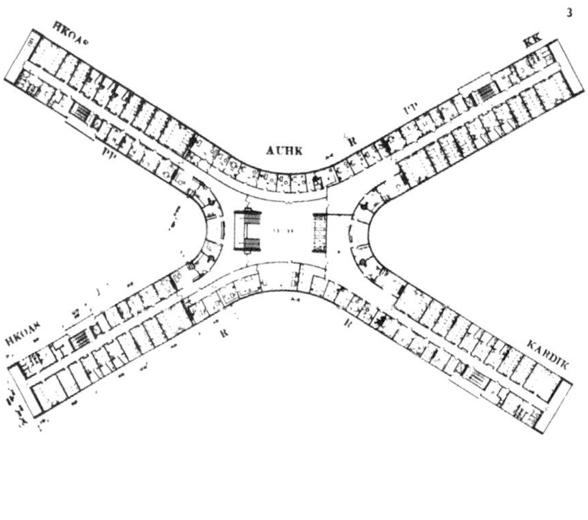

Jedan od većih predviđenih poduhvata na polju izgradnje zdravstvenih objekata je svakako ovde prikazana bolnica u Beogradu.

Karakteristika ove bolnice je da u sebi sadrži, odnosno spaja, četiri delatnosti koje su, kako u sadržinama tako i u organizacionom pogledu, među sobom tesno povezane i predstavljaju u stvari jednu čvrstu celinu.

Te četiri delatnosti su:

— poliklinički kabineti svih specijalnosti (za spoljne pacijente) sa stanicom za hitnu pomoć;

— klinike svih specijalnosti za ležeće bolesnike (bolnica u užem smislu);

— instituti (laboratorije) za naučno-istraživački rad;

— škole (sa internatima) za medicinsko i bolničko osoblje;

Da su sve četiri delatnosti stvarno među sobom tesno vezane dokazuje nekoliko sledećih primera: niz odeljenja odnosno radnih prostorija namenjeno je i polikliničkim i kliničkim pacijentima kao, na primer, fizikalna terapija, radiološko odeljenje sa radioterapijom, centralna laboratorija za rutinske i specijalne analize, stomatološko odeljenje i sl. Pojedine laboratorije ili čak čitava odeljenja u institutima za naučno-istraživački rad rade sa materijalom uzetim od kliničkih pa i polikliničkih pacijenata, odnosno te laboratorije doprinose često neposredno utvrđivanju dijagnoza i principa lečenja, na primer, patofiziološki institut, toksikološki institut, itd

Zbog vanredne složenosti i obimnosti toga zadatka, raspisan je 1958. godine javni konkurs za idejni projekat.

Konkurs je doneo investitoru veliki broj vrlo interesantnih mogućnosti za rešenje tog problema, ali je pokazao i neke slabe strane takvog postavljanja zadatka.

Za dalju razradu izabrano je idejno rešenje arh. Rike Marasovića iz Zagreba, jer je ono bilo najradikalnije u pogledu rušenja i rekonstrukcije postojećih objekata, ali koje je time obezbedilo najviše slobodnog prostora za ozeljenjavanje i omogućilo najbolje i najčistije funkcionalne veze.

U arhitektonski vrlo lepo oblikovanim i usklađenim masama jasno se izražavaju četiri funkcije o kojima je napred bilo reči. U dugačkom niskom traktu nalaze se poliklinički kabineti, stanica za hitnu pomoć, prijemno odeljenje i sva ostala zajednička odeljenja. U visokom korpusu u vidu slova X nalaze se sva klinička odeljenja sa svojim bolesničkim jedinicama, dok su svi instituti sa svojim laboratorijama i ostalim radnim prostorijama smešteni u visokom objektu — soliteru. U nižim razuđenim aneksima i delimično rekonstruisanim postojećim objektima nalaze se škole, internati, administrativna odeljenja, pomoćni — ekonomski pogoni, amfiteatar i sl.

U daljoj razradi tog konkursnog rešenja, koja je u toku, dolazi naravno do izvesnih izmena i dopuna, ali se osnovna koncepcija celog kompleksa, s obzirom da je ona skoro u potpunosti zadovoljila želje investitora i korisnika, neće ništa promeniti.

Po propozicijama i analizama, za celokupno projektovanje i izgradnju tog velikog zdravstvenog objekta biće potrebno oko 10 godina, što znači da se mogao predati upotrebi 1969, ili 1970. godine.

Bolnica kliničkog tipa u Beogradu,
Arhitektura - urbanizam,
8-9 (1961.), 48

Clinical hospital in Belgrade
Arhitektura - urbanizam,
8-9 (1961.), 48

and the urban planning and architectural design for the city center – Frankopanska—western part of the Green Horseshoe—Mihanovićeva— Gundulićeva—Ilica (1958).[57] For Belgrade, he designed a skyscraper housing a clinical hospital with wards for all specialties, outpatient clinics, scientific and research institutes, and boarding schools for medical and hospital personnel (1958).[58] Marasović's designs, which have been preserved only as fragments, reveal a disciplined architect who designed buildings with a rational and well-organized layout, which stood for cost-effectiveness. At the same time, seeing buildings through the lens of the environment and tectonics, he, in fact, shaped new city urban spaces and landmarks. Marasović is very considerate and economical in the use of space, which is optimal in his case, creating a balance between the building and its external open spaces. In cities, he preferred atriums buildings and skyscrapers. The skyscrapers of the Cultural Centre and clinical hospital served as iconic landmarks, visible symbols within the urban fabric of Zagreb and Belgrade.

The year 1955 was crucial not only for Zagreb's architectural milieu, but also for Marasović personally. The work of the Arhitekt Cooperative gave rise to a major conflict, which, at one point, even appeared to be leading to a schism within the Croatian Architects' Association. Approximately 180 architects of different employment statuses used the cooperative, including the employees of the Technical Faculty and architectural offices, as well as the latter's directors, to independently design family houses, interiors and exhibition areas for fairs.[59] When the members of the Cooperative moved away from small-scale design assignments and started taking on bigger projects such as apartment buildings, nine directors of architectural offices publicly petitioned for the dissolution of the Cooperative on the grounds of unfair competition.[60] In turn, the members of the

57 ANONYMOUS AUTHOR 1955, 8; ANONYMOUS AUTHOR 1956, 61; ANONYMOUS AUTHOR 1959, 4-6; R. Č. 1954, 3; Z. 1953, 4-11.

58 Pursuant to the competition, Marasović was entrusted with developing the preliminary design (Marasović 1961, 48).

59 In 1956, Marasović was included on the List of Authorised Architects for Architectural Design of the Secretariat for Construction, Urban Planning and Municipal Services of the Executive Council of the People's Republic of Croatia (under no. 824) (MKM-RH-RM: Certificate of the Secretariat for Construction, Urban Planning and Municipal Services of the Executive Council of the People's Republic of Croatia, October 19th 1956).

60 Along with the signatories of the "open letter", Nikola Galić, Stjepan Gomboš, Marijan Haberle, Mihovil Katanec, Veljko Kauzlarić, Zlatko Neumann, Slavko Novak, Kazimir Ostrogović and Božidar Tušek, their colleagues Antun Ulrich, Milan Delenardo, Branko Tučkorić and Ivo Bartolić withdrew from their membership in the Association: GALIĆ ET AL. 1955, 2-3; MANAGEMENT BOARD 1955, 1. For more information on the entire affair, see: ČAVLOVIĆ 2017, 288-305.

nizu zagrebačkih natječaja, za Učiteljsku školu (1952., III. nagrada), Dom kulture na Trešnjevci (1954.), poslovno-trgovački neboder u Ilici 1A (1955.), Radničko sveučilište (1956., otkup izvan natječaja) i urbanističko-arhitektonsko rješenje poteza Frankopanska, zapadni krak Zelene potkove, Mihanovićeva, Gundulićeva i Ilica (1958.).[57] Za Beograd projektira neboder - bolnicu kliničkog tipa s odjelima svih specijalizacija, poliklinikama za vanjske pacijente, institutima za znanstveno-istraživački rad i školama s internatima za medicinsko i bolničko osoblje (1958.).[58] Iz fragmentarno sačuvane projektne dokumentacije moguće je „iščitati" discipliniranog arhitekta koji projektira jasne, pregledne i dobro strukturirane, racionalne, funkcionalne i ekonomične zgrade. Istovremeno, zgrade sagledava kroz okruženje i tektoniku gradeći mikro eko-sustave. Marasović je vrlo obazriv i štedljiv s prostorom koji optimalno koristi stvarajući balans i prožimanje izgrađenog i neizgrađenog. U gradovima kreira homogene komplekse s atrijima i prepoznatljivim vertikalama, neboderima i javnim prostorima. Neboderi Doma kulture i bolnice kliničkog tipa su znakovi, orijentiri čitljivi u matrici i vizurama Zagreba i Beograda.

Za zagrebačku arhitektonsku scenu, ali i za Marasovića osobno, 1955. je bila ključna godina. Rad Zadruge Arhitekt bio je povod velikom sukobu koji je u jednom trenutku vodio i prema raskolu Društva arhitekata Hrvatske. Kroz zadrugu djeluje oko 180 arhitekata s različitim statusima, uključujući zaposlenike Tehničkog fakulteta i arhitektonskih biroa među kojima su i njihovi direktori.[59] Od sitnih projektantskih poslova, obiteljskih kuća, interijera i izložbenih prostora za sajamske manifestacije, članovi Zadruge počeli su preuzimati veće poslove poput višestambenih zgrada što je rezultiralo javnim zahtjevom devetorice direktora arhitektonskih biroa za ukidanjem Zadruge, zbog nelojalne konkurencije.[60] S druge strane, članovi Zadruge prozivaju direktore zbog

projektu je 1953. adaptiran hotel Zagreb u Zadru. Marasović je realizirao projekt preko zagrebačke Građevno projektne zadruge Arhitekt. (ANONIM 1961, 40-48; DENZLER 1953, 4 20; MLIKOTA 2021, 348).

57 ANONIM 1955, 8; ANONIM 1956, 61; ANONIM 1959, 4-6; R. Č. 1954,3; Z. 1953, 4-11).

58 Marasović je temeljem natječaja dobio razradu idejnog projekta. (MARASOVIĆ 1961).

59 Marasović je 1956. upisan u Spisak ovlaštenih projektanata za građevinsko projektiranje Sekretarijata za građevinarstvo, urbanizam i komunalne poslove Izvršnog vijeća NR Hrvatske (br. 824). (MKM-RH-RM: Potvrda Sekretarijata za građevinarstvo, urbanizam i komunalne poslove Izvršnog vijeća NR Hrvatske, 19. 10. 1956.).

60 S potpisnicima „otvorenog pisma", Nikola Galić, Stjepan Gomboš, Marijan Haberle, Mihovil Katanec, Veljko Kauzlarić, Zlatko Neumann, Slavko Novak, Kazimir Ostrogović i Božidar Tušek, iz Društva istupaju i Antun Ulrich, Milan Delenardo, Branko Tučkorić i Ivo Bartolić. (GALIĆ et al. 1955; UPRAVNI ODBOR 1955). O cijelom slučaju više u: ČAVLOVIĆ 2017., 288-305.

Cooperative publicly called out the directors for the practice of directly contracting projects for public buildings outside of democratic public bidding procedures. The conflict culminated when the mentioned nine architects, along with another thirty of their colleagues, mostly employees of the offices the former had headed, withdrew their membership in the Association. As a member of the Plenum of the Croatian Architects' Association, Marasović was involved in the process of reconciliation, in mitigating the situation that was detrimental to the profession, and in the discussion about the possible alternative models of professional work.[61] While Marasović appears to have remained neutral in the internal conflict of the Association, in the same period, as a result of his clash with the heads of the Department of Architecture of the Technical Faculty, namely with Zdenko Strižić, and Mladen Kauzlarić, he resigned from the Department, giving the following reason:

> "In my six-year service at this faculty, I have gained various experiences. My most valuable ones are also the latest. Through them, I have reached the following conclusion:
> I must not and cannot take part in the practices promoted by this department, which practices have, in fact, already taken root within it!
> Therefore, I hereby tender my resignation from the Department of Architecture of the Technical Faculty.
> Death to fascism, freedom to the people!"[62]

The reasons behind this clash, after which Strižić left Yugoslavia, are yet to be researched. The immediate cause was the matter of Marasović's status at the faculty after the adoption of the General Act on Universities.[63] Undoubtedly,

61 The other members of the plenum that discussed the matter were Vladimir Fula, Drago Ibler, Stjepan Planić, Božidar Rašica, Vjenceslav Richter, Šegvić and Turina. (CAA, Minutes of the Plenum of the CAA, 25th April 1955).

62 AF-ZG-RM: Resignation of Rikard Marasović, 31st January 1955.

63 Marasović raised the matter of the status of professors elected and appointed without habilitation, which was the case with himself, before the Council of the Technical Faculty, in January 1955. A newly-appointed committee consisting of Branko Borčić, Viktor Hahn and Mladen Kauzlarić, was to address the matter. It is likely that Marasović was not satisfied with their response, considering that he handed in his written resignation on January 31st 1955. This was followed by Marasović's meeting with Miroslav Karšulin, M. Kauzlarić and Z. Strižić. Strižić notified the Dean about problems with Marasović: "I wish to report to comrade Dean that I was forced to rule ing. Marasović out of order at the meeting of the Department of Architecture held on the 31st of March 1955, considering that the Department was prevented from carrying out its work by the constant attacks and accusations against the Head and other members of the Department." The Council of the Faculty accepted the resignation on 5th April 1955. (AF-ZG-RM: Rikard Marasović to the Council of the Technical Faculty, January 11th

izravnog ugovaranja projekata javnih zgrada mimo demokratske procedure javnoga natječaja. Sukob je kulminirao istupanjem spomenute devetorice i još tridesetak arhitekata, uglavnom iz njihovih biroa, iz Društva. Kao član Plenuma Društva arhitekata Hrvatske, Marasović je uključen u proces mirenja, sanaciju za struku štetne situacije i raspravu o mogućim alternativnim modelima profesionalnog rada.[61] Dok u slučaju sukoba unutar Društva Marasović, čini se, zauzima neutralan stav, istovremeno se osobno sukobljava s vodstvom Arhitektonskog odsjeka Tehničkog fakulteta, starješinom Zdenkom Strižićem i Mladenom Kauzlarićem i daje otkaz. Kao razlog navodi sljedeće:

> „Tokom šestogodišnje aktivnosti na ovom fakultetu sticao sam raznolikih iskustava. A do najznačajnijih sam došao u najnovijem razdoblju. I do zaključka:
> Ne smijem i ne mogu biti saučesnikom u ovakovom radu kakav se ovde pokušava provoditi i provodi!
> Stoga ovim otkazujem službu na arhitektonskom odsjeku tehničkog fakulteta.
> Smrt fašizmu – sloboda narodu!“[62]

Što je sve stajalo iza ovog sukoba nakon kojega je Strižić napustio Jugoslaviju treba tek istražiti. Izravan povod vjerojatno je bilo pitanje Marasovićeva statusa na fakultetu nakon donošenja Općeg zakona o sveučilištima.[63] Marasović nedvojbeno nije planirao otići s fakulteta. U prilog ovoj tvrdnji ide i „naučno i stručno“ usavršavanje na Urbanističkom institutu u Parizu početkom 1954. godine.[64]

61 Ostali članovi plenuma koji su o ovoj temi raspravljali su Vladimir Fula, Drago Ibler, Stjepan Planić, Božidar Rašica, Vjenceslav Richter, Šegvić i Turina. (UHA, Zapisnik Plenuma Društva arhitekata Hrvtske, 25. 4. 1955.).

62 GF-OAF-RM: Ostavka Rikarda Marasovića, 31. 1. 1955.

63 S pitanjem o statusa nastavnika izabranih i postavljenih bez habitacije, što je bio njegov slučaj, Marasović se obratio Vijeću Tehničkog fakulteta u siječnju 1955. Odgovoriti je trebala novoimenovana komisija u sastavu Branko Borčić, Viktor Hahn i Mladen Kauzlarić. Marasović vjerojatno nije bio zadovoljan odgovorom budući da je 31. 1. 1955. dao pismeni otkaz. Uslijedio je sastanak Marasovića, Miroslava Karšulina, Kauzlarića i Strižića. O problemima s Marasovićem Strižić je obavijestio dekana: „Izvještavam druga Dekana, da sam na sjednici Arhitektonskog otsjeka održanoj dne 31. III. 1955. bio prisiljen oduzeti riječ ing. Marasoviću, jer je rad otsjeka zbog neprekidnih napada i optužba protiv starješine i drugih članova otsjeka postao nemoguć.“ Fakultetski savjet prihvatio je ostavku 5. 4. 1955. (GF-OAF-RM: Rikard Marasović Vijeću Tehničkog fakulteta, 11. 1. 1955.; Odgovor komisije Rikardu Marasoviću, 8. 2. 1955.; Zdenko Strižić Dekanu Tehničkog fakulteta, 1. 4. 1955.; Odluka Tehničkog fakulteta Sveučilišta u Zagrebu, 9. 4. 1955.).

64 Boravak u Parizu odobrio mu je Savjet za prosvjetu, nauku i kulturu NR Hrvatske. (GF-OAF-RM: Zvonimir Vrkljan Konzulatu Francuske, Švicarske i

Marasović hadn't planned to leave the Faculty. His "academic and professional" training at the Urban Planning Institute in Paris in early 1954 supports this claim.[64]

HISTORIC PRESERVATION DEPARTMENT IN ZAGREB AND INDEPENDENT ARCHITECTURAL ACTIVITIES

Marasović's position at the Faculty was succeeded by the permanent position of head of the Historic Preservation Department of the People's Republic of Croatia, where he was appointed to serve part-time in November 1954.[65] His tasks included management of the Department, coordination of the historic preservation departments in the Socialist Republic of Croatia, and the "general supervision of the operation of the Historic Preservation Department in Rijeka".[66] Thanks to a scholarship from the Italian Government (1955/1956), he spent part of his mandate on his third study visit to Italy[67]. One of the more notable projects he participated in was the renovation of the early christian Basilica in Poreč. He took part in consultations with structural engineers and contractors and was actively involved in the opening of the quarry in Rovinj.[68] As head, he collaborated with the historic preservation departments on the preparation of the five-year plan of historic preservation interventions, and on determining the borders of protected areas and the management plan for Dubrovnik and Mljet. He also participated in the drafting of the new federal Act on the Preservation of Monuments.[69] In 1958, however,

1955; Response of the committee to Rikard Marasović, February 8th 1955; Zdenko Strižić to the Dean of the Technical Faculty, April 1st 1955; Decision of the Technical Faculty of the University of Zagreb, April 9th 1955).

64 His stay in Paris was approved by the Council for Education, Science and Culture of the People's Republic of Croatia. (AF-ZG-RM: Zvonimir Vrkljan to the Consulate of France, Switzerland and Italy, January 28th 1954; Decision of the Council for Education, Science and Culture, January 26th 1954).

65 He replaced Zvonimir Turina (mandate in 1954 and 1955) and Milan Prelog (mandate from 1952 to 1954). (AF-ZG-RM: Decision of the Council for Education, Science and Culture of the People's Republic of Croatia, November 20th 1954; JURANOVIĆ TONEJC 2021).

66 MKM-RH-RM: Contract on part-time collaboration with the Council for Education, Science and Culture. November 1954.

67 The scholarship had been granted for the purpose of professional training in the field of historic preservation. He stayed in Italy from December 17th 1955 to August 17th 1956. (MKM-RH-RM: Decision of the Council for Education, Science and Culture of the People's Republic of Croatia, December 24th 1955).

68 He was not obligated to pass a professional qualification exam. (MKM-RH-RM: Travel invoices and warrants, August 10th 1955, August 16th 1955, July 5th 1957; Secretariat for General Administration of the Council for Education, Science and Culture of the People's Republic of Croatia, September 24th 1956).

69 MKM-RH-RM: Travel warrants for Belgrade, May 5th 1957, as well as Split, Dubrovnik – Mljet and Rijeka, June 8th 1957.

KONZERVATORSKI ODJEL U ZAGREBU I SAMOSTALNI PROJEKTANTSKI RAD

Rad na Fakultetu Marasović je zamijenio stalnim radnim mjestom direktora Konzervatorskog odjela NR Hrvatske gdje je bio postavljen za honorarnog direktora u studenome 1954.[65] Zadaci su mu vođenje Odjela, koordiniranje konzervatorskih zavoda u SR Hrvatskoj i „općeg nadzora nad radom Konzervatorskog zavoda u Rijeci."[66] Dio mandata iskoristio je za treći studijski boravak u Italiji zahvaljujući stipendiji talijanske vlade (1955./1956.),[67] a među projektima u kojima participira posebno se ističe obnova Eufrazijeve bazilike u Poreču. Sudjeluje u dogovorima sa statičarima i izvođačima, a angažiran je i na otvaranju kamenoloma u Rovinju.[68] U funkciji direktora, s konzervatorskim zavodima surađuje u izradi petogodišnjeg plana konzervatorskih zahvata, odnosno određivanju granica zaštićenog područja i načina gospodarenja za Dubrovnik i Mljet. Sudjeluje i u izradi novog federalnog Zakona o zaštiti spomenika kulture.[69] Očigledno, Rikard Marasović je 1958. mislio kako je dobar trenutak za odlazak s funkcije.[70] Od te godine član je Zajednice samostalnih umjetnika, ali i voditelj Projektnog biroa Rikard Marasović.[71] I dalje surađuje s Konzervatorskim zavodom i Urbanističkim institutom Hrvatske.[72]

Italije, 28. 1. 1954.; Rješenje Savjeta za prosvjetu, nauku i kulturu, 26. 1. 1954.)

65 Zamijenio je Zvonimira Turinu (na funkciji 1954. i 1955.), odnosno Milana Preloga (na funkciji od 1952. do 1954.). (GF-OAF-RM: Rješenje Savjeta za prosvjetu, nauku i kulturu NR Hrvatske, 20. 11. 1954.; JURANOVIĆ TONEJC 2021.).

66 MKM-RH-RM: Ugovor o honorarnoj suradnji sa Savjetom za prosvjetu, nauku i kulturu, 11. 1954.

67 Stipendija je bila u svrhu usavršavanja u polju konzervatorskog rada. U Italiji boravi od 17. prosinca 1955. do 17. kolovoza 1956. (MKM-RH-RM: Rješenje Savjeta za prosvjetu, nauku i kulturu NR Hrvatske, 24. 12. 1955.).

68 Nije bio obvezan polagati stručni ispit. (MKM-RH-RM: Putni računi i nalozi, 10. 8. 1955., 16. 8. 1955., 5. 7. 1957.; Sekretarijat za opću upravu Izvršnog vijeća Savjetu za kulturu i nauku NR Hrvatske, 24. 9. 1956.)

69 MKM-RH-RM: Putni nalozi za Beograd, 5. 5. 1957., te Split, Dubrovnik – Mljet i Rijeku, 8. 6. 1957.

70 Marasović je 1958. pozvan s Jurjem Neidhardtom i Nikolom Dobrovićem kako bi „izrazili svoje mišljenje o regulacijskom planu povijesne jezgre Zadra prije njegova konačnog prihvaćanja." Marasović se našao među pozvanim autorima pozivnog natječaja za uže gradsko središte 1959. (MLIKOTA 2021, 642).

71 Pečat biroa nalazi se na nacrtima za obiteljsku kuću za odmor Ernesta Weissmanna na Lošinju koju projektira Weissmann, a gradnju nadzire Marasović 1963. (Hrvatski muzej arhitekture Hrvatske akademije znanosti i umjetnosti, Osobni arhivski fond Ernest Weissmann, Projektna dokumentacija)

72 S Anom Deanović i Milanom Prelogom od 1959. član je Komisije za problem restauracije spomenika u NR Hrvatskoj. Zadaci Komisije bili su izrada liste najugroženijih spomenika i utvrđivanje „osnovnih načela i metode izrade dokumentacije za restauratorske zahvate." (JURANOVIĆ TONEJC 2021, 323).

Marasović seemingly thought it was time to resign.[70] As of that year, he became a member of the Association of Independent Artists, as well as the head of the Rikard Marasović Architectural Office.[71] He continued his collaboration with the Historic Preservation Department and the Urban Planning Institute of Croatia.[72]

The trajectory of Marasović's work in the 1960s and 1970s is difficult to trace, the only sources of information on it being the obituaries by Igor Skopin and Joža Ladović published in the *Čovjek i prostor* journal and in the *Godišnjak zaštite spomenika kulture Hrvatske* ("Yearbook of the Preservation of Monuments in Croatia"). Marasović refocused his professional activities primarily on architectural design, reducing the number of his professional roles. Notwithstanding his political background, which had evidently worked in his favour, Marasović's constructed buildings were relatively few. As Skopin suggests in his obituary, the reason for this decline in building probably lies in Marasović's nature:

„Ingenious, uncompromising, and hostile to dogma and opportunism as he was, Marasović couldn't jump through all the hoops existing between the conceptual design and the building construction. That would have taken a different character, one which was not contrarian and misunderstood."[73]

He achieved his masterpiece, a canonical work of 20th-century Croatian architecture, the Children's Health Resort at the foot of Biokovo – in Krvavica, for his former employer, the Yugoslav People's Army. In essence, it was the crown of Marasović's two decades of design activities in the field of healthcare architecture.[74] No less significant is his experience in designing buildings similar to healthcare institutions,

70 In 1958, Marasović was invited, along with Juraj Neidhardt and Nikola Dobrović, to "state their opinion on the regulation plan for the historic centre of Zadar before its final adoption". Marasović was amongst the authors selected for the invitation competition for the immediate city centre in 1959 (MLIKOTA 2021, 642).

71 The stamp of the office is visible on the drawings for the family summer home of Ernest Weissmann on Lošinj, which was designed by Weissmann, and the construction works were supervised by Marasović in 1963 (Croatian Museum of Architecture of the Croatian Academy of Sciences and Arts, Personal Archives of Ernest Weissmann, Design documents).

72 As of 1959, together with Ana Deanović and Milan Prelog, he was a member of the Committee for the Restoration of Monuments in the People's Republic of Croatia. Committee was entrusted with listing the most vulnerable monuments and determining "the main principles and method of the preparation of documents for restorations": JURANOVIĆ TONEJC 2021, 323.

73 SKOPIN 1987, 5.

74 In the early 1960s, Marasović also submitted his design for the New General Hospital in Vienna.

Šezdesetih i sedamdesetih godina teško je pratiti Marasovićeve tragove i jedina saznanja o njegovu radu tih desetljeća su nekrolozi Igora Skopina i Jože Ladovića objavljeni u časopisu *Čovjek i prostor* i *Godišnjaku zaštite spomenika kulture Hrvatske*. Marasović svoje profesionalno djelovanje preusmjerava primarno na projektiranje i reducira broj strukovnih angažmana. Iako mu je političko zaleđe nedvojbeno išlo u prilog, Marasović relativno malo realizira. Razlog zašto je Marasović tako malo gradio, leži vjerojatno u njegovoj prirodi, kako sugerira Skopinov nekrolog:

„Lucidan, beskompromisan, protivnik dogme i oportunizma, Marasović nije mogao preskočiti sve prepreke koje su se postavljale od idejnog projekta do realizacije zamisli. Za to mu je trebao drugačiji karakter, takav koji ne bi provocirao oporbu i neshvaćanje.“[73]

Svoje remek-djelo i antologijsko ostvarenje hrvatske arhitekture 20. stoljeća, Dječju bolnicu podno Biokova – u Krvavici realizira za bivšeg poslodavca, Jugoslavensku narodnu armiju. Bolnica je u biti vrhunac Marasovićeva dva desetljeća dugog projektantskog rada u polju arhitekture zdravstvenih ustanova.[74] Ne manje važno bilo je i iskustvo projektiranja zdravstvenim ustanovama srodnih zgrada – hotela, u koje se može ubrojiti i Vila Izvor. Baš kao i u tom projektu, u prirodnom ambijentu Krvavice, Marasović obgrljuje prostor, maksimalno poštujući zadatosti lokacije s kojom se prožima mjerilom, oblicima i materijalima. Priroda prolazi kroz zgradu podignutu na stupove i ulazi u nju integrirajući interijer i eksterijer. U strukturiranju zgrade Marasović slijedi spomenutu ideju kreiranja prostora kroz kretanje, u čemu ključnu ulogu ima, dakako, rampa. Ona je s ulaznim predvorjem glavni arhitektonski „događaj“, a bogato dimenzionirani hodnici vezivno su tkivo unificiranih, u volumenu zgrade čitljivih smještajnih jedinica. Jedinice su s primjenom suvremenih i lokalnih materijala, kamena, ujedno i glavni nositelj oblikovanja „ugrađenog“ u samu zgradu. Zgrade namijenjene zdravstvu Marasovićev su fokus i osamdesetih godina kada projektira stambeno naselje i bolnicu u Švicarskoj.[75] U Švicarskoj i Austriji Marasović radi luksuzne rezidencije i za privatne investitore poput one Kurta Bagusata u Starnbergu, u kojima se vodi istim temeljnim načelima.[76] Marasović se očigledno s godinama prestao *boriti* za novu arhitekturu i novo društvo projektirajući za njega nove javne sadržaje. Vjerojatno se već

73 SKOPIN 1987, 5.
74 Početkom 1960-ih godina Marasović izrađuje i projekt Nove opće bolnice u Beču.
75 SKOPIN 1987, 5.
76 Rezidencija Kurta Bagusata, idejni projekt, Arhiv Rikarda Marasovića, Obitelj Marasović, Split.

i.e. hotels, such as the Villa *Izvor*. Just like in the design of the latter, in the natural environment of Krvavica, Marasović embraced the space, making sure his work conforms, to the maximum extent, with the encountered state of its location, and that its scale, forms, and materials enable it to fuse with the environment. As it enters the column-supported building, nature integrates its interior with its exterior. Marasović structured the building according to the mentioned principle of creating space through movement – naturally, with the ramp as a crucial element. With the entrance lobby, the ramp is the main architectural "event", while the elaborately dimensioned hallways are the connective tissue of the unified accommodation units traceable within the volume of the building. Along with the modern and locally sourced materials, such as stone, these units are also the main structural element, "inherent" to the building. Marasović's focus on healthcare buildings continued into the 1980s when he designed a housing estate and hospital in Switzerland.[75] In Switzerland and Austria, Marasović also designed luxury residences for private investors, such as that of Kurt Bagusat in Starnberg, according to the same principles.[76]

It is obvious that, as time went on, Marasović stopped "fighting" for new architecture and a new society by designing public buildings for it. Having most likely retired in the early 1970s, he turned to wealthy foreign private investors. He also became completely engrossed in his years-long project of building a ship at the Zagreb Fair.[77]

This paper remains but a sketch of the personal and professional portrait of Marasović, which is yet to be drawn in full through systematic research in the archives in Zagreb, Split, Pazin, Belgrade, Berlin, and Paris.[78] Considering the current lack of research on Marasović's oeuvre, future studies may have to take a much broader perspective.

75 SKOPIN 1987, 5.

76 Residence of Kurt Bagusat, preliminary design, Archives of Rikard Marasović, the Marasović family, Split.

77 According to Ivana Nikšić Olujić, Marasović was building a ship in Zagreb. The author interviewed Ivana Nikšić Olujić on the 17th of April 2023. Marasović's cousin and Boris Bakal's article suggest that he built the ship at the Zagreb Fair. (BAKAL, 2015, 224).

78 Some of the archives useful in further research are the Croatian State Archives in Zagreb (the collections of the Ministry of Construction, the Presidium of the Government, the Council for Education, Science and Culture of the People's Republic of Croatia and the Executive Council of the Parliament of the Socialist Republic of Croatia; the Collection of Building Plans owned by the Republic of Croatia), the State Archives in Pazin (People's Committee of Istria), the State Archives in Split (People's Committee of the Region of Dalmatia), the Archives of Yugoslavia and the Army Archives of the Ministry of Defence of the Republic of Serbia in Belgrade, the archives of the Faculty of Architecture of the University of Zagreb and of the Croatian Architects' Association, both in Zagreb.

početkom sedamdesetih umirovio i okrenuo privatnim inozemnim investitorima. Posvetio se potpuno svom dugogodišnjem projektu – izgradnji broda na Zagrebačkom velesajmu.[77]

Ovaj rad tek je skica. Dao je konture Marasovićeva lika i djela koji tek treba postati predmet temeljitog sustavnog istraživanja u arhivima Zagreba, Splita, Pazina, Beograda, Berlina i Pariza.[78] S obzirom na to da Marasovićev opus nije dovoljno istražen, moguće je da će istraživanje trebati poduzeti u širim koordinatama.

77 Prema riječima Ivane Nikšić Olujić, Marasović je u Zagrebu gradio brod. Autorica je intervjuirala Ivanu Nikšić Olujić 17. travnja 2023. Marasovićev rođak i članak Borisa Bakala sugeriraju da je brod gradio na Zagrebačkom velesajmu. (BAKAL, 2015, 224).

78 Među arhivima za istraživanje su Hrvatski državni arhiv u Zagrebu (fondovi Ministarstva građevina, Predsjedništva vlade, Savjeta za prosvjetu, nauku i kulturu NR Hrvatske i Izvršnog vijeća Sabora SR Hrvatske; Zbirka nacrta objekata u vlasništvu Republike Hrvatske), Državni arhiv u Pazinu (NO za Istru), Državni arhiv u Splitu (NO oblasti Dalmacije), Arhiv Jugoslavije i Vojni arhiv Ministarstva odbrane Republike Srbije u Beogradu, arhivi Arhitektonskog fakulteta Sveučilišta u Zagrebu i Udruženja hrvatskih arhitekata, oba u Zagrebu.

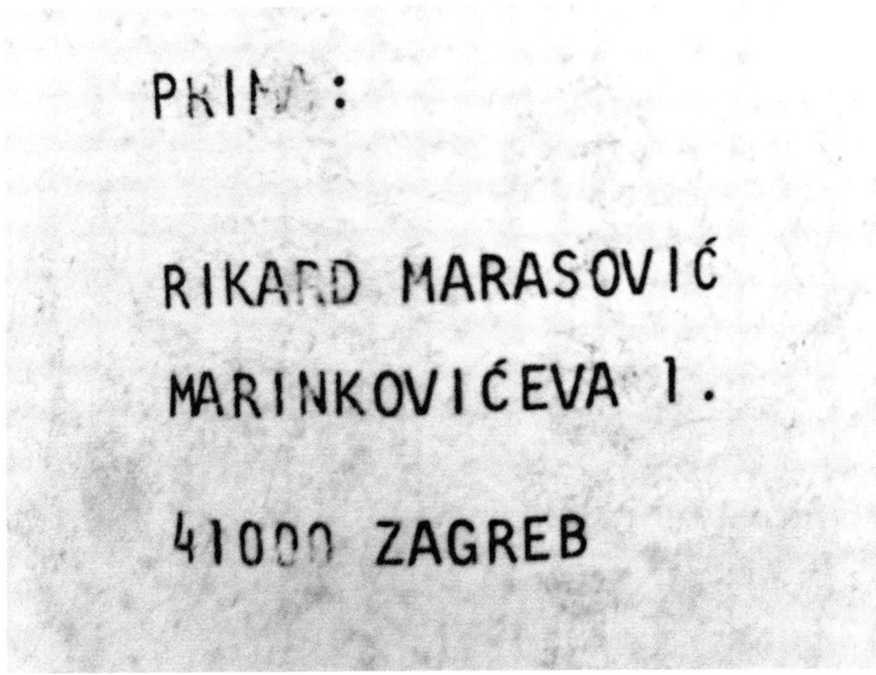

PRIMA:

RIKARD MARASOVIĆ
MARINKOVIĆEVA 1.
41000 ZAGREB

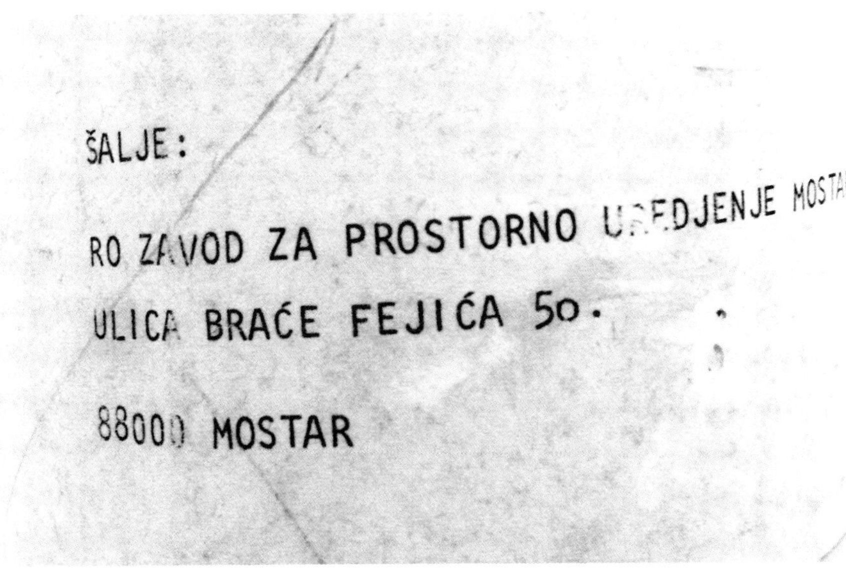

ŠALJE:

RO ZAVOD ZA PROSTORNO UREDJENJE MOSTAR
ULICA BRAĆE FEJIĆA 5o.
88000 MOSTAR

Iz osobne ostavštine Rikarda Marasovića, ljubaznošću obitelji Štambuk Jurašin

From the personal archive of Rikard Marasović, courtesy of the Štambuk Jurašin family

Izvori:

Anonim, *Nagrađen projekt državne hipotekarne banke u Skoplju*, Politika, br. 10.496, 15. 8. 1937., 13.

Anonim, *Natječaj za nacrte zgrada Penzionog fonda činovnika Narodne banke*, Novosti, br. 316, 16. 11. 1937., 5.

Anonim, *Nacrt za nove sudske palače u Splitu*, Novosti, br. 419, 1. 6. 1939., 8.

Anonim, *Rezultat natječaja za izradu idejne skice za Sudsku palaču i zatvore u Splitu*, Građevinski vjesnik 8, br. 6, 1939., 86.

Anonim, *Natječaj za novu zgradu Državnog monopola u Beogradu*, Građevinski vjesnik 9, br. 3, 1940.a, 25-27.

Anonim, *Rezultat konkursa idejne skice za novu zgradu u Beogradu Bolnice bolesničkog fonda za saobraćajno osoblje*, Inženjer 1, br. 1-2, 1940.b, 8.

Anonim, *Prva šira konferencija sekcije arhitekata u Klubu kulturnih radnika Hrvatske za Dalmaciju*, Slobodna Dalmacija, br. 112, 28. 1. 1945., 3.

Anonim, *Rezultati natječaja za zgrade CK KPJ, Predsjedništva vlade FNRJ i reprezentativnog hotela u Beogradu*, Arhitektura 1, br. 1-2, 1947., 60.

Anonim, *Mali stadion u Beogradu*, Arhitektura 1-2, br. 4-6, 1947./1948.a, 28-32.

Anonim, *Natječaj za olimpijski stadion na Banjici u Beogradu – 1947.*, Arhitektura 1-2, br. 4-6, 1947./1948.b, 60.

Anonim, *Prvo savjetovanje arhitekata i urbanista FNRJ u Dubrovniku*, Arhitektura 1-2, br. 11-12, 1950., 4-13.

Anonim, *Zapisnik ocjenjivačkog suda za idejni projekt objekta u Ilici 1A*, Čovjek i prostor 2, br. 22, 1955., 8.

Anonim, *Rezultati natječaja za izradu idejnog arhitektonskog rješenja doma Radničkog sveučilišta u Zagrebu*, Arhitektura 10, br. 1-6, 1956., 61.

Anonim, *Proglas umjetnika, književnika i publicista Dalmacije s konferencije održane 18. i 19. XII. u slobodnom gradu Hvaru*, Čovjek i prostor 6, br. 90, 1959.a, 3.

Anonim, *Ilica – Mihanovićeva*, Čovjek i prostor 6, br. 82, 1959.b, 4-6.

Anonim, *Zadar – urbanističko-arhitektonski natječaj*, Arhitektura 15, br. 3-4, 1961., 40-48.

Anonim, *Dvadeset godišnjica zasjedanja AVNOJ-a*, Čovjek i prostor 10, br. 129, 1963., 1.

Arbutina, Dražen, Marasović, Rikard u: *Sveučilište u Zagrebu – Arhitektonski fakultet, 1919./1920. – 1999./2000.*, ur. M. Obad Šćitaroci, Zagreb: Arhitektonski fakultet Sveučilišta u Zagrebu, 2000., 298.

Bahovec, Franjo, *Arhitektonski natječaj za hotel na Plitvicama*, Tehnički vjesnik 59, br. 1-3, 1942., 1-12.

Bakal, Boris, *Legenda o brodu*, ORIS, časopis za arhitekturu i kulturu življenja, br. 91, 2015., 224-235.

Baylon, Mate, *Javni arhitektonski natječaji u Beogradu između dva rata*, Čovjek i prostor 22, br. 266, 1975., 10-13.

Bjažić Klarin, Tamara, *Ernest Weissmann: društveno angažirana arhitektura, 1926. – 1939.*, Zagreb: Hrvatska akademija znanosti i umjetnosti, 2015.

Bjažić Klarin, Tamara, *Za novi, ljepši Zagreb! – arhitektonski i urbanistički natječaji međuratnog Zagreba, 1918. – 1941.*, Zagreb: Institut za povijest umjetnosti, 2020.

Blagojević, Ljiljana i Borislav Vukičević, *Hotel Ko-op u Ulcinju arhitekata Hinka Bauera i Marijana Haberlea*, Prostor 21, br. 45, 2013., 14-25.

Čavlović, Melita, *Zadruga "Arhitekt" u Zagrebu. Pitanje slobode arhitektonskog djelovanja 1950-ih, Prostor* 25, br. 54, 2017., 288-305.

Denzler, Juraj, *Natječajni radovi za regulaciju obale Šibenika*, Arhitektura 7, br. 2, 1953., 4-20.

G. S. (Gordana Sladoljev), *Feliks Šperac (In memoriam), Kulturna baština* 7, br. 9-10, 1979., 123.

Galić, Nikola; Gomboš, Stjepan; Haberle, Marijan; Katanec, Mihovil; Kauzlarić, Veljko; Neumann, Zlatko; Novak, Slavko; Ostrogović, Kazimir; Tušek, Božidar, *Otvoreno pismo Upravnom odboru Društva arhitekata Hrvatske*, Čovjek i prostor 2, br. 31, 1955., 2-3.

References:

Anonymous author, "Nagrađen projekt državne hipotekarne banke u Skoplju", *Politika*, issue 10.496, 15th August 1937, 13.

Anonymous author, "Natječaj za nacrte zgrada Penzionog fonda činovnika Narodne banke", *Novosti*, issue 316, 16th November 1937, 5.

Anonymous author, "Nacrt za nove sudske palače u Splitu", *Novosti*, issue 419, 1st June 1939, 8.

Anonymous author, "Rezultat natječaja za izradu idejne skice za Sudsku palaču i zatvore u Splitu", *Građevinski vjesnik 8*, volume 6, 1939, 86.

Anonymous author, "Natječaj za novu zgradu Državnog monopola u Beogradu", *Građevinski vjesnik 9*, volume 3, 1940.a, 25-27.

Anonymous author, "Rezultat konkursa idejne skice za novu zgradu u Beogradu Bolnice bolesničkog fonda za saobraćajno osoblje", *Inženjer 1*, volumes 1-2, 1940.b, 8.

Anonymous author, "Prva šira konferencija sekcije arhitekata u Klubu kulturnih radnika Hrvatske za Dalmaciju", *Slobodna Dalmacija*, issue 112, 28th January 1945, 3.

Anonymous author, "Rezultati natječaja za zgrade CK KPJ, Predsjedništva vlade FNRJ i reprezentativnog hotela u Beogradu", *Arhitektura 1*, vol. 1-2, 1947, 60.

Anonymous author, "Mali stadion u Beogradu", *Arhitektura 1-2*, vol. 4-6, 1947/1948a, 28-32.

Anonymous author, "Natječaj za olimpijski stadion na Banjici u Beogradu - 1947.", *Arhitektura 1-2*, vol. 4-6, 1947/1948b, 60.

Anonymous author, "Prvo savjetovanje arhitekata i urbanista FNRJ u Dubrovniku", *Arhitektura 1-2*, vol. 11-12, 1950, 4-13

Anonymous author, "Zapisnik ocjenjivačkog suda za idejni projekt objekta u Ilici 1A", *Čovjek i prostor 2*, vol. 22, 1955, 8.

Anonymous author, "Rezultati natječaja za izradu idejnog arhitektonskog rješenja doma Radničkog sveučilišta u Zagrebu", *Arhitektura 10*, vol. 1-6, 1956, 61.

Anonymous author, "Proglas umjetnika, književnika i publicista Dalmacije s konferencije održane 18. i 19. XII. u slobodnom gradu Hvaru", *Čovjek i prostor 6*, vol. 90, 1959.a, 3

Anonymous author, "Ilica-Mihanovićeva", *Čovjek i prostor 6*, vol. 82, 1959.b, 4-6.

Anonymous author, "Zadar - urbanističko-arhitektonski natječaj", *Arhitektura 15*, vol. 3-4, 1961, 40-48.

Anonymous author, "Dvadeset godišnjica zasjedanja AVNOJ-a", *Čovjek i prostor 10*, vol. 129, 1963, 1.

Arbutina, Dražen; "Marasović, Rikard" in: *Sveučilište u Zagrebu - Arhitektonski fakultet, 1919./1920. - 1999./2000.*, ed. Mladen Obad Šćitaroci, Zagreb: Faculty of Architecture of the University of Zagreb, 2000, 298.

Bahovec, Franjo, "Arhitektonski natječaj za hotel na Plitvicama", *Tehnički vjesnik 59*, vol. 1-3, 1942, 1-12.

Bakal, Boris, *The Legend of the Boat*, ORIS magazine for architecture and culture of living, no. 91, 2015, 224-235.

Baylon, Mate, "Javni arhitektonski natječaji u Beogradu između dva rata", *Čovjek i prostor 22*, vol. 266, 1975, 10-13.

Bjažić Klarin, Tamara, *Ernest Weissmann: društveno angažirana arhitektura, 1926. - 1939.*, Zagreb: Croatian Academy of Sciences and Arts, 2015

Bjažić Klarin, Tamara, *Za novi, ljepši Zagreb! - arhitektonski i urbanistički natječaji međuratnog Zagreba, 1918. - 1941.*, Zagreb: Institute of Art History, 2020

Blagojević, Ljiljana; Vukićević, Borislav, "Hotel Co-op in Ulcinj by Architects Hinko Bauer and Marijan Haberle", *Prostor 21*, vol. 45, 2013, 14-24

Čavlović, Melita, "Co-operative 'Arhitekt' in Zagreb; About Freedom of Architectural Profession in the 1950s", *Prostor 25*, vol. 54, Zagreb, 2017, 288-305

Denzler, Juraj, "Natječajni radovi za regulaciju obale Šibenika", *Arhitektura 7*, vol. 2, 1953, 4-20

G. S. (Gordana Sladoljev), "Feliks Šperac (In memoriam)", *Kulturna baština 7*, vol. 9-10, 1979, 123.

Galić, Nikola; Gomboš, Stjepan; Haberle, Marijan; Katanec, Mihovil; Kauzlarić, Veljko; Neumann, Zlatko; Novak, Slavko; Ostrogović, Kazimir; Tušek, Božidar, "Otvoreno pismo Upravnom odboru Društva

Grabrijan, Dušan, *Natečaj za Ljudsko skupščino Ljudske Republike Slovenije v Ljubljani*, Arhitektura 2, br. 7, 1948., 3-14.

Hanáčková, Marcela, *CIAM and the Cold War. Helena Syrkus between Modernism and Socialist Realism*, Doktorski rad, Zürich: Institute for the History and Theory of Architecture (gta), ETH Zürich, 2019.

Ivanuš, Martina, *Plitvička jezera – stoljeće izgradnje*, Zagreb: UPI-2M plus, 2021.

Juranović Tonejc, Martina, *Institucionalni razvoj zaštite pokretne umjetničke baštine u Hrvatskoj od 1850. do 1990. godine*, Zagreb: Ministarstvo kulture i medija RH, 2021.)

Katunarić, B.; Marasović R.; Pervan B., *Razvoj urbanističke službe u Dalmaciji (povodom desetgodišnjice rada Urbanističkog biroa u Splitu)*, Urbs, Split, XI. 1957, 7-12, 8

Kečkemet, Duško i Stanko Piplović, Kaliterna, Fabijan, u: *Hrvatski biografski leksikon*, sv. 6, Zagreb: Leksikografski zavod Miroslav Krleža, 2005., 744-746.

Kranjčević, Jasenka, *Obnova seoskih naselja 1945. godine – Divoselo, Vojnić, Vlahović*, Prostor 17, br. 38, 2009., 314-327.

Kranjčević, Jasenka, *Zanemarena baština. Prostorne strukture sela u Hrvatskoj*, Zagreb: Srednja Europa, 2018.

Ladović, Joža, *In memoriam Rikard Marasović*, Godišnjak zaštite spomenika kulture Hrvatske, br. 13, 1987., 199-200.

Marasović, Riko, *Bolnica kliničkog tipa u Beogradu*, Arhitektura – urbanizam 2, br. 8-9, 1961., 48.

Miličić, Miro, *Sjećanje na ilegalni rad za NOB-e u Splitu*, Čovjek i prostor 6, br. 90, 1959., 6.

Mlikota, Antonija, *Zadar. Obnova i izgradnja nakon razaranja u Drugome svjetskom ratu*, Zagreb: Školska knjiga, 2021.

Ostrogović, Kazimir, *Povodom natječaja za Vojni muzej u Beogradu*, Arhitektura 4, br. 3-4, 1950., 3-19.

Pervan, Budimir, *Razvoj urbanističke službe u Dalmaciji (povodom desetgodišnjice rada Urbanističkog biroa u Splitu)*, Urbs, br. 1, 1957., 7-12.

Počar, Jure, *Izložba umjetnika partizana: Split, 23. XII. 1944. – 10. I. 1945.: U srednjoj palači Botićeve poljane*, katalog izložbe, Split, 1944.

Počar, Jure, *Izložba umjetnika partizana: Dubrovnik, 2. – 12. II. 1945. – Radnički dom*, katalog izložbe, Dubrovnik, 1945.

Potočnjak, Vladimir, *Izložba građevinarstva na ovogodišnjem Zagrebačkom velesajmu*, Građevinar 1, br. 9, 1949., 48-50.

R. Č., *Dom kulture na Trešnjevki*, Čovjek i prostor, 7 (1954)., 3.

Skopin, Igor, *In memoriam Rikard Marasović*, *Čovjek i prostor* 34, br. 411, 1987., 5.

Strižić, Zdenko, *Nacionalni park Plitvička jezera*, Arhitektura 4, br. 7-8, 1950., 3-24.

Tomić, Darja i Darja Radović Mahečić, *Marasović, Rikard, arhitekt*, u: Hrvatski biografski leksikon, sv. 9, Zagreb: Leksikografski zavod Miroslav Krleža, 2021., 554-555.

Tušek, Darovan, *Arhitektonski natječaji u Splitu 1918. – 1941.*, Split, 1994., 180-181.

Upravni odbor Društva arhitekata Hrvatske, *„Otvoreno pismo" u svijetlu činjenica*, Čovjek i prostor 2, br. 31, 1955., 1.

V. K., *Rad Društva arhitekata Hrvatske u prvom tromjesečju 1952. godine*, Arhitektura 6, br. 2, 1952., 49.

Venturini, Darko, *Arhitektonski projektni zavod – APZ. Prilog poslijeratnoj hrvatskoj arhitekturi*, Zagreb: Arhitektonski projektni zavod, 1982.

Vincek, Žarko, *Dani bez dilema*, Čovjek i prostor 9, br. 107, 1962., 3 i 8.

Z., *Uz natječaj za* učiteljsku školu u Zagrebu, Arhitektura 7, br. 4 (1953)., 4-11.

arhitekata Hrvatske", *Čovjek i prostor 2*, vol. 31, Zagreb, 1955, 2-3.

Grabrijan, Dušan, "Natečaj za Ljudsko skupščino Ljudske Republike Slovenije v Ljubljani", *Arhitektura 2*, vol. 7, Zagreb, 1948, 3-14.

Hanáčková, Marcela, *CIAM and the Cold War. Helena Syrkus between Modernism and Socialist Realism*, doctoral thesis, Zurich: Institute for the History and Theory of Architecture (gta), ETH Zürich, 2019.

Ivanuš, Martina, *Plitvička jezera – stoljeće izgradnje*, Zagreb: UPI-2M plus, 2021.

Juranović Tonejc, Martina, *The Institutional Development of the Protection of Movable Heritage in Croatia from 1850 to 1990*, doctoral thesis, Zadar: University of Zadar, 2021.

Katunarić, B.; Marasović R.; Pervan B., Razvoj urbanističke službe u Dalmaciji (povodom desetgodišnjice rada Urbanističkog biroa u Splitu), Urbs, Split, XI. 1957, 7-12, 8.

Kečkemet, Duško; Piplović, Stanko, "Kaliterna, Fabjan (Fabijan)", in: Croatian Biographical Lexicon, Zagreb: The Miroslav Krleža Institute of Lexicography, 2005, 744-746.

Kranjčević, Jasenka, "The 1945 Renewal of the Villages of Divoselo, Vojnić and Vlahović", *Prostor 17,* vol. 38, 2009, 314-327.

Kranjčević, Jasenka, "Neglected Heritage; Spatial Structure of Villages in Croatia", Zagreb: Srednja Europa, 2018.

Ladović, Joža, "In memoriam Rikard Marasović", *Godišnjak zaštite spomenika kulture Hrvatske*, vol. 13, 1987, 199-200.

Marasović, Riko, "Bolnica kliničkog tipa u Beogradu", *Arhitektura – urbanizam 2*, vol. 8-9, 1961, 48.

Miličić, Miro, "Sjećanje na ilegalni rad za NOB-e u Splitu", *Čovjek i prostor 6*, vol. 90, 1959, 6.

Mlikota, Antonija, *Zadar. Obnova i izgradnja nakon razaranja u Drugome svjetskom ratu*, Zagreb: Školska knjiga, 2021.

Ostrogović, Kazimir, "Povodom natječaja za Vojni muzej u Beogradu", *Arhitektura 4*, vol. 3-4, 1950, 3-19.

Pervan, Budimir, "Razvoj urbanističke službe u Dalmaciji (povodom desetgodišnjice rada Urbanističkog biroa u Splitu)", *Urbs 1*, 1957, 7-12.

Pločar, Jure, "Izložba umjetnika partizana: Split, 23. XII. 1944. – 10. I. 1945.: U srednjoj palači Botićeve poljane", exhibition catalogue, Split, 1944.

Pločar, Jure, "Izložba umjetnika partizana: Dubrovnik, 2. – 12. II. 1945. – Radnički dom", exhibition catalogue, Dubrovnik, 1945.

Potočnjak, Vladimir, "Izložba građevinarstva na ovogodišnjem Zagrebačkom velesajmu", *Građevinar 1*, vol. 9, 1949, 48-50.

R. Č., "Dom kulture na Trešnjevki", *Čovjek i prostor 1*, vol. 7 (1954), 3.

Skopin, Igor, "In memoriam Rikard Marasović", *Čovjek i prostor 34*, vol. 411, Zagreb, 1987, 5.

Strižić, Zdenko, *Nacionalni park Plitvička jezera*, Arhitektura 4, vol. 7-8, 1950, 3-24.

Tomić, Darja; Radović Mahečić, Darja, "Marasović, Rikard, arhitekt", in: Croatian Biographical Lexicon, vol. 9, Zagreb: The Miroslav Krleža Institute of Lexicography, 2021, 554-555.

Tušek, Darovan, *Arhitektonski natječaji u Splitu 1918. – 1941.*, Split: Split Architects' Association, 1994, 180-181.

Management Board of the Croatian Architects' Association, "'Otvoreno pismo' u svijetlu činjenica", *Čovjek i prostor, 2*, vol. 31, 1955, 1.

V. K., *Rad Društva arhitekata Hrvatske u prvom tromjesečju 1952. godine*, Arhitektura 6, vol. 2, 1952, 49.

Venturini, Darko, *Arhitektonski projektni zavod – APZ. Prilog poslijeratnoj hrvatskoj arhitekturi*, Zagreb: Architectural Design Institute, 1982.

Vincek, Žarko, "Dani bez dilema", *Čovjek i prostor 9*, vol. 107, 1962, 3, 8.

Z., "Uz natječaj za učiteljsku školu u Zagrebu", *Arhitektura 7*, vol. 4 (1953), 4-11.

Rikard Marasović, Primorski krajolik, akvarel na papiru, foto: Ana Vuko

Rikard Marasović, Coastal landscape, watercolor on paper, photo: Ana Vuko

RIKARD MARASOVIĆ – FRAGMENTI SLIKARSKOG OPUSA

Antonia Vodanović
Udruga Kačić /
Kačić Association

RIKARD MARASOVIĆ – FRAGMENTS OF A PAINTER'S OEUVRE

Oni koji su osobno poznavali Rikarda Marasovića kažu da je bio boem, osobenjak, introvertiran i ćudljiv. Da je pio kavu u izrazito velikim količinama i pušio puno cigareta. Da je uvijek objedovao u restoranima, jer u stanu u kojem je živio u Zagrebu nije imao kuhinju. Da je živio kao samac, često putovao u inozemstvo, a slobodno vrijeme kratio slikanjem suptilnih akvarela. Navodno je skicirao *"svoje projekte na svemu što mu se nalazilo pod rukom: kutijama šibica, salvetama, stolnjacima"*, a *"suradnici su, kaže legenda, s tih su skica skidali njegove projekte i zamisli."*[1] Veliku životnu opsesiju predstavljao mu je veliki katamaran,[2] kojeg je po vlastitim nacrtima i dizajnu, uz pomoć stolara, izrađivao preko 20 godina u jednom unajmljenom paviljonu na Zagrebačkom velesajmu, no na žalost nije ga uspio završiti i ispuniti si životnu želju, oploviti s njim Mediteran, u društvu obitelji i prijatelja.[3]

Uz veliku ljubav prema moru i plovidbi, Rikard Marasović u privatno vrijeme bio je posvećen likovnoj umjetnosti, slikajući u najranijim danima ulja na platnu i kopije po poznatim majstorima, a zatim i suptilne akvarele s motivima primorskih krajolika i vedute gradova koje je posjećivao, no malo toga je zapravo trenutačno poznato o njegovom slikarskom opusu, a javno dostupne informacije su fragmentirane i oskudne. Marasovićev suvremenik, arhitekt Igor Skopin u nekrologu posvećenom ovom arhitektu, navodi da Rikard Marasović *"prostorne probleme rješava senzibilnošću arhitekta i slikara, snažnom i jasnom kompozicijom, a prezentirane zamisli potkrepljuje jasnim grafikama i virtuoznim perspektivama"*.[4] To je primjerice vidljivo kod perspektivnog crteža "Pogled s mora" na Dječje lječilište u Krvavici iz 1961., ali i detalja zgrade kao što je apstraktni geometrijski *terrazzo* pod u eksterijeru koloritom usklađen s ostatkom vizualnog identiteta zdravstvenog kompleksa, zatim veoma skladnih odnosa crveno-ružičastih, oker i bijelih zidnih ploha u interijeru i eksterijeru čiji

1 BAKAL 2015, 229.

2 Rikard Marasović i Ivan Vitić, osim što su bili vrsni arhitekti i dobri prijatelji, oboje su u slobodno vrijeme bili posvećeni slikarstvu te zaokupljeni motivima i temama vezanim uz Mediteran, a dijelili su i ljubav prema plovidbi i sanjali o vlastitom brodu, no kako navodi Boris Bakal *"u SFRJ nije bilo lako imati brod. Osim nekoliko klasičnih regatnih jedrilica poput Bobare u Dubrovniku, na Jadranu nije bilo većih privatnih jedrilica, što zbog politike što zbog novca"*, vidi: BAKAL 2015, 228. Splitski arhitekt Neven Šegvić također je bio veliki zaljubljenik u brodove, a *"legenda kaže da je stan Šegvićevih bio samo prolazna soba za pravi dom, onaj na brodu. Brod na kojem su splitski intelektualci, često nakon veselih noći u dvorištu slikara Ostoje, (o)smislili Crveni peristil"*: BAKAL 2015, 228. Bakal navodi i da su Ivan Vitić, Rikard Marasović, Vjenceslav Richter i drugi raspravljali o brodovima *"po cijele noći, uz piće ili poker, ili oboje, u masonskoj loži (kako su je zvali) druga Murtića u Martićevoj ulici u Zagrebu"*: BAKAL 2015, 233.

3 BAKAL 2015, 230.

4 SKOPIN 1987, 5.

Personal acquaintances of Rikard Marasović characterise him as bohemian, eccentric, introverted and moody. They say he drank coffee by the pot and smoked a lot. Allegedly, his Zagreb apartment did not even have a kitchen, since he always ate in restaurants. He was a bachelor who often travelled abroad and painted delicate aquarelles in his free time. He purportedly made sketches of "his designs on anything he had on him: matchboxes, napkins, tablecloths", and "his co-workers, the legend says, then used these sketches to develop his designs and ideas".[1] His great passion was the big catamaran[2] he had been building, with the help of a carpenter, in a rented Zagreb Fair pavilion for more than 20 years, based on his own drawings and design. Unfortunately, he did not manage to complete it and fulfil his lifelong dream of sailing the Mediterranean on it with his family and friends.[3]

In addition to his great love of the sea and sailing, Marasović's free time was devoted to the visual arts: from the outset of his career, he painted oils on canvas and reproductions of the works of the great masters; later, he created delicate aquarelles with marine landscapes as motifs, as well as vistas of the cities and towns he visited. However, little is currently known of his work as a painter, and the publicly available information thereon is fragmented and scarce. In an obituary devoted to Marasović, his contemporary, architect Igor Skopin, states that Marasović "solved spatial problems with the sensibility of an architect and a painter, using powerful and clear composition, and supported the presented ideas with clear graphics and masterful perspectives".[4] This is exemplified by the 1961 *View from the Sea,* a perspective drawing of the Children's Health Resort in Krvavica, as well as by the details of the building itself, such as the ab-

1 BAKAL 2015, p. 229

2 The prominent architects and good friends Rikard Marasović and Ivan Vitić both painted in their free time, using motifs and themes related to the Mediterranean. They also shared a love of sailing and dreamt of owning a boat, but, as Boris Bakal states, "it was not easy to own a boat in the Socialist Federal Republic of Yugoslavia. Apart from a few standard racing sailboats such as the *Bobara* in Dubrovnik, there were no larger privately-owned sailboats on the Adriatic coast, both for political and financial reasons", see: BAKAL 2015, p. 228. The Split architect Neven Šegvić was also a great lover of boats and "the legend says that the Šegvićs' apartment was only a pass-through room on the way to their real home on their boat. This was the boat on which Split intellectuals developed the idea of the Red Peristyle, often after a merry night spent in the courtyard of the painter Ostoja": BAKAL 2015, 228. According to Bakal, Ivan Vitić, Rikard Marasović, Vjenceslav Richter and others would discuss boats "all night long, while drinking, playing poker, or both, in comrade Murtić's (so-called) 'Masonic lodge' in Martićeva Street in Zagreb": BAKAL 2015, p. 233.

3 BAKAL 2015, p. 230

4 SKOPIN 1987, p. 5

Rikard Marasović, Pogled s mora na Dječje lječilište u Krvavici, perspektivni crtež, 1961.

Rikard Marasović, View from the sea to the Children's Health Resort in Krvavica, perspective drawing, 1961.

0
LJEČILŠTE
KRVAVICE
POGLED S MORA
AUTOR
ING. RIKO MARASOVIĆ, ARHITEKT
OVL. SEKR. ZA GRAD. URB. I KOM. POSL. NRH. REG. BR. 781/824

Rikard Marasović, Dioklecijanova palača u IV. stoljeću, akvarelirani perspektivni prikaz po predlošku Jerka Marasovića, ljubaznošću Katje Marasović

Rikard Marasović, Split početkom XIV. stoljeća, akvarelirani perspektivni prikaz po predlošku Jerka Marasovića, ljubaznošću Katje Marasović

Rikard Marasović, Diocletian's Palace in IV. century, watercolor perspective view based on Jerko Marasović's template, courtesy of Katja Marasović

Rikard Marasović, Split at the beginning of the 14th century, watercolor perspective view based on Jerko Marasović's template, courtesy of Katja Marasović

su suodnosi boja detaljno likovno promišljeni, te generalno dobro odmjerenih prostornih volumena koji rezultiraju skladom svih prostornih odnosa i jedinstvenom vizualnom kompozicijom. Svoj slikarski senzibilitet iskazao je i u dva akvarelirana perspektivna prikaza prostornog razvoja Splita u IV. I XIV. stoljeću, gdje je kao podlogu koristio perspektivne crteže arhitekta i konzervatora Jerka Marasovića gledano s rta Sustipan na povijesnu jezgru Splita.[5]

5 MARASOVIĆ 2007, 171. Navedena dva akvarela Rikarda Marasovića publicirana su i na prednjoj te stražnjoj strani korica knjige Jerka Marasovića "Obnova povijesne jezgre 2", drugo dopunjeno izdanje na hrvatskome jeziku, vidi: MARASOVIĆ 1997.

stract, geometric exterior terrazzo, whose colouring is harmonised with the rest of the visual identity of the healthcare complex, by the masterfully coordinated and intricate relations between the red-and-pink, ochre and white interior and exterior wall surfaces, and by the generally well-proportioned volumes in space, resulting in the harmony of all the spatial relations and a unique visual composition. His painter's sensibilities are also revealed in two aquarelle perspectives of the spatial development of Split, based on the perspective drawings by the architect and conservator Jerko Marasović, depicting the historical centre of Split in the 4th and 14th century, observed from the Sustipan promontory.[5]

In his early thirties, Rikard Marasović participated in the *Exhibition of Partisan Artists*[6] which took place from December 1944 to January 1945 in Split, in the central palace on Botićeva poljana, and in February 1945 in the Workers' Community Centre in Dubrovnik. The exhibition was organised by the Croatian Cultural Workers' Club in Dalmatia and sponsored by the president of the Anti-Fascist Council of Croatia and honorary president of the Club, Vladimir Nazor.[7] From 20th June to 20th July 1945, the exhibition was hosted by the Art Pavilion in Zagreb[8], where it was visited by 16,000 people – the largest visitor turnout of all the exhibitions held that year.[9] However, considering that the selection of the featured artists and works depended on the city hosting it, Marasović's works were not included in the Zagreb exhibition, nor in the ones held in Šibenik, Zadar, Rijeka and Ljubljana.

5 MARASOVIĆ 2007, p. 171. The two aquarelles by Rikard Marasović are featured on the front and back cover of Jerko Marasović's book *Obnova povijesne jezgre 2*, second supplemented edition in Croatian, see: MARASOVIĆ 1997.

6 According to I. Skopin, R. Marasović joined the People's Liberation Movement just after graduating from university. Later, he participated in the post-war reconstruction of Istria and the Brijuni Islands, as the head of urban planning in Pazin: SKOPIN, 1987, p. 5. J. Ladović confirms this, stating that Marasović returned to Split in late 1942, after graduation, where he then joined the underground resistance, and eventually the partisans, in early 1944. After the liberation of Split, he was appointed head of the Reconstruction Department of the Regional People's Committee for Dalmatia and head of the Construction Directorate for Istria and Rijeka, an office he held for a brief period: LADOVIĆ 1987, p. 200. See also: KRANJČEVIĆ 2014, pp. 211-212, p. 217. He was also involved in the post-war reconstruction of Zadar – at a meeting of the Urban Planning and Construction Council of the People's Committee of the Zadar Municipality, he was asked to give an opinion on architect Bruno Milić's conceptual design of the historical centre of Zadar: MLIKOTA 2015, p. 185, p. 191.

7 PLOČAR 1944; PLOČAR 1945

8 See the exhibition catalogue: *Izložba umjetnika partizana*, 1945

9 LEČEK 1990, pp. 143-144

U ranim tridesetim godinama sudjelovao je na *"Izložbi umjetnika partizana"*[6] koja se održala u Splitu od prosinca 1944. do siječnja 1945., u srednjoj palači Botićeve poljane, zatim u veljači 1945. u Radničkom domu u Dubrovniku, u organizaciji Kluba kulturnih radnika Hrvatske za Dalmaciju, a pod pokroviteljstvom predsjednika Antifašističkog vijeća Hrvatske i počasnog predsjednika kluba Vladimira Nazora.[7] Izložba je u Umjetničkom paviljonu u Zagrebu postavljena od 20. lipnja – 20. srpnja 1945.,[8] gdje ju je pogledalo 16.000 posjetitelja, kao najposjećeniju izložba te godine,[9] međutim Marasović nije bio zastupljen na istoj, kao ni na onima u Šibeniku, Zadru, Rijeci i Ljubljani, budući da se izložba prilagođavala za pojedine gradove s novim izborom umjetnika i radova.

U katalogu splitske izložbe navodi se da je riječ o prvoj izložbi *"likovnih umjetnika Hrvatske u slobodnome Splitu"* i da izložba treba služiti kao poticaj daljnjem naporu umjetnika, vodeći se motom: *"Sloboda naroda je sloboda umjetnosti"*.[10] Na ovoj izložbi koja je okupila umjetnike-partizane, Rikard Marasović predstavio se crtežom kredom naziva *"Iz VII. ofenzive"*, predstavljajući se uz bok nekima od najvećih hrvatskih slikara i kipara moderne: Marijan Detoni, Oskar Herman, Franjo Mraz, Edo Murtić, Mirko Ostoja, Vjekoslav Parać, Oton Postružnik, Vanja Radauš, Zlatko Prica, Marin Studin, Đuro Tiljak, Petar Šimaga i dr.[11]

Izložba je najvećim dijelom obuhvatila teme i motive Narodnooslobodilačke borbe, otpora, stradanja i ratne svakodnevice, što se da iščitati i iz naziva radova (Izbjeglice, Izbjegličko dijete, Bijeg pred neprijateljem, Žene bez ognjišta, Krvava košulja, Vješala, Ranjeni borac, Bolničko rublje, U logoru...). Riječ je o angažiranim radovima nastalim kao reakcija na aktualnu društveno-političku situaciju i događaje koji u središte stavljaju socijalnu problematiku, u čemu

6 I. Skopin navodi da se R. Marasović 1943. priključio NOB-u, netom nakon što je diplomirao, a kasnije sudjelovao u poslijeratnoj obnovi Istre i Brijuna, kao direktor urbanizma u Pazinu: SKOPIN, 1987, 5. Slično piše i J. Ladović, koji navodi da se nakon što je diplomirao koncem 1942. vraća u Split gdje se uključuje u ilegalni rad, a početkom 1944. odlazi u partizane. Nakon oslobođenja Splita povjerena mu je funkcija voditelja Odjela obnove pri Oblasnom NO za Dalmaciju, kao i funkcija direktora Građevinske direkcije za Istru i Rijeku, koju je kratko obnašao: LADOVIĆ 1987, 200. Vidi i: KRANJČEVIĆ 2014, 211-212, 217. Bio je uključen i u poslijeratnu obnovu Zadra, kao sudionik sastanka Savjeta za urbanizam i građevinarstvo pri NO općine Zadar, kada je pozvan da iznese svoje mišljenje o idejnom rješenju regulacijske osnove povijesne jezgre Zadra čija je izrada bila povjerena arhitektu Bruni Miliću: MLIKOTA 2015, 185, 191.

7 PLOČAR 1944; PLOČAR 1945.

8 Vidi katalog izložbe: Izložba umjetnika partizana 1945.

9 LEČEK 1990, 143.-144.

10 PLOČAR 1944.

11 PLOČAR 1944.

According to the catalogue from Split, this was the first exhibition "of works by Croatian visual artists since the liberation of Split" and, as such, intended as an encouragement to artists under the motto "The freedom of the people is the freedom of the arts."[10] At this exhibition of the works of partisan artists, Rikard Marasović's chalk drawing *From the 7th Offensive* was displayed side by side with the works of some of the greatest Modernist painters and sculptors: Marijan Detoni, Oskar Herman, Franjo Mraz, Edo Murtić, Mirko Ostoja, Vjekoslav Parać, Oton Postružnik, Vanja Radauš, Zlatko Prica, Marin Studin, Đuro Tiljak, Petar Šimaga etc.[11]

The exhibition was predominantly centred around the subjects and motifs of the People's Liberation Movement, resistance, suffering and daily life during wartime, which was evident from the works' titles (*The Refugees, Refugee Child, Running from the Enemy, Hearthless Women, Bloody Shirt, The Gallows, Wounded Fighter, Hospital Laundry, In the Camp*...). The socially involved character of the works, which were created in reaction to the contemporary social and political situation and events, and focussed on social problems, reveals a connection to the Zemlja Group. The Group was active from 1929 to 1935, when it was outlawed, and the connection is not surprising, considering that some of the founders and former members of the Group participated in the exhibition.

Through the medium of visual arts, the exhibited works reflected the complex social changes brought about by the war, while the artists themselves were expected to actively participate in building a new, post-liberation society. Identifying the propaganda, political and ideological role of (new) Social Realist artistic tendencies, filled with pathos intended to bring art closer to the people and the wider social strata, Jure Pločar, a writer and partisan from the Biokovo area, enthusiastically proclaims the following in the foreword to the exhibition catalogue: "... through the fiery battle waged by the heroic peoples of Yugoslavia for freedom and democracy, a new place is carved out for artists, as the victory of truth over lies, of light over darkness, of freedom over tyranny, of culture over barbarism, gives full momentum to true art and brings forth its realisation".[12]

When examining Marasović's painting legacy,[13] most of which comprises the inheritance of the Štambuk-Jurašin family in Split, we were unable to find the

10 PLOČAR, 1944

11 PLOČAR, 1944

12 PLOČAR, 1944

13 Marasović's painting legacy was examined on 28th July 2021 by Nataša Bodrožić (Motel Trogir), Antonia Vodanović (Kačić Association), Ana Vuko (photographic documentation), Katja Marasović, Lada Štambuk Jurašin and Joško Jurašin (the latter three are members of the family of the late Rikard Marasović).

Rikard Marasović, Pas, ulje na platnu, 1928., foto: Ana Vuko

Rikard Marasović, Dog, oil on canvas, 1928, photo: Ana Vuko

>
Rikard Marasović, Bogorodica s djetetom i sv. Ivanom Krstiteljem, kopija po renesansnoj slici "Alba Madonna" Raffaella Santi da Urbina iz 1510., oko 1930., foto: Ana Vuko

Rikard Marasović, Virgin and Child and St. John the Baptist, copy of the Renaissance painting "Alba Madonna" by Raffaello Santi da Urbino from 1510, around 1930, photo: Ana Vuko

možemo uočiti neke poveznice s Grupom Zemlja, djelatnom od 1929. - 1935., kada je njen rad zabranjen - što ne iznenađuje jer su među izlagačima na izložbi zastupljeni i neki od bivših osnivača i članova ove grupe.

Radovi s te izložbe kroz likovnu umjetnost reflektirali su slojevite društvene promjene prouzrokovane ratom, te se od umjetnika nakon oslobođenja tražilo da budu aktivni sudionici izgradnje novog društva. Književnik i biokovski partizan Jure Pločar u predgovoru kataloga *"Izložbe umjetnika partizana"* zaneseno piše: *"...kroz vatru i borbu koju vode herojski narodi Jugoslavije za slobodu i demokraciju, umjetnici zauzimlju nov položaj, jer pobjedom istine nad lažima, svjetla nad mrakom, slobode nad tiranijom, kulture nad barbarstvom, omogućeno im je da dođu do punoga zamaha i ostvarenja istinske umjetnosti"*, upućujući na propagandnu, političku i ideološku ulogu (nove) umjetnosti – socrealizma, punog emotivnog naboja, kojim su umjetnost željeli približiti narodu i širim društvenim slojevima.[12]

12 PLOČAR 1944.

artwork dating from the 1940s and representing Marasović's contribution to Croatian Social Realism, which was rather short-lived (1945-1952) as an aesthetic and ideological expression. Sadly, most of the works from the family legacy are unsigned and undated, as they were obviously created in Marasović's free time and for his own pleasure, rather than intended for galleries or public viewing. His oldest work, a 1928 oil-on-canvas portrait of a dog, signed with "Riko" and painted when the author was only 16 years old, reveals good mastery of the technique and the (a)chromatic aspects of the painting, as well as a Realist authenticity. Around that time, Marasović also painted *Our Lady with The Child and Saint John the Baptist*, a reproduction of the Renaissance painting *Alba Madonna* by Raffaello Santi da Urbino from the early 16th century. According to the living family members, Marasović painted it as a present to his mother Marija, with whom he had a deep bond[14]. The painting was not a faithful

14 In 1919, when he was six, Rikard lost his father Petar, a building entrepreneur, and his sisters Olga and Nada to the Spanish flu. See Petar Marasović's obituary in: NOVO DOBA 1919, p. 4. Although the entire family had contracted the disease, the only ones who survived it were Rikard and his mother Marija, who later married Baldo Butirić from Trpanj. They had

Rikard Marasović,
Primorski krajolik,
akvarel na papiru,
foto: Ana Vuko

Rikard Marasović,
Coastal landscape,
watercolor on paper,
photo: Ana Vuko

Pregledom Marasovićeve slikarske ostavštine,[13] koja se danas najvećim dijelom nalazi u nasljeđu obitelji Štambuk-Jurašin u Splitu, nismo pronašli likovne radove iz 40-ih godina 20. stoljeća, koji bi svjedočili Marasovićevoj socrealističnoj fazi, koja je u Hrvatskoj kratko trajala (1945. - 1952.) kao estetski i ideološki izraz. Glavnina radova pronađenih u obiteljskoj ostavštini je nažalost nepotpisana i nedatirana, očito stvarana u dokolici za vlastito zadovoljstvo, umjesto za izlaganje u galerijama i javnu prezentaciju. Najstariji rad, portret psa, ulje na platnu iz 1928. godine, potpisan s *"Riko"*, autor je naslikao sa svega 16 godina, a pokazuje dobro vladanje tehnikom, (a)kromatskim aspektima slike, i realističnom uvjerljivošću. Negdje u isto vrijeme, nastalo je djelo *"Bogorodica s djetetom i sv. Ivanom Krstiteljem"*, kopija po renesansnoj slici *"Alba Madonna"* Raffaella Santi da Urbina s početka 16. stoljeća, koju je Marasović, prema iskazima živućih članova obitelji, naslikao kao poklon majci Mariji uz koju je bio jako

13 Pregled slikarske ostavštine Rikarda Marasovića izvršen je 28. 7. 2021. godine, a sudjelovali su Nataša Bodrožić (Motel Trogir), Antonia Vodanović (Udruga Kačić), Ana Vuko (izrada fotodokumentacije) te Katja Marasović, Lada Štambuk Jurašin i Joško Jurašin (članovi obitelji pok. Rikarda Marasovića).

Rikard Marasović, Polja,
akvarel na papiru,
foto: Ana Vuko

Rikard Marasović, Fields,
watercolor on paper,
photo: Ana Vuko

reproduction in all of its details, since it featured Marasović's own interventions into the scenery, the colours of the clothing, the positions of the figures etc.

Later in life, Marasović turned to painting delicate aquarelles, predominantly using motifs of coastal and marine landscapes (harbours, ships, the sea, olive groves, old stone houses, architectural complexes and urban environments...), executed in opaque earthy, ocre and olive tones, rather than in strong Mediterranean colours, typically used by his friend Ivan Vitić, a fellow architect and painter. During his travels, he also painted panoramas of cities and towns (Rovinj, Motovun, Venice, Rome...) and made perspective drawings in pencil. Predominantly characterised by the absence of human figures, these works are centred around a fascination with built space, nature and the cultural landscapes surrounding the urban and rural architectural complexes.

two children, Anka (married name: Štambuk) and Martina. I wish to thank the members of the family of the late Rikard Marasović for providing the missing information.

Rikard Marasović, Primorski krajolik, akvarel na papiru, foto: Ana Vuko

Rikard Marasović, Coastal landscape, watercolor on paper, photo: Ana Vuko

vezan,[14] međutim ne držeći se vjerno svih detalja slike, uvodeći vlastite intervencije u pejzažu, boji odjeće, položaju likova i sl.

U kasnijoj životnoj dobi posvećuje se slikanju suptilnih akvarela na kojima prevladavaju motivi primorskih i morskih krajolika (luke, brodovi, more, maslinici, stare kamene kuće, arhitektonski sklopovi i urbano okružje...), prigušenih zemljanih, oker i maslinastih tonova, umjesto snažnog mediteranskog kolorita, tipičnog primjerice za njegovog prijatelja, arhitekta Ivana Vitića, koji se također bavio slikanjem. Tijekom putovanja slikao je i vedute gradova (Rovinj, Motovun, Venecija, Rim...) te radio perspektivne crteže olovkom. Na tim radovima uglavnom izostaje prisutnost ljudske figure te je fokus stavljen na fascinaciju izgrađenim prostorom, kao i prirodom te kulturnim krajolicima koji okružuju urbane i ruralne arhitektonske sklopove.

14 Kada je imao šest godina Rikard je izgubio oca Petra, građevinskog poduzetnika te sestre Olgu i Nadu koji su preminuli od španjolske gripe 1919. godine. Osmrtnicu Petra Marasovića vidi u: NOVO DOBA 1919, 4. Cijela obitelj bila je zaražena, no bolest su preživjeli samo Rikard i majka Marija koja se kasnije udala za Baldu Butiruća iz Trpnja s kojim je imala dvoje djece, Anku (ud. Štambuk) i Martina. Zahvaljujem članovima obitelji pok. Rikarda Marasovića na upotpunjenim informacijama.

Rikard Marasović, Primorski krajolik, akvarel na papiru, foto: Ana Vuko

Rikard Marasović, Coastal landscape, watercolor on paper, photo: Ana Vuko

As an architect and urban planner, Rikard Marasović kept up with the Modernist tendencies in Europe and the rest of the world, pushing boundaries with his innovative, „Futurist" typological solutions for healthcare facilities such as the Children's Health Resort in Krvavica. However, as a painter, he took the traditional approach, both in terms of the techniques he employed and the choice of themes and motifs. For instance, he remained uninfluenced by conceptual, process or post-object art of the 1960s, concurrent with the social and artistic phenomena of the time, the reflexes of historical avant-gardes and the emergence of neo-avant-garde artistic practices of the late 1950s and early 1960s. However, as stated in the introduction, for a brief period in the 1940s, he did embrace Social Realism, along with many other artists who had joined the People's Liberation Movement in the Second World War. In that period, just like his fellow partisan artists, he accepted the "social functionalisation of his work as a historical necessity, providing support to the enlightenment efforts of the League of Communists of Yugoslavia and to its endeavours to acquaint the broadest social strata with the motives and goals of the anti-fascist struggle"[15]. Considering that the works from Marasović's socially involved (ideologically coloured) period

15 KOLEŠNIK 2012, pp. 270-271

Rikard Marasović, Venecija, akvarel na papiru, foto: Ana Vuko

Rikard Marasović, Venice, watercolor on paper, photo: Ana Vuko

Dok je Rikard Marasović u arhitekturi i urbanizmu slijedio europske i svjetske trendove na tragu modernizma, pomicao granice nudeći inovativna "futuristička" tipološka rješenja za zdravstvene objekte kao što je Dječje lječilište u Krvavici, u slikarstvu je pak bio sklon tradiciji, kako u likovnom izrazu, tako i u izboru tema i motiva. Nije primjerice pao pod utjecaj konceptualne, procesualne i post-objektne umjetnosti 60-ih godina sukladno tadašnjim društveno-umjetničkim pojavama, kao ni pod reflekse povijesnih avangardi te pojave neo-avangardnih umjetničkih praksi s kraja 50-ih i početka 60-ih godina. No kao što smo uvodno naveli, 40-Ih godina je kao i brojni drugi umjetnici koji su se tijekom Drugog svjetskog rata priključili NOB-u kratko prigrlio socrealizam, prihvaćajući tada, kao i drugi umjetnici-partizani *"socijalnu funkcionalizaciju vlastitoga rada kao nužnost historijskoga trenutka, pružajući potporu prosvjetiteljskim naporima KPJ-e i njezinu nastojanju da najširim društvenim slojevima objasni razloge i ciljeve antifašističke borbe."*[15] U obiteljskoj arhivi nisu sačuvani Marasovićevi radove iz angažirane faze, koja nosi socijalni (ideološki) predznak, stoga je u ovom trenutku nemoguće dati vrijednosni sud za

15 KOLEŠNIK 2012, 270-271.

Rikard Marasović, Rovinj, akvarel na papiru, foto: Ana Vuko

Rikard Marasović, Rovinj, watercolor on paper, photo: Ana Vuko

Rikard Marasović, Primorski krajolik, akvarel na papiru, foto: Ana Vuko

Rikard Marasović, Coastal landscape, watercolor on paper, photo: Ana Vuko

have not been preserved in the family archives, it is not possible to valorise them. However, the aquarelles of coastal landscapes and cities that have been preserved reveal Marasović's indisputable artistic talent. By gaining insight into his sensibilities as a painter, one is able to better grasp the interrelation between visual arts and architecture that permeates his work. Unfortunately, it appears that Marasović, being introverted, reserved and oriented towards a tight circle of friends and family, did not feel compelled to publicise and promote his architectural and urban-planning projects in the dedicated journals of the time, in order to introduce them to the broader public. Ultimately, this meant that his work was overlooked for a long time in the processes of historicising Croatian and Yugoslav modern architecture. According to the existing research and findings, as well as the opinion already voiced by Igor Skopin, the works of Rikard Marasović deserve to be treated as anthological in the history of late-20th-century modern Croatian architecture, whereas future research of his life and oeuvre should more extensively cover the valorisation of his painting legacy.

Rikard Marasović, Krajolik, akvarel na papiru, foto: Ana Vuko

Rikard Marasović, Landscape, watercolor on paper, photo: Ana Vuko

te radove, no sačuvani akvareli s prikazima primorskih krajolika i gradova, pak pokazuju da je Marasović imao neosporni likovni talent. Poznavanjem njegovog slikarskog senzibiliteta lakše razumijemo njegov prožimajući suodnos između likovnog i arhitektonskog u sveukupnom stvaralaštvu. Nažalost, kao introvert i zatvorena osoba, posvećena uskom krugu prijatelja i obitelji, za života izgleda da nije osjećao potrebu u onodobnim specijaliziranim časopisima za arhitekturu i urbanizam publicirati i javno promovirati široj publici vlastite arhitektonsko-urbanističke realizacije, što je u konačnici rezultiralo tim da je u procesima historizacije hrvatske i jugoslavenske moderne arhitekture dugo vremena bio zaboravljen. Dosadašnja istraživanja i spoznaje svakako ukazuju da realizacije Rikarda Marasovića zaslužuje antologijsko mjesto u povijesti hrvatske moderne arhitekture druge polovine 20. stoljeća, na što je svojevremeno upozorio i Igor Skopin, a buduća istraživanja njegova života i opusa trebala bi se temeljitije posvetiti i valorizaciji njegove slikarske ostavštine.

Rikard Marasović, Primorski krajolik, akvarel na papiru, foto: Ana Vuko

Rikard Marasović, Primorski krajolik, akvarel na papiru, foto: Ana Vuko

Rikard Marasović, Coastal landscape, watercolor on paper, photo: Ana Vuko

Rikard Marasović, Coastal landscape, watercolor on paper, photo: Ana Vuko

Rikard Marasović, Motovun, akvarel na papiru, 1971., foto: Ana Vuko

Rikard Marasović, Motovun, watercolor on paper, 1971, photo: Ana Vuko

Literatura:

Bakal, Boris, *Legenda o brodu*, Oris, br. 91, Zagreb, 2015.

Izložba umjetnika partizana: Zagreb, 20. VI. – 20. VII. 1945. : Umjetnički paviljon, katalog izložbe, Zagreb, 1945.

Kolešnik, Ljiljana, *Hrvatska poslijeratna umjetnost – konflikti i kontroverze*, u: Moderna umjetnost u Hrvatskoj 1898. – 1975., Institut za povijest umjetnosti, Zagreb, 2012.

Kranjčević, Jasenka, *Dalmatinski arhitekti u zbjegu u Egiptu 1944. – 1946.*, Kulturna baština, br. 40, 2014.

Ladović, Joža, *In memoriam. Rikard Marasović (1913. - 1987.)*, Godišnjak zaštite spomenika kulture Hrvatske, br. 13, Zagreb, 1987.

Leček, Suzana, *Likovna umjetnost u društvenom životu Hrvatske 1945. - 1947.*, Časopis za suvremenu povijest, 22 (1-2), Zagreb, 1990.

Marasović, Jerko, *Obnova povijesne jezgre 2*, drugo dopunjeno izdanje na hrvatskome jeziku, Grad Split – Ured za povijesnu jezgru, Split, 1997.

Marasović, Jerko, *Metodologija obrade graditeljskog nasljeđa*, Književni krug Split – Arhitektonski fakultet Sveučilišta u Zagrebu, Split, 2007.

Mlikota, Antonija, *Četrnaest arhitektonskih i urbanističkih vizija povijesne jezgre Zadra nastalih 1953. godine*, Ars Adriatica, br. 5, 2015.

Počar, Jure, *Izložba umjetnika partizana: Split, 23. XII. 1944. – 10. I. 1945. : U srednjoj palači Botićeve poljane*, katalog izložbe, Split, 1944.

Počar, Jure, *Izložba umjetnika partizana: Dubrovnik, 2. – 12. II. 1945. – Radnički dom, katalog izložbe, Dubrovnik, 1945.*

Skopin, Igor, *In memoriam. Rikard Marasović (1913. - 1987.)*, Čovjek i prostor, br. 411, god. XXXIV, Zagreb, 1987.

Izvori:

Novo doba, ur. Vinko Kisić, god. II, subota 25. siječnja 1919., br. 20., Split

References:

Bakal, Boris, "The Legend of the Boat", *Oris*, Issue 91, Zagreb, 2015

Izložba umjetnika partizana: Zagreb, 20. VI. – 20. VII. 1945. : Umjetnički paviljon, exhibition catalogue, Zagreb, 1945

Kolešnik, Ljiljana, "Hrvatska poslijeratna umjetnost – konflikti i kontroverze", in: *Moderna umjetnost u Hrvatskoj 1898. – 1975.*, Institute of Art History, Zagreb, 2012

Kranjčević, Jasenka, "Dalmatian Architects in Refugee Camps in Egypt in the Period 1944–1946", *Kulturna baština*, No. 40, 2014

Ladović, Joža, "In memoriam. Rikard Marasović (1913. - 1987.)", *Godišnjak zaštite spomenika kulture Hrvatske*, Vol. 13, Zagreb, 1987

Leček, Suzana, "Likovna umjetnost u društvenom životu Hrvatske 1945. - 1947.", *Časopis za suvremenu povijest*, Vol. 22, No. 1-2, Zagreb, 1990

Marasović, Jerko, *Obnova povijesne jezgre 2*, second supplemented edition in Croatian, City of Split – Office for the Historical Centre, Split, 1997

Marasović, Jerko, *Metodologija obrade graditeljskog nasljeđa*, Književni krug Split – University of Zagreb Faculty of Architecture, Split, 2007

Mlikota, Antonija, "Fourteen Architectural and Planning Visions of the Historic Centre of Zadar after 1953", *Ars Adriatica*, Vol. 5, 2015

Počar, Jure, *Izložba umjetnika partizana: Split, 23. XII. 1944. – 10. I. 1945.: U srednjoj palači Botićeve poljane*, exhibition catalogue, Split, 1944

Počar, Jure, *Izložba umjetnika partizana: Dubrovnik, 2. – 12. II. 1945. – Radnički dom*, exhibition catalogue, Dubrovnik, 1945

Skopin, Igor, "In memoriam. Rikard Marasović (1913. - 1987.)", *Čovjek i prostor*, Vol. 411, Year XXXIV, Zagreb, 1987

Sources:

Novo doba, Vinko Kisić (ed.), Year II, Saturday, 25th January 1919, Issue 20, Split

IZL
OŽBA
EXHI
BITI
ON

(NE) VJERUJ PRIPOVJEDAČU. SLUČAJ DJEČJEG LJEČILIŠTA U KRVAVICI

Split, Salon Galić,
Marmontova 3
4. – 15. listopada 2021.

Umjetnici:
Doplgenger (Isidora Ilić,
Boško Prostran),
Duška Boban,
Inicijativa «Krvavica_art»,
Željko Blaće,
Rikard Marasović
(arhiv obitelji Marasović /
Štambuk Jurašin)

Koncept:
Nataša Bodrožić
(Slobodne veze / Motel Trogir)

Istraživači, ko-kustosi:
Antonia Vodanović,
Ivan Huljev (Udruga «Kačić»)

Produkcija:
Slobodne veze, udruga za
suvremene umjetničke prakse /
Projekt Motel Trogir
+ HULU Split

Izložba je organizirana u okviru projekta Motel Trogir. Projekt su u 2021. podržali Ministarstvo kulture i medija RH i Zaklada Kultura nova.

Split, Salon Galić,
Marmontova 3
from October 4 to 15, 2021

Artists:
Doplgenger (Isidora Ilić,
Boško Prostran),
Duška Boban,
Krvavica_art Initiative,
Željko Blaće,
Rikard Marasović
(Marasović / Štambuk Jurašin
family archive)

Concept:
Nataša Bodrožić
(Loose Associations / Motel Trogir)

Researchers, co-curators:
Antonia Vodanović, Ivan Huljev
(Association «Kačić»)

Production:
Loose Associations /
The Motel Trogir project
in collaboration with
HULU Split

The exhibition was organized within the Trogir Motel project. In 2021, the project was supported by the Ministry of Culture and Media of the Republic of Croatia and the Kultura Nova Foundation.

(DIS)TRUST THE STORYTELLER. THE CASE OF KRVAVICA CHILDREN'S HEALTH RESORT

… Ovo nije izložba o arhitekturi. Ovo je izložba o gubitku društvenog (i transformiranju osobnog) pamćenja uslijed radikalne društvene promjene i posljedicama tog procesa. Sudbinu Marasovićeve kultne zgrade sagledavamo kao simptom, pri čemu arhivske materijale, izvorne dokumente, zapise i fotografije, ispreplićemo s fikcijskim narativima eksperimentalnog filma umjetničkog dua Doplgenger. Ambivalentnost fotografija Duške Boban koje dokumentiraju aktualno stanje Marasovićeve arhitekture, gotovo stimulira perceptivne varke, optičke iluzije koje na trenutke dovode u pitanje stvarnost samog prizora (mjesta). Jedan street-art «sticker» prenosimo iz interijera zgrade lječilišta, gdje je nastao kao autentični umjetnički izraz i pokušaj «prisvajanja» mjesta od strane tamošnjih građanskih inicijativa. Taj rad samo je jedan u nizu (umjetničkih) intervencija u zgradi, ujedno i direktan komentar o odnosu lokalnih vlasti i državnih institucija prema arhitektonskom remek-djelu, koje bi najradije vidjeli kao praznu parcelu slobodnu za novu gradnju po ukusu novih prostornih upravitelja. (…)

Iz teksta predgovora izložbe Nataše Bodrožić

... This is not an exhibition on architecture. This is an exhibition about the loss of social (and the transformation of personal) memory due to radical social change and the consequences of that process. We observe the fate of Marasović's cult building as a symptom, where we intertwine archival materials, original documents, records and photographs with the fictional narratives of the experimental film of the art duo Doplgenger. The ambivalence of Duška Boban's photographs, which document the current state of Marasović's architecture, almost stimulates perceptual deception, optical illusion that at times calls into question the reality of the scene itself. We transfer a street-art "sticker" from the interior of the children health resort building, where it was created as an authentic artistic expression and an attempt to "appropriate" the place by civic initiative. This work is just one in a series of (artistic) interventions in the building, as well as a direct comment on the attitude of local authorities and state institutions towards this architectural masterpiece, which they would like to see as an empty plot free for new construction to the taste of new spatial managers. (...)

From the text of the exhibition's preface by Nataša Bodrožić

© Žaklina Antonijević

Смена 8

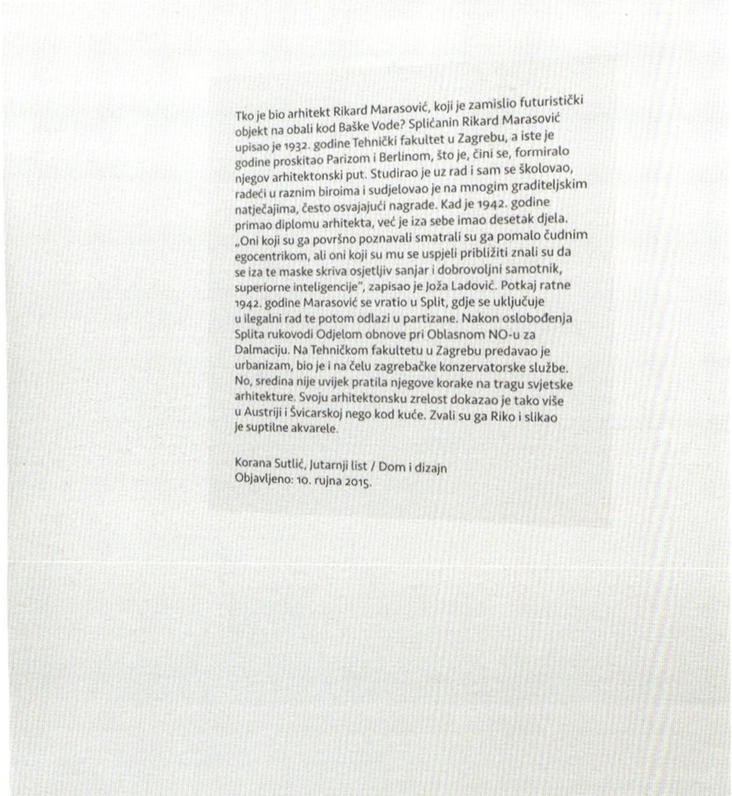

Tko je bio arhitekt Rikard Marasović, koji je zamislio futuristički objekt na obali kod Baške Vode? Splićanin Rikard Marasović upisao je 1932. godine Tehnički fakultet u Zagrebu, a iste je godine proskitao Parizom i Berlinom, što je, čini se, formiralo njegov arhitektonski put. Studirao je uz rad i sam se školovao, radeći u raznim biroima i sudjelovao je na mnogim graditeljskim natječajima, često osvajajući nagrade. Kad je 1942. godine primao diplomu arhitekta, već je iza sebe imao desetak djela. „Oni koji su ga površno poznavali smatrali su ga pomalo čudnim egocentrikom, ali oni koji su mu se uspjeli približiti znali su da se iza te maske skriva osjetljiv sanjar i dobrovoljni samotnik, superiorne inteligencije", zapisao je Joža Ladović. Potkaj ratne 1942. godine Marasović se vratio u Split, gdje se uključuje u ilegalni rad te potom odlazi u partizane. Nakon oslobođenja Splita rukovodi Odjelom obnove pri Oblasnom NO-u za Dalmaciju. Na Tehničkom fakultetu u Zagrebu predavao je urbanizam, bio je i na čelu zagrebačke konzervatorske službe. No, sredina nije uvijek pratila njegove korake na tragu svjetske arhitekture. Svoju arhitektonsku zrelost dokazao je tako više u Austriji i Švicarskoj nego kod kuće. Zvali su ga Riko i slikao je suptilne akvarele.

Korana Sutlić, Jutarnji list / Dom i dizajn
Objavljeno: 10. rujna 2015.

doplgenger
Snimak pejzaža bez predistorije,
video snimak, 2020.

doplgenger
A Record Of Landscape Without Prehistory,
video still 2020

of another time.

(NE) VJERUJ PRIPOVJEDAČ
– SLUČAJ KRVAVICA

Iz teksta Silve Kalčić za emisiju TRIPTIH, 3. programa Hrvatskoga radija, 2021.

„Slučaj Krvavica nije obična izložba nego veliki festival pameti, morala, kreacije, estetike i emocija; jedno hrabro i veliko umjetničko djelo“, napisao je arhitekt koji se slučajno zatekao na izložbi, na putu doma, s godišnjeg odmora. Možemo zaključiti da je Nataša Bodrožić ovom izložbom uspostavila novu paradigmu u hrvatskoj izložbenoj kartografiji. Istraživanjem je oblikovana baza podataka prikladne vizualne građe navedenog arhitektonskog objekta-problema koja omogućuje komparativnu analizu građe sa stajališta povijesti umjetnosti, arhitekture, teorije umjetnosti, sociologije kulture, kulturne antropologije i filozofije.

From the text of Silva Kalčić for the program TRIPTIH, Channel 3 of Croatian Radio, 2021

“The case of Krvavica is not an ordinary exhibition but a great festival of intelligence, morality, creation, aesthetics and emotions; a brave and great work of art”, wrote the architect who happened to be at the exhibition on his way home from his summer vacation. We can conclude that Nataša Bodrožić established a new paradigm in Croatian exhibition cartography with this exhibition. The research created a database of suitable visual material of the mentioned architectural object-problem, which enables a comparative analysis of the material from the point of view of art history, architecture, art theory, sociology of culture, cultural anthropology and philosophy.

Tokom i nakon izložbe, na adresu Udruge Slobodne veze / projekta Motel Trogir, dobili smo priličan broj kratkih osvrta, mišljenja i reakcija. Tako nam je slučajni posjetitelj iz Češke na godišnjem odmoru u Splitu poslao pismo s impresijama koje ovdje prenosimo:

"Pismo zahvale

Poštovani,

u ovom vam pismu želim prenijeti svoje dojmove s izložbe „(Ne) vjeruj pripovjedaču – Slučaj Krvavica", koju sam posjetio dok sam nekoliko tjedana boravio u Splitu.

Iako sam u potpunosti razumio samo film prikazan u sklopu izložbe, dok sam ostatak razumio samo djelomično (zahvaljujući sličnosti određenih riječi češkima i brošurama koje smo dobili), izložba kao cjelina bila je iznimno zadivljujuća i nadahnjujuća, toliko da o njoj i dalje razmišljam te sam konačno našao vremena da sastavim ovo pismo zahvale.

S obzirom na osjećaj i interpretaciju koje sam iz nje iščitao, moj je dojam da je vaš kolektiv uzeo fizički prostor kao središnji motiv te projicirao sjećanja i osjećaje uhvaćene unutar određenog vremena, kao i one koji ga nadilaze.

Izložene fotografije čine fragmentarni dokument, a distorzirani film, u kojem je upotreba analognog materijala izrazito emotivno obojena, poigrava se pojmovima činjenične istine i subjektivne percepcije (osoba u filmu, samih umjetnika i publike, kako one koja film gleda prvi put, tako i one koja ga gleda ponovno). Sve je to bilo dojmljivo i vrlo dobro izvedeno.

Iako je ova e-mail poruka možda nevažna, njome sam vam jednostavno htio zahvaliti na ovom iskustvu i poželjeti vam sreću u daljnjim pothvatima – koliko sam shvatio, vaše aktivnosti sežu dalje od umjetničke prakse i trebale bi potaknuti na razumijevanjem i poštovanjem prožetu interpretaciju i održavanje tih građevina, kao arhitektonskih ostvarenja, sa svojim prvotnim i postupno mijenjajućim kontekstima; jesam li u pravu? Ako nisam, unaprijed vam zahvaljujem na pojašnjenju.

Na osobnoj razini, ova će izložba zasigurno ostati izvor ideja i nadahnuća za moja umjetnička nastojanja te se veselim vašem budućem radu. (...)

Još jednom, hvala vam na jednom od najdojmljivijih umjetničkih djela koja sam u posljednje vrijeme imao priliku doživjeti i svaka vam čast,

MgA.[1] Erik R. H."

1 Češka skraćenica za akademski naziv magistra u području umjetnosti, op. prev.

During and after the exhibition, at the email address of our association and the Motel Trogir project, we received quite a number of short reviews, opinions and reactions. An accidental visitor from the Czech Republic on vacation in Split sent us the following letter:

“A letter of Appreciation

To whom it concerns,

I am writing as a follow up to a visit of your exhibition “(dis)trust the storyteller. the case of Krvavica Children Health Resort” which I happened to notice while spending a couple of weeks in Split.

Even though I understood fully only the screened film, and partially the rest (a bit due to understanding words close to Czech language and a bit thanks to the flyers we were handed), I found the whole exhibition immensely captivating and inspiring, that I have been thinking about it since and finally found the time to write this letter of appreciation.

The feeling and interpretation that I read from it was as if your collective took a physical space as a central motif and projected the memories and feelings captured or transcending in time.

Exhibited photographs being a fragmental document and the distorted film with highly emotional use of analogue material being a play on factual truth and subjective perception (of the people involved, the artist, as well as the people watching the film - once or repeatedly). All this I found impactful and very well executed.

Though perhaps this electronic letter has no importance, I simply wanted to thank you for this experience and wish you the best of luck with your endeavours - as I understood, your activities go beyond art practice and should inspire action to interpret and maintain these buildings with their understanding and respect, as pieces of architecture with their initial and gradually morphing context, is that correct? In case not, thank you for your clarification.

The exhibition will surely last on an individual level as a source of thoughts and inspiration to my own artistic attempts and I am looking forward to your next works. (...)

Thank you again for one of the most powerful artworks I got to experience lately and hats off,

MgA.[1] Erik R. H.”

© Željko Blaće

krv/AV/ica #wikiMedijalizacijOOM

umjetnik, aktivist, kustos
i wikimedijalac
Željko Blaće

Autor u prostorima lječilišta i u galeriji postavlja QR kodove koji stvaraju hiperlinkove na tekstove, podatke, reference i medijske zapise u globalnom sustavu otvorenog i slobodnog znanja tj. Wikipedije i sestrinskih Wikimedija projekata.

Jednostavnim pokretanjem aplikacija koje mogu čitati QR kod, pokreće se web preglednik koji prikazuje sadržaje vezane uz dane pojmove.

Rad je istovremeno i informiranje o trenutnom stanju dostupnih materijala u sustavu otvorenih i održivih medija i digitalnih dijeljenih dobara, ali i inspiriranje za unapređenje stanja dijeljenjem istraživačkih materijala, kreativnih i kritičkih ideja te potencijal javno dostupne, editabilne i dogradive građe.

Demokratizacija znanja i participacija u izgradnji istog, potencijalno otvara procese koje etičke i estetičke ciljeve socijalizira mimo okvira elitnih grupa i resursa.

artist, activist, curator
and Wikimedia contributor
Željko Blaće

In the premises of the Health resort and in the gallery the author posts QR codes that create hyperlinks to texts, data, references and media records in a global system of open and free knowledge, i.e. Wikipedia and its sister Wikimedia projects.

By simply launching applications that can read a QR code, a web browser is launched that displays content related to the given terms.

The work is at the same time informing about the current state of available materials in the system of open and sustainable media and digital shared goods, but also inspiring to improve the situation by sharing research materials, creative and critical ideas and the potential of publicly available, editable and expandable material.

Democratization of knowledge and participation in its construction potentially opens processes which socialize ethical and aesthetic goals beyond the framework of elite groups and resources.

TREBA OBJEKTIVNO SAGLEDATI POVIJESNA ISKUSTVA

Maroje Mrduljaš u razgovoru
s Natašom Bodrožić

Interview with Maroje Mrduljaš
by Nataša Bodrožić

WE NEED TO OBJECTIVELY RE-EXAMINE HISTORICAL EXPERIENCES

Dr. sc. Maroje Mrduljaš, arhitekt je koji djeluje u domenama edukacije, istraživanja, projektiranja, publicistike i kritike, kuriranja izložbi i filma. Sudjelovao je u izložbenim projektima u Muzeju moderne umjetnosti (MoMA) u New Yorku, S AM u Baselu, na Venecijanskom bijenalu – Međunarodnoj izložbi arhitekture i drugdje. Suautor je serijala *Betonski spavači*.

Za početak, zanima me priča o „ponovnom otkrivanju“ zgrade lječilišta u Krvavici, mislim da je nikada nismo čuli. Kako se to odvijalo, od momenta kad ste je vidjeli do početnog angažmana, traženja podataka o zgradi, arhitektu, prekopavanja arhiva u Lori – Mirande Veljačić, koja je potom napisala i značajan tekst u časopisu *Oris*? Već je urbana legenda crtica o „misterioznoj zgradi“ koja nije bila publicirana u arhitektonskim časopisima (ali je, poslije će se pokazati, nalazimo u nekim publikacijama o građevinarstvu u Jugoslaviji, kao i na desecima razglednica i turističkih prospekata). Nije bila ucrtana u zemljišne knjige, „već je na njenom mjestu stajao bijeli kvadrat“, budući da je bila dijelom vojne imovine. Krenule su priče o strogo kontroliranom mjestu, skrivenom od javnosti itd., da bismo kasnije vidjeli da je zgrada ustvari stalno bila u bliskoj koegzistenciji sa zajednicom, mještanima Krvavice, iako je bila pod ingerencijom JNA. Mještani su tamo radili, govore o kolektivnom gledanju televizije u zgradi, o druženjima za vrijeme važnih državnih praznika, a u jednoj reportaži mještanka govori da je sve bilo jako lijepo, jedino što je vojnik stajao na rampi. U drugom svjedočanstvu, saznajemo da je vojnik na ulazu ustvari bio mladi ročnik koji je često i pomagao oko radova vezanih za funkcioniranje lječilišta tj. vojnog odmarališta. I u *Betonskim spavačima*, naslovili ste epizodu „Tajanstveni objekt u borovoj šumi“. Iako nam je serija *Betonski spavači* izuzetno važna i znamo da je uspjela doprijeti do širokih krugova javnosti, kako je ta „tajanstvenost“ (odabir riječi) upala u narativ/naslov?

Na kompleks Dječjeg lječilišta u Krvavici upozorio me kolega i prijatelj Nikola Radeljković iz dizajnerske skupine Numen / For Use. Više se ne sjećam točnih detalja, poslao je nekoliko fotografija koje su mi odmah privukle pažnju. Pitao sam se – kako je moguće da ne znam za tako odvažan i uvjerljiv projekt? U arhitekturi u Hrvatskoj već tada nisu se očekivala neka iznenadna otkrića, mislio sam da su ključni projekti već dobro evidentirani. Za većinu arhitekata i povjesničara, kanonska je zbirka bila „Šegvićeva ljubičasta Arhitektura“, broj koji se temelji na izložbi, a koji je apostrofirao sto kanonskih djela između 1945. i 1985. Ovaj rad apsolutno je morao biti uvršten u taj izbor, no njega tamo nije bilo, kao niti u jednom broju relevantnih arhitektonskih časopisa iz regije. Ta činjenica mi i dalje nije jasna, to što je objekt bio vojni ne čini mi se dovoljnim objašnjenjem – on nije imao neku stratešku važnost i, kao što ste rekli, bio je javno dostupan i poznat. Tu prvu informaciju primili smo upravo u trenutku kada smo pripremali jubilarni, pedeseti broj časopisa *Oris* za koji smo priredili ambicio-

Maroje Mrduljaš, PhD, is an architect active in the domains of education, research, design, publishing, criticism, exhibition and film curation. He participated in exhibition projects at the Museum of Modern Art (MoMA) in New York, S AM in Basel, the Venice Biennale – International Architecture Exhibition, and elsewhere. He is the co-author of the *Slumbering Concrete* series.

To start off, I'm interested in the story of the "rediscovery" of the health resort building in Krvavica, I don't think we've ever heard it. How did it all develop, from the moment you noticed it to the initial activities, research on the building and its architect, digging through the archives in Lora by Miranda Veljačić, who then wrote a notable article about it for the *Oris* magazine? The tale of a "mysterious building" which was left out of architectural journals (although, as we found out later, it had been featured in some Yugoslav publications and on dozens of postcards and tourist brochures) has already become an urban legend. It had not been entered in the land register, but rather "a white square stood in its place", considering it was army property. Stories emerged of a closely surveilled area, hidden from the public eye etc., only for it to be discovered that the building actually had closely coexisted with the community, the Krvavica locals, even though it had been managed by the Yugoslav People's Army. The locals used to work there, they told us stories about watching TV in the building and social gatherings on major public holidays. In one feature, a local woman talked about how beautiful everything had been, apart from a soldier that stood at the ramp. From another testimonial, we found out that, in fact, the soldier at the entrance had been a young conscript who had often helped out with tasks related to the operation of the health (army) resort. Incidentally, you named one of the episodes of the *Slumbering Concrete* series "Mysterious Object in the Pine Forest". Although the *Slumbering Concrete* series is extremely important to us and we know that it managed to attract great public interest, how did this "mystery" (choice of words) find its way into the narrative/title?

The complex of the Children's Health Resort in Krvavica was brought to my attention by colleague and friend Nikola Radeljković from the design collective Numen / For Use. I no longer remember the exact details, but he had sent me several photographs that instantly piqued my interest. I wondered how it was possible I had been unaware of such a daring and convincing project. At the time, architecture in Croatia did not offer much in the way of discoveries, I believed that the crucial projects had already been well-documented. For most architects and historians, the canonical compendium was "Šegvić's purple *Architecture*", which contained an exhibition-based selection of one hundred canonical works created between 1945 and 1985. Although this work had absolutely merited it, it hadn't been included in the selection,

Maketa zgrade Lječilišta u Krvavici, fotografija ljubaznošću Brankice Pejković

Model of the Health resort building, courtesy of Brankica Pejković

zniju koncepciju. Umjesto kolekcije zasebnih tekstova, brojevi su trebali dobiti jasnije problemsko usmjerenje i preciznije definiranu strukturu pa nam je bilo veliko veselje u taj broj uvrstiti i jedno takvo otkriće. U pomlađenom uredništvu bila je i Miranda Veljačić koja živi u Splitu pa smo njoj povjerili da pobliže istraži projekt. Ona je tom zadatku pristupila s izuzetnim entuzijazmom te je uspjela doći do izvedbenog projekta pohranjenog u arhivu Vojne luke Lora što je bilo prilično izazovno. Napisala je i tekst za *Oris*, a zatim je, tijekom dužeg procesa, došlo i do uspješne zaštite lječilišta u suradnji sa splitskim konzervatorima. Treba reći da su suradnje s regionalnim konzervatorima uglavnom često plodonosne.

Zašto (ne) možemo zaista zaštititi remek-djela arhitekture kasnog modernizma i sačuvati ih u državnom vlasništvu, uključujući javnu namjenu, dakako? Reci nam nešto o tvom iskustvu pristupanja državnim institucijama, a u vezi Gettyjevog granta *Keeping it modern*. Što je on sve nudio? Što ste vi sve nudili, tko je i zašto odbio vaš prijedlog? Govoriš i o neinventivnom, problematičnom, kako si rekao pravocrtnom tretmanu državne imovine, posebno ovakvih slučajeva, od strane državnih institucija: zaštićena zgrada, velika parcela, prodaj/privatiziraj. Koja je kontra-strategija? Što bi, po tebi, trebalo s Dječjim lječilištem u Krvavici?

or featured in any volume of relevant architectural journals in the region. This is a fact that I still find inexplicable, the explanation that the facility was owned by the army hardly seems satisfactory to me – it had no strategic significance and, as you've mentioned, it was accessible and known to the public. We received this initial information just as we were preparing the anniversary, fiftieth number of the *Oris* magazine, for which we had envisaged a somewhat more ambitious concept. Rather than being just a collection of stand-alone texts, the numbers were to reflect a more unified, issue-centred approach, and a more precisely defined structure. Therefore, we welcomed the possibility of featuring a discovery of this in the number. The "rejuvenated" editorial board included Miranda Veljačić, who lived in Split, and was thus entrusted with research on the project. She approached the task with extraordinary enthusiasm and managed to obtain the working design, kept in the archives of the Lora Naval Base, which was quite daunting. She wrote an article for *Oris*, which was followed by a prolonged process, eventually resulting in the successful conservation of the health resort, in cooperation with Split conservators. It should be noted that cooperation with regional conservators has often proven fruitful.

Why are we (un)able to actually protect the masterpieces of late Modernist architecture and retain their status as state property, including their public use? Can you tell us more about your experience of approaching state institutions in connection with the Getty Foundation's grant-making programme *Keeping It Modern*? What did it offer? What did you offer, who rejected your proposal and why? You've also mentioned the uninventive, problematic and "blinkered" treatment of state property by state institutions, especially in cases like this one: protected building, large plot, sell/ privatise. What is the counter-strategy? In your opinion. what should be done with the Children's Health Resort in Krvavica?

In 2017, at a conference in Yerevan co-organised by the Getty Foundation from Los Angeles, I gave a talk on modern architecture on the Adriatic coast during the Socialist era and showed the building of the Children's Health Resort in Krvavica as one of its examples. The senior program officer of the *Keeping It Modern* programme immediately suggested that we apply for the financing of a renovation project and management plan for the building, with a proposed budget of 200,000 – 300,000 US dollars. The condition was to retain the complex as state property for the following several years, I think it had to be eight. I then prepared a draft study which the Foundation, i.e. *Keeping It Modern* programme, accepted and requested that I include its owner in the process. The Ministry of State Assets, which managed the complex, firmly rejected the opportunity to include the health resort in the project because its only goal was to sell it. How the state plans to go about selling an architecturally unique structure which is protected as cultural property and even has people living in it, is beyond reasoning. If it wanted to get rid of its problematic

Godine 2017., na konferenciji u Erevanu koju je suorganizirala Zaklada Getty iz Los Angelesa, govorio sam o modernoj arhitekturi na jadranskoj obali u vrijeme socijalizma te, između ostalih primjera, prikazao i zgradu Dječjeg lječilišta u Krvavici. Ondašnji direktor programa *Keeping it Modern* odmah je predložio da taj objekt prijavimo za financiranje projekta obnove i plana upravljanja u redu veličine od 200 - 300.000 američkih dolara. Postojali su i uvjeti, a to je da kompleks idućih nekoliko godina, čini mi se osam, ostane u državnom vlasništvu. Priredio sam radni elaborat koji je fondacija, odnosno *Keeping it Modern* program, prihvatila i zatražila da uključim vlasnika. Tadašnje Ministarstvo državne imovine koje je upravljalo kompleksom odlučno je odbilo mogućnost da lječilište uđe u projekt jer je jedini cilj bila prodaja. Kako država misli prodati arhitektonski vrlo specifičan objekt koji je zaštićen kao kulturno dobro i u kojem čak i žive neki ljudi, sasvim je nejasno. Ako se već to želi, sa suvislim projektom i planom upravljanja država bi se lakše riješila svog problematičnog vlasništva. Za koju godinu će i isteći taj rok koji je Getty fondacija postavila, a Lječilište i dalje propada. Sama izrada projekta mogla je pomoći razvoju naprednije metodologije paralelnog projektiranja fizičke obnove i programiranja zgrade, da i ne govorimo o međunarodnoj vidljivosti koja se kroz sudjelovanje u tom programu odvija. Pokušaj da se tada uključi i Ministarstvo kulture i ostvari međusektorska suradnja također nije uspio. Retrospektivno, ako se želi staviti u funkciju, najbolje je da država proda tu zgradu. Više puta su me kontaktirali razni interesenti, pri čemu su neki bili arhitektonski entuzijasti spremni ući u akcije fundraisinga i ta opcija je još otvorena. Inače, nemam nikakvog problema da se zgrada konzervira u *roh-bau* stanju i da bude *follie* na plaži, užitak u prostornom doživljaju, arhitektonski spomenik. Zašto bi se sve trebalo „stavljati u funkciju“? Čini mi se da u Hrvatskoj ne možete nastupiti s nekom složenijom idejom koja traži koordinaciju više državnih entiteta temeljem koncepta, umjesto toga integracija je možda moguća temeljem neposrednih kontakta i odličnog poznavanja različitih državnih sustava, para-sustava i funkcioniranja mikro-politika. Takve okolnost treba prihvatiti i raditi na njima, to je najteži dio „aktivističkog“ angažmana: treba razumjeti način funkcioniranja sustava i tražiti načine operativnog, legalističkog djelovanja. Primjera iz svijeta ima više: Raumlabor iz Berlina, Assemble iz Londona, Teddy Cruz koji djeluje na granici USA i Meksika. Svi oni integriraju arhitekturu, rad sa zajednicom i političko-ekonomsko djelovanje. Istina je da je hrvatski kontekst specifičan, a institucije mahom pružaju otpor razumnim idejama.

Prolazeći kroz repozitorije diplomskih radova u Hrvatskoj, nalazimo samo jedan diplomski rad koji se bavio Marasovićevom zgradom u Krvavici i to na Sveučilištu u Zadru, Odsjek za povijest umjetnosti. Nema ni jednog diplomskog na arhitekturi, ali smo ih pronašli par na stranim sveučilištima... Zanimaju li uopće ove teme mlađe generacije studenata, generaciju Z ili je to ostalo još kao važna priča starijim generacijama rođenim u socijalističkoj Jugoslaviji ili malo nakon nje?

© Marija Ivanković

property, the state could have more easily done so with a coherent project and management plan. The deadline that the Getty Foundation set will expire in a few years, whereas the Health Resort continues to decay. The very preparation of the project could have contributed to the development of a more advanced methodology of designing the physical renovation concurrently with the building's programme. Then, there is the additional benefit of international visibility enabled by inclusion in the grant programme. The consequent attempt to include the Ministry of Culture and realise an inter-departmental cooperation also failed. Looking back on these experiences, if the building is ever meant to be used again, the state would do best to sell it. I was contacted on several occasions by various interested parties, some of them architecture enthusiasts ready to launch a fundraising project, and that option is still open. As far as I'm concerned, I see no problem with placing the building under conservation in the "rough work" state and turning it into a beach *follie,* eliciting pleasure as an experience of space, an architectural monument. Why should everything be "put to use"? It seems to me that, in Croatia, one cannot hope for the realisation of a complex idea that requires the coordination of several state entities based on a concept. Instead, integration might be achieved based on the availability of immediate contacts and a superb grasp of the functioning of different state systems, para-systems and micro-politics. One should accept such circumstances and work on them, which is the hardest part of activism: one should understand the

© Marija Ivanković

Ustvari, ima dosta diplomskih radova na svim našim sveučilištima koji imaju programe vezane za povijest arhitekture i umjetnosti. Čak sam našao i jedan rad iz domene prava koji se bavi vlasničkim statusom turističkog kompleksa Haludovo i njegovom privatizacijom. Također, naši studenti u inozemstvu često se bave upravo temama obnove modernističke baštine, pri čemu je upravo Haludovo tema koja se učestalo ponavlja. Sudeći prema tim radovima, interes mlađih generacija za nasljeđe modernizma druge polovice 20. stoljeća je čak i iznenađujuće velik što je možda i posljedica toga da postoji dovoljan broj referentnih znanstvenih i stručnih istraživanja na koja se mogu osloniti.

Više od jedanaest godina radimo u okviru projekta Motel Trogir, ti si još duže u polju istraživanja modernizma druge polovice 20. stoljeća. Kakav ti je dojam, kada pogledaš unatrag na više od desetljeće i pol rada i aktivizma najrazličitijih aktera u ovom polju zaštite / ponovnog pogleda, reevaluacije arhitekture drugog modernizma i svog vlastitog angažmana? Možeš li zamisliti optimističniji scenarij? Što misliš da bi nekoj sljedećoj generaciji aktivista trebao biti primarni zadatak, sad kada su neke naše generacije prilično mapirale te okoliše, podigle na neki stupanj svijest šireg kruga ljudi o njihovoj važnosti... Dakle, što dalje?

Unutar akademske i kulturne zajednice modernizam druge polovice 20. stoljeća nikada nije bio doveden u pitanje, upravo suprotno, tumačio se unutar ideje kontinuiteta modernizma na ovim prostorima i way in which the system works and look for ways to act in a manner that is operative, legalist. There are many examples of this in the world: Raumlabor from Berlin, Assemble from London, Teddy Cruz, who is active on the US-Mexican border. All of them integrate architecture with community work and political and economic action. The Croatian context is rather specific, and one in which institutions across the board reject sensible ideas.

Our search of the repositories of graduate theses in Croatia yielded only one which deals with Marasović's building in Krvavica, by an art history student from the University of Zadar. There isn't a single one by a student of architecture, but we did find several such theses at the universities abroad... Are the young generations (the Generation Z) of students of architecture even interested in such topics or are they important only to the older generations, born in Socialist Yugoslavia or a little after its era?

Actually, numerous graduate theses by the students of our universities deal with the history of architecture and art. I even found a thesis from the filed of law which deals with the ownership status of the Haludovo tourist complex and its privatisation. Our students abroad also often write about topics related to the renovation of Modernist heritage, Haludovo being a recurrent one. Judging from these theses, the interest of the younger generation in late-20th-century Modernist heritage is even surprisingly big, which might be a result of the availability of a sufficient number of academic and expert studies which they can rely on for reference.

We have collaborated on the Motel Trogir project for more than eleven years, and you have been active in the field of research pertaining to late-20th-century Modernism for even longer. Looking back on more than a decade and a half of work and activism, by various individuals and entities, amongst them yourself, in this field of the protection/re-examination, re-evaluation of late Modernist architecture, what are your impressions? Can you picture a more optimistic scenario? What do you see as the primary mission for future generations of activists, now that ours has mapped out, to a considerable extent, these environments, and raised public awareness of their importance to a notable level? To sum up, what's next?

The academic and cultural community has never questioned the significance of late-20th-century Modernism. On the contrary, it was interpreted from the perspective of the continuity of Modernism in the wider region and accepted as one of the peaks of architectural culture. In that period, architectural production was accompanied by a vigorous publishing, exhibition/curatorial, and even critical practice. Today, analyses of architecture can really rely on the work of a number of relevant critics from that period, which is a good starting position. However, what this body of work is missing is a clearer social contextualisation of architectural contributions and a finer understanding of the structural position of architecture, and this is an area that requires more work. In addition, architecture in the region remained relatively unrecognized in the international

prihvaćao se kao jedan od vrhunaca arhitektonske kulture. Arhitektonska produkcija tog perioda bila je popraćena snažnom publicističkom, izložbenom, pa i kritičkom praksom. Kada danas analiziramo arhitekturu, odista se možemo osloniti na čitav niz relevantnih kritičara onoga doba što je dobra startna pozicija. Ono što je izostajalo jest jasnija društvena kontekstualizacija arhitektonskih doprinosa te preciznije razumijevanje strukturalne pozicije arhitekture na čemu predstoji još rada. Također, ovdašnja arhitektura ostala je razmjerno slabo poznata u međunarodnom kontekstu. To međunarodno prepoznavanje u međuvremenu je ostvareno u čemu sam intenzivno sudjelovao pa, primjerice, peto izdanje seminalne knjige Kennetha Framptona *Moderna arhitektura – Kritička povijest* sada uključuje i poglavlje o Jugoslaviji. Sve se to odvijalo uz minimalnu ili nikakvu podršku hrvatskih institucija. Djelovanje aktivista doprinijelo je podizanju svijesti o važnosti pojedinih zgrada i pomoglo zaštiti nekih kanonskih radova pri čemu su ipak ključni partneri regionalni konzervatori, pa zatim i središnja komisija u Ministarstvu kulture. No, u više od dvadeset godina mog rada, niti jednom nisam bio na sastanku u Ministarstvu kulture vezanom za bilo koje arhitektonsko pitanje. Dva radna sastanka u tadašnjem Ministarstvu državne imovine bili su čisti gubitak vremena. Jedan sastanak bio je već spomenuti, vezan za program *Keeping it Modern*, dok je drugi bio zajednička inicijativa Arhitektonskog fakulteta u Zagrebu i Instituta za turizam s ciljem sustavnog istraživanja modela reaktivacije neiskorištenih resursa u državnom vlasništvu. Prva sezona *Betonskih spavača* poslužila je kao okidač za tu ideju. Slušali su nas *pro forma* ili čak niti toliko, samodopadna indolencija karijernih političara odbija bilo kakve kreativne ideje. Da bi bile uspješne, inicijative oko pitanja obnove i zaštite modernističkog nasljeđa trebaju ići i bitno dalje od samih formalnih pi-

© Marija Ivanković

context. The feat of international recognition has been achieved in the meantime, owing to intensive effort on my part as well. Thus, the fifth edition of Kenneth Frampton's seminal work, *Modern Architecture: A Critical History,* now includes a chapter on Yugoslavia. All of that took place with minimal or no support from Croatian institutions. Activism contributed to raising awareness about the significance of certain buildings and to the protection of some canonical works. Regional conservators, and even the central conservation board of the Ministry of Culture, were key partners in these processes. However, in more than twenty years of work, I have never once attended a meeting at the Ministry of Culture in connection with an architectural matter. The two working sessions I attended at the former Ministry of State Assets were a sheer waste of time. One of these I've already mentioned, i.e. the one related to the *Keeping It Modern* programme, while the other was in connection with a joint initiative of the Faculty of Architecture in Zagreb and the Institute for Tourism for systematic research of models of the redeployment of unused resources owned by the state. The idea had been triggered by the first season of *Slumbering Concrete.* We were listened to *pro forma,* or not even that much. Any kind of creative idea is likely to bounce right off the self-absorbed indolence of career politicians. In order to succeed, initiatives for the restoration and preservation of Modernist heritage have to move significantly past formalities and propose plans for future use and management. This is rather demanding and calls for the inclusion of numerous participants from various fields of expertise. I would love to see initiatives that take concrete action, occupy

© Marija Ivanković

tanja i naznačiti planove budućih korištenja i upravljanja što je vrlo zahtjevno i zahtijeva uključivanje brojnih sudionika različitih profila znanja. Rado bih vidio inicijative koje ulaze u konkretne akcije, zaposjedaju prostore, empirijski pokazuju potencijale. Takve inicijative već su bile s dosta uspjeha iskušavane u području nezavisne kulture i Dom mladih u Splitu odličan je primjer pronalaženja zajedničkog interesa između vaninstitucionalne scene i gradske uprave. Bilo bi jako korisno snažnije povezati sve te raznolike aktivističke prakse i kompatibilne građanske inicijative – samo sinergijskim djelovanjem bit će mogući konkretniji pomaci.

Drugo otvoreno pitanje jesu metode obnove graditeljske baštine koje u Hrvatskoj osciliraju između mahom konzervativnog pristupa i pojedinih radikalnih iskoraka predvođenih najboljim aktivnim arhitektima. Nužno je razmotriti iskustva poput onih koje zagovara „eksperimentalna prezervacija“ (*experimental preservation*) temeljem istoimenog teksta Jorge Otero Pailosa. Pailos sagledava brojne konzervatorske, umjetničke i arhitektonske prakse koje traže balans između očuvanja baštine u najširem smislu i aktualnog života. To znači jedno šire i fleksibilnije shvaćanje afirmacije povijesti koje ne cilja samo na pseudo-faksimilnu obnovu. Današnja praksa štancanja konzervatorskih elaborata uglavnom je birokratizirana, pišu se deseci ili čak stotine stranica, a konkretne smjernice se mogu svesti na par rečenica. Uglavnom izostaju jasne i precizne ideje koje bi otvarale kreativniji pristup. Umjesto da radimo „novo

spaces, empirically prove their potential. Such initiatives have already been successfully tried out in independent culture. The Youth Center in Split is an outstanding example of finding common ground between the non-institutional scene and the city authorities. It would be very useful to strengthen the ties between these diverse activist practices and a compatible citizens' initiative – real progress can only be obtained through synergy.

Another open issue is that of the methods of architectural heritage restoration. In Croatia, it oscillates between a conservative approach and several radical moves led by the very best of the active architects. It is necessary to consider experiences such as those proposed within the field of experimental preservation, based on the eponymous text by Jorge Otero Pailos. Pailos considers numerous conservation, artistic and architectural practices which strive towards balancing the preservation of heritage in the broadest sense with daily life. This entails a broader and more flexible understanding of history, which aims at more than restoration to a pseudo-facsimile. The current practice of churning out conservation studies is bureaucratised for the most part, resulting in dozens or even hundreds of pages that contain applicable guidelines reducible to but a few sentences. There is a lack of clear and precise ideas which could usher in a more creative approach. Instead of doing it the "new old" way, it would be valuable to preserve the specific material, maybe even programmatic, traces of buildings' histories and use. Furthermore, since conservation and restoration are not being linked to social history, the act of restoration may erase the subtle and fragile relations between a building, a local community and individuals' memories. For example, an experimental study of the renovation of the Haludovo tourist complex, which has a remarkable history, could be of international relevance. Maybe it should be prepared regardless of the complex's current ownership status. Conservation studies should be prepared in parallel with programmes and renovation and management plans. If possible, the process of their preparation should also include some form of interaction with the architects. It should be team work, such that it also includes activists and the local community.

In your opinion, how much of this Modernism of ours, of the environments, the buildings and the landscapes we consider important today will stand the test of time, still be relevant after thirty years, as something that can be considered heritage, while simultaneously still being in use, albeit under a different programme? (I'm not referring to residential architecture, which will certainly survive, but to buildings such as Marasović's Health Resort, Vitić's motels, the Koteks Gripe sports and commercial centre etc.) It appears that they are vanishing in front of our very eyes due to state (institutional) negligence (which we once dubbed as the "strategies of decay").

So much was built during the Socialist era that it will forever remain a distinguishable urban layer, although it will be subjected to inevitable modification. What is missing is staro", vrijedno bi bilo sačuvati i konkretne materijalne, a možda i programske tragove povijesti zgrada i njihovog korištenja. Izostaje i povezivanje konzervacije i obnove s društvenom poviješću, pa čin obnove može prebrisati suptilne i krhke veze između zgrade, lokalne zajednice i pojedinačnih sjećanja. Primjerice, jedan eksperimentalni elaborat obnove turističkog kompleksa Haludovo koji je obilježen nevjerojatno uzbudljivom poviješću, mogao bi biti međunarodno relevantan. Možda bi ga trebalo napraviti i bez obzira na aktualno vlasništvo. Konzervatorski elaborati trebali bi se raditi paralelno s programima, planovima obnove i upravljanja, a po mogućnosti i u nekom obliku interakcije s projektantima. To bi trebao biti timski rad koji uključuje i aktiviste i lokalnu zajednicu.

Što misliš koliko će od našeg modernizma, okoliša, zgrada, pejzaža o kojim danas govorimo kao važnima preživjeti, ostati za trideset godina kao nešto što možemo zvati baštinom, a u isto vrijeme funkcionalnim zgradama možda s različitim programom? (Ovdje ne govorim o stambenoj arhitekturi koja će zasigurno preživjeti, već zgradama poput Marasovićevog Lječilišta, Vitićevih motela, sportsko-poslovnog centra Koteks Gripe i sličnih)? Naime, čini se da nam upravo nestaju pred očima zbog državnog, odnosno institucionalnog nečinjenja (to smo jednom nazvali „strategijama propadanja").

Toliko toga je izgrađeno tijekom socijalizma da će on zauvijek ostati kao jasan urbani sloj koji će, naravno, proći i kroz neizbježne preinake. Ono što nestaje jest cjeloviti uvid u kulturu modernizma druge polovice 20. stoljeća, što se odnosi i na materijalnu i tehničku kulturu. Proces izmjene detalja zgrada i nestanak interijera čak i nije posljedica samo ideoloških pitanja nego i nedovoljno razvijenog osjećaja za održavanje i čuvanje materijalnih resursa, zatim novih normi koje zahtijevaju često nepotrebne preinake građevina. Riječ je o velikom gubitku jer je sinteza arhitekture, vizualnih umjetnosti i dizajna u pojedinačnim istaknutim primjerima možda i najvrjednije što je ovdašnja kultura stvorila. Primjerice, mi danas nemamo jasan pregled brojnih sjajnih umjetničkih radova u arhitektonskim prostorima, iako su učinjeni određeni napori u tom pravcu – primjerice doktorat Tihane Hrastar na Arhitektonskom fakultetu u Zagrebu. Također, nestat će i neke socijalne prakse uslijed novih režima korištenja i upravljanja prostorom. Primjerice, hoteli na Jadranu teško će nastaviti biti snažno povezani s lokalnim zajednicama i imati onu integrativnu ulogu kao nekada. Upitna je i sudbina razgranate mreže domova kulture pri čemu su mnogi od njih od snažnih institucija atomizirani u manje jedinice od kojih su neke i privatizirane. Najviše je ugrožena baština antifašističkih spomenika, memorijalnih kompleksa i muzeja. To je baština koja je ostala bez institucionalne podrške i o njoj skrbe specifične manjinske skupine. Dok se Hrvatska jasno ne odredi prema antifašizmu, za tu baštinu nema nade da će opstati.

Rezovi, diskontinuiteti i borba za (interpretaciju) jugoslavenskog nasljeđa neki je naš društveni kontekst. Koliko misliš da je arhitektura modernizma druge polovice

© Marija Ivanković

a comprehensive insight into the culture of late-20th-century Modernism, which also includes material and technological culture. The process of modifying building details and doing away with interiors isn't just a consequence of ideological issues, but also of the insufficiently developed awareness of the necessity of caring for and preserving material resources. It is also a product of new standards, which often require unnecessary alterations to buildings. It is a big loss, because the synthesis of architecture, visual arts and design, as exemplified in certain notable works, is quite possibly our most valuable cultural creation. For instance, we are yet to produce a clear overview of the many marvellous works of art to be found in architectural spaces, although certain progress has been made in this regard – for example, the doctoral thesis of Tihana Hrastar from the Faculty of Architecture in Zagreb. Also, the new regimes of the use and management of space will lead to the disappearance of certain social practices. Thus, it is most unlikely that the hotels on the Adriatic coast will be able to maintain their strong ties with local communities and retain the integrative role that they once had. The fate of a widespread network of community centres is also insecure. Powerful institutions had broken a number of them apart into smaller units, some of which were privatised. The biggest perils await the heritage consisting of antifascist monuments, memorial com-

20. stoljeća politična, koliko se govoreći o njoj, uvjetima, kontekstu u kojem je nastala, može oblikovati neki zdraviji, objektivniji pogled na socijalističku prošlost koje se hrvatsko društvo od devedesetih naovamo želi riješiti kao svoje negacije ili barem dijametralne suprotnosti?

Odista svjedočimo revizionizmu i jednostranom odbacivanju dostignuća čitavog socijalističkog perioda u Hrvatskoj, ali i u drugim post-socijalističkim zemljama. Bez uspostavljanja poštenog odnosa prema povijesti nemoguće je zamisliti zdravu sadašnjost i budućnost, potiskivanja i falsificiranja uvijek će se na neki način vraćati u obliku neprerađene traume. Stava sam da su upravo arhitektura i urbanizam odlični ulazi u probleme razumijevanja i vrednovanja socijalizma. U arhitekturi i urbanizmu jasno se čitaju široke teme kao što su javne politike, poimanje javnog dobra, razvijenost kulture, pa zatim i pitanja poput društvene pozicije i statusa projektanata te kultiviranje specifičnih znanja koja su utjecala na proizvodnju izgrađenog okoliša. Sve je to dovelo do neupitno vrijednih ostvarenja u arhitekturi koja ne bi bila moguća bez odgovarajuće podrške društva. I dok druge domene kulturne proizvodnje, poput književnosti ili vizualnih umjetnosti, mogu u pojedinačnim situacijama djelovati disidentski i s margina, realizirana arhitektura to ne može, slično kao i mainstream film. Dakako, globalne geopolitičke, društvene, tehnologijske i druge okolnosti su se posljednjih desetljeća radikalno promijenile i nije opravdano zahtijevati i očekivati linearni transfer teorije i prakse socijalističkog perioda u suvremenost. Umjesto toga, treba objektivno sagledati povijesna iskustva, priznati im, kako dostignuća, tako i manjkavosti, u njihovu vremenu i prostoru. Treba raspoznati kontinuitete društveno korisnih zamisli te tražiti načine za prevođenje tih zamisli u suvremeni trenutak. To čak nije niti primarno ideološko pitanje, to je pitanje zdravog razuma. Sasvim pragmatični i jednostavno razumljiv cilj učenja od povijesti jest boljitak današnjice i sutrašnjice.

plexes and museums. This heritage has lost institutional support and is cared for by certain minority groups. Unless Croatia adopts a clear position regarding anti-fascism, there is no hope of preserving this heritage.

Breaks, discontinuities and the struggle for (the interpretation of) Yugoslav heritage is our social context. How political do you believe late-20th-century Modernist architecture to be? How much can discussing it, its circumstances and the context in which it was created contribute to formulating a healthier, more objective perspective on the Socialist past, which Croatian society has been trying to get rid of as its negation, or at least its diametrical opposite, since the 1990s?

We have certainly witnessed revisionism and an uncritical rejection of the achievements of the Socialist era in Croatia, as well as in other post-Socialist countries. Without an honest relationship to history, it is impossible to envisage a healthy present and future. Repression and falsification have a way of coming back as unprocessed trauma. In my opinion, a great way to approach the problems of understanding and valuing Socialism is through architecture and urban planning. Namely, these fields offer clear insight into a range of topics such as public policies, the concept of public good, the level of cultural development, as well as into matters such as the social position and status of architects and the cultivation of special types of knowledge, which influenced the production of the built environment. All of that led to unquestionably great architectural achievements, which would not have been possible without adequate social support. While other domains of cultural production, such as literature or the visual arts, may sometimes act dissidently and from the fringes, realised architecture, just like mainstream film, is unable to do that. Of course, the global geopolitical, social, technological and other circumstances have radically changed over the past several decades and it is not fair to demand and expect a linear transfer of Socialist-era theory and practice into the present. Instead, we should take an objective look at historical experiences, acknowledging both their achievements and shortcomings, in their time and space. The continuities of socially beneficial ideas should be identified and ways to translate these ideas into the present should be sought out. This is not even a primarily ideological matter, but rather, one of common sense. The improvement of the present and the future is an entirely pragmatic and easily understandable purpose of learning from history.

ZAKLADA KULTURA NOVA, ZAGREB
23. kolovoza 2021.

Poštovani,

pišem vam iz Udruge Slobodne veze/ projekta Motel Trogir, a u vezi zaštićenog kulturnog dobra- bivšeg Dječjeg lječilišta/ odmarališta arhitekta Rikarda Marasovića u Krvavici kod Makarske (pod oznakom Z-6385 zavedeno je kao nepokretno kulturno dobro - pojedinačno). Naime, kako pokušavamo sagledati dosadašnje pokušaje civilnog društva ili stručnjaka usmjerene na zaštitu tj. stavljanje u (novu) funkciju predmetnog objekta (a prema postojećim, javno dostupnim informacijama), saznali smo da je i Zaklada Kultura nova bila djelomično uključena u takve procese (Maroje Mrduljaš to spominje u serijalu Betonski spavači: E03 Tajanstveni objekt u borovoj šumi). U tom smislu, zanima nas nekoliko informacija te se nadamo vašem ljubaznom i skorom odgovoru:

- Što je bio točan prijedlog koji je podržala Zaklada KN u vezi prenamjene bivšeg lječilišta/odmarališta u "kulturni centar"? Što je sve sadržavao, kako je bio elaboriran?
- Od koga je došao prijedlog i tko su sve bili dionici/ partneri uključeni u proces? Na čemu je prijedlog utemeljen?
- Kome je prijedlog upućen, kojoj državnoj instituciji i kada?
- Kakav ste odgovor dobili? Da li je bilo pregovora tj. konkretnih razgovora o mogućnostima revitalizacije predmetnog objekta?
- Što mislite da je (bio) osnovni problem odbijanja ovakvih inicijativa?

Budući da smo sredinom 2020., u suradnji s nizom lokalnih inicijativa još jednom pokušali odvratiti državne institucije od prodaje Marasovićevog remek-djela moderne arhitekture, a nismo bili upućeni u detalje prijašnjih pregovora, bilo bi nam važno saznati detalje dosadašnjih pokušaja i iskustava. Na našu prošlogodišnju inicijativu/ pismo resornim ministarstvima dobili smo i službeni odgovor Ministarstva prostornog uređenja, graditeljstva i državne imovine u kolovozu 2020. koji smo objavili na našim stranicama jer smatramo da je važno da je javnost informirana o procesima prodaje državne imovine, posebno kad se radi o remek-djelima nacionalne kulture tj zaštićenim kulturnim dobrima. Također, naša zajednička inicijativa potakla je nova istraživanja Marasovićevog objekta, u koja su uključeni uglavnom lokalni akteri.

Projekt Motel Trogir već dugi niz godina fokusiran je na zaštitu i kritičku re-evaluaciju arhitektonske modernističke baštine druge polovice 20. stoljeća i u tom smislu funkcionira kao medijator između stručne i najšire javnosti. Navedena pitanja tj. vaši odgovori poslužit će nam kao elementi refleksije tj. sagledavanja djelovanja civilne scene i stručnjaka u području tzv. baštinskog aktivizma tj. očuvanja i osmišljavanja novih funkcija za pojedine objekte. Konkretno, poslužit će kao elementi za tekst koji će pratiti izložbu koju pripremamo u Splitu, a ticat će se praksi baštinskog aktivizma, umrežavanja različitih aktera, upravo na primjeru Dječjeg lječilišta u Krvavici.

Srdačno,

Nataša Bodrožić,
za Udrugu Slobodne veze /
projekt Motel Trogir

KULTURA NOVA FOUNDATION, ZAGREB
August 23rd 2021

Dear Sir/Madam,

I am contacting you on behalf of Loose Associations / the Motel Trogir project, in regard to a protected cultural asset – the former Children's Health/Vacation Resort by architect Rikard Marasović, in Krvavica near Makarska (it is registered under designation Z-6385 as an immovable cultural asset – separate). In our efforts to get an overview (based on publicly available information) of the activities of non-governmental associations and experts dedicated to the protection and reopening (repurposing) of the mentioned facility, we have discovered that the Kultura Nova Foundation has also been partially involved in them (according to Maroje Mrduljaš in the series Betonski spavači ("Slumbering Concrete"), Episode 3: Tajanstveni objekt u borovoj šumi ("Mysterious Object in the Pine Forest")). In relation to this, we have some questions we hope you will be kind enough to promptly answer:

- What was the exact nature of the proposal for the repurposing of the former health/vacation resort into a "cultural centre", supported by the KN Foundation? What did the proposal contain and how was it articulated?
- Who made the proposal and which stakeholders/partners were involved in this process? What was the proposal based on?
- Who was the proposal made to, which state institution, and when?
- What response did you receive? Did any specific talks take place regarding the possibilities for the revitalisation of the facility in question?
- What do you see as the main problem with the rejection of such initiatives?

Namely, in mid-2020, in cooperation with a number of local initiatives, we made another attempt at deterring the state institutions from the sale of Marasović's masterpiece of modern architecture. Considering that we were not aware of the details of any talks that may have been previously held, it would be important for us to know the details of any such attempts made and of the experiences connected therewith. In August 2020, we received the official response of the Ministry of Physical Planning, Construction and State Assets to our last year's initiative/letter to the relevant ministries. We published the response on our website because we believe in the importance of informing the public about the processes of the sale of state assets, especially if they are masterpieces of national culture, i.e. protected cultural property. Our joint initiative has also sparked new research of Marasović's facility, which involves mostly local participants.

For a number of years, the Motel Trogir project has been focused on the protection and critical re-evaluation of the Modernist architectural heritage from the second half of the 20th century and, in that sense, functioned as a mediator between the experts and the broader public. The proposed questions and your answers to them will be used as prompts for reflection, in order to compose an overview of the activities of the non-governmental organisations and experts in the field of "heritage activism", focused on preserving certain structures and designing new functions for them. This overview will then serve as the basis for the accompanying text of an exhibition we are preparing in Split, on heritage activism practices and the networking of various participants, as illustrated by the example of the Children's Health Resort in Krvavica.

Sincerely,

Nataša Bodrožić,
on behalf of Loose Associations /
the Motel Trogir project

Zaklada **Kultura nova**

Gajeva 2/6
10 000 Zagreb
+385 1 5532 778
kulturanova.hr
info@kulturanova.hr

Udruga Slobodne veze
Vinogradska 34
10000 Zagreb
n/r gđe. Nataše Bodrožić

Klasa: 732-01/21-01/01
Urbroj: 1000-21-01
Zagreb, 30. kolovoza 2021.

Predmet: Upit o Dječjem pomorskom lječilištu u Krvavici i ulozi Zaklade "Kultura nova" u predlaganju projekta prenamjene tog objekta
– očitovanje, dostavlja se

Poštovana,

na temelju Vaše e-poruke od dana 23. kolovoza 2021. dostavljamo Vam očitovanje Zaklade "Kultura nova" na upit o Dječjem pomorskom lječilištu u Krvavici i ulozi Zaklade "Kultura nova" u predlaganju projekta prenamjene tog objekta.

Zaklada "Kultura nova" je na samim počecima svoga djelovanja prepoznala nedostatak prostora za rezidencijalne boravke umjetnika i kulturnih radnika kao i nedovoljna ulaganja financijskih sredstava u otvaranje i održavanje prostora za rezidencije, istraživanje, obrazovanje i razvoj u kulturi i umjetnosti. S tim u skladu je u Strateškom planu Zaklade "Kultura nova" 2014. – 2017. kao jedan od definiranih glavnih programa unutar strateškog cilja *Doprinijeti izgradnji i jačanju sposobnosti organizacija za razvoj suvremenih umjetničkih i kulturnih praksi* navedena uspostava Regionalnog centra za obrazovanje, istraživanje i razvoj u kulturi i umjetnosti, a u aktivnostima je istaknuta prenamjena i rekonstrukcija objekta arhitektonske baštine. Osnivanjem i otvaranjem Regionalnog centra osigurao bi se novi prostorni resurs dostupan različitim korisnicima za istraživački i edukacijski rad, kao i za razvoj novih kulturnih i umjetničkih ideja i projekata. Mogućim smještanjem Centra u neki od postojećih napuštenih objekata arhitektonske baštine te njegovom prenamjenom, proizveli bi se novi sadržaji za lokalnu zajednicu, stvorili uvjeti za gospodarsko jačanje lokalne zajednice te doprinijelo razvoju novih vrijednosti i motivacija za kulturni turizam u Hrvatskoj. Zaklada je Centar vidjela kao mjesto okupljanja kreativaca iz svih dijelova zemlje, ali i šire – regije Jugoistočne Europe i europskih stručnjaka iz područja kulture i umjetnosti.

Zaklada "Kultura nova" je 2014. osnovala Radnu grupu za nove modele ustanova te imenovala Teodora Celakoskog, Mirandu Veljačić i Tea Petričevića kao članove te grupe. Uloga Radne grupe bila je promišljanje i zagovaranje novih modela ustanova povezanih s konceptom sudioničkog upravljanja i razvoja društveno-kulturnih centara (što je, između ostaloga, rezultiralo i time da je

Ministarstvo kulture Republike Hrvatske uvrstilo projekt razvoja društveno-kulturnih centara u Operativni program Učinkoviti ljudski potencijali 2014.-2020. Europskog socijalnog fonda) te razvoj ideje Regionalnog centra za obrazovanje, istraživanje i razvoj u kulturi i umjetnosti. Jedna od ključnih polaznih točki razvoja takvog Regionalnog centra odnosila se na mapiranje, a potom i prepoznavanje potencijala napuštenih objekata arhitektonske baštine. S obzirom na to da je Zaklada još 2013. prepoznala Dječje pomorsko lječilište u Krvavici kao odgovarajući objekt za smještanje takvog Regionalnog centra kada je prvi put Agenciji za upravljanje državnom imovinom (AUDIO) iskazala interes za taj objekt, Radna grupa je podržala odabir Krvavice kao jednu od mogućih lokacija za smještanje Centra.

Zaklada je u nekoliko navrata iskazala interes za navedenom nekretninom pri tijelima za upravljanje državom imovinom. Nakon što je 2013. godine pri AUDIO-u iskazala interes za prenamjenom Dječjeg pomorskog lječilišta u kulturne svrhe i ponovnog stavljanja ovog vrijednog arhitektonskog ostvarenja u javnu funkciju čime bi se spriječilo njegovo daljnje propadanje, svoj je interes ponovno iskazala 2014., 2015. i 2016. godine pri Državnom uredu za upravljanje državnom imovinom te 2018. godine pri Ministarstvu državne imovine. Budući da ovaj Zakladin interes nije prepoznat i nemogućnost osiguravanja objekta arhitektonske baštine u državnom vlasništvu za smještanje Regionalnog centra te uzimajući u obzir brojne druge prioritete u okviru programskog i operativnog djelovanja Zaklade, kao i nedostatne prihode od igara na sreću ili iz drugih izvora za ulaganje u razvoj Regionalnog centra, Zaklada nije bila u mogućnosti uložiti svoje resurse i kapacitete u razvoj koncepta Centra (koji ovisi lokaciji, opsegu objekta, smještajnim kapacitetima i slično), kao niti u izradu konzervatorske studije, plana upravljanja i plana održivosti.

Bez obzira na navedeno, Zaklada prepoznaje važnost osnivanja Regionalnog centra te će, u skladu s mogućnostima i prilikama, nastaviti raditi na stvaranju pretpostavki za njegovo uspostavljanje, što između ostalog uključuje i osiguravanje objekta arhitektonske baštine za njegovo smještanje.

U slučaju bilo kakvih dodatnih pitanja slobodno nas kontaktirajte.

S poštovanjem

Dea Vidović
upraviteljica Zaklade

Zaklada
Kultura nova

Kultura Nova Foundation
Gajeva 2/6
10 000 Zagreb
+385 1 5532 778
kulturanova.hr
info@ kulturanova.hr

Loose Associations
Vinogradska 34
10000 Zagreb
attn. Ms Nataša Bodrožić

Class: 732-01/21-01/01
File no.: 1000-21-01
Zagreb, 30th August 2021

RE: Query regarding the Children's Seaside Resort in Krvavica and the role of the "Kultura Nova" Foundation in proposing a repurposing project for the facility – response, hereby delivered

Dear Ms Bodrožić,

Pursuant to your e-mail of 23rd August 2021, we deliver the following response of the "Kultura Nova" Foundation to the query regarding the Children's Seaside Resort in Krvavica and the role of the "Kultura Nova" Foundation in proposing a repurposing project for the facility.

At the very beginning of its activity, the "Kultura Nova" Foundation recognised the issues of the lack of facilities for artists' and cultural workers' residencies, and of the lack of investments into the opening and maintenance of facilities for residencies, research, education and development in culture and the arts. With this in mind, and as part of its Strategic Plan 2014-2017, the Kultura Nova Foundation included the establishment of a regional centre for education, research and development in culture and the arts in the main programmes covered by the strategic objective "Contributing to the building and strengthening of organisations' capacities for the development of contemporary artistic and cultural practices", as well as envisaged the repurposing and reconstruction of architectural heritage as part of the relevant activities. The establishment and opening of a regional centre would ensure the availability of a new spatial resource to various users, for the purpose of research, education, and the development of new cultural and artistic ideas and projects. The choice of an abandoned architectural heritage site as the potential location of the centre and its repurposing would create new opportunities for the local community, lay the groundwork for its economic development, as well as contribute to the development of new values and incentives for cultural tourism in Croatia. The Foundation envisaged the centre as a gathering place for creative professionals from all across the country and the region of Southeast Europe, as well as for European cultural and artistic experts.

In 2014, the Kultura Nova Foundation formed a working group for new institutional models, appointing Teodor Celakoski, Miranda Veljačić and Teo Petričević as its members. The role of the working group consisted in designing and advocating for new institutional models related to the concept of participative management and the development of community centres (one of the results of which was the inclusion of the project of the development of community centres in the Operational Programme Efficient Human Resources 2014-2020 financed by the European Social Fund) and in developing the idea of a regional centre for education, research and development in culture and the arts. One of the starting points for the development of this type of regional centre was the mapping of abandoned architectural heritage sites. Considering that, as early as in 2013, the Foundation had expressed its interest in the Children's Seaside Resort in Krvavica to the Agency for State Property Management, deeming the facility suitable for housing such a regional centre, the working group supported the choice of Krvavica as a potential location of the centre.

The Foundation expressed its interest in the mentioned property to the authorities responsible for state property management on several occasions. After expressing interest in repurposing the Children's Seaside Resort into a cultural centre to the Agency for State Property Management in 2013, with a view to prevent the further decay of this valuable architectural work by reopening it to the public, the Foundation reiterated this interest in 2014, 2015 and 2016 to the State Office for State Property Management, and in 2018 to the Ministry of State Property. Seeing that the Foundation's interest had not been considered and that the mentioned architectural heritage site could not be retained as state property and, as such, be used to house the regional centre, and considering the numerous other priorities of the programmes and operations of the Foundation, as well as the lack of funding, from games of chance and other sources, for the development of the regional centre, the Foundation was unable to direct its resources and capacities towards the development of a concept of the centre (which depends on the location, size, accommodation capacities etc. of the facility) or towards the preparation of a conservation study and a management and sustainability plan.

Nevertheless, since the Foundation recognises the importance of establishing a regional centre, in accordance with its own capacities and the circumstances, it will continue working on creating the conditions therefor, including, among other things, effecting its placement in the mentioned architectural heritage site.

Feel free to contact us if you have any additional questions.

Sincerely,
Dea Vidović
Foundation Manager

Dora Puharić: Fest Rest,
sat yoge u Krvavici
Foto: Dario Odak

Dora Puharić: Fest Rest,
yoga class in Krvavica
Photo: Dario Odak

LOKALNE (SURADNIČKE) INICIJATIVE ZA OČUVANJE DJEČJEG LJEČILIŠTA U KRVAVICI

Razgovarala / Interviewer:
Nataša Bodrožić

LOCAL (COOPERATIVE) INITIATIVES FOR THE PRESERVATION OF THE CHILDREN'S HEALTH RESORT IN KRVAVICA

U posljednjih nekoliko godina, sve je više inicijativa za očuvanje zgrade bivšeg Dječjeg lječilišta u Krvavici i njezino zadržavanje u javnom vlasništvu, a događaju se *in situ*. Privremenim „naseljavanjem“, čišćenjem, okupljanjem / aktiviranjem zajednice, prikupljanjem priča nekadašnjeg osoblja i korisnika, umjetničkim intervencijama, javnim razgovorima, vodstvima, organiziranjem kulturnih manifestacija, oživljava se ovaj izuzetni, sad već kultni objekt. Razgovaramo s članicama udruge mART, jedne od najaktivnijih među organizacijama koje, u različitim suradničkim konstelacijama, kontinuirano oživljavaju Marasovićev zaštićeni spomenik kulture, odozdo.

Za početak, ukratko nam se predstavite. Kada se oformila grupa, tko je čini i u koje vrijeme se javila ideja za prve intervencije u bivšem Dječjem lječilištu u Krvavici?

Ideja za intervencije u nekadašnjem lječilištu javila se tijekom 2019. godine. Tada je građanska inicijativa Dica Malta iz Makarske[1] organizirala multimedijalnu izložbu *Vrata* u Gradskoj galeriji Antun Gojak u Makarskoj u čast pokojne umjetnice Zlatice Rice i nekadašnje udruge Malt. Međutim, današnju grupu za njegovo očuvanje čini niz aktivnih građana koji se okupljaju u raznim udrugama i građanskim inicijativama. Uz udrugu mART iz Makarske koju čine Marija Ivanković, Dijana Jelić Škorlić i Tina Divić, tu je i udruga INTERMUNDIA iz Zagreba s Anom Danom Beroš i Maurom Sirotnjakom, zatim Dino Beroš i Bojan Divić iz Krvavice, uz još puno mještana, volontera i ljubitelja arhitekture, pogotovo ovog objekta.

Što ste prvo organizirali u zgradi lječilišta, kada i što vas je potaklo na to?

Nakon spomenute izložbe u Makarskoj, krenuli su planovi i dogovori oko izvođenja umjetničkih intervencija u bivšem Dječjem lječilištu u Krvavici. Plan je bio u svaku od trinaest soba postaviti po dva autora i njihovu instalaciju. Nažalost, zbog *lockdowna* uslijed pandemije koronavirusa, planovi se nisu ostvarili. Tijekom 2020., samo su tri instalacije postavljene u objektu, autorica M. Ivanković, D. Jelić Škorlić i T. Divić, a upravo će one 2021. godine osnovati udrugu mART, uz podršku Maura Sirotnjaka i Ane Dane Beroš.

Poticaj je bila potreba za ponovnim oživljavanjem prostora i korištenjem napuštenog lječilišta u Krvavici. Kroz aktivnosti udruge mART cilj nam je postati most između struke i mještana tako da svi zajedno možemo biti ponosni na ono što radimo s ciljem revitalizacije objekta.

Osobno smo vas upoznali u ljeto 2020. kada smo u suradnji s Udrugom Kačić iz Podgore organizirali javni razgovor i projekciju filma u Krvavici, kao drugi korak

1 Organizatorice Marija Ivanković, Dijana Jelić Škorlić, Tina Divić, Ana Gaće, Marija Tvrde i Marijana Katić bile su članice udruge Malt devedesetih.

In the last few years, there has been a growing number of in situ initiatives focussed on the preservation of the main building of the former Children's Health Resort and its retention as public property. This remarkable—and, by now, legendary—structure has thus been revived through squatting, cleaning, community gatherings/campaigns, collecting the stories of its former staff and users, artistic interventions, public debates, guided tours and cultural events. We spoke to the members of the mART association, which is one of the most active contributors to various cooperative, grass-roots efforts to revive Marasović's protected cultural heritage.

To start off, please tell us a few words about yourselves. When was the group formed, who does it consist of and when was the idea of interventions in the former Children's Health Resort in Krvavica born?

We started considering doing interventions in the former health resort in 2019. At that time, the citizen's initiative Dica Malta ("Children of Malt") from Makarska[1] organised the multi-media exhibition Vrata ("Doors") at the Antun Gojak City Gallery in Makarska, to honour the late artist Zlatica Rica and the association known as Malt, which is no longer active. Currently, the group that is working to preserve the complex includes a number of citizens actively involved in various associations and citizens' initiatives. In addition to the mART association from Makarska, whose members are Marija Ivanković, Dijana Jelić Škorlić and Tina Divić, there is also the INTERMUNDIA association from Zagreb, i.e. Ana Dana Beroš and Mauro Sirotnjak, there are Dino Beroš and Bojan Divić from Krvavica, as well as many locals, volunteers and architecture enthusiasts, who are particularly passionate about this complex.

What was the first event you organised in the main building of the Health Resort, when did it take place and what inspired you to do it?

After the mentioned exhibition in Makarska, we started making plans and arrangements to host artistic interventions in the former Children's Health Resort in Krvavica. The plan was to put two installations by different authors in each of the thirteen rooms. Unfortunately, our plans fell through due to the coronavirus pandemic. In 2020, only three installations were put up in the building, those by M. Ivanković, D. Jelić Škorlić and T. Divić, who would go on to form the mART association in 2021, with the support of Mauro Sirotnjak and Ana Dana Beroš.

We were inspired by the need to revive the space and use the deserted health resort

1 The organisers, Marija Ivanković, Dijana Jelić Škorlić, Tina Divić, Ana Gaće, Marija Tvrde and Marijana Katić, were members of the *Malt* association in the 1990s.

nakon zajedničkog pisma Vladi RH i resornim ministarstvima te prikupljanja potpisa za zadržavanje zgrade lječilišta u javnom vlasništvu. Pismo sa stotinama potpisa poslali smo u svibnju 2020., ponukani medijskim napisima – najavama skore prodaje Marasovićeve zgrade, što se još nije dogodilo. Štoviše, do danas zgrada još nije oglašena za prodaju, u službenim glasilima. Što bi za vas osobno bio najbolji scenarij za bližu budućnost ove sad već kultne zgrade, ujedno trajno zaštićenog nepokretnog kulturnog dobra RH?

Najbolji scenarij za budućnost objekta bilo bi njegovo zadržavanje u javnom vlasništvu. Zašto bi prodavali državna bogatstva i našu kulturnu baštinu? Zaštitu objekta trebamo promatrati kao prednost jer daje mogućnost korištenja javnih sredstava za obnovu i revitalizaciju, uz promišljanje nove namjene, ekonomske održivosti i primjerenog modela upravljanja, s ciljem uključivanja objekta u svakodnevni život građana. Objekt je resurs koji može stvarati prihode za svoje održavanje i za lokalnu zajednicu koja će osigurati njegovo aktivno korištenje.

Nekadašnje lječilište u Krvavici već na određeni način živi kao središte mjesta, kao javni prostor u funkciji trga i centra događanja. Svako novo uključivanje ljudi iz susjedstva u organizaciju događanja u objektu doprinijelo je stanja u smislu čistoće objekta i njegova okoliša. Briga ljudi donosi život u sami prostor i njegovo funkcionalno korištenje, te on postaje aktivni subjekt u suvremenom kulturnom, društvenom i gospodarskom razvoju šireg područja.

Zaštitom zgrade štitimo naš kulturni identitet uz mogućnost da to nasljeđe učinimo dostupnim sadašnjim i budućim generacijama na održivi način. Definitivno smo za participativni model revitalizacije objekta koji uključuje lokalnu zajednicu, udruge, umjetnike, obrtnike, male proizvođače, OPG-ove, male poduzetnike, građane, ali isto tako podrazumijeva povezivanje i koordinaciju svih državnih i regionalnih resora koji će biti podrška lokalnim inicijativama.

U listopadu 2021. opet smo se sreli i aktivnosti su nam se ispreplele. Naš tim je organizirao izložbu *(NE) VJERUJ PRIPOVJEDAČU. SLUČAJ KRVAVICA* u Salonu

in Krvavica. The activities of the mART association are focussed on bridging the divide between the professionals and the locals, so that all of us can take pride in our efforts to revitalise the complex.

We met in person in the summer of 2020, when our association had organised, in cooperation with the Kačić Association from Podgora, a public debate and film screening in Krvavica, as a follow-up to the petition to the Croatian Government and line ministries and the collection of signatures for retaining the publicly-owned status of the main building of the health resort. We had sent the petition, signed by hundreds, in May 2020, after announcements in the media of the impending sale of Marasović's building, which, however, hasn't yet occurred. In fact, to this day, the building hasn't even been officially listed for sale. In your opinion, what would be the best scenario for the immediate future of the building, which has by now become legendary, in addition to being classified as permanently protected immovable cultural property of the Republic of Croatia?

The best scenario for the future of the complex would be one in which it remains publicly owned. Why should we sell off state property and our cultural heritage? We should regard the protection of the complex as an advantage because it enables us to make use of the public funds for renovation and revitalisation, in line with an envisaged new purpose, economic sustainability and an adequate management model, with the ultimate goal of integrating the complex into the daily lives of the citizens. The complex is a resource, able to generate the income required both for its maintenance and for the local community, which can, in turn, ensure it is actively used.

In a way, the former health resort in Krvavica already functions as the town centre, i.e. a public space serving as a square and a hub of activity. Every time the locals were involved in organising events in the complex, they contributed positively to state of the buildings and their surroundings, in terms of their cleanliness. The care of the people breathes life into the space and its functional use, turning it into an active site of the contemporary cultural, social and economic development of the broader area.

By preserving the building, we preserve our cultural identity and make this heritage available for sustainable use by present and future generations. We definitely want the structure to be revitalised according to a participative model, one which involves the local community, the non-government organisations, the artists, the craftsmen, the small producers, the family farms, the small enterprises and the citizens, but also relies on liaising and coordination between all state and regional competent bodies, as support to the local initiatives.

We met again in October 2021, and our activities became intertwined. Our team had organised the exhibition (Dis)trust the Storyteller. The Case of Krvavica Children's Health Resort at the Galić Salon in Split. Alongside the results of research and new artworks, the exhibition featured one of your works: a sticker entitled Sveta

Galić u Splitu, gdje smo uz rezultate istraživanja i nove umjetničke radove, prenijeli jedan vaš rad – *sticker*, *Svetu Kravu*, koji je prvo izveden in situ – u sklopu vaše inicijative (umjetničkih intervencija). Također, u Krvavicu smo, na vaše događanje koje je uslijedilo nedugo nakon toga, prenijeli jedan segment splitske izložbe tj. vremensku crtu o recentnijim događanjima i povijesti zgrade. Vaš tim ju je sjajno postavio kao svojevrsnu signalizaciju na nekadašnju recepciju „Hotela“, kako se lokalno naziva Marasovićevo lječilište, gdje je i ostala. O kakvom je događanju bilo riječ tada?

Uz potporu udruge f.act - forum iz Graza i uz partnerstvu s Anom Danom Beroš i Maurom Sirotnjakom (Intermundia), udruga mART organizirala je koncem 2021. dvodnevno događanje „Liječenje lječilišta“, u sklopu projekta *GRADOVI BOLNICE*.[2]

Cilj projekta bio je potaknuti promišljanje odnosa bolesti i prostornih manifestacija u pandemijskom vremenu te praksi liječenja, kao i pitanja društvenog života i odnosa prema liječenju. Bio je to i pokušaj stvaranja nove slike o gradovima u kojima živimo kao „prostora zajedničke bolesti“, ali i prostora brige zajednice, pa tako i „prostora zajedničkog ozdravljenja“. Ideja i potreba čišćenja lječilišta od strane mještana postojala je već duže vrijeme, a konačno se realizirala kroz navedeni projekt. Potaknuti činjenicom da slučajni prolaznici, mnogi znatiželjnici i turisti svakodnevno koriste taj prostor za razgledavanje, fotografiranje i istraživanje, odlučili smo očistiti prostor. Kako je poznato da umjetnost poboljšava kvalitetu života te doprinosi otpornosti organizma i mentalnom zdravlju, nakon čišćenja osmislili smo participativno događanje uz sudjelovanje lokalne zajednice. Položaj Krvavice, nadomak Makarske, kao nastavak prirodne oaze grada pružio nam je idealne uvjete za organizaciju terapijske šetnje naziva PRIRODA I DRUŠTVO. Sudionici su fotografirali prirodu, te zabilježili subjektivni doživljaj lječilišta u Krvavici s ciljem poticanja promišljanja društvenog okruženja i utjecaja ovog objekta na razvoj zajednice.

Participativni performans RECEPCIJA započeo je dočekivanjem svih sudionika u lječilištu na obnovljenoj recepciji. Uz pismo dobrodošlice sudionici su na poklon dobili komadiće ovog zaštićenog kulturnog dobra kao suvenire, te su samo za ovu priliku imali mogućnost izabrati i poslati razglednicu iz odmarališta Krvavica. Nakon *check-ina*, započele su „arhitektonske priče u hodu“ pod nazivom POVIJEST BOLESTI DJEČJEG LJEČILIŠTA. U završnom dijelu programa posjetitelji su sudjelovali u radionici kreativne vizualizacije naziva ŠTO BI BILO KAD BI BILO?.

Veliki interes za akciju čišćenja već dugo zapuštenog objekta, pokazala je potrebu lokalne zajednice za organiziranom brigom i održavanjem vrijednog prostora. Ta akcija, kao i društveno kulturni program, okupio je mještane Krvavice, zaljubljenike u taj prostor s cijele Makarske rivijere, ali i šire.

2 Koncepciju projekta GRADOVI-BOLNICE, udruge f.act - forum iz Graza, osmislila je arhitektica Ana Jeinić. Akcija se realizirala 30. i 31. 10. 2021. godine.

Krava ("Sacred Cow"), which was first put up in situ, as part of your initiative (featuring artistic interventions). We then transferred an element from the exhibition, i.e. a timeline of the recent developments and history of the building, to an event of yours which took place shortly thereafter. Your team installed it at the former reception desk of the "Hotel" (as the locals call Marasović's health resort), as a sort of signpost, and it has remained there to this day. Can you tell us more about that event?

In late 2021, with the support of the f.act - forum association from Graz and in partnership with Ana Dana Beroš and Mauro Sirotnjak (Intermundia), the mART association organised the two-day event Liječenje lječilišta ("To Cure a Place of Care"), as part of the GRADOVI-BOLNICE ("Cities-Hospitals") project.[2]

The aim of the project was to foster the rethinking of disease and its spatial manifestations in the pandemic period, as well as of the practices of healing, and matters pertaining to social life and the relationship to healing. It was also an attempt to reimagine the cities we live in as "spaces of collective disease", but also as spaces of community care and, therefore, "spaces of collective healing". The idea and need of cleaning the health resort with the locals' help had been present for a while and were finally realised through the mentioned project. Encouraged by the fact that many passers-by, curious visitors and tourists explore and take photos of the space on a daily basis, we decided to clean it.

Acting on the adage that art improves the quality of life and fosters immunity to disease and mental health, after the cleaning, we organised a participative event with the local community. Krvavica's location right next to Makarska, as a continuation of the city's natural oasis, provided us with the ideal conditions to organise a therapy walk under the name PRIRODA I DRUŠTVO

2 The author of the concept of the Cities-Hospitals project realised by the f.act - forum association from Graz is architect Ana Jeinić. The event took place on 30th and 31st October 2021.

Od samog početka mahom svi „baštinski aktivisti“, ali i dobar dio kulturne javnosti, mišljenja su da je najvažnije za zaštićene, a derutne zgrade da se nekako koriste ili „naseljavaju“, da im se daje „umjetno disanje“ tj. da ih se barem povremeno oživljava kulturnim ili nekim drugim aktivnostima. U suprotnom, nepovratno propadaju, bez obzira na stupanj zaštite, uz poslovičnu nesklonost lokalnih vlasti da se bave tako kompleksnim pitanjima poput traženja nove javne namjene, uključivanja javnosti i ulaganja znatne količine sredstava u obnovu. Uostalom, često nema političke volje za takvim rješenjem već se ide na privatizaciju i komercijalizaciju... Sukladno tome, prošlo ljeto 2023. organizirano je višetjedno događanje u samoj zgradi, u okviru manifestacije K.u.K. (Kultura u Krvavici). Možete li nam reći koja je bila ideja, koncept, što ste sve radili i kako ste to ostvarili? Imali ste čak i podršku lokalnih vlasti, što je svojevrsni presedan?

Ideja o kulturnom ljetu u mjestu Krvavica postoji odavno jer se kulturni i zabavni događaji u organizaciji TZ općine Baška Voda odvijaju i u drugim mjestima na području općine. Stanovnici same Krvavice odlučili su organizirati svoje kulturno ljeto i dobili su financijsku potporu od Općine Baška Voda i Turističke zajednice.[3]

Festival KUK, Kultura u Krvavici, realiziran je kroz pet multimedijalnih događaja u srpnju i kolovozu. Dva događanja održana su u starom selu Beroši (Ruralna cjelina Krvavica), a ostala tri u bivšem Dječjem odmaralištu-lječilištu. Svaki od navedenih događaja sastojao se od predstave/projekcije dokumentarnih filmova, umjetničke izložbe, kreativne radionice za djecu i glazbenog programa. Cilj je bio predstaviti što više Krvavičana ili onih koji su na neki način povezani sa samim mjestom, a da se bave kulturnim radom.

Otvaranje festivala održalo se na terasi u prizemlju napuštenog lječilišta.[4] Naredno događanje održalo se na gornjoj terasi objekta gdje su se prikazivali kratki dokumentarni filmovi.[5] Glazbeni nastup krvavičkog benda Babin zub uz gostovanje domaćih studenata glazbe na Berlinskoj glazbenoj akademiji i studiju glazbene produkcije u Londonu održao se u prostoru bivše recepcije objekta.

3 Organizaciju festivala čine lokalni amaterski glumac Lovrenco Laušić iz Krvavice (Lutkarsko društvo Zlatousti, Makarska) uz pomoc glumca Zijada Gračića iz Zagreba, Mario Andrijašević iz Krvavice (predstavnik Krvavice u TZ općine Baška Voda), Marin Beroš iz Bratuša (direktor Luke Baška Voda), Toni Beroš iz Krvavice (vlasnik ugostiteljskog obrta), Tina Divić iz Krvavice (vizualna umjetnica i predsjednica udruge mART, Makarska) i Bojan Divić iz Krvavice (glazbenik).

4 Otvorenje je uključivalo izložbu ciklusa slika *Pejzaži* Tine Divić, predstavu *Hotel Nostalgija*, kazališne grupe Lectirum, DJ set Ante Jakira i Bojana Divića na klavijaturama, uz coctail party.

5 Prikazani su filmovi „Liječenje Lječilišta“, Matija Kralj, Zagreb (produkcija udruga Intermundia, Zg; udruga F.ACT, Graz, Austrija; udruga mART, Makarska); „The Sound That Remains“, Joaquin Mora, Čile (produkcija Društva arhitekata Istra DAI- SAI, Pula; Europske platforme za arhitekturu LINA; Intermundia & Videodrom, mART) i „Timecapsule“, Rebeka Bratož Gornik, Slovenija (produkcija Društva arhitekata Istra DA-I-SAI, Pula; Europske platforme za arhitekturu LINA; Intermundia & Videodrom, mART).

("Field Trip"). The participants photographed nature and recorded their impressions of the Krvavica health resort, in order to encourage the re-examination of the social environment and influence of the complex on the development of the community.

The participative performance RECEPCIJA ("Reception Desk") began by greeting all the participants at the renovated reception desk of the health resort. Enclosed with their welcome letters, the participants received pieces of this protected cultural heritage as souvenirs, and they were also given the opportunity to choose and send a postcard from the Krvavica health resort. After the check-in, it was time for the "architectural guided tour" under the title POVIJEST BOLESTI DJEČJEG LJEČILIŠTA ("Anamnesis of the Children's Health Resort"). The final part of the programme featured a creative visualisation workshop under the title ŠTO BI BILO KAD BI BILO? ("What if?"). The great interest exhibited in cleaning this long-forgotten building/complex revealed the local community's need for organised care for the valuable space, and for its maintenance. The activity, and the social and cultural programme, brought together the Krvavica locals and enthusiasts of the space from the entire Makarska Riviera and beyond.

From the outset, all "heritage activists" and a significant number of cultural experts have emphasized the importance of having protected, but dilapidated, buildings put to some kind of use or "populated", "resuscitated", i.e. revitalised, at least from time to time, through cultural or other kinds of activities. Otherwise, they are irreparably destroyed, regardless of the level of their protection, given the well-known reluctance of local authorities to deal with issues as complex as finding a new public

Uz filmove i glazbu mogla se pogledati i izložba s motivima samog objekta.[6] Zatvaranje festivala odvilo se na glavnoj terasi objekta uz izložbu, predstavu i glazbeni program.[7]

Arhitektonsko remek-djelo Rikarda Marasovića još uvijek ponosno stoji usred borove šume, na samoj plaži i moglo bi se reći da je ovo ljeto postao svojevrsni kulturni centar. Dosadašnja nastojanja mještana, raznih stručnjaka, entuzijasta i ljubitelja arhitekture zasijala su ideju o kulturnoj aktiv nosti i ponovnom korištenju samog prostora. I onda možete zaključiti: eksperiment je uspio, nekoć dječje lječilište progresivne arhitekture, djelo zagonetnog arhitekta, mjesto višegodišnjeg propadanja, prometnulo se 2023. u svojevrsni kulturni centar.[8]

Mještani su oduševljeno i jako emotivno primili ponovni boravak u prostoru koji ih je odgajao, gdje su doživjeli prve ljubavi, gdje su dijelom proveli svoj radni vijek, a posljednjih godina su ga s tugom gledali kako zjapi prazan i propada. Ostali posjetitelji, koji su možda ovom prilikom stigli prvi put ili su redoviti kupači, bili su presretni jer je objekt, koji je dugo stajao kao kulisa, konačno oživio.

Koji su vam daljnji planovi i mislite li da će se pitanje Marasovićeva lječilišta konačno početi rješavati?

U Krvavici, na prostoru objekta, kontinuirano se održavaju razni neovisni mali događaji poput zajedničkog vježbanja joge, uređenja i sadnje novih biljaka na terasi objekta, kao i umjetničke intervencije na samim zidovima u obliku grafita i murala te snimanja raznih dokumentarnih filmova te video spotova. Objekt već živi, ali je možda sad ipak malo više vidljiv i u interesu javnosti.

6 Izložba fotografija „S okusom Mirinde“ autorice Marije Ivanković.

7 Izložba "Hakuna Matata", krvavičke amaterske slikarice Marije Raos, predstava „Čista srida“ Lutkarskog društva Zlatousti iz Makarske, nastup DJ-a Lake Šetnje iz Tučepa.

8 Ideja koja je zaživjela prošle godine u oživljavanju objekta ostvarena je uz pomoć mnogobrojnih volontera. Financijska i tehnička pomoć koja je dobivena od TZ-a i same Općine Baška Voda korespondirala je s velikim odazivom publike te pozitivnim reakcijama. Festival je dobio pomoć i od TZ-a grada Makarske, udruge Foton iz Makarske, TZ ureda Bratuš i udruge Intermundia iz Zagreba.

purpose for these structures, involving the public, and making major investments in their renovation. Often enough, there's also a lack of political momentum for such solutions, and privatisation and commercialisation are opted for instead... In light of these circumstances, in the summer of 2023, a multiple-week event was organised in the main building, as part of the K.u.K. (Kultura u Krvavici, "Culture in Krvavica") festival. Could you tell us about the idea and concept underlying the event, the activities it involved on your part and the manner of their realisation? You even had the support of the local authorities, which was quite unprecedented.

The idea of organising summertime cultural events in the town of Krvavica has existed for a long time, considering that cultural and entertainment events have been organised in other parts of the Baška Voda municipality, by its tourist board. The Krvavica locals had decided to organise their own summertime cultural events, and were able to secure funding for these from the Baška Voda Municipality and Tourist Board.[3]

The KUK festival featured five multi-media events in July and August. Two of them were held in the old village of Beroši (Rural Area of Krvavica), and the other three took place in the former Children's Vacation and Health Resort. Each event included a theatrical performance / documentary film screening, an art exhibition, a creative workshop for children and a musical programme. The purpose of the events was to showcase the work of as many Krvavica locals as possible, or of authors who are affiliated with the town and work in the field of culture.

The opening ceremony of the festival took place on the ground-level terrace of the deserted health resort.[4] The next event, a screening of short documentary films, was held on the upper-floor terrace of the main building.[5] A concert of the Krvavica band Babin zub, with guest performances of the local music students of the Berlin College

3 The festival was organised by local amateur actor Lovrenco Laušić from Krvavica (Zlatousti Pupeteering Company, Makarska), with the help of actor Zijad Gračić from Zagreb, Mario Andrijašević from Krvavica (representative of Krvavica in the Baška Voda Municipality Tourist Board), Marin Beroš from Bratuš (director of the Baška Voda Port), Toni Beroš from Krvavica (owner of a catering business), Tina Divić from Krvavica (visual artist and president of the mART association, Makarska) and Bojan Divić from Krvavica (musician).

4 The opening ceremony featured an exhibition of a cycle of paintings by Tina Divić under the title *Pejzaži („Landscapes"), the theatrical performance Hotel Nostalgija („Nostalgia Hotel") by the Lectirum theatre group, a DJ set by Ante Jakir and Bojan Divić on the keyboard, and a cocktail party.*

5 The featured films were *To Cure a Place of Care by Matija Kralj, Zagreb (produced by the Intermundia association from Zagreb the F.ACT association from Graz, Austria and the mART association from Makarska), The Sound That Remains by Joaquin Mora from Chile (produced by the Istra Association of Architects DAI- SAI from Pula, the LINA European Architecture Platform, Intermundia & Videodrom and mART) and Timecapsule by Rebeka Bratož Gornik from Slovenia (produced by the Istra Association of Architects DAI- SAI from Pula, the LINA European Architecture Platform, Intermundia & Videodrom and mART).*

Svi vizuali: ljubaznošću Udruge mART
All visuals: courtesy of mART association

of Music and music production students studying in London, was held in the former lobby of the main building.

In addition to the screenings and the concerts, the festival also included an exhibition featuring the motifs of the complex.[6] The closing ceremony of the festival took place on the complex's main terrace and featured an exhibition, a theatrical performance and a musical programme.[7]

That summer, Rikard Marasović's architectural masterpiece, which still stands proud amidst the pines, and right next to the beach, was transformed into a particular kind of cultural centre. The efforts of the locals, various experts, enthusiasts and architecture lovers have sown the seed of cultural activity and renewed use of the space. Witnessing this, one can conclude that the experiment was a success and that, in 2023, the former children's health resort, an avant-garde work of a mysterious architect abandoned to decades of decay, became a cultural centre.[8]

The locals were enthusiastic, and very emotional, about revisiting the site of their upbringing, their first loves and, partly, their working lives. Over the past years, they had been witnessing with sadness the unfolding of the space's history of desertion and decay. Other visitors, for whom the festival may have been their first encounter with the complex or who had been regulars at the beach, were thrilled to see the complex finally come alive, having so long been little else than "part of the scenery".

What are your plans going forward, and do you believe that the case of Marasović's health resort will finally be addressed?

The complex in Krvavica has continuously been the site of various independent, small-scale events, such as community yoga practice, landscaping and planting new plants on the main building's terrace, artistic interventions on the walls in the form of graffiti and murals, and the filming of documentaries and music videos. The complex is already alive with activity, it's just that it has now become somewhat more visible and interesting to the public.

6 Photo exhibition by Marija Ivanković under the title S okusom Mirinde („With the Taste of Mirinda"). Translator's note: Mirinda was a brand of soft drink popular in Yugoslav seaside resorts.

7 The exhibition Hakuna Matata by Krvavica amateur painter Marija Raos, the theatrical performance Čista srida („Ash Wednesday") by the Zlatousti Pupeteering Company from Makarska and a set by DJ Lake Šetnje from Tučepi.

8 The idea that had been born the previous year, during the revitalisation of the complex, was realised with the help of many volunteers. The financial and technical assistance from the Tourist Board and the Baška Voda Municipality corresponded with the great interest of the audience and positive feedback. The festival was also realised with the assistance of the Tourist Board of the City of Makarska, the Foton association from Makarska, the Bratuš Tourist Board and the Intermundia association from Zagreb.

2017
STALK

STUDENTSKA PROMIŠLJANJA BUDUĆNOSTI MJESTA

APPENDIX

STUDENTS' RE-IMAGINING OF THE FUTURE OF THE BUILDING

Stavovi u tekstovima i arhitektonske vizije budućeg razvoja Dječjeg lječilišta u Krvavici i okolnog obalnog prostora predstavljeni kroz studentske radove nisu nužno stavovi urednica knjige.

The views expressed in the texts and the architectural visions of the future development of the Children's Health Resort in Krvavica and the surrounding coastal area expressed in the students' works do not necessarily reflect the views of this publication's editors.

IRENA SKOUTA (ATANASOVA)

Moj diplomski rad na Technische Universität Wien bavi se nekadašnjim Dječjim lječilištem u Krvavici. Iako je dugi niz godina kompleks stajao napušten, nije izgubio šarm. Ovaj rad ima za cilj njegovu revitalizaciju kako bi se ponovno mogao koristiti kao zdravstvena ustanova specijalizirana za djecu, ali i za odrasle s respiratornim problemima. Prijedlog uključuje i projektiranje dogradnje – hotela za članove obitelji pacijenata, pratnju i druge goste.

Zbog jedinstvenog položaja, prenamjena i preuređenje lokaliteta moglo bi pridonijeti uspješnom oporavku pacijenata, te psihičkoj relaksaciji osoba u njihovoj pratnji. Osim toga, to bi moglo ojačati rekreacijski turizam i povezane gospodarske djelatnosti.

My diploma thesis at the Vienna University of Technology deals with the former children's health resort in the Croatian village of Krvavica. For many years, the building complex has been abandoned, but it has retained its charm. This work aims to revitalise the abandoned complex, so that it can be used again as a health complex specialising in children, as well as adults, with respiratory complications. Part of the project is the design of an extension of the building that will serve as a hotel for the patients' family members, companions and other guests.

Due to the unique location of the complex, the repurposing and redevelopment of the site could contribute to the successful recovery of patients and to the psychological relaxation of their companions. In addition, it could very well strengthen recreational tourism and all of the related economic benefits for Croatia.

TEA NOITE (TOMKIĆ)

Moje dublje istraživanje i sakupljanje informacija o Dječjem lječilištu u Krvavici započelo je 2019. godine, a diplomirala sam na temi istraživanja i prijedloga obnove zgrade u travnju 2021., u UNESCO-ovom centru Politecnico di Milano. Moj prijedlog nije bio sveden samo na obnovu i prenamjenu centralne zgrade, već je predložen projekt paviljona sa sjeverne strane, inspiriran zaigranošću i modularnošću kružnog volumena, te služi kao njegova funkcionalna ekstenzija.

Hotel prestaje biti mjestom spavanja te dobiva hibridnu funkciju – postaje mjestom za edukaciju posjetitelja i sastajanje lokalne zajednice. Osim za smještaj gostiju, Hotel se otvara i za umjetnost, gastronomiju, narativ o prošlim životima zgrade i mjesta. Stopljen je s prirodom i postaje njena ekstenzija, a posjetitelji njeni znatiželjni istraživači.

Marasovićeva arhitektura je nevjerojatno hrabra i zaigrana, ona je poput *oversized* umjetničke geste u prostoru.

My in-depth research and gathering of information about the Children's Health Resort began in 2019, and I graduated on the subject of research and proposals for the renovation of the building in April 2021, at the UNESCO Center Politecnico di Milano. My project was not limited to the renovation and repurposing of the central building, but a pavilion on the north side was proposed and designed, inspired by the playfulness and modularity of the circular volume, and serves as its functional extension.

The hotel ceases to be a place to sleep and acquires a hybrid function - it becomes an educator for visitors and a meeting place for the local community. In addition to the bed, the Hotel also opens up to art, gastronomy, a narrative about the past lives of the building and the community. It is fused with nature and becomes its extension, and visitors are its curious explorers.

Marasović's architecture is incredibly bold and playful, it is like oversized artistic gesture in space.

- Izvor originalnih nacrta koje sam koristila u istraživanju je arhiva *Cluba Adriatic*, koja je bila smještena u njihovoj upravnoj zgradi hotela i kampa u Baškom Polju. Ta tvrtka svojevremeno je upravljala objektom. Posudila sam originalne nacrte velikih formata i skenirala ih u Splitu. U Državnom arhivu u Splitu nisam našla ništa specifično za zgradu, već pojedine informacije o Marasoviću i tom razdoblju.

- The source of the original drafts which I used in my research is the Club Adriatic archive which was located in their administrative building of the hotel and camp in Baško Polje. That company once managed the facility. I borrowed the original plans in large formats and scanned them in Split. In the Split state archive, I later found nothing specific to the building, but some information about Marasović and that period.

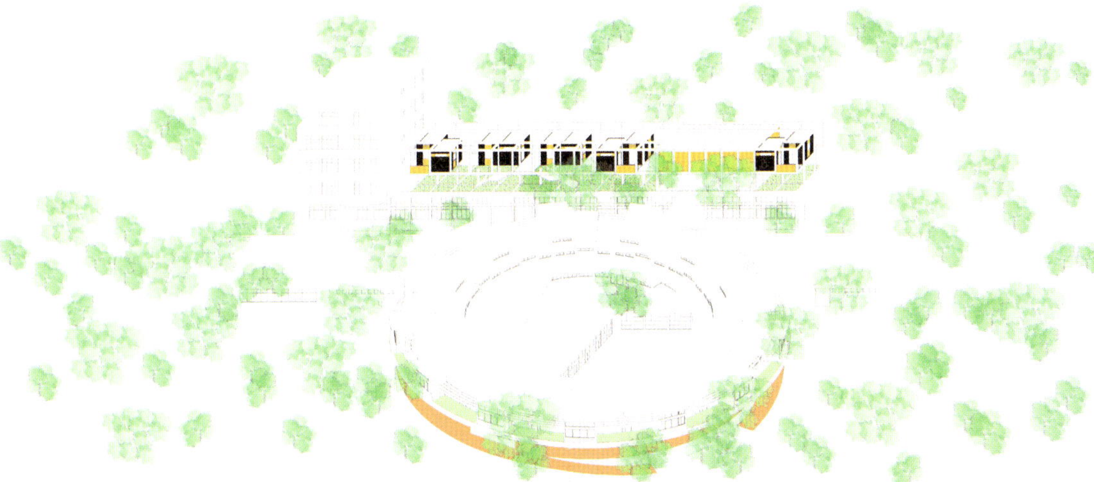

© Tea Noite

BIOGRAFIJE / BIOGRAPHIES

NATAŠA BODROŽIĆ
Nataša Bodrožić kustosica je i kulturna radnica iz Zagreba i Trogira. Inicijatorica je projekta Motel Trogir i suosnivačica Udruge za suvremene umjetničke prakse Slobodne veze. Redovito u suradnji, uredila je nekoliko knjiga iz područja suvremene umjetnosti, kulturne politike i baštinskog aktivizma: *Politics of Feelings / Economies of Love* (2014.), *Cultural Public Sphere in Armenia, Georgia, Moldova and Ukraine* (2014.), *Motel Trogir: Nije uvijek budućnost ono što dolazi* (2016.), *Modelling Public Space(s) in Culture: Rethinking Institutional Practices in Culture and Historical (Dis)Continuities* (2018.), *Pejzaži potrošačke kulture u socijalističkoj Jugoslaviji* (2018.) itd. Kurirala je brojne izložbe i projekte u javnom prostoru, u zemlji i inozemstvu te su-kurirala dva bijenala suvremene umjetnosti: *Mediterranea 16: ERRORS ALLOWED* u Anconi, 2013. i *OSTRALE O21: BREATHTURN* u Dresdenu 2021.

dr. sc. LIDIJA BUTKOVIĆ MIĆIN
Lidija Butković Mićin diplomirala je povijest umjetnosti i filozofiju na Filozofskom fakultetu u Zagrebu te stekla doktorat znanosti na Sveučilištu u Zadru s temom iz područja društvene stanogradnje u socijalističkoj Jugoslaviji. Od 2017. godine zaposlena je na Odjelu za povijest umjetnosti Sveučilišta u Zadru. Od 2013. godine stručni je suradnik projekta Motel Trogir. Autorica je izložbe i prateće monografije *Ada Felice-Rošić i Nada Šilović - ženski trag u arhitekturi Rijeke* (Muzej grada Rijeke, 2014.) i *Moderna arhitektura Trogira* (Slobodne veze/ Društvo „Radovan", Zagreb/Trogir, 2021.).

dr. sc. SANJA PETROVIĆ TODOSIJEVIĆ
Sanja Petrović Todosijević je viša znanstvena suradnica Instituta za noviju istoriju Srbije. Bavi se društvenom historijom Srbije i Jugoslavije u razdoblju nakon Drugog svjetskog rata s posebnim osvrtom na historiju djetinjstva i obrazovanja kao i historijom Drugog svjetskog rata s posebnim osvrtom na masovne zločine i Holoka-

NATAŠA BODROŽIĆ
Nataša Bodrožić is a curator and cultural worker from Zagreb and Trogir. She initiated the Motel Trogir project, co-founded the Loose Associations initiative for contemporary art practices and co-edited several books from the field of contemporary art, cultural policy and heritage activism: *Politics of Feelings / Economies of Love* (2014), *Cultural Public Sphere in Armenia, Georgia, Moldova and Ukraine* (2014), *Motel Trogir: It Is Not Future That Always Comes After* (2016), *Modelling Public Space(s) in Culture: Rethinking Institutional Practices in Culture and Historical (Dis)Continuities* (2018), *Consumer Culture Landscapes In Socialist Yugoslavia* (2018) etc. She has also curated numerous exhibitions and projects in public spaces, in Croatia and abroad, as well as co-curated two contemporary art biennales: the *Mediterranea 16: ERRORS ALLOWED* in Ancona in 2013, and the *OSTRALE O21: BREATHTURN* in Dresden in 2021.

LIDIJA BUTKOVIĆ MIĆIN, PhD.
Lidija Butković Mićin holds a degree in Art History and Philosophy from the Faculty of Humanities and Social Sciences in Zagreb and a doctoral degree from the University of Zadar, where she graduated with a thesis on social housing in Socialist Yugoslavia. She has been employed at the Department of Art History of the University of Zadar since 2017. Since 2013, she has been an expert collaborator on the Motel Trogir project. She is the author of the exhibitions and accompanying monographs *Ada Felice-Rošić i Nada Šilović - ženski trag u arhitekturi Rijeke* (City Museum of Rijeka, 2014) and *Moderna arhitektura Trogira* (Loose Associations / Radovan Association, Zagreb/Trogir, 2021).

SANJA PETROVIĆ TODOSIJEVIĆ, PhD.
Sanja Petrović Todosijević, PhD., a Senior Research Associate at the Institute for Recent History of Serbia, Belgrade. Her work focuses on the social history of Serbia and Yugoslavia in the period after the Second

ust kao i politiku kolaboracionističke uprave na tlu njemačke okupacijske zone u Srbiji. Jedna je od osnivačica Centra za jugoslovenske studije. Aktivna je kao članica Inicijative za obnovu Memorijalnog kompleksa „Boško Buha“. Napisala je dvije monografske studije: *Otećemo svetlost bučnom vodopadu. Reforma osnovnoškolskog sistema u Srbiji 1944-1959* (Beograd: Institut za noviju istoriju Srbije, 2018) i *Za bezimene. Delatnost UNICEF-a u Federativnoj Narodnoj Republici Jugoslaviji 1947-1954* (Beograd: Institut za noviju istoriju Srbije, 2008). Su-urednica je zbornika *Bez škole šta bi mi?! Ogledi iz istorije obrazovanja u Srbiji i Jugoslaviji od 19. veka do danas* (Beograd: Institut za noviju istoriju Srbije, Institut za pedagogiju i andragogiju Filozofskog fakulteta Univerziteta u Beogradu, 2021). Su-autorica je dva udžbenika iz povijesti za sedmi i osmi razred osnovne škole. Dobitnica je BeFem Bring The Noize 2023. priznanja za borbu protiv desničarskih intervencija u formalnom obrazovanju.

JELENA BOROTA
Jelena Borota je arhitektica i urbana planerka, diplomirala je Arhitekturu grada na Sveučilištu IUAV u Veneciji. Studirala je Prostorno planiranje na Institutu za geografiju i prostorno planiranje na Sveučilištu Pariz IV- La Sorbonne. Kao prostorna planerka i urbanistica sudjelovala je u izradi te vodila izradu prostornih planova različitih razina kao i studija i analiza iz područja prostornog uređenja. Područje interesa uključuje planiranje mediteranskih gradova s naglaskom na javne prostore. Živi i radi u Splitu.

ANTONIA VODANOVIĆ
Antonia Vodanović je povjesničarka umjetnosti, samostalna istraživačica, kulturna menadžerica i kustosica. Diplomirala je povijest umjetnosti na Sveučilištu u Zadru, integrirani muzejsko-galerijski i konzervatorski smjer. Radila je kao voditeljica galerije Oris Kuća arhitekture u Zagrebu. Suosnivačica je i predsjednica Udruge za istraživanje, promicanje i zaštitu kulturne baštine Makarskog primorja i Zabiokovlja “Kačić” kroz koju je realizirala programe usmjerene zaštiti i valorizaciji moderne arhitekture. Predmet znanstvenog interesa su joj interdisciplinarna istraživanja kulturnog i arhitektonskog nasljeđa, na razmeđu povijesti umjetnosti, kulturne povijesti, historijske antropologije i etnologije. Od 2020. zaposlena je na mjestu voditeljice Galerije Galženica u Velikoj Gorici kroz koju provodi kustoske i diskurzivne programe.

World War with special reference to history of childhood and history of education, and the history of the Second World War with special reference to mass atrocity crimes and the Holocaust, and the policy of the collaborationist government in the territory of the German occupation zone in Serbia. She is one of the founders of the Centre for Yugoslav Studies. She is an active member of the Initiative for the Restoration of the Boško Buha Memorial Complex. She is a member of the Working Group of the Republic of Serbia for the Restoration of the Former Yugoslav Pavilion in Auschwitz. She has written two monographs: We will steal the light from the loud waterfall. The reform of the primary school system in Serbia from 1944 to 1959 (2018) and For the Nameless. Activities of UNICEF in the Federal People's Republic of Yugoslavia from 1947 to 1954 (2008). She is the co-author of two history textbooks for primary school.

JELENA BOROTA
Jelena Borota is an architect and urban planner, she holds a degree in Urban Architecture from the IUAV University in Venice. She studied Spatial Planning at the Institute of Geography and Spatial Planning of the Paris IV – La Sorbonne University. As a spatial and urban planner, she participated and headed the preparation of development plans of different levels, and of studies and analyses in the field of spatial planning. Her area of interest includes urban planning in the Mediterranean, with emphasis on public spaces. She lives and works in Split.

ANTONIA VODANOVIĆ
Antonia Vodanović is an art historian, independent researcher, cultural manager and curator. She holds a degree in Art History, integrated undergraduate and graduate university study programme of Museum and Gallery Studies / Art Conservation Studies, from the University of Zadar. Ms Vodanović managed the *Oris House of Architecture* gallery in Zagreb. She is also the co-founder and president of the *Kačić* Assocation for the Research, Promotion and Protection of the Cultural Heritage of the Makarska Riviera and Biokovo Hinterland. In that capacity she has implemented programmes centred on the protection and appreciation of modern architecture. Her academic interests revolve around interdisciplinary research of

MIRANDA VELJAČIĆ

Miranda Veljačić arhitektica je i kulturna radnica. Spektar njezinog djelovanja pokriva arhitekturu, aktivizam i umjetnost. Suosnivačica je Platforme 9,81. čija je voditeljica, kao i suvoditeljica arhitektonskog studija ARP. Članica je predsjedništva Društva arhitekata Split (2006. – 2010.), uredništva Orisa (2007. – 2008.), programskog odbora za urbanu kulturu MKC-a u Splitu, uz brojne druge funkcije. Dobitnica je 2. nagrade 44. zagrebačkog salona arhitekture 2009. s D. Peračićem za Projekt revitalizacije Doma mladih u Splitu, Grand prixa 53. zagrebačkog salona arhitekture 2018. zajedno s D. Peračićem, E. Višnić i S. Toljem za projekt «to trebamo-to radimo» s kojim je tim predstavljao Hrvatsku na 15. Venecijanskom bijenalu arhitekture. Za projekt „Usijano more“, dobitnica je Grand prixa 58. zagrebačkog salona primijenjenih umjetnosti i dizajna 2023., zajedno s D. Peračićem. Radi kao predavačica na odjelu Dizajna vizualnih komunikacija Umjetničke akademije u Splitu.

IVAN HULJEV

Ivan Huljev je povjesničar i arheolog, nezavisni istraživač, te kolekcionar starih razglednica i fotografija Dalmacije. Suosnivač je i aktivni član Udruge za istraživanje, promicanje i zaštitu kulturne baštine Makarskog primorja i Zabiokovlja "Kačić". Radio je na brojnim terenskim arheološkim istraživanjima, te je na primjeru Vojnog Dječjeg lječilišta i odmarališta u Krvavici proveo arheološko istraživanje recentne prošlosti i korištenja prostora u suvremenom kontekstu. Od 2022. godine zaposlen je kao kustos u Tehničkom muzeju Nikola Tesla u Zagrebu.

JOSIPA BALAJIĆ

Josipa Balajić je povjesničarka umjetnosti i pedagoginja iz Krvavice pored Makarske. Tijekom studija volontira u HULU Split, a stručnu praksu odrađuje u Ravnikar Space Gallery u Ljubljani. Radila je pri Upravnom odjelu za javne potrebe i društvene djelatnosti Grada Makarske. Trenutno je zaposlena kao kustosica pripravnica u Gradskom muzeju Makarska.

cultural and architectural heritage, at the intersection of art history, cultural history, historical anthropology and ethnology. Since 2020, she has managed the Galženica Gallery in Velika Gorica, heading its curatorial and discursive programmes.

MIRANDA VELJAČIĆ

Miranda Veljačić is an architect and cultural worker. Her activities are spread out across the fields of architecture, activism and art. She is the co-founder and head of Platforma 9,81, as well as a partner in the ARP Architects' Office. Along with many other roles, she served as member of the presidency of the Split Architects' Association (2006 – 2010), the editorial board of *Oris* magazine (2007 – 2008) and the programme committee for urban culture of the Multimedia Cultural Centre in Split. With D. Peračić, she was awarded the 2nd prize at the 44th Architecture Salon of Zagreb for the Revitalisation Project for the Youth Centre in Split. In 2018, together with D. Peračić, E. Višnić and S. Tolj, she received the Grand Prix at the 53rd Architecture Salon of Zagreb for the *we need it – we do it* project. As Croatian representatives, the team took the project to the 15th Venice Architecture Biennale. The project *The Sea Is Glowing*, which she co-authored with D. Peračić, won the Grand Prix of the 58th Zagreb Salon of Applied Arts and Design in 2023. She is a lecturer at the Visual Communications Design Department of the Arts Academy in Split.

IVAN HULJEV

Ivan Huljev is a historian and archaeologist, independent researcher and collector of old postcards and photographs with Dalmatian motifs. He is the co-founder and an active member of the Kačić Assocation for the Research, Promotion and Protection of the Cultural Heritage of the Makarska Riviera and Biokovo Hinterland. Having participated in numerous archaeological field research projects, he conducted archaeological research into the recent past of the the former Military Children Health Resort and, through it, also studied the use of space in the contemporary context. Since 2022, he has been employed at the Nikola Tesla Technical Museum in Zagreb, as a curator.

dr. sc. TAMARA BJAŽIĆ KLARIN

Tamara Bjažić Klarin je znanstvena savjetnica Instituta za povijest umjetnosti (IPU) u Zagrebu. Fokus njezina znanstvenog rada su modernizacijski procesi, razmjena znanja i javni angažman arhitekata u 19. i 20. stoljeću. Autorica je nagrađivanih knjiga *Ernest Weissmann: Društveno angažirana arhitektura 1926. – 1939.* (HAZU, 2015.) i *„Za novi, ljepši Zagreb!" – arhitektonski i urbanistički natječaji međuratnog Zagreba, 1919. – 1941.* (IPU, 2020.). Sudjelovala je na više znanstvenih projekata u zemlji i inozemstvu. Stipendistica je Francuske vlade i Švicarske nacionalne zaklade za znanost zahvaljujući kojoj je bila akademski gost na Institutu za povijest i teoriju arhitekture ETH u Zürichu. Članica je izložbenih projekata *Toward a Concrete Utopia. Architecture in Yugoslavia, 1948-1980* (MOMA, 2018./2019.) i *„Umjetnost i život su jedno": Udruženje umjetnika Zemlja 1929. – 1935.* (Galerija Klovićevi dvori, 2019./2020.). Koscenaristica je više desetaka dokumentarnih filmova i televizijskih emisija o arhitekturi (HRT).

dr. sc. MAROJE MRDULJAŠ

Maroje Mrduljaš je arhitekt iz Zagreba čije aktivnosti povezuju edukaciju, istraživanje i rad u područjima publicistike, izložbi, filma i projektiranja. Njegova zadnja knjiga je *Fiume Fantastika – Fenomeni grada*. Dobitnik je više domaćih i inozemnih nagrada uključivo i četiri nagrade Neven Šegvić za kritički i teorijski rad Udruženja hrvatskih arhitekata. Mrduljaš je docent na Arhitektonskom fakultetu Sveučilišta Zagrebu i Urbanim studijima Sveučilišta u Rijeci.

UDRUGA mART

Makarska udruga mART osnovana je krajem 2021. godine radi promicanja kulture, umjetnosti i kulturne baštine kroz provedbu projekata u kulturi, organizaciju izložbi, intervencija, radionica, festivala, javnih akcija, skupova, tribina te ostalih oblika promoviranja svih oblika umjetnosti. Također, cilj udruge je razvoj urbanih područja, urbana obnova, zaštita javnih dobara, održivi razvoj i zaštita ljudskih prava te poticanje volonterizma. Udrugu su osnovale Tina Divić, Marija Ivanković i Dijana Jelić Škorlić.

JOSIPA BALAJIĆ

Josipa Balajić is an art historian and paedagogist from Krvavica near Makarska. As a student, she volunteered at the Croatian Association of Visual Artists in Split, after which she took an internship at the Ravnikar Space Gallery in Ljubljana. She worked at the City of Makarska Administrative Department for Public Needs and Social Activities. Currently, she holds the position of curator intern at the Makarska City Museum.

TAMARA BJAŽIĆ KLARIN, PhD

Tamara Bjažić Klarin is a research adviser at the Institute of Art History (IPU) in Zagreb. Her scholarly activities revolve around modernization processes, the exchange of knowledge and the involvement of architects in the public sphere in the 19th and 20th century. She authored the acclaimed books *Ernest Weissmann, Socially Engaged Architecture, 1926–1939* (Croatian Academy of Sciences and Arts, 2015) and *For a New, More Beautiful Zagreb! Architectural and Planning Competitions of Interwar Zagreb, 1918–1941* (IPU, 2020). She participated in a number of research projects in Croatia and abroad. Her fellowships include those of the French Government and the Swiss National Science Foundation, on which she was an academic guest at the Institute for the History and Theory of Architecture (GTA) ETH in Zurich. She is a member of the project teams for the exhibitions *Toward a Concrete Utopia. Architecture in Yugoslavia, 1948-1980 (MOMA, 2018/2019)* and *Umjetnost i život su jedno": Udruženje umjetnika Zemlja 1929. – 1935.* (The Klovićevi dvori Gallery, 2019/2020). She co-wrote the scripts for several dozen documentaries and TV features on architecture (Croatian Radio and Television).

MAROJE MRDULJAŠ, PhD

Maroje Mrduljaš is an architect from Zagreb who combines education, research and work in the fields of publishing, exhibitions, film and design. His latest book is *Fiume Fantastika – Phenomena of the City*. He is the recipient of a number of national and international awards, including four Neven Šegvić Awards for critical and theoretical work, conferred by the Croatian Architects' Association. Mrduljaš is also an Associate Professor at the Faculty of Architecture of the University of Zagreb and on the Urban Studies programme of the University of Rijeka.

IRENA SKOUTA

Rođena u Bugarskoj, odrasla u Bugarskoj i Grčkoj, studirala u Njemačkoj i Austriji, gdje je i završila arhitekturu na Technische Universität Wien. Živi i radi u Beču.

TEA NOITE

Tea Noite (ex Tomkić) je arhitektica i konzultantica s bogatim internacionalnim iskustvom. Trenutno živi i radi u Rovinju, u Grand Park Hotelu. Specijalizirala je turističke strategije i kulturnu baštinu na Politecnico di Milano te završila postdiplomski iz globalnog hotelijerskog menadžmenta na školi Les Roches. Projekt obnove Dječjeg lječilišta u Krvavici prezentirala je u Madridu na konferenciji III ESACH Meeting 2021, "Our common past, our future". Suosnivačica je firme *Salt* za nautički turizam i kulturna putovanja na području Mediterana.

mART Association

The Makarska cultural association mART was founded in late 2021 for the purpose of promoting culture, art and cultural heritage by implementing cultural projects, organising exhibitions, interventions, workshops, festivals, public actions, conferences, forums, and promoting all art forms in other ways. Other goals of the association include urban development and renewal, protection of public goods, sustainable development, human rights protection and fostering of volounteering. The founders of the association are Tina Divić, Marija Ivanković and Dijana Jelić Škorlić.

IRENA SKOUTA

She was born in Bulgaria, grew up in Bulgaria and Greece and studied in Germany and in Austria, where she obtained a degree in Architecture from the Technische Universität Wien. She lives and works in Vienna.

TEA NOITE

Tea Noite (ex Tomkić) is an architect and consultant with a plethora of international experience. She currently lives and works in Rovinj, at the Grand Park Hotel. She specialized in tourism strategies and landscape heritage at the Politecnico di Milano and obtained a master's degree in International Hotel Management from the Les Roches business school. She presented the project of the restoration of the Children's Health Resort in Krvavica at the III ESACH Meeting 2021, held in Madrid under the title "Our common past, our future". She is the co-founder of the *Salt* company for nautical and cultural tourism in the Mediterranean.

OBNAVLJAT
NE NUŽNO
GRADITI!
RECONSTR
CONSTRUC
NOT A NEC

Sedamdesetih godina obitelj Velebit ljetuje na Lošinju, u uvali Zabodarski. General i ambasador Vladimir Velebit sanjao je o kući na moru još od ranih 1950-ih, kada je bio veleposlanik Jugoslavije u Rimu. (…)

„Bila bi za početak dovoljna nadstrešnica, tek toliko, nešto uz more", govorio je suradnicima, maštao sa suprugom.

Ideju je oštro odbacio arhitekt Rikard Marasović, koji je u Rimu radio obnovu zgrade jugoslavenskog veleposlanstva.

„'Partizansko' ljetovanje i gradnja novog objekta besmisleni su", govorio je Marasović, „graditi je mukotrpno i skupo". (Telegram)

„Prilikom boravka na Vangi Vlatko je vidio jednu ruševinu, odnosno zaklon, i poželio sebi izgraditi nešto slično. Te iste godine u Rimu nas je posjetio arhitekt Riko Marasović i kazao nam kako nema smisla graditi kada ima toliko napuštenih kuća u Istri i Primorju." - prisjeća se Vera Velebit (Novi list)

In the 1970s, the Velebit family vacationed on Lošinj, in Zabodarski Bay. General and ambassador Vladimir Velebit had dreamed of a house by the sea since the early 1950s, when he was the ambassador of Yugoslavia in Rome. (…)

"A canopy would be enough for a start, just to have something by the sea.", he would tell his colleagues, fantasise with his wife.

The idea was strongly rejected by architect Rikard Marasović, who was working on the renovation of the building of the Yugoslav embassy in Rome.

"'Partisan' vacations and the construction of new buildings are pointless", Marasović would say, adding that "construction is a laborious and expensive endeavour." (Telegram)

"While staying on Vanga, Vlatko saw the ruin of a shelter, and wanted to build something similar for himself. That same year, the architect Riko Marasović visited us in Rome and told us that there was no point in building new houses when there were so many abandoned ones in Istria and Croatian Littoral.", Vera Velebit recalls. (Novi list)

I,

UCT!

TION IS

ESSITY!

- **Odlomci se odnose na sadržaj iz knjige: Vladimir Velebit, "Moj život", uredio i predgovor napisao Tvrtko Jakovina, Zaprešić (Zagreb), Fraktura, 2016.**

- The passages refer to parts of the following book: Vladimir Velebit, Moj život ("My Life"), edited and prefaced by Tvrtko Jakovina, Zaprešić (Zagreb), Fraktura, 2016

(NE) VJERUJ PRIPOVJEDAČU
SLUČAJ DJEČJEG LJEČILIŠTA U KRVAVICI

(DIS)TRUST THE STORYTELLER
THE CASE OF KRVAVICA CHILDREN'S HEALTH RESORT

IZDAVAČI / PUBLISHERS:

- slobodne veze, udruga za suvremene umjetničke prakse/ loose associations, contemporary art practices, Zagreb
- Set Margins' #51, Eindhoven

UREDNICE / EDITORS:

- Nataša Bodrožić
- Antonia Vodanović

STRUČNI SURADNIK/ EXPERT ASSOCIATE:

- Ivan Huljev

AUTORI TEKSTOVA / AUTHORS:

- Nataša Bodrožić
- Lidija Butković Mićin
- Sanja Petrović Todosijević
- Jelena Borota (Rajko M. Tatić, Ljubiša Dragić)
- Miranda Veljačić
- Antonia Vodanović
- Ivan Huljev
- Josipa Balajić
- Tamara Bjažić Klarin
- Maroje Mrduljaš
- Željko Blaće
- Udruga mART (Tina Divić, Marija Ivanković, Dijana Jelić Škorlić)
- Irena Skouta, Tea Noite (Tomkić)

FOTOGRAFIJE / PHOTOGRAPHS:

- Duška Boban
- Žaklina Antonijević
- Ivan Huljev
- Marija Ivanković
- Ana Vuko
- Antonia Vodanović
- Nataša Bodrožić
- Silvia Hödl
- Doplgenger (Isidora Ilić, Boško Prostran)
- Josipa Balajić
- Ela Gašperov
- Saša Šimpraga
- Željko Blaće
- Tea Noite
- Dario Udak
- Udruga mART
- Dijana Jelić Škorlić
- Brankica Pejković

ARHIVSKE FOTOGRAFIJE, MATERIJALI, ILUSTRACIJE / ARCHIVAL PHOTOS, MATERIALS, ILLUSTRATIONS:

- Muzej grada Zagreba / Zagreb City Museum
- Pomorski i povijesni muzej Hrvatskog primorja Rijeka / Maritime and History Museum of the Croatian Littoral Rijeka
- Lošinjski muzej, Mali Lošinj / Lošinj Museum, Mali Lošinj
- Arhiv Slobodne Dalmacije Slobodna Dalmacija Archive
- Naša djeca d.o.o., Zagreb
- Kolekcija razglednica i brošura Ivana Huljeva / Collection of postcards and brochures by Ivan Huljev
- Osobna ostavština Vuke Bombardellija Personal legacy of Vuko Bombardelli
- Anonimni prilozi (V.D., M.Z.) Anonymous contributions (V.D., M.Z.)
- Dobrovoljno vatrogasno društvo Makarska (Nikola Đapić) Volunteer Fire Department of Makarska (Nikola Đapić)
- Tea Noite, Irena Skouta
- ORIS (Damir Fabijanić, Dinko Peračić)
- Gradski muzej Makarska / The Makarska Municipal Museum
- Privatna arhiva Vinke Meštrović Private archive of Vinka Meštrović
- Privatna arhiva Dina Beroša Private archive of Dino Beroš
- Privatna arhiva Jovanke Mihajlović Private archive of Jovanka Mihajlović
- Privatna arhiva Velimira Marinkovića Private archive of Velimir Marinković
- Privatna arhiva obitelji Štambuk- Jurašin Private archive of family Štambuk-Jurašin
- Secret Dalmatia: www.secretdalmatia.com (zahvala / courtesy of Alan Mandić)
- CCN images (zahvala / courtesy of Sandro Đukić)

RECENZENTI / REVIEWERS:

- Prof. dr. Marija Drėmaitė, Sveučilište u Vilniusu / Vilnius University
- Prof. dr. Silva Kalčić, Sveučilište u Splitu / University of Split

OBLIKOVANJE / GRAPHIC DESIGN:

- Nikola Križanac

PRIJEVOD / TRANSLATION:

- Ena Prokić
- Igor Kulenović (tekst Ivana Huljeva / Ivan Huljev's text)

KOREKTURE / PROOFREADING:

- Nataša Bodrožić
- Antonia Vodanović
- Ana Žanko

TISAK I UVEZ / PRINTING AND BINDING:

- Sveučilišna tiskara, Zagreb

NAKLADA / PRINT RUN:

- 600

PUBLIKACIJU SU PODRŽALI / THIS PUBLICATION HAS BEEN MADE WITH THE SUPPORT OF:

- Ministarstvo kulture i medija RH / Ministry of culture and media of the Republic of Croatia
- Zaklada Adris / Adris Foundation
- Zaklada Kultura nova / Kultura Nova Foundation
- Grad Zagreb / The City of Zagreb
- Donacije građana / Private donations

Ova publikacija je objavljena uz financijsku podršku Zaklade "Kultura nova". Mišljenja izražena u ovoj publikaciji odražavaju isključivo mišljenja autora i ne izražavaju nužno stajalište Zaklade "Kultura nova". / This publication was published with the financial support of Kultura Nova Foundation. The viewpoints expressed in this publication are those of the authors and do not necessarily represent the official opinion of Kultura Nova Foundation.

ZAHVALE / ACKNOWLEDGMENTS:
Katja Marasović, Lada Štambuk, Joško Jurašin, ORIS - Andrija Rusan, Miranda Veljačić, Vesna Dalbelo, Maroje Zelić, Brankica Pejković, Stjepan Marčetić, Tea Noite (Tomkić), Irena Skouta, Sandro Đukić (CCN images), Duška Boban, Željko Blaće, Doplgenger, Udruga mART, HULU, Nikola Đapić, Dragan Markovina, Tvrtko Jakovina, Jura Šumski, Neira Merčep, Luka i/and Anica Bodrožić.

Slobodne veze:
ISBN 978-953-58895-4-0

Set Margins'
ISBN 978-90-834498-9-0

CIJENA / PRICE: 35 EUR

Zagreb, Eindhoven
Kolovoz / August 2024.

CIP zapis dostupan u računalnome katalogu Nacionalne i sveučilišne knjižnice u Zagrebu pod brojem 001251365 / CIP available at the digital catalogue of the National and University Library in Zagreb, No. 001251365

Republika Hrvatska Ministarstvo kulture i medija Republic of Croatia Ministry of Culture and Media

Zaklada Kultura nova

DONACIJA ZAKLADE ADRIS